# Lo mejor de ti

7 pasos para mejorar tu vida diaria

## Joel Osteen

FREE PRESS

New York London Toronto Sydney

Se han cambiado nombres y detalles identificativos de algunas personas
mencionadas en este libre.

*f*P

Free Press
A Division of Simon & Schuster, Inc.
1230 Avenue of the Americas
New York, NY 10020

Primera edición en rústica de Free Press, octubre 2007

Free Press y colofón son sellos editoriales de Simon & Schuster, Inc.

Para obtener información respecto a descuentos especiales en ventas al por mayor,
diríjase a Simon & Schuster Special Sales al 1-800-456-6798 o a la siguiente
dirección electrónica: business@simonandschuster.com.

A menos que se especifique lo contrario, las citas bíblicas usadas son de la Santa
Biblia, Versión Reina-Valera 1960 © 1960 por Sociedades Bíblicas en América
Latina, © renovado 1988 por Sociedades Bíblicas Unidas. Usadas con permiso.

Traducción y tipografía: Grupo Nivel Uno, Inc.

Impreso en los Estados Unidos de América

3   5   7   9   10 8   6   4   2

ISBN-13: 978-1-4165-4147-9
ISBN-10: 1-4165-4147-0

Victoria y yo estamos emocionados de saber que nuestros amigos hispanohablantes ¡están descubriendo cómo ser lo mejor! Cualquiera que sean tus circunstancias —sean buenas o malas— necesitas saber que Dios está de tu lado. Él está a tu favor, no en tu contra. Él conoce tus preocupaciones y está trabajando en secreto para preparar futuros eventos a tu favor. A medida que aprendas a confiar en Él de manera más completa, podrás dejar de preocuparte y podrás rechazar cualquier cosa que insinúe pensamientos, palabras o hechos negativos. Recuerda, cuando crees, activas el poder del Padre celestial. Puedes decir: «Dios, voy a confiar en ti. Yo creo que tú tienes un plan grandioso para mi vida».

Cuando haces eso, sentirás que se te quita un enorme peso de encima. No sólo vas a disfrutar más la vida sino que verás más bendiciones de Dios y Su favor. Serás ¡lo mejor de ti!

A Victoria, el amor de mi vida.

Gracias por creer en mí e inspirarme a alcanzar grandes cosas. Tu amor, amistad y tu espíritu bondadoso y amable hacen que el vivir contigo sea todo un regalo. Yo no sería la persona que soy sin las semillas que plantaste en mi vida. Te respeto, admiro, y deseo ansiosamente pasar el resto de nuestras vidas juntos.

A Jonathan.

¡Gracias por ser un hijo tan increíble! Eres bueno, respetuoso, y tienes un sentido de humor genial. Me asombra tu sabiduría, tus apreciaciones y tu talento. Atesoro el tiempo que compartimos juntos. Vas a hacer un tremendo impacto en nuestro mundo. Estoy orgulloso de llamarte mi hijo.

A Alexandra, mi pequeña joya.

No sólo eres hermosa por fuera sino también por dentro. Tienes un gran corazón tierno, lleno de bondad y compasión. Eres inteligente y graciosa, y tienes voz de ángel. Cuando cantas, sentimos el amor de Dios. Estoy orgulloso de ti ¡y siempre seré tu admirador número uno!

# CONTENIDO

## SECCIÓN TRES
## FOMENTA MEJORES RELACIONES

## SECCIÓN CUATRO
## DESARROLLA MEJORES HÁBITOS

## SECCIÓN CINCO
## ABRAZA EL LUGAR EN QUE TE ENCUENTRAS

SECCIÓN SEIS

## DESARROLLA TU VIDA INTERIOR

SECCIÓN SIETE

## MANTÉN TU PASIÓN POR LA VIDA

# AGRADECIMIENTOS

Escribir un libro es algo así como reunir materia prima y, por medio de un largo proceso de refinamiento, pulirla hasta que se convierta en un automóvil de alto rendimiento y bien afinado —se requiere un gran equipo de gente dedicada y hábil para ver un concepto y luego hacerlo realidad. He sido bendecido de tener un equipo así trabajando para mí en *Lo mejor de ti*, y aprecio a cada persona que contribuyó en la tarea.

Primeramente, quiero agradecer a los muchos que han vertido sabiduría espiritual en mi vida. Al crecer en el hogar de un pastor como yo lo hice, tuve el privilegio de conocer y hablar con una gran variedad de «transformadores del mundo», individuos de todo el mundo, ministros y sus familias, hombres y mujeres que querían que sus vidas hicieran impacto, marcaran la diferencia, y que creyeron que aún teníamos por delante nuestros mejores días. Muchos de los que charlaron con nosotros o ministraron a nuestra comunidad eran graciosos e interesantes, y todos poseían un gran repertorio de historias increíblemente fascinantes, mezcladas con principios de la vida y verdad. A ellos, conjuntamente con mi madre y padre, les estoy agradecido por establecer los fundamentos sólidos en los que se basan tantas de las cosas que hago hoy.

Luego, quiero agradecer a los muchos autores y conferencistas grandiosos cuyos libros y mensajes por audio también han ayudado a amoldar mi vida. Estos mentores «construyeron la infraestructura», y contribuyeron grandemente a mi continua educación, y agradezco a cada uno de ellos por la inversión que hicieron en mí. Con cada vida que es alcanzada por medio de mis libros, conferencias, ministerios de audio o video, ustedes comparten el mérito. Cualquier éxito que haya

conocido, y cualquier impacto eterno que pueda causar es parte del legado suyo.

Agradezco de manera especial a Carolyn Reidy, Dominick Anfuso y
Martha Levin de Simon & Schuster, por creer en este proyecto y esforzarse más allá de lo requerido para asegurarse de que se hiciera. También le doy las gracias a Jason Madding por el fabuloso diseño de la
portada.

Estoy inmensamente agradecido a Jan Miller y Shannon Marven,
de Dupree/Miller, quienes captaron la visión de lo que podía ser y luego
pacientemente supervisaron todas nuestras negociaciones.

Agradezco de modo especial al colaborador, Ken Abraham, quien
brindó asistencia editorial clave así como también apreciaciones y pers-
pectivas valiosas para mi material.

Gracias también a la familia de la iglesia Lakewood Church —los
miles de fieles que asisten cada semana y aquellos que ven nuestros servicios por la televisión, el Internet, pod casts, y los que escuchan por
radio. Estoy muy agradecido al personal devoto de Lakewood Church
por facilitar gran parte de la investigación y los detalles logísticos rela-
cionados con este proyecto. Michelle Trevino, mi asistente ejecutiva,
coordinó muchos aspectos importantes del proceso de escribir el libro.
Paul Osteen, Kevin Comes, Don Iloff y Duncan Dodds —mi grupo ínti-
mo de hombres poderosos— se merecen un gran reconocimiento. Estos
hombres dirigen con gran soltura los miles de aspectos del ministerio,
permitiéndome así hacer lo que mejor hago.

Agradezco de todo corazón a mi mamá, Dodie Osteen, que me ama,
ora por mí, y siempre me alienta. Y a Georgine Iloff, ¡la mejor suegra
que un hombre pudiera querer! Agradezco a mi hermana, Lisa Comes,
cuya excelencia e integridad me inspiran; a mis cuñados y cuñadas, Gary
y April Simons de High Point Church y Jim y Tamara Graff de Faith
Family Church. Dios me ha bendecido generosamente a través de cada
uno de ustedes. Por último, pero no por eso menos importante, agradezco a mis cuñadas, Jackelyn Iloff y Jennifer Osteen, por su constante apoyo y aliento.

# INTRODUCCIÓN

Así te esté yendo bien en la vida —como si esta estuviera colapsando ante tus ojos—, la verdad es que todos queremos ser mejores. Queremos ser más efectivos. Queremos conocer mejor a Dios; queremos ser mejores maridos, esposos y padres, mejores amantes, mejores alentadores, mejores líderes de comunidades, mejores empleados y mejores jefes y directivos. Dios puso algo muy dentro de nosotros que evoca el deseo de parecernos más a Él. En nuestro interior escuchamos una voz que dice: «Naciste para ser mejor que esto; estás destinado a vivir en un nivel más elevado del que estás ahora. No te contentes con menos. Puedes ser mejor».

La pregunta es: «¿Cómo? ¿Qué debo hacer para ser lo mejor de mí?»

En mi primer libro, *Su mejor vida ahora*, presenté siete pasos para vivir a tu máximo potencial. Hoy, mucha gente está desarrollando una mejor visión para su futuro y están experimentando más del favor y las bendiciones de Dios. Pero aunque estés viviendo tu mejor vida ahora, es importante que no te estanques. Dios siempre nos quiere acrecentar, hacer más, tanto en nosotros como a través de nosotros. Siempre nos quiere llevar más profundo, hacia un autodescubrimiento, y luego quiere que nos elevemos a un mayor nivel de vida. No nos creó para ser mediocres. No quiere que nos conformemos con «lo suficiente». Él desea que nos sigamos extendiendo, que sigamos avanzando hasta llegar al próximo nivel.

Ahora, en *Lo mejor de ti* quiero ayudarte a hacer exactamente eso. Quiero llevarte más profundo; deseo ayudarte a mirar dentro de ti y descubrir las invaluables semillas de grandeza que Dios ha plantado en tu interior. En este libro, te revelaré los siete pasos para usar esas semillas de grandeza, para crecer en una vida abundante en bendiciones. No son complicados, ni difíciles. De hecho, de tan simples que son hay mucha gente que ni siquiera los nota. Sin embargo son siete principios que contribuyeron a darme forma y a hacer que siguiera esperando cosas buenas en mi vida particular, en mis relaciones, en mi familia y en mi carrera profesional. Sé que funcionan porque lo he vivido en mi propia vida.

¡Hay tanta gente que se conforma con la mediocridad de sus ideas, actitudes o acciones! Es hora de dejar de lado esa mentalidad negativa e ir más arriba. Recuerda que Dios puso en ti todo lo necesario para que vivas victorioso. Ahora, de ti depende usarlo o no. No podemos permitir que la mentalidad negativa, el pasado doloroso o las opiniones ajenas nos desalienten o nos hagan renunciar a la búsqueda de lo mejor. Quien quiere vivir a su máximo potencial, siempre descubre que lo bueno puede ser enemigo de lo mejor.

¿Has observado a alguien alguna vez, pensando: *¡Qué excelente actitud! ¡Es una madre excelente! ¡Qué empleado tan eficiente!*? Lo más probable es que la persona que admiras fuera un ejemplo andante y parlante de quien va convirtiéndose en alguien mejor día a día.

¿Qué significa ser alguien mejor? Ante todo, entender que Dios quiere que seas todo aquello que ideó que fueras. En segundo lugar, es imperativo que sepas que Dios hará su parte, pero que tú tienes que hacer la tuya también. Para ser mejor y llegar a ser lo mejor de ti, tienes que:

1. Seguir avanzando
2. Ser positivo con respecto a ti mismo
3. Mejorar tus relaciones
4. Desarrollar mejores hábitos
5. Abrazar el lugar en que te encuentras
6. Desarrollar tu vida interior
7. Mantener la pasión por la vida

La mayoría de nosotros se esfuerza —en mayor o menor medida— por mejorar en estas áreas, pero para ver de veras el tipo de mejora que queremos tendremos que empezar a concentrarnos en ellas de manera más deliberada. En las páginas que siguen explicaré en profundidad cada uno de estos principios y la forma en que funcionan, además de la manera en que puedes usarlos para mejorar tu vida e influenciar de manera positiva a las generaciones venideras. Te ayudaré a ver dónde estás, dónde has estado y hacia dónde vas. A medida que crezcamos juntos Dios seguirá derramando cosas buenas en nuestras vidas y querrá llevarnos a lugares que jamás soñamos posibles para nosotros.

Si estás pasando por momentos difíciles, anímate. ¡Lo mejor está por venir! Dios quiere ayudarte a pasar por esto para que seas mejor y restaurarte todo lo que hayas perdido ¡dándote todavía más!

Si estás disfrutando de la vida y viviendo un excelente momento, podrás usar estos principios para que cuiden tu corazón y tu mente, manteniendo una actitud y estilo de vida que agraden a Dios. Rápidamente reconoce la bondad de Dios en tu vida y recuerda que es su bendición lo que estás disfrutando y que eres una bendición para otros, lo cual en sí mismo también es bendición para ti. Él seguirá llenando tu vida con inconmensurable amor, gozo y paz.

¡Prepárate! Porque estás por iniciar un viaje interior en el que explorarás partes de ti que tal vez nunca antes hayas conocido. Cada paso se referirá a tu mente, tu corazón y tu alma, pero te sorprenderás al ver cómo este viaje interior tiene efectos en tu vida «exterior», produciendo relaciones de mejor calidad, un uso más productivo de tus dones y talentos y, en última instancia, una vida mejor en todo aspecto.

Tengo que advertirte algo: Si pones en práctica las siete claves que te da este libro, ¡entrarás a un proceso con el potencial de transformar tu vida! Y aunque no puedo prometerte que termines siendo rico o famoso, puedo asegurarte que al seguir este plan vivirás una vida más plena.

Llegar a ser lo mejor de ti tiene que ver con crecer, aprender y mejorar. Cuanto más aprendas a confiar en Dios, mejor serás. ¡Él siempre extenderá tus horizontes, para que logres lo mejor de ti!

# SIGUE AVANZANDO

# CAPÍTULO 1

# Alcanza el siguiente nivel

El famoso arquitecto Frank Lloyd Wright diseñó muchos edificios bellísimos, incluyendo casas y estructuras magníficas. Hacia el fin de su carrera un periodista le preguntó: «De todos sus diseños tan bellos, ¿cuál es su favorito?»

Sin pestañear Frank Lloyd Wright respondió: «El próximo».

Frank Lloyd Wright entendía lo que significa extenderse, ir más allá, no conformarse nunca con los éxitos del pasado. ¡El mundo entero está esperando tu próxima aventura!

Mucha gente vive por debajo de su potencial. Tienen dones y talentos, y tienen muchísimo a su favor. Pero se han quedado conformes y cómodos allí donde están. Se han conformado con demasiada facilidad.

Seguido oigo decir, en tono de excusa por el estancamiento en el crecimiento personal:

«Bueno, es que ya logré lo mismo que tantos otros».

«En comparación con otros, me va bastante bien».

«Llegué tan lejos como mis padres».

Todo eso está bien, pero Dios quiere que vayas más lejos todavía. Él es un Dios progresista que quiere que cada generación tenga más felicidad, más éxito, más significado. No importa dónde estemos en la vida, Dios tiene reservado más para nosotros. No quiere que dejemos de crecer. Siempre debiéramos estar buscando nuevos niveles para nuestras capacidades, nuestro andar espiritual, nuestras finanzas, profesiones y relaciones personales. Todos tenemos áreas en las que podríamos llegar más alto. Es posible que hayamos alcanzado cierto nivel de éxito, pero siempre hay nuevos desafíos, nuevas montañas por escalar, nuevos sueños y objetivos que podemos concretar y buscar.

Sin duda Dios ya ha hecho mucho en tu vida. Te ha abierto puertas que nadie más podría haber abierto. Quizá te haya dado un hogar, una familia maravillosa. También es posible que te haya ayudado con tu empleador o supervisor, para que ascendieras en tu profesión. Todo eso es maravilloso y debes agradecer a Dios por todo lo que hizo por ti. Pero ten cuidado porque a veces cuando disfrutas de la vida, es fácil volverse complaciente, conformarse y pensar: *Sí, Dios ha sido bueno conmigo. No puedo quejarme. He alcanzado mis objetivos y también mis límites. Hasta aquí llegué.* Dios, sin embargo, jamás logra Sus mayores hazañas en tu ayer.

Quizá en el pasado Dios haya obrado maravillas, ¡pero hay tanto que todavía te falta ver! Lo mejor está por venir. No permitas que tu vida se vuelva opaca y tediosa. Sigue soñando, esperando y planeando nuevos proyectos, experiencias y aventuras con Dios.

---

**Dios jamás logra Sus mayores hazañas en tu ayer.**

---

He descubierto que a Dios le gusta superarse a sí mismo. Quiere mostrar su favor en tu vida de manera más grandiosa hoy que ayer. Quiere que mañana tengas mayor bendición que hoy. Quiere que tengas un impacto en el mundo hoy más grande que el que hayas tenido. Eso significa que si enseñas, todavía no enseñaste tu mejor lección. Y si construyes, todavía no construiste tu mejor edificio. Si te dedicas a los negocios, todavía no has firmado tu mejor contrato. Es hora de que tu esperanza crezca, de que tu visión se expanda, de que te prepares para las cosas nuevas que tiene Dios en el horizonte. No has vivido aún los mejores días de tu vida. Están delante de ti.

Pero para que esto suceda tenemos que seguir adelante, extendiéndonos hacia el siguiente nivel. Tenemos que deshacernos de las pobres expectativas y los planes pequeñitos. No sueñes en pequeño. No pienses: *A todos les va mejor que a mí. Ya llegué al tope de lo que podría lograr. Es probable que no ascienda más que esto. No sé por qué no tengo los talentos que tienen otros.*

¡No! Deja ya esa mentalidad de derrota. Eres hijo o hija del Altísimo Dios. Dios ha insuflado en ti su aliento de vida y plantó en ti semillas de grandeza. Tienes todo lo que necesitas para cumplir con tu destino, dado por Dios. Dios ya te dio el talento, la creatividad, la disciplina, la sabiduría y la determinación. Todo eso está en ti. Tienes todo ese potencial dentro y lo único que hace falta es que hagas lo tuyo y comiences a utilizarlo. Tienes que usar mejor los dones y talentos que Dios te dio.

Las Escrituras enseñan que llevamos dentro un valioso tesoro. Tienes un don, un regalo; algo que ofrecer. Nadie más tiene lo que tú llevas dentro. No apareciste sobre el planeta Tierra por accidente. Te eligió, a propósito, Dios Todopoderoso. Él te vio aun antes de que te formaras en el vientre de tu madre y te puso aquí por una razón. Tienes una misión. Hay algo que Dios quiere que logres. Alguien te necesita. Alguien necesita lo que tienes.

No vivas sin descubrir ese tesoro y no mueras con ese tesoro dentro de ti. Sigue adelante. Haz que salgan a la luz los sueños y deseos que Dios puso en tu corazón.

Los neurólogos han descubierto que la persona promedio utiliza menos del diez por ciento de su potencial mental. Esto significa que el noventa por ciento de esa capacidad mental sigue latente. Nunca lo usamos. Pero si pudiéramos entender qué es lo que tenemos, tan solo con ver que Dios ha depositado parte de Sí mismo dentro de cada uno de nosotros; dentro de ti. Cuando llegó el momento de tu nacimiento Dios dijo: «Quiero darle parte de este don, parte de este talento, parte de esta creatividad». Llevas dentro la semilla de Dios Todopoderoso. No fuiste creado o creada para que fueras del montón. Jamás tuviste como destino un nivel determinado y luego, una meseta. Tu destino es la excelencia. No hay límite a lo que puedas alcanzar en la vida. Sólo tienes que aprender a sacudirte de encima el polvo de la complacencia y seguir estirándote, extendiéndote hacia el siguiente nivel.

Todo esto, sin embargo, comienza en nuestros corazones y mentes. Tenemos que creer que dentro llevamos lo que hace falta. Tenemos que creer que tenemos un don, un tesoro en nuestro interior. La gente quizá intente mantenerte debajo, aplastándote, y las circunstancias pueden haber amargado tu perspectiva de la vida.

Tal vez hayas intentado alcanzar el éxito pero lo único que lograste fue darte contra la pared, una y otra vez. Vuelve a intentarlo. Si alguien te dijo «NO» mil veces, pregunta de nuevo. Sigue pidiendo, preguntando, hasta conseguir el «SÍ» que siempre quisiste oír. Tienes que seguir avanzando. Hay mucha gente que se conforma con mucho menos de lo mejor que Dios tiene para sus vidas. Y se desalientan, claro, pero a veces ni siquiera eso: se conforman. Dejan de avanzar, ya no ejercen su fe y así como el cuerpo musculoso y tonificado se vuelve fláccido sin ejercicio, lo mismo pasa con la fe. Una de las razones principales para este tipo de complacencia es que algunos no llegan a entender nunca lo que tienen dentro. No logran ver ni entender el potencial que Dios les dio.

Hace años un amigo mío y un pasajero iban por Europa conduciendo por el Autobahn, la superautopista de Alemania. A diferencia de las autopistas estadounidenses, allí no hay límites de velocidad. Puedes ir todo lo rápido que se te antoje.

Mi amigo estaba tan entusiasmado que pisó el acelerador y llevó el auto a 130 kilómetros por hora, y siguió acelerando, a 140, 150, 160… Se sentía el rey de la autopista, y dejaba atrás a todos los demás conductores.

Minutos más tarde otro auto lo pasó. Era el mismo modelo de auto que conducía mi amigo, pero lo dejó atrás como si este estuviera estacionado. El segundo auto debe haber ido a unos 220 kmh.

El compañero de mi amigo rió y dijo: «Ves, no vas todo lo rápido que podrías. Vas tan rápido como quieres».

Piensa en eso: ¡el auto de mi amigo tenía un potencial tremendo! Él también podría haber corrido a 220 kmh. El fabricante puso ese potencial en el auto. La rapidez con que condujera mi amigo no tenía que ver con la capacidad del vehículo. Es decir que el potencial del auto no se veía disminuido porque él decidiera no aprovecharlo. Pero su potencial futuro no cambiaba porque eligiera o no aprovechar dicho potencial.

Lo mismo ocurre con nosotros. Nuestro potencial nos ha sido dado por nuestro Fabricante, nuestro Creador, Dios Todopoderoso. Que lo usemos o no, no hará que disminuya, aunque sí tendrá impacto en nuestro futuro. Lo que haya pasado en tu vida no reduce tu potencial. Alguien te trató mal, alguien te criticó, todo eso no cambia el potencial que tienes. Y si pasaste por cosas duras, injustas, por decepciones… nada de eso afecta tu potencial.

Porque el Creador del Universo puso ese potencial en ti de manera permanente. Cuando creemos, damos un paso adelante en fe y nos extendemos. Entonces estamos usando nuestro potencial y eso nos permite ir más alto.

Esa capacidad está dentro de ti. La pregunta es: ¿querrás romper con las limitaciones que te impusiste y comenzar a extenderte hacia el siguiente nivel?

Muchas veces permitimos que las experiencias del pasado nos impidan avanzar. Es posible que un compañero de trabajo, un entrenador, un pariente o un amigo nos hayan dicho: «Oye, ¿realmente crees que puedes hacerlo? No sé si esta oportunidad te conviene ¿Qué pasará si fracasas al intentarlo? ¿Y si no funciona, qué harás?»

Estas palabras negativas podrán perseguirte y ahogar tu progreso. Entiéndelo: ninguna de estas afirmaciones podrá cambiar el potencial que tienes dentro. Tu potencial sigue estando allí. No permitas que nadie te convenza de no aprovechar lo que Dios te dio, de no hacer lo que Dios quiere que hagas.

Mucha gente ha sufrido porque otros han dicho cosas negativas sobre ellos: «No tienes lo que hace falta. No tienes el talento. No creo que lo logres».

Si no nos cuidamos permitiremos que esas palabras negativas resuenen como disco rayado en nuestras mentes. Y allí, construirán una fortaleza.

Una joven llamada Sherry vino a mí pidiendo consejo. Había tolerado durante años una relación abusiva en la que oía continuamente comentarios como: «No sabes hacer nada bien. Eres tan lenta. Tampoco eres atractiva». Después de mucho tiempo de oír lo mismo, estaba física, emocional y espiritualmente abatida. No sentía gozo, no tenía confianza alguna y su autoestima estaba por el suelo.

Le dije lo mismo que digo aquí: «Tu valor, tus dones y talentos, te fueron dados por Dios Todopoderoso. Así que no importa lo que te hayan dicho. La buena noticia es que Dios tiene la última palabra y dice que tienes dentro un tesoro. Dice que sí tienes un don. Dice que vales. Deja ya de escuchar esa vieja canción y escucha algo nuevo. Necesitas meditar sobre pensamientos como estos: *Soy creativa. Tengo talento. Tengo valor. Tengo un futuro brillante. Lo mejor está por venir.* Tienes que dirigir tu mente hacia esa dirección, una dirección nueva. Porque si sigues teniendo pensamientos negativos con respecto a ti misma, eso te impedirá llegar a ser aquello que Dios ideó que fueras».

No importa quién te haya dicho cosas negativas: tu padre, tu madre, tu cónyuge, tu entrenador, un maestro. Todo eso lo deberías echar a la basura. Las palabras tienen poder. Pueden crear barreras en tu corazón y tu mente y, a veces, hasta una frasecita puede detener nuestro progreso durante años.

Un amigo mío viajaba siempre como asistente de un ministro muy conocido. Un día llegó un hombre al hotel y le pidió al ministro que orara por él. El asistente le dijo: «Lo siento, pero no podemos molestarlo. Está descansando porque esta noche tiene una reunión».

El hombre, sin embargo, no estaba dispuesto a aceptar la negativa. Fue muy osado y continuó insistiendo. Mi amigo siguió siendo amable y educado, e intentó aplacar el ánimo del inesperado visitante, que insistió negándose a irse.

Por fin mi amigo le dijo: «¿Qué le parece si yo oro por usted? Yo trabajo con el ministro todos los días. Será para mí un placer orar por usted».

Con eso, el hombre hizo un gesto displicente y respondió: «No lo creo. *Usted* no sirve».

Esas palabras dolieron: «Usted no sirve».

El mensaje implícito era: «Usted no es lo suficientemente bueno. Con sus oraciones no se logrará nada».

Mi amigo me dijo luego que esas palabras penetraron en su corazón y su mente, y que siguió oyéndolas día tras día: «Usted no sirve». Por las noches, cuando ya estaba en la cama, pensaba: *Usted no tiene lo que hace falta. No es ungido como el famoso predicador. No puede ayudar ni a una sola alma.*

Todo eso minó su confianza, pero ahora, estaba permitiendo que las palabras negativas también se metieran en su subconsciente. No podía sacárselas de encima y permitió que le impidieran avanzar durante años.

Hay mucha gente que no tiene la confianza y autoestima que podrían tener porque siempre están repitiéndose pensamientos negativos con respecto a sí mismos. No quiero sonar arrogante pero, por mi parte, intento repetirme a cada momento: *Soy ungido. Soy creativo. Soy talentoso. Soy exitoso. Tengo el favor de Dios. La gente me quiere. Soy vencedor, no víctima.*

¡Inténtalo! Si todo el tiempo piensas cosas negativas, la autoestima, la falta de confianza en ti mismo y la inferioridad tendrán las de ganar. Echa los hombros atrás, sonríe y busca oportunidades que te permitan extenderte hacia el siguiente nivel.

En el Jardín del Edén Adán y Eva comieron del fruto prohibido y se escondieron. Ese día Dios vino y dijo: «Adán, Eva, ¿dónde están?»

Dijeron: «Estamos escondidos porque no llevamos ropa. Estamos desnudos».

Me encanta lo que contestó Dios: «Adán, ¿quién te dijo que estabas desnudo?»

Es decir: «¿Quién te dijo que había algo malo en ti?»

Dios supo de inmediato que el enemigo les había estado hablando.

Hoy Dios te está diciendo: «¿Quién te dijo que no tienes lo que hace falta para lograrlo? ¿Quién te dijo que tu mejor calificación en la escuela sería un 6, no un 10? ¿Quién te dijo que no tienes el atractivo que hace falta para el éxito en tus relaciones personales, o que te falta talento para prosperar en tu profesión? ¿Quién te dijo que tu matrimonio no duraría?»

---

**¿Quién te dijo que había algo malo en ti?**

---

Todas son mentiras del enemigo. Tienes que rechazar esas ideas y descubrir lo que Dios dice de ti.

«Bueno, es que no creo que me asciendan, Joel».

¿Quién te lo dijo? Has de saber que Dios «No quitará el bien a los que viven con integridad».

«Es que no creo que llegue a casarme jamás, Joel. Hace mucho que no salgo con nadie, y no creo que vaya a encontrar quien me ame por lo que soy, a alguien compatible conmigo».

¿Quién te lo dijo? Tienes que saber esto: «Deléitate asimismo en Jehová, y él te concederá las peticiones de tu corazón».

«Bueno, Joel. Es que no pienso que podré llegar a ser gerente. No sé si podría ser líder».

¿Quién te lo dijo? Dios dice: «Todo lo puedo en Cristo». El potencial está dentro de ti y no cambia porque no creas que lo tengas, o porque hayas pasado por cosas negativas en el pasado. Ese potencial fue depositado en tu interior por el Creador del Universo. Las Escrituras dicen: «Porque irrevocables son los dones y el llamado de Dios».[1] Eso significa que Dios jamás te quitará el potencial que derramó sobre ti. Nunca dirá: «Ya me cansé de ti. Lo intentaste y fracasaste demasiadas veces. Cometiste demasiados errores. Devuélveme los dones que te di».

¡No! Esos dones y tu llamado en la vida estarán contigo hasta el día en que dejes esta tierra. Sin embargo, de ti depende aprovecharlos y usarlos, o dejarlos allí sin más ni más.

### Si tan solo supieras

En el Evangelio de Juan, capítulo 4, Jesús se encuentra con una mujer junto al pozo, en Samaria. Le pide agua para beber. La mujer se sorprendió porque en esa época los judíos ni siquiera hablaban con los samaritanos. Le dijo: «¿Cómo puede ser que me pidas de beber?»

Jesús le respondió: «Si supieras quién soy, tú me pedirías de beber y yo te daría agua viva».

La mujer pensó que Jesús le hablaba del agua en sentido literal. Y le dijo: «Señor, ni siquiera llevo cubo ni nada en que pueda sacar agua del pozo. Tú tampoco tienes cubo y el pozo es profundo, ¿cómo podrías darme agua?»

Me pregunto cuántas veces Dios nos dice que quiere hacer algo grandioso en nuestras vidas, que estaremos bien, con salud, que no tendremos deudas. Y sentimos que lo deseamos pero, igual que la mujer junto al pozo, empezamos a pensar en lo que no tenemos, en los obstáculos del camino y pronto nos convencemos de que no obtendremos lo mejor que Dios tiene reservado para nosotros.

«Jamás podría lograrlo. Me falta estudio. No tengo talento. Ni disciplina. Jamás romperé con esta adicción. Nunca concretaré mis sueños».

¡No! Deja ya de mirar lo que no tienes y comienza a creer que todas las cosas son posibles.

Jamás soñé que haría lo que estoy haciendo hoy, alentando a gente de todo el mundo. Durante diecisiete años mi padre intentó lograr que yo hablara en nuestra iglesia y nunca quise hacerlo. Soy callado y reservado por naturaleza y prefiero trabajar detrás de bambalinas.

Pero cuando mi padre partió a estar con el Señor supe que tenía que dar un paso al frente. Aunque jamás había predicado ni asistido al seminario, y no tenía educación formal, dije: «Dios, no voy a mirar lo que no tengo. Voy a mirarte a Ti. Conozco que en mi debilidad es cuando más puedes mostrar Tu poder». Di ese paso de fe y Dios me llevó a lugares que jamás hubiera soñado.

Lo mismo puede hacer por ti. No te atasques en la rutina de tu actitud, tu profesión o matrimonio. Tienes dentro un potencial increíble, ¡mucho más de lo que puedas imaginar siquiera! A Dios no lo limitan las fuerzas de la naturaleza. Él puede hacer lo que los seres humanos no podemos. La clave está en quitar la mirada de nuestros problemas y ponerla en Dios.

Cuando Dios pone en tu corazón un sueño puede parecer imposible en el plano natural. Todas las voces te dirán que no será posible: «Jamás romperás con esa adicción. Nunca podrás concretar tus sueños. Nunca podrás ser feliz». Pero si crees y permaneces en la fe, y esperas lo bueno, podrás derribar los obstáculos.

Hablé con un famoso equilibrista que proviene de una familia donde han existido siete generaciones de artistas de circo. Y le pregunté: «¿Cuál es la clave para caminar sobre la cuerda floja? Haces que parezca fácil».

Me dijo: «Joel, el secreto está en mantener la mirada fija en el punto hacia donde estás yendo. Jamás mires hacia abajo. Donde vaya tu cabeza, allí irá tu cuerpo. Si miras hacia abajo, lo más probable es que caigas. Así que siempre tienes que mirar al lugar donde quieres llegar».

El mismo principio aplica en la vida. Hay gente que siempre mira el pasado, y se concentra en sus problemas y dolores. Otros miran hacia abajo y viven en la autocompasión, quejándose porque la vida no es justa. La clave para subir, sin embargo, está en mirar hacia donde quieres llegar. ¡Sueña en grande! No te concentres en el lugar que ocupas hoy. Mantén una visión positiva y te verás logrando tus objetivos, cumpliendo tu destino.

De pequeño, Pete jugaba al béisbol todo el tiempo. Era su pasión. Pero cuando intentó entrar en el equipo el entrenador no le dio ninguna oportunidad. Le dijo: «Lo siento, hijo. Eres muy pequeño. Nunca podrás jugar en este equipo».

Pete quedó devastado. Su sueño era jugar al béisbol. Su madre fue a buscarlo a la salida de la escuela, y él y su mejor amigo se sentaron en el asiento de atrás. El pobre Pete hacía grandes esfuerzos por no llorar y mantener la compostura, pero luego su amiguito, que era mucho más grande en tamaño, le dijo: «Oye, ¿le dijiste a tu mamá que no lograste entrar en el equipo porque eres demasiado menudo?»

Esas palabras le perforaron el corazón. Detestaba ser pequeño. Fue a casa sintiéndose rechazado, un nada. Esa semana, sin embargo, hubo un anuncio en la escuela: «Como hubo tantos que intentaron entrar en el equipo vamos a crear un segundo equipo, un equipo B».

Pete se presentó y logró entrar en el equipo B.

Esa temporada, los dos equipos terminaron jugando como adversarios para el campeonato, y el segundo equipo —el B—, venció al equipo A. ¿Adivina quién fue el lanzador que logró la victoria?

Adivinaste: El equipo B ganó el campeonato gracias a la habilidad de Pete como lanzador.

Ahora, piensa en esto. ¿Cuánto potencial tenía Pete cuando no lo aceptaron en el equipo A? ¿Había cambiado este potencial cuando empezó a lanzar para el equipo B?

---

**Los demás no pueden determinar cuál es tu potencial.**

---

El punto es el siguiente: los demás no pueden determinar cuál es tu potencial. Lo que digan o lo que piensen de ti no cambia lo que Dios puso en tu interior. No permitas que las palabras o actitudes negativas echen raíces y te impidan seguir adelante. Dios quizá te esté preguntando hoy: «¿Quién te dijo que eres demasiado pequeño? ¿Quién te dijo que no eres inteligente? ¿Quién te dijo que no tienes el talento que hace falta?»

Dios no habría puesto ese sueño en tu corazón si no te hubiese dado ya todo lo que te hace falta para lograrlo. Esto significa que, si tengo un sueño o un deseo y sé que viene de Dios, no tengo que preocuparme de si tengo o no lo que se requiere para concretarlo. Sé que Dios no se equivoca. No nos llama a hacer algo sin darnos la capacidad o la habilidad para poder cumplirlo.

Usted tiene que darse cuenta que Dios lo ha puesto en el mundo que le corresponde. En otras palabras, a pesar de que a veces pueda que no le parezca que usted sea capaz de lograr sus sueños, tiene que superar esos sentimientos, y saber muy dentro de sí mismo que *tengo la semilla del Dios Todopoderoso en mí*. Comprenda, Dios nunca va a poner un sueño en su corazón sin primero prepararlo con todo lo que usted necesita para lograrlo. Si usted siente que no tiene la sabiduría, talento, habilidad, o recursos necesarios, simplemente acuérdese que *Dios me ha puesto en el mundo que me corresponde. Él ya ha puesto en mí lo que necesito.*

Un ministro una vez le dio a un hombre un billete de 20 dólares y le pidió que lo escondiera secretamente en la Biblia de su esposa. «Asegúrate que no te vea haciéndolo», enfatizó él.

Posteriormente, durante el sermón, el ministro le pidió a la mujer que se pusiera de pie. «¿Confía usted en mí, señora?», preguntó.

«Sí, por supuesto», replicó ella.

«¿Sería tan amable de hacer lo que le pida?»

«Sí, claro que sí», respondió ella.

«Muy bien, entonces por favor abra su Biblia, y déme el billete de veinte dólares que está adentro».

La mujer se ruborizó y dijo: «Oh, lo siento. No tengo un billete de veinte dólares».

«¿Creí que me había dicho que confiaba en mí?», preguntó el ministro con incredulidad fingida.

«Sí, por supuesto», replicó la mujer.

«Entonces, por favor, abra su Biblia y déme el billete de veinte dólares».

La mujer abrió su Biblia con no muy poco recelo, y para su gran sorpresa, descubrió un billete de veinte dólares entre las páginas. Sus ojos resplandecían mientras miró al ministro y preguntó: «¿Pero cómo se metió eso allí?»

«Yo se lo di», dijo el ministro con una sonrisa, «y ahora estoy simplemente pidiéndole que saque el regalo que ya le he dado, y use los veinte dólares para algo bueno».

De manera parecida, Dios nunca le va a pedir que haga algo sin primero depositarlo dentro de usted. Si usted se atreve a dar un paso de fe, descubrirá dones dentro de sí mismo que usted nunca antes se había dado cuenta que estaban allí.

Algunas personas casi se pierden de las cosas grandiosas que Dios quiere hacer dentro y a través de ellas porque no creen que hay cosas mejores. En el Antiguo Testamento, cuando Dios le pide a Moisés que confronte al faraón, el gobernador de Egipto, y le ordene que libere al pueblo de Dios que había estado viviendo en la esclavitud, Moisés se mostró reacio. «Dios, no puedo hacer eso», dijo Moisés. «Yo tartamudeo y balbuceo. No soy un buen orador».

Me encanta cómo Dios contestó las protestas y excusas de Moisés. Dios preguntó: «Moisés, ¿quién hizo tu lengua? ¿Quién hizo tu voz?»

Con estas preguntas conmovedoras, Dios le estaba recordando a su hombre: «Moisés, ya he puesto en ti exactamente lo que necesitas. Ahora, saca lo que te he dado, y úsalo para mi honra, para el bien de tu familia y amigos, y el tuyo».

Dios le dijo algo parecido a Gedeón, otro héroe del Antiguo Testamento. Dios le dijo a Gedeón que él iba a librar al pueblo hebreo de la opresión. Dios incluso llamó a Gedeón un poderoso hombre de valor.

No obstante, Gedeón se encogió de miedo e inseguridad. «No, yo no, Dios», dijo inquietamente. «Soy el que menos vale en mi familia. Todos los que están a mi alrededor son más talentosos que yo».

Sin embargo, Dios le dio a Gedeón exactamente lo que necesitaba para hacer lo que Él le había pedido que hiciera.

No deje que el tamaño de su sueño o la grandiosidad del llamado de Dios en su vida lo intimide. Es más, no deje que los negativistas que se encuentren en su camino le impidan que siga hacia delante. Cuando la gente intentó desanimar al apóstol Pablo, tratando de convencerlo de dejar sus sueños, diciéndole lo que él no podía hacer, Pablo respondió: «¿Y qué si ellos no creen? ¿Causará su incredulidad que la promesa de Dios no tenga efecto en mi vida?»

Pablo estaba diciendo: «Si otra gente no quiere creer en Dios para lograr cosas mejores en sus vidas, está bien; pero eso no me va a impedir que yo crea. Sé que las promesas de Dios están en mí».

Esa es la actitud que también necesitamos tener. ¿Y qué si otra gente dice que no puedo tener éxito? ¿Y qué si alguien trata de derribarme; y qué si una persona no cree? Yo no voy a permitir que sus acciones, actitudes, o comentarios causen que abandone los sueños que Dios me ha dado. No voy a permitir que su incredulidad influya en mi fe.

## No dejes que el rechazo te aplaste

Muchas veces cuando nos rechazan o sentimos desilusión, el desaliento hace que nos detengamos, justo allí donde estamos. «Supongo que no tenía que ser», tratamos de razonar. O, «Pensé que podía salir con esa persona tan atractiva, pero se ve que yo no luzco muy bien». O, «Creí que me ascenderían y lo intenté, sin lograrlo. Tal vez me falte talento. No funcionó».

Cuando la desilusión o el rechazo te peguen y caigas al suelo, levántate y sigue. Abandonamos la lucha con demasiada facilidad, renunciando a los sueños. Tenemos que entender que así como Dios abre puertas de manera sobrenatural, también de la misma forma las puede cerrar. Y cuando Dios cierra una puerta, siempre es porque hay algo mejor esperándonos más adelante. Así que, si llegaste a un callejón sin salida, no es tiempo de renunciar. Encuentra una ruta diferente y sigue esforzándote, avanzando.

A veces, de nuestro más grande rechazo surge nuestro camino más importante. Cuando llegues a una puerta cerrada, o algo no funcione en tu vida, en lugar de verlo como el final piensa que Dios está señalándote una dirección mejor. Sí, puede ser incómodo en ciertas ocasiones. Y a veces no nos gustará para nada. Pero no podemos cometer el error de sentarnos y conformarnos con el lugar donde nos encontramos.

---

**A veces, de nuestro más grande rechazo surge
nuestro camino más importante.**

---

En 1959 mi padre era pastor de una exitosa iglesia, con una congregación próspera. Habían construido un santuario nuevo y mi padre tenía un futuro brillante. Pero en esa época nació mi hermana Lisa, con algo parecido a la parálisis cerebral. Hambriento de una nueva señal de Dios, papá se alejó un tiempo para estar a solas con Él. Estudió las Escrituras desde otra perspectiva. Y empezó a ver que Dios era un Dios bueno, un Dios sanador que podía seguir obrando milagros aun hoy. Papá volvió a su iglesia y predicó con una nueva pasión y un entusiasmo renovado. Pensó que todos sentirían su misma pasión, pero la reacción de la congregación fue todo lo contrario. No les gustó este nuevo mensaje. No encajaba con su tradición. Luego de sufrir mucha persecución, tristeza y dolor, papá supo que lo mejor que podía hacer era alejarse de esa iglesia.

Claro que sintió desilusión. No entendía por qué podía pasar algo así. Pero recuerda que del rechazo surge la dirección. Cuando una puerta se cierra, Dios está por abrir una mejor, más grande.

Papá caminó al final de la calle hasta un galpón abandonado. Allí, él y otras noventa personas formaron la Iglesia Lakewood el Día de la Madre de 1959. Los críticos decían que no duraría pero hoy, casi cincuenta años más tarde, la Iglesia Lakewood es una de las más grandes de Norteamérica, y sigue creciendo.

No creo que papá pudiera haber disfrutado de ese primer ministerio, ni que podría haber llegado a ser todo lo que Dios quería que fuera si se hubiera quedado en un entorno tan limitado. La clave es la siguiente: el sueño que hay en tu corazón puede ser más grande que el entorno en el que estás. A veces, hay que dejar ese ambiente para poder ver que tu sueño se hace realidad.

---

**El sueño que hay en tu corazón puede ser más grande que el entorno en el que estás.**

---

Piensa en el roble. Si la planta está en una maceta, su crecimiento se verá limitado. Cuando las raíces llenen la maceta ya no podrá seguir creciendo. El problema, sin embargo, no está en el árbol sino en su entorno. Este impide su crecimiento. Quizá en tu corazón haya cosas más grandes de las que tu entorno pueda permitir. Por eso a veces Dios te hará salir de tu comodidad. Cuando pases por persecuciones o rechazos, no siempre será porque alguien te detesta. A veces, es la forma en que Dios nos dirige para hacer su voluntad. Está tratando de que te extiendas al siguiente nivel. Y sabe que no lo harás sin un empujón, así que te incomoda para que no permanezcas en ese lugar donde estás hoy. El error que cometemos muchas veces es que nos amargamos, vemos lo negativo y nos concentramos en el hecho de que no funcionó. Cuando hacemos eso, impedimos que se abran las puertas nuevas.

Hace años la Iglesia Lakewood intentaba comprar un terreno donde pudiéramos construir un nuevo santuario. Durante meses habíamos buscado y por fin encontramos un terreno maravilloso, de cuatro hectáreas. Estábamos muy entusiasmados. Pero el día asignado para la firma del contrato, los dueños le vendieron las tierras a otro comprador.

Mi desilusión fue terrible, y tuve que repetirme: «Joel, Dios ha cerrado esta puerta por una buena razón. Tiene algo mejor reservado para la iglesia». Claro que estaba triste y admito que sentí desaliento. Pero tuve que sacudirme todo eso y decir: «No. No voy a quedarme donde estoy. Voy a seguir adelante y haré el esfuerzo de avanzar».

Unos meses después encontramos otro lindo terreno. También habría servido. Pero sucedió algo parecido y el dueño se negó a vendérnoslo. Otra desilusión. No podía entenderlo, pero dije: «Dios, confío en ti. Sé que tus caminos no son los míos. Esto no parece bueno. No parece justo. Pero seguiré con una actitud de fe, esperando cosas buenas».

No pasó mucho tiempo hasta que se abrió la puerta al Centro Compaq, un estadio deportivo con dieciséis mil asientos, en el centro de Houston, en el corazón de uno de los sectores más importantes de la ciudad. Entonces vi con claridad por qué Dios había cerrado las otras puertas. Si hubiésemos comprado cualquiera de los otros dos terrenos, la decisión nos habría impedido conseguir lo que Dios tenía reservado para nosotros.

A lo largo de la vida no siempre vamos a entender todo lo que sucede. Pero sí tenemos que aprender a confiar en Dios. Tenemos que creer que Él nos lleva en la palma de su mano, que nos está guiando y liderando, que siempre tiene en su corazón lo mejor para nosotros.

Conozco gente que ha pasado por experiencias de rechazo en sus relaciones personales. Matrimonios que no funcionaron, aun cuando invirtieron años de esfuerzo. Se sienten heridos, rechazados, derrotados y no esperan nada bueno.

No creo que el divorcio sea lo que Dios tiene reservado para nosotros. Desafortunadamente a veces es inevitable. Si te has divorciado, entiende que Dios sigue teniendo un plan para tu vida. Sólo porque alguien te rechazó o te abandonó y te hirió, no significa que tengas que esconderte en un rincón, conformándote con el lugar en que estás. Ese rechazo no cambió lo que Dios puso en tu interior. No significa que ya no puedas ser feliz. Cuando una puerta se cierra, si mantienes la actitud correcta, Dios abrirá otra. Lo que tienes que hacer es poner de ti y avanzar, seguir adelante. Mucha gente se amarga, se enoja y culpa a Dios. En cambio, debieran dejar ese dolor atrás. Quizá no lo entiendas, pero tienes que confiar en Dios y seguir adelante con tu vida. No lo veas como el final. Míralo como un nuevo comienzo. Alguien te rechazó, pero puedes mantener la cabeza en alto sabiendo esto: Dios te acepta. Dios te da su aprobación y tiene algo mejor para ti.

Amigo, no mueras con el tesoro desperdiciado dentro de ti. Sigue esforzándote. Sigue extendiéndote hacia lugares más altos. Deja que nazca lo que Dios puso en tu corazón. No permitas que la gente te convenza de que abandones tus sueños. Escucha lo que Dios dice de ti, no lo que dicen las voces negativas. Cuando enfrentes el rechazo o la desilusión, no te quedes allí. Recuerda que Dios tiene otro plan. Esa puerta cerrada significa sencillamente que Dios tiene algo mejor, más adelante. No lo habrás visto antes, pero hoy es un nuevo día. No has visto, oído ni imaginado las cosas maravillosas que Dios tiene reservadas para ti. Sigue adelante y no dejes que te agobien las distracciones y desilusiones de la vida. Sigue extendiéndote hacia el siguiente nivel, buscando tu más alto potencial. Si lo haces, puedo decirte con toda confianza que te esperan tus mejores días. Dios va a mostrarte más de su bendición y favor, y llegarás a ser lo mejor de *ti*, mejor de lo que jamás hayas creído posible.

# CAPÍTULO 2

# Un nuevo comienzo para tus sueños

Hace unos años ingresé en un edificio gubernamental que tenía dos pares de puertas dobles, separadas por unos cinco metros de distancia. Las puertas se abrieron automáticamente cuando me acerqué pero, por razones de seguridad, cuando pasé por el primer par de puertas tuve que esperar a que se cerraran antes de que se abrieran las siguientes. Mientras me mantuviera junto al primer par de puertas, el segundo par no se abriría.

Muchas veces la vida funciona de manera parecida a la de esas puertas automáticas. Tienes que dejar atrás tus desilusiones y fracasos, y hacer que esas puertas se cierren del todo detrás de ti. Avanza hacia el futuro que Dios tiene para ti, sabiendo que nada puedes hacer por aquello que en el pasado te lastimó. No puedes cambiar el pasado, pero sí el futuro. Lo que hay delante de ti es mucho más importante que lo que queda detrás. El lugar hacia donde te diriges tiene más importancia que el lugar de donde viniste.

Si tienes la actitud correcta, tendrás más en el futuro de lo que perdiste en el pasado. Ya deja de mirar atrás. Este es un nuevo día. Tal vez sientas que tus sueños murieron pero Dios puede resucitar tus sueños muertos, o darte sueños nuevos y flamantes. Él es un Dios sobrenatural y cuando creemos, todas las cosas son posibles.

---

**Tendrás más en el futuro de lo que perdiste en el pasado.**

---

Es que Dios no se ha dado por vencido contigo. Sabe que ha puesto dentro de ti semillas de grandeza. Tienes algo que ofrecer que nadie más tiene. Dios te ha dado sueños y deseos nobles. Sin embargo, muchas veces permitimos que la adversidad, el desaliento y las dificultades nos paralicen y pronto vemos que dejamos de avanzar. No nos elevamos, no creemos poder alcanzar un lugar más alto en la vida.

Es irónico que algunas de las personas más talentosas y con mayores dones pasen por experiencias injustas y desafortunadas: divorcio, abusos, abandono. Es fácil que piensen: *¿Por qué me pasa esto a mí? ¿Qué hice para merecerlo?*

Lamentablemente, el enemigo conoce parte de lo que hay dentro de ti. Sabe cuál es tu potencial, así que hará todo lo posible por evitar que esa semilla germine. Él no quiere que tus dones y talentos florezcan. No quiere que alcances tus sueños. Quiere que tengas una vida promedio, mediocre.

Tienes que entender lo siguiente: Dios no creó a ninguna persona sin poner dentro de ella algo de extremo valor. La vida quizá haya intentado aplastarte con dificultades o desilusiones. En el plano natural no puedes ver la forma en que pudieras posiblemente volver a levantarte. No ves cómo podrías ser feliz. En ese momento puedes decir con firmeza y convicción: «Sé lo que tengo dentro. Soy hijo o hija del Dios Altísimo. Me llena su poder y potencial y voy a levantarme para ser todo lo que Dios quiere que sea, aquello para lo que me creó».

El apóstol Pablo urgió a su joven pupilo Timoteo: «No descuides el don que hay en ti». De manera similar, también tú necesitas cuidar del don que hay en ti, tus talentos, sueños y deseos, todo tu potencial. Quizá estas cualidades y características estén hoy sepultadas bajo la depresión y el desaliento, y bajo las opiniones negativas de quienes te dicen que no podrás, bajo las debilidades, defectos y temores que sientes. Aun así, las cosas buenas que Dios puso en ti todavía están allí. Tienes que hacer tu parte y comenzar a trabajar para que salgan a relucir.

---

**Dios quiere hacer algo nuevo.**

---

Es posible que hayas pasado por muchas cosas negativas e injustas. Pero has de saber esto: Dios quiere hacer cosas nuevas. Quiere darte un nuevo comienzo. No te abandones. No pienses que ya llegaste al fondo, que alcanzaste tu límite en la vida: «Bueno, Joel. Es que no conoces mi situación», me dirás. «Ya llegué hasta donde mi educación me lo permite. No conoces cuáles son mis dificultades y problemas».

No, es posible que desconozca todo eso. Pero conozco a nuestro Dios, y Él es Todopoderoso. Tiene mucho más para ti. Lo que quiero preguntarte es: «¿Puedes conocerlo? ¿Puedes hacerle lugar?» Lo primero que necesitará ser renovado son tus pensamientos. Si tu pensamiento es limitado, también tu vida lo será.

«Pero Joel, estoy en bancarrota. Lo he intentado y fracasé».

Déjalo atrás. Este es un nuevo día.

«Es que mi matrimonio no funcionó. Estoy tan mal. Jamás pensé que pasaría por una situación como esta».

Todo eso es muy triste. Pero no es el final. Cuando se cierra una puerta Dios siempre abre otra. Si se cierran todas las puertas ¡abrirá una ventana! Dios siempre quiere darte un nuevo comienzo. Es que sigue teniendo un gran plan para tu vida. Pero ¿sabes cuándo podrá concretarse? Cuando dejes de mirar atrás. Cuando dejes de llorar por lo que has perdido. Nada te impedirá alcanzar todas las cosas buenas que Dios tiene para ti, excepto el hábito de vivir en el pasado.

Si sientes que la vida te ha aplastado, con situaciones injustas o desilusiones terribles, hagas lo que hagas nunca te quedes en el suelo. Levántate de nuevo, sacúdete el polvo. Si no encuentras quien te aliente, aprende a animarte a ti mismo. Levántate por la mañana, echa los hombros hacia atrás y mírate en el espejo. Di: «Ya he llegado demasiado lejos como para detenerme. Estaré golpeado, pero no abatido. Voy a levantarme otra vez. Sé que no soy una víctima sino un vencedor».

Tienes que mantenerte despierto y alerta para poder ver las puertas que se abren delante de ti. Las puertas nuevas. Es que conozco a demasiadas personas que viven en el mundo del «bastante bueno».

«Joel, no me gusta mi trabajo, pero es bastante bueno». «Mi esposo y yo, bueno… no nos llevamos demasiado bien, pero sí lo bastante. Sobrevivimos». «No estoy usando mis dones. No hago lo que me gusta, pero al menos es bastante bueno lo que hago. Peor sería no tener trabajo».

No, jamás permitas que lo «bastante bueno» sea suficiente para ti. Sigue buscando. Sigue creyendo. No fuiste creado para ser promedio, sino para sobresalir. Dios te creó para que dejes una huella en esta generación. Al comenzar cada día recuerda esto: «Tengo dones y talentos. Soy creativo. Tengo el favor de Dios. He sido preparado y capacitado. Concretaré mis sueños». Di estas cosas en voz alta, con fe, y verás que no pasará mucho antes de que empieces a ver que se hacen realidad.

Aunque tendrás que entender que a lo largo de la vida nos encontraremos con fuerzas que se oponen a lo que intentamos, buscando impedir que lleguemos a ser todo aquello para lo que Dios nos creó. Y muchas veces las adversidades y situaciones injustas son resultado de los esfuerzos del enemigo, que busca desalentarnos y engañarnos para que abandonemos nuestros sueños. Sentirás entonces que estás en un lugar vacío en ese momento. Que no alcanzarás nada. Que has pasado por dificultades graves. Sin embargo, Dios quiere restaurarte, alentarte, llenarte con su esperanza. Quiere resucitar tus sueños. Quiere hacer cosas nuevas.

Tienes que recordarte continuamente que en tu interior hay dones y talentos. Que eres creativo. Precisamente por eso es que el enemigo intenta mantenerte hundido, para que tus dones, creatividad, gozo, sonrisa, personalidad y sueños jamás logren ver la luz del día. A él le encantaría que todo eso permaneciera latente, sin surgir a la superficie, mientras vivas. Gracias a Dios, eso no depende de tu enemigo sino de ti.

Sí, es posible que hayas tenido duros inicios en la vida. Que te hayan tocado más cosas feas de las que merecías. Pero no es tu inicio lo que cuenta, sino tu línea de llegada. Sacúdete el peso del pasado y quítatelo de encima. Deja atrás el desaliento. Recuérdate que Dios sigue estando al mando de tu vida. Si pones tu confianza en Él, ha prometido que no prosperará arma alguna en contra de ti. Tu situación puede parecerte injusta. Puede ser difícil y parecerte que las fuerzas que obran en contra de ti están ganando por el momento. Sin embargo, Dios ha dicho que cambiará tus circunstancias y las hará obrar para tu bien.

No seas complaciente. No te conformes con lo «bastante bueno». Mantente alerta, en movimiento. Porque las fuerzas que tienes a favor son mucho más potentes que las que tienes en contra. Las Escrituras dicen: «Por la noche durará el llanto, y a la mañana vendrá la alegría».[2]

**No te conformes con lo «bastante bueno».**

Debes recuperar tus sueños y tu fuego, tu ánimo. No sobrevivas nada más como esposo o esposa. Busca una nueva visión para tu matrimonio hoy mismo. No te arrastres al trabajo, haciendo siempre lo mismo. Comienza a dar pasos de fe. Tienes mucho más dentro de ti. Exígete un poco. Lo que estás esperando quizá no haya sucedido en el pasado, pero hoy es un nuevo día. Si sigues adelante, esperando, esforzándote y creyendo no sólo podrás elevarte sino que además verás que las cosas van cambiando para obrar en tu favor.

«Joel, lo he intentado y fracasé. Mi sueño se hizo añicos».

Bueno, entonces sueña otro.

«Es que sufrí una pérdida irreparable, no puedo seguir adelante».

Levántate y vuelve a andar. Es lo que tenemos que hacer todos.

Imagina la desilusión, la devastación que habrán sentido Adán y Eva al enterarse de que su hijo Caín había matado a su hermano Abel. A pesar de su dolor, dijeron en Génesis 4.25: «Porque Dios (dijo ella) me ha sustituido otro hijo en lugar de Abel, a quien mató Caín». En efecto, decían: «Estamos horrorizados porque algo así pudiera suceder en nuestra familia. Nos sentimos devastados, pero nuestro duelo no durará para siempre porque sabemos que Dios tiene una nueva semilla para nosotros».

Cuando pases por momentos difíciles, cuando sientas que ya nada puede ser peor, Dios sigue diciendo: «Anímate. Te daré nueva semilla. Haré una cosa nueva».

Es posible que el médico te haya dado una mala noticia, o que una relación tuya no funcione. Pero con todo lo que has perdido, todo lo que te han robado, todo lo que se te quitó, has de saber esto: Dios tiene otro plan. Tiene otra semilla.

Dios utiliza la palabra *semilla* porque nos da un indicio de algo por venir. Recuerda que si haces tu parte y dejas ir lo viejo para seguir avanzando, tendrás más en el futuro de lo que perdiste en el pasado.

A mucha gente le cuesta dejar lo que quedó atrás. Siempre están pensando en quien les hirió, en el trato injusto que recibieron: «¿Por qué me pasó esto?» Mientras tanto, sus dones, talentos y sueños se asfixian. Todo su potencial está latente, dormido.

Esto casi le sucedió a mi padre. Se casó siendo aún joven pero desafortunadamente la relación no funcionó. Estaba devastado. Sentía que sus días como ministro ya habían quedado atrás y que no volvería a tener una familia. Estaba seguro de haber arruinado su vida, destruido todo lo bueno que quería hacer. Pasaba horas y horas deprimido, derrotado, sintiéndose rechazado.

Pero un día hizo lo que te pido que hagas tú. En lugar de conformarse con lo «bastante bueno», en vez de concentrarse en sus errores y fracasos, decidió dejar todo eso atrás. Años más tarde, me dijo que lo que más le había costado fue recibir la misericordia de Dios. Sin embargo, la Biblia nos dice que al confesar nuestros pecados Dios no solamente nos perdona sino que decide no recordarlos nunca más. Si alguien sigue recordándote tu pasado, tienes que saber que no es Dios quien lo hace. Si Dios lo olvidó y lo dejó atrás, ¿por qué no puedes hacerlo tú?

Eso fue lo que hizo mi padre. Un día se levantó, se sacudió el polvo y dijo: «Sí, cometí errores. Tomé decisiones equivocadas. Pero sé que Dios tiene otra semilla. Sé que tiene otro plan».

Poco después conoció a mi madre. Al cabo del tiempo se casaron y con los años Dios los bendijo ¡con cinco hijos!

Muchas personas que han pasado dolor y tristeza, como le sucedió a mi padre, están abatidas, llorando, pensando en sus errores, sintiendo culpa, condenación y frustración. Sienten que la vida les ahogó, y permiten que sus dones y talentos se asfixien. Han puesto un freno a sus sueños.

Por favor, no permitas que esto te suceda. Si erraste, recuerda esto: Dios es el Dios de las segundas oportunidades, y de las terceras, las cuartas y más. No digo que busques el camino fácil y deshagas tu matrimonio. No. Si es posible, sigue con tu cónyuge y busca que tu matrimonio funcione. Pero si ya has pasado ese punto, no te quedes allí sentado, pensando que tu vida acabó y que nunca volverás a ser feliz. No. Dios tiene otra semilla. Quiere darte un nuevo comienzo.

Deja que la puerta se cierre del todo y avanza hacia el futuro que Dios tiene para ti. Deja de mirar atrás. Al contrario, recibe la misericordia de Dios y sigue avanzando en la vida.

El auto que conduces tiene un parabrisas delantero grande y un espejo retrovisor pequeño. Es obvio lo que esto implica: lo que sucedió en tu pasado no importa tanto como lo que hay en tu futuro. Importa mucho más el lugar al que vas, mucho más que el lugar en el que has estado. Si sigues concentrándote en el pasado, es posible que pases por alto muchas excelentes oportunidades que hay en el futuro.

---

**Lo que sucedió en tu pasado no importa tanto como lo que hay en tu futuro.**

---

¿Cómo dejamos atrás el pasado? Ante todo, disciplina tus pensamientos para dejar de pensar en ello. Deja de hablar de lo que pasó. Deja de revivir cada una de esas experiencias negativas. Si has sufrido una pérdida, o alguno de tus sueños murió, claro que hay tiempo para llorar. Pero en algún momento tienes que dejarlo, sacudirte el polvo, vestirte con una nueva actitud y seguir adelante. No permitas que el desaliento sea el tema central de tu vida. Deja de llorar por algo que no puedes cambiar. Dios quiere darte un nuevo comienzo, pero tendrás que dejar lo viejo antes de poder ver lo nuevo. Deja que esa puerta se cierre detrás de ti y da un paso adelante para que pueda abrirse la que tienes delante.

Probablemente hayas permitido que otros te convenzan de que jamás podrás llegar más alto, que jamás podrás concretar tus sueños. Ha pasado demasiado tiempo y te equivocaste horriblemente.

No creas en esas mentiras. En vez de eso, anímate con el ejemplo de Caleb, en el Antiguo Testamento. Cuando era joven, él y Josué formaron parte de una misión espía enviada a explorar y determinar la fuerza del enemigo antes de que el pueblo de Dios avanzara hacia la tierra que Él les había prometido. Ahora, de esa misión exploradora, sólo Caleb y Josué volvieron con informes positivos para Moisés. Le dijeron: «Podremos tomar las tierras». Los otros diez espías dijeron: «No, Moisés. La tierra está habitada por gigantes. La oposición es formidable. Los obstáculos, imposibles de vencer». Y la mayoría intentó convencer a Moisés y al resto de los hijos de Israel para que no avanzaran hacia las bendiciones que Dios les había prometido. Estaban dispuestos a conformarse con lo «bastante bueno», a habitar durante el resto de sus vidas allí donde estaban. Desafortunadamente, ese grupo de pensadores negativos jamás logró entrar en la tierra prometida. Pasaron los siguientes cuarenta años dando vueltas sin rumbo en medio del desierto. A fin de cuentas la mayoría murió sin cumplir sus sueños, en tanto Dios hacía crecer a una nueva generación.

Para entonces Caleb tenía ya ochenta y cinco años pero no había abandonado el sueño que Dios puso en su corazón. Muchas personas de esa edad pasan su tiempo sentados en la mecedora y pensando en los buenos viejos tiempos. Pero Caleb no era así. Siguió alerta y se mantuvo en forma también. Le dijo a Josué que seguía siendo tan fuerte como cuando recibió la promesa por primera vez.

Caleb volvió al mismo lugar, a la misma montaña que otros habían temido escalar. Y dijo: «Dios, dame esta montaña». En efecto, lo que Caleb decía era: «No quiero otro lugar donde vivir. Sigo con este sueño en mi corazón».

Es interesante notar que Caleb no pedía una herencia fácil. En verdad esa montaña que reclamaba para su pueblo estaba habitada por cinco gigantes, hombres de enorme tamaño. Seguramente podría haber encontrado otro lugar con menos peligros, más accesible, ocupado por gente a quien pudiera vencer. Caleb, sin embargo, dijo: «No me importa cuántos obstáculos haya. Dios me prometió este lugar. Y aunque hayan pasado cuarenta años seguiré insistiendo, seguiré creyendo hasta ver cumplida esa promesa».

Esta clase de actitud es la que debemos tener. Nos damos por vencidos con demasiada facilidad: «Bueno, no me ascendieron como yo quería. Supongo que nunca lo harán».

«Mi esposo y yo no podemos llevarnos bien. Supongo que nuestro matrimonio terminó».

No es así. Sigue insistiendo y creyendo. Mantente despierto y alerta. Tienes los dones, los talentos, los sueños. No permitas que la complacencia te impida ver que se cumplan las promesas de Dios en tu vida.

## Permanece en un entorno saludable

Una de las claves importantes para poder desarrollar todo tu potencial se encuentra en tu entorno. Necesitas estar en un lugar donde la semilla pueda germinar. Conozco gente de mucho talento e increíble potencial, pero que insiste en andar en compañía de quienes no les convienen. Si tus mejores amigos son holgazanes, indisciplinados, gente sin grandes sueños, negativa y crítica, todo eso se te pegará. Además, el ambiente en que eliges estar te impide llegar más alto. No puedes rodearte de personas negativas y esperar que tu vida sea positiva. Si todos tus amigos viven derrotados y deprimidos y renunciaron a sus sueños, tendrás que hacer algunos cambios. Seamos sinceros: es probable que no puedas ayudarlos. Lo más probable es que si sigues pasando demasiado tiempo con ellos, logren voltearte y hundirte.

---

**No puedes rodearte de personas negativas y esperar que tu vida sea positiva.**

---

Es normal sentir afecto por tus amigos. Puedes orar por ellos y tratar de alentarles a hacer cambios positivos en sus vidas. Pero a veces, lo mejor que puedes hacer es apartarte de la gente negativa y ubicarte en un entorno saludable, positivo, lleno de fe. Es algo de extrema importancia porque no importa lo grande que sea el potencial de la semilla, si no la pones en tierra buena, no podrá echar raíces y crecer.

Natalie vivía en un entorno muy negativo, con abusos físicos, emocionales y verbales. Aunque su esposo Thomas era dominante y controlador y se negaba a buscar ayuda, Natalie seguía junto a él año tras año. Es que tenía miedo de irse. Temía a la soledad y a no poder mantener a sus dos hijas. Tenía miedo de que jamás conocería a otro hombre dispuesto a amarla y aceptarla, ni a ella ni a sus hijas.

Cuando Natalie me preguntó si yo pensaba que debía seguir con esa relación abusiva, le respondí: «No creo que eso sea lo que Dios tiene reservado para ti. Siempre insisto en mantener al matrimonio unido y en tratar de que las cosas funcionen, Natalie. Pero entiéndeme: Dios no te creó para que fueras maltratada ni objeto de abusos. Tu madre estuvo en una relación abusiva y ahora tú estás igual. Y a menos que hagas algo por cambiar esto, lo mismo les espera a tus hijas».

Para Natalie fue muy doloroso, pero por fin se armó de valor y dejó que la puerta de esa relación se cerrara. Se dedicó a comenzar de nuevo, volvió a estudiar y se graduó con honores. Encontró un empleo y conoció a un hombre que se enamoró de ella y que quiere a sus hijas. Hoy, Natalie está felizmente casada. Nada de esto habría sucedido si no hubiese dejado que se cerrara una puerta para dirigirse a otra, que esperaba abrirse.

Muchos me han dicho: «Joel, no sé por qué soy como un imán para la gente abusiva. Salgo de una mala relación y entro en otra aun peor. Sé que tendría que apartarme. Sé que no es bueno para mí. Pero no puedo irme. Me sentiría culpable».

Suelo responder: «No. Tienes la responsabilidad de mantenerte sano y salvo. Tienes un don. Dios te ha confiado sus talentos y sus sueños. Y quizá te duela, pero lo mejor que puedes hacer es apartarte de quien es un lastre continuo para tu espíritu. No permitas que nadie te trate de esa forma. Tu valor es muy grande. Eres una criatura creada a imagen del Dios Todopoderoso».

«Joel, si pongo límites, esa persona tal vez se vaya».

En verdad, creo que sería lo mejor que podría pasar. Oí decir que hay algo que se le llama «el regalo del adiós». Significa que cuando alguien que te aplasta decide irse, quizá no te des cuenta pero te estará haciendo un enorme favor. No mires atrás. En cambio, mira siempre hacia adelante. Prepárate para la siguiente cosa nueva que Dios quiere hacer en tu vida.

---

**Tu destino no está ligado a las personas que te abandonan.**

---

Todos, a veces, tenemos a alguien que nos abandona. Quizá no sean personas malas. Es que el tiempo de esa relación pasó. Es posible que no lo entendamos pero Dios sí sabe lo que hace. Probablemente esa persona te esté impidiendo avanzar, al no dejar que extiendas tus alas, al no ser buena influencia. Descubrirás que a veces, si no te mantienes alerta, Dios te alertará. Cuando alguien te deja o una relación termina, sea de negocios, una amistad, un vecino o un compañero de trabajo que se va, no dejes que eso te perturbe. No trates de convencer a la persona para que se quede. Deja que Dios haga algo nuevo. Entiéndelo: tu destino no está ligado a las personas que te abandonan.

Pensarás: «Es que necesito a esa persona en mi vida. Es una amiga genial. Dependo de ella. Es una excelente compañera de trabajo».

No, esa persona no es la clave para que alcances lo mejor de ti. Cuando Dios termina con algo no hay pegamento que logre mantenerlo unido. Es mejor que lo dejes ir y te prepares para lo nuevo que Dios quiere hacer en tu vida y a través de ti.

Así que, mantente en un entorno físico saludable. Si te cuesta luchar contra el desaliento y la depresión, no te pases el día en la casa, a oscuras y pensando en tus problemas. Crea un entorno optimista. Y cuando sientas la tentación de ceder ante el desaliento, no vayas a buscar a cinco amigos o amigas desalentados para sentarse a hablar de los problemas de todos. Encuentra a alguien alegre, que te levante el ánimo. Rodéate de personas que te inspiren a ir más alto. Cuida tus compañías, en especial si eres emocionalmente vulnerable, porque la gente negativa puede robarte los sueños que tu corazón alberga.

Cuando tuve que considerar la posibilidad de mudar la Iglesia Lakewood a nuestro domicilio actual en el Centro Compaq de la ciudad de Houston mucha gente me dijo que jamás podríamos hacerlo. Gente de negocios y otros «expertos», me decían: «Joel, no malgastes tu tiempo y tu dinero. No sucederá».

Podría haber renunciado a la idea, pensando: *Son más inteligentes que yo en esta área, y tienen más experiencia en los negocios. Quizá deba renunciar a la idea.*

Sin embargo, dije: «No. Creo que Dios puso este sueño en mi corazón y no recordaré este momento dentro de cincuenta años para decir: "Me pregunto qué habría pasado si tan solo me hubiese permitido soñar, si no hubiera dejado que me convencieran de abandonar ese sueño"».

No se me ocurre peor situación que la de llegar al final de tu vida y estar lleno de lamentos: ¿Qué habría pasado si...? ¿Cómo habría sido...? ¿Qué tendría que haber pasado...?

Cuídate de las influencias negativas que te rodean cuando vas tras tus sueños. Recuerdo a uno de los consultores que contratamos mientras buscábamos adquirir el Centro Compaq. Cada vez que nos reuníamos, nos daba una cantidad de razones por las que no funcionaría la idea. Sus informes siempre eran negativos. Cuando por fin vi el profundo impacto que tenía en nosotros este consultor, dije: «No necesitamos a este hombre en nuestro equipo. Contamina nuestro entorno. Nos está sofocando».

Rodéate de personas que te alienten, que te edifiquen. Por cierto, necesitas gente que sea sincera y te diga si estás tomando una decisión equivocada. Claro que no es bueno rodearse de los que siempre te dicen «Sí» a todo. Pero al mismo tiempo, no toleres a la gente crítica, negativa, la gente del «no se puede». A veces las personas que más te desalentarán son quienes más cerca tienes.

¿Recuerdas al rey David? Cuando era niño le dijo a su hermano mayor, Eliab, que quería pelear contra Goliat, el enorme filisteo, el gigante. Eliab intentó desalentar a David y le dijo: «David ¿qué haces aquí en el campo de batalla? Tienes que estar en casa cuidando las ovejas de nuestro padre». Le estaba diciendo en realidad: «David, jamás lograrás nada grande. No tienes lo que hace falta».

David tuvo que tomar una decisión crucial: ¿Creería en las cosas negativas que su hermano le decía? ¿O creería en lo que Dios había puesto en su corazón? Podría haber dicho: «Bueno, quizá Eliab tenga razón. Es mayor que yo, tiene más experiencia y conoce más los obstáculos que enfrentamos. Yo no soy más que un muchacho. No me siento con demasiado talento. Es probable que el gigante me mate».

Sin embargo, no fue así. David dijo: «Eliab, no me importa lo que digas de mí. Yo sé quién soy. Y sé qué es lo que Dios ha puesto dentro de mí. Voy a salir y a cumplir el destino que Dios me dio».

Y eso hizo, enfrentando al gigante y derribándolo con unas piedritas recogidas del lecho del arroyo.

¿No es interesante que hasta Jesús tuviera que dejar su ciudad de Nazaret porque allí la gente descreía tanto? Jesús sabía que si permanecía en ese entorno negativo, tendría impedimentos.

Tú también puedes estar rodeado de familiares o parientes sin visión que no pueden imaginarte alcanzando la grandeza. No te enojes con ellos. Lo más probable es que sean buenas personas. Los amas y respetas, pero tienes que entender que no te hace bien estar a diario con ellos. Hay gente a la que tendrás que amar a la distancia. La vida es demasiado corta como para permitir que te retrasen o frenen los que son negativos, celosos o cínicos. Y no importa qué tan grande sea tu don, o cuánto potencial haya dentro de tus semillas de grandeza, si no pones esas semillas en un entorno favorable para el crecimiento, jamás echarán raíces. Te será casi imposible hacer que tu sueño florezca.

---

**Hay gente a la que tendrás que amar a la distancia.**

Tendrás que rodearte de quienes tienen sueños. No de los que sueñan despiertos, sino de gente con grandes metas, gente que tiene planes para hacer algo significativo con su vida. Rodéate de personas que te ayuden a llegar a ser todo aquello que Dios ideó que fueran.

Dios está diciendo que este es el tiempo de los nuevos comienzos. Recupera tu fuego. Recupera tu pasión. Hace ya tiempo que sufres de esta enfermedad, pero llegó el día en que sanarás. Es posible que hayas luchado con la depresión y el desaliento, pero este es el momento de romper esas cadenas. Tu familia puede haber sido un grupo familiar derrotado, fracasado, negativo. Hoy, sin embargo, ha llegado tu momento de elevarte por encima de todo eso.

Ahora, comienza a extender tu fe una vez más, a hacer que crezca. Levántate cada mañana esperando que sucedan cosas buenas. Y recuerda que Dios está de tu lado. Porque te ama. Porque te acompaña. Las Escrituras dicen: «Todo el que confíe en él no será jamás defraudado».[3]

Muchas veces mi padre citaba una declaración sencilla, pero profunda de Edwin Markham (1852–1940), que resume la actitud que nos hace falta: «Grande es soñar el sueño cuando en tu juventud estás junto al estrellado arroyo. ¡Pero más grande aun es luchar a lo largo de tu vida, para al final poder decir que el sueño se cumplió»!

No te conformes con la mediocridad. Jamás te contentes con lo «bastante bueno». ¡Y también tú podrás descubrir que el sueño se cumple!

# CAPÍTULO 3

# El poder de tu linaje

Hace poco leí sobre unos caballos de carrera muy famosos, del tipo que se ven en el Kentucky Derby y en otros hipódromos prestigiosos. Nunca había pensado en el tiempo, esfuerzo y recursos que se invierten en lograr que uno de esos caballos sea campeón. Siempre había pensado que alguien descubría que tal o cual caballo era veloz con sólo cabalgarlo y ver su potencial. Y que por eso decidían anotar al caballo en las carreras. Por supuesto, hace falta mucho más que eso para que un caballo sea campeón.

Porque no son caballos comunes. Son de raza pura. Dentro llevan el legado de generación tras generación de campeones. Son caballos cuidadosamente estudiados, criados durante generaciones. Los criadores, entrenadores y veterinarios quizá busquen datos y estadísticas de los últimos cincuenta o sesenta años para verificar la línea sanguínea del caballo. No es coincidencia que un caballo corra en el Derby de Kentucky, por ejemplo.

En las carreras de caballos, el «agente pura sangre» concentrará su atención en el linaje del caballo. Pasará meses estudiando la genealogía de los caballos, investigando quiénes fueron sus ancestros. Examinará si el padre del caballo era buen corredor, qué tan largo era su paso, a qué velocidad corría, qué tamaño tenía y muchas cosas más. Los criadores saben que los campeones no salen por casualidad. Llevan la victoria en la sangre.

Para criar a uno de esos purasangres campeones habrá que invertir quizá medio millón de dólares. Y no hay garantía alguna de que el potrillo gane. De hecho, cuando el animalito nace sus patitas son muy débiles y apenas puede pararse. Tiene los ojos nublados. El observador desinformado diría: «Estos pobres tipos malgastaron su dinero. Ese caballo jamás ganará nada. Si hasta parece un caballo cualquiera».

Los dueños del caballo, sin embargo, saben que en su sangre el potrillo lleva el legado de los genes campeones. Y hasta puede ser que se trate de docenas de campeones mundiales. Todo está en la sangre. Por eso no se preocupan por la flojera inicial. No les importa de qué color es, ni lo lindo que se vea, y ni siquiera le dan importancia al tamaño. Saben que muy adentro, en su interior, el potrillo tiene la sangre de campeón.

¿Sabes una cosa? Dios nos ve de la misma manera. Nuestro aspecto exterior es lo de menos. No importa de qué color sea tu piel, ni cuál es tu historia étnica. No importa cuántas debilidades o defectos tengas. Tienes el ADN de Dios Todopoderoso. Vienes de una larga línea de campeones.

Piensa en lo siguiente: tu Padre celestial es quien declaró existentes a las galaxias. Tu hermano mayor derrotó al enemigo. Piensa en algunos de tus ancestros naturales:

Moisés partió el Mar Rojo. Hay gran fe en tu línea sanguínea.

David, un pastorcito de ovejas, derrotó a Goliat con unas piedritas recogidas del arroyo. Llevas valentía en la sangre.

Sansón derribó un edificio. Hay fuerza sobrenatural en tu sangre.

Daniel pasó una noche entera en la cueva con los leones, y no sufrió ni un rasguño. La protección divina fluye por tus venas.

Nehemías reconstruyó las murallas de Jerusalén, aun con todos los obstáculos en contra. La determinación y la persistencia laten en tu línea sanguínea.

La reina Ester arriesgó la vida por salvar al pueblo de Dios. El sacrificio y el heroísmo están en tu sangre.

¿Lo entiendes? Vienes de una línea de campeones. No eres común. Eres un purasangre. No importa cuáles sean tus circunstancias en este momento. Tienes que saber que dentro de ti fluye la sangre de campeón. Dentro de ti hay semillas de grandeza. Mira tu linaje una vez más.

Dentro de ti, hay campeones y más campeones. Eres la semilla de Dios Todopoderoso.

---

**Vienes de un linaje de campeones.**

---

Por eso tienes que dejar de pensar en tus defectos y debilidades para obtener una visión más grande de tu vida. Entiéndelo, Dios ya te ve en el «Círculo de ganadores». Ya ha visto cómo te coronan con rosas. Es de esto que hablaba David cuando dijo: «Mi embrión vieron tus ojos, y en tu libro estaban escritas todas aquellas cosas que fueron luego formadas, sin faltar una de ellas».[4] En otras palabras, podrás tener treinta, cuarenta o cincuenta años de edad, pero Dios ha estado obrando en ti durante muchísimo tiempo. Porque ya te tenía planeado o planeada aun antes de que nacieras. Tienes un valor incalculable. No eres común porque provienes de un linaje grandioso. Tu destino es el de la victoria, es el del vencedor y el de dejar tu huella en esta generación.

A veces oímos decir: «Bueno, tiene buenos genes. Viene de buena familia». Quiero decirte que vienes de buena familia porque Dios te creó de lo mejor de Él.

Es de interés para muchos que los famosos caballos de carrera no se ven muy diferentes entre sí. Son casi iguales a cualquier caballo. Claro que son hermosos, pero la persona promedio no podría distinguir al campeón de los caballos de raza. La diferencia está en la sangre. Eso es lo que los hace extremadamente valiosos.

Lo mismo ocurre con nosotros. La Biblia dice que vencemos por la sangre del Cordero, la palabra de nuestro testimonio y la voluntad de entregar nuestras vidas.[5] A causa de lo que hizo Dios, cada uno de nosotros es un purasangre.

«Es que no sabes qué tipo de vida he tenido», oigo decir por ahí. «Me equivoqué aquí, fracasé allá y todavía sigo con esta adicción».

Eso no cambia tu linaje. No cambia lo que hay en ti. Es posible que jamás te hayas dado cuenta del valor que tienes. Quizá nunca pensaste en el precio que Dios pagó por ti. Necesitas reconocer lo que tienes dentro. Dice en 1 Corintios que fuiste comprado o comprada a gran precio. Dios dio lo mejor que tenía, a su único Hijo. Así que, por favor, no andes por ahí pensando que no vales nada, que no tienes futuro. Por dentro, eres de los que vencen. Lo llevas en la sangre.

Hace años, mi padre fue a una reunión que se realizaba en la iglesia de un amigo. Llegó tarde, por lo que se sentó en la última fila. Minutos después llegó un joven que se sentó cerca de él. Papá notó que el joven se veía muy atribulado. Sintió compasión por él. Se preocupó y pensó que luego del servicio se acercaría para hablarle e intentaría animarlo. Sin embargo, a mitad de la reunión el joven se levantó y se fue.

Papá sintió que debía seguirlo. Se levantó y fue a buscarlo. Lo buscó por todas partes pero no logró encontrarlo. Buscó en el estacionamiento y tampoco lo vio. Volvió a su lugar y casi abandona la búsqueda, pero en ese momento se le ocurrió revisar el baño. Había varias personas allí, por lo que decidió esperar. Minutos después el joven salió.

Se sorprendió al ver a mi padre allí, por lo cual papá le dijo: «Sé que no me conoces y que no es asunto mío. Pero me preocupas. Quiero que sepas que Dios te ama y que eres extremadamente valioso a sus ojos».

El joven se quedó mirándolo y de repente comenzó a llorar. Le dijo: «Mi vida es un desastre. Soy adicto a tantas drogas que ya no lo soporto. Decidí venir a la iglesia por última vez y volver a casa para tragarme todas las píldoras que encuentre, así termino con esto y ya».

Más tarde dijo que había visto a mi padre sentado cerca de él en la iglesia. Aunque no lo conocía, le habían impresionado los zapatos elegantes que vestía. Esos zapatos dejaron una impresión en su mente y cuando salió, supo que papá le seguiría. Dijo: «Intenté escapar, pero dondequiera que fuese, sabía que esos zapatos me seguirían».

Papá le dijo: «No importa dónde estés ahora. Es posible que hayas cometido errores y que hayas fracasado mil veces. Quiero que entiendas que esto no hace que tu valor cambie a los ojos de Dios. No estás en esta tierra por accidente. Dios tiene un plan y un propósito para tu vida. Tiene una misión para ti, y te aseguro que no es vagar por allí en medio de la mediocridad».

Mi padre y el joven oraron juntos y esa noche este último tuvo un momento de reflexión en su vida. Hoy, más de treinta años después, el hombre es pastor y ha ayudado a miles de personas a marcar una diferencia en el mundo.

Quizá seas como ese joven. Probablemente nunca pensaste en lo que llevas dentro. Es posible que hayas cometido errores, pero no permitas que te hundan. Levántate y camina de nuevo. Tus errores o equivocaciones no cambian tu linaje. No cambian lo que hay en ti. Muchas veces la sociedad desecha a alguien que se equivoca o toma decisiones erradas, pero Dios no es así. Dios ve tu potencial. Sabe de lo que eres capaz, y conoce qué es lo que puedes llegar a ser. Porque Él es quien te diseñó y sabe que puedes hacer grandes cosas. Lo llevas en la sangre.

Te ha programado con todo lo que necesitas para la victoria. Por eso todos los días puedes decir cosas como: «Tengo lo que hace falta. Soy más que vencedor. Soy inteligente, talentoso, exitoso, atractivo». Todas esas cosas las ha puesto Dios en tu sangre.

---

**Tu linaje espiritual es más fuerte que tu ascendencia natural.**

---

Sí, es cierto que puedas tener que vencer ciertos elementos negativos que hay en tu linaje natural, pero recuerda siempre que tu estirpe espiritual es más potente que la natural. Te ha elegido Dios Todopoderoso. Tienes su sangre, la sangre de la realeza, fluyendo por tus venas. Echa los hombros hacia atrás, levanta la cabeza, y anda erguido sabiendo que fuiste elegido. Has sido apartado antes de la creación del mundo. Comprende cuál es tu valor y líbrate de toda inseguridad o sensación de inferioridad. El «campeón» está dentro de ti, esperando que le descubran. Lo llevas en la sangre.

### ¿Qué ocurre con la sangre mala?

Cuando era pequeño, la gente del pueblo solía definir a los lieros o problemáticos diciendo: «Tiene sangre mala». En realidad, algo de verdad hay en ello. Lo que llevamos en la sangre es muy importante. Tenemos un linaje natural, que proviene de nuestros padres, abuelos, bisabuelos, tatarabuelos y demás ancestros en nuestro árbol genealógico.

Pero también tenemos un linaje espiritual. Y la buena noticia es que este puede tomar el lugar de aquel. La Biblia nos dice: «las cosas viejas pasaron; he aquí todas son hechas nuevas».[6] Esto equivale a decir que entramos en un linaje nuevo. Y cuando entiendes realmente todo lo que

Dios ha hecho por ti comienzas a actuar basándote en ello y puedes salir de toda adversidad, venciendo todo lo negativo que pueda haber en tu pasado. Ese es el poder de tu linaje espiritual.

En el salmo 139.13 David dijo: «Porque tú formaste mis entrañas; tú me hiciste en el vientre de mi madre». El versículo 16 de ese salmo, en la Nueva Versión Internacional, dice: «todos mis días se estaban diseñando». Observa que David dice que Dios nos vio aun antes de que naciéramos. Antes de Adán y Eva, antes de Abraham, antes de Moisés o de tus abuelos, Dios ya te conocía. Es decir que no sucedió nada más que tus padres se juntaran para decidir tenerte. Dios tenía ya el designio de tu existencia desde antes de la creación del mundo.

Dios es el gran arquitecto del universo. Lo planeó todo y lo ordenó de antemano, para que estuvieras aquí en este preciso momento de la historia. Esta es una de las razones por las que debiéramos sentirnos con valor y creer en nuestro destino.

Has de comprender que tu valor no tiene que ver con la forma en que otros te hayan tratado, ni con lo perfecta o no que pueda ser tu vida hasta ahora, y ni siquiera está ligado al éxito que pudieras tener. Tu valor está ligado únicamente al hecho de que eres hijo del Altísimo Dios. No somos perfectos, todos cometemos errores. Todos tenemos defectos. Pero esto no cambia tu valor ante los ojos de Dios. Seguimos siendo la niña de sus ojos. Somos su más preciada posesión.

A veces la «religión» intenta agobiar a las personas para que se sientan mal consigo mismas. «Has hecho tal cosa, fracasaste en esto o aquello, no trataste a esta persona como debías, no criaste bien a tus hijos». Hay muchas personas que sufren a causa de tal condenación, y viven con baja autoestima, sintiendo que no valen nada. Su actitud parece decir: *Dios jamás podría bendecirme. He cometido demasiados errores. Lo estropeé todo.*

Sin embargo, Dios sabía que no seríamos perfectos. Él sabe que tampoco tú lo serás. ¿Por qué no te animas entonces y te tomas un descanso? Deja de castigarte por todo lo que hayas hecho mal. Después de todo, no puedes modificar el pasado. Si has cometido errores, di nada más: «Dios, lo siento. Me arrepiento. Ayúdame a hacerlo mejor la próxima vez». Luego, déjalo ir y sigue adelante. Si te aferras a todo eso le estarás abriendo las puertas a la culpa y la condenación y muy pronto andarás por allí con la mentalidad de «pobrecito yo».

A veces oigo decir: «No merezco nada. Soy un gusano que se arrastra en la tierra». No. No eres un gusano. Eres hijo del Altísimo Dios. Levanta tu cabeza, yérguete y comienza a actuar como hijo o hija del Dios Altísimo.

---

**Dios te ideó aun antes de que nacieras.**

---

Quiero decirte que necesitas creer en ti, creer en que hay algo que puedes ofrecerle a este mundo y que nadie más tiene. Dios Todopoderoso te creó a su imagen. Y eso significa que no eres como los animales, como los gatos, los perros o los caballos. ¡Claro que no! La Biblia dice que Dios insufló su aliento de vida en ti.[7] Eres una persona con destino. No naciste por casualidad. Dios te ideó aun antes de que nacieras. La Biblia dice que Él ha creado todo acerca de ti con meticulosidad.

Hay personas que siempre encuentran algo malo en sí mismas: «Ojalá mi aspecto fuera distinto. Ojalá tuviera la personalidad que ella tiene, o el talento que tiene él».

Dios te diseñó a propósito como eres. Eres una creación original. Deja ya de pensar en lo negativo, criticándote. Comienza a disfrutarte como creación única de Dios.

Espero que tomes esto en el buen sentido de la frase: me gusta ser yo. Sé que no soy perfecto y que hay áreas en las que debo mejorar. Pero, en general, disfruto ser yo. Me doy cuenta de que soy valioso ante los ojos de Dios.

También tú quizá tengas cosas que quieras cambiar, pero en lugar de concentrarte en esas áreas, toma lo que Dios te ha dado y aprovéchalo al máximo. Vales mucho para Dios. Oí que alguien lo dijo de este modo: Si Dios tuviera un refrigerador, tendría tu fotografía en la puerta. Y si tuviera una billetera, también llevaría tu fotografía en su cartera.

Dirás: «Joel, no ha pasado nada bueno en mi vida y mis padres tuvieron los mismos problemas. Creo que esto es lo que me toca vivir».

No es así. Te toca ser vencedor, no víctima, en esta vida. Tu destino es vivir feliz, con salud, con plenitud. Claro que tendrás que vencer ciertas cosas que habrá en tu herencia natural, pero tu herencia espiritual se ve muy bien. Tu Padre creó ambos mundos. Y podría haber elegido a cualquier otro, pero te eligió a ti. Te ha preparado y le agradas tal como eres.

Me gusta tanto lo que dice la Biblia: «Y si vosotros sois de Cristo, ciertamente linaje de Abraham sois, y herederos según la promesa».[8] Esto significa que todos podemos experimentar las bendiciones de Abraham. Si estudias la historia de Abraham descubrirás que fue próspero, sano y que vivió una vida larga y productiva. Y aunque no siempre tomó las mejores decisiones, disfrutaba del favor y las bendiciones de Dios.

No importa cuánto te hayas equivocado, has de saber que dentro llevas la semilla de Dios Todopoderoso. Tu actitud debiera ser: «Sí, tengo muchas cosas que debo vencer, y la gente quizá haya intentado menospreciarme. Es posible que no siempre me haya tocado lo mejor en la vida, pero eso no cambia la persona que soy. Sé que puedo cumplir mi destino». Cada día deberías esperar cosas buenas, anticipando el favor y las bendiciones de Dios. Dios ha planeado todos tus días para bien, no para mal.

«Es que no veo que nada de eso suceda en mi vida» dirás. «He soportado demasiada adversidad».

Quizá tengas razón, pero si sigues avanzando, si sigues creyendo, Dios dice que tomará todas esas experiencias negativas y las volteará para usarlas a favor tuyo.

Recuerda que se nos llama vencedores. Eso implica que tendremos que vencer obstáculos. No se puede lograr la victoria sin pasar primero por la batalla o la dificultad. Jamás tendrías un gran *testimonio* que dar si no hubieras pasado primero por las *pruebas*. El enemigo siempre lucha con mayor fuerza cuando sabe que Dios tiene algo grandioso reservado para ti.

Si te han sucedido cosas injustas, si la gente te ha engañado o robado, la Biblia dice que Dios te dará el doble de lo que tenías.[9] Si estás pasando por momentos difíciles, comienza a declarar hoy mismo: «Voy a salir de esta experiencia con el doble de gozo, el doble de paz, el doble de honor, el doble del avance». Cada día al despertar, di lo siguiente: «Este será un día de victoria en mi vida. Estoy esperando el favor de Dios, un favor sin precedentes. El avance, el favor, la abundancia, todo eso viene en camino».

## Recurre al poder de Dios

En ocasiones me han dicho: «Joel, sé que algún día seré feliz. Sé que un día disfrutaré de mi vida en un futuro lejano, muy lejano».

Sí, aprecio lo que dicen. Pero Dios quiere que disfrutemos de la vida ahora, en este mundo cercano. Quiere que vivamos en un pequeño cielo aquí en la tierra, allí donde estemos. Una de las razones por las que vino Cristo fue para que tengamos vida, y vida en abundancia. Puedes ser feliz y libre en esta vida y no sólo en el cielo en un lejano futuro. ¡Puedes cumplir tus sueños aun antes de ir al cielo!

¿Cómo hacerlo? Buscando el poder de Dios que está dentro de ti.

La Biblia nos dice: «Cristo nos redimió de la maldición de la ley».[10] La maldición está tras cualquier tipo de derrota, lo cual incluye el pecado, los errores, las malas decisiones, el miedo, la preocupación, la enfermedad constante, las relaciones enfermizas o las malas actitudes. Por favor, comprende que esas son cosas de las que ya fuiste liberado. Sin embargo, aquí está la clave: si no aprecias y aprovechas tu libertad, no tendrás pensamientos, palabras ni actitudes que te lleven en la dirección correcta, y de nada te servirá.

Podrás sentarte a esperar que Dios haga algo sobrenatural en tu vida, pero en verdad, es Dios quien te está esperando a ti. Tienes que levantarte con autoridad, con fuerzas, con determinación y decir: «No voy a vivir en mediocridad, atándome a adicciones a lo negativo, en derrota. No. Voy a hacer como el apóstol Pablo y avanzar, seguir adelante. Voy a tomar todo lo que Dios tiene reservado para mí».

Oí la historia de un perrito que durante años había estado atado a un árbol, con una soga de unos siete metros. Allí vivía y cuando el dueño venía a alimentarlo y a jugar con él, el perrito permanecía atado. Veía pasar a otros perros y corría hasta donde le diera la cuerda. Sabía exactamente hasta dónde podía llegar. Quería perseguirlos y jugar, pero sabía que tenía limitaciones. Si tironeaba demasiado, la soga se tensaría y le haría caer.

Un día el dueño tuvo compasión del perro y decidió soltarlo. Sin embargo, en lugar de quitar la soga, sólo la desató del poste donde estaba sujetada. El perro seguía atado a la soga desde el collar, pero ya no tenía limitaciones. El dueño pensó que el perrito echaría a correr, feliz y contento. Pasó otro perro y claro, este corrió como siempre pero se detuvo justamente donde se detenía cuando la soga lo sujetaba al poste.

Minutos más tarde pasó un gato por allí. Este gato había atormentado al perro durante años. Pero el gato sabía por dónde pasar: a unos metros del alcance de la soga. Una vez más, el perro corrió pero se detuvo donde siempre.

El perro era libre, pero no se había dado cuenta. Ya no estaba sujeto. Lo único que le hacía falta era ir un poco más allá de donde lo había mantenido limitado la soga. Podría haber corrido por donde quisiera.

Eso es lo que muchas veces nos pasa. Dios ha soltado nuestras cadenas de adicciones, derrotas personales y malas actitudes. El problema es que seguimos estando atados, sin darnos cuenta.

«Siempre fui así. Siempre tuve mal carácter. Siempre tuve esta adicción», se lamentan algunos.

Están equivocados. Tienen que saber que ya han sido liberados. Hace dos mil años, Dios cortó las cadenas. Ahora depende de nosotros salir de la prisión.

¿Cómo lograrlo? Cambiando de actitud. Deja de decir: «No puedo. Jamás me recuperaré. Siempre tendré deudas. Tengo muchas cosas en contra».

Todos los enemigos de tu vida ya han sido derrotados: los enemigos de la preocupación, de la depresión, la adicción, la falta de dinero... y tienes poder por sobre todos ellos. El mismo poder que resucitó a Cristo de entre los muertos está dentro de ti. No hay nada en tu vida que no puedas vencer, no hay ofensa tan grande como para que no puedas perdonar. Tienes el poder de dejar atrás todo lo negativo de tu pasado. Quizá te hayan golpeado mil veces, pero sigues teniendo el poder de volver a ponerte de pie. El informe del médico quizá no se vea bien, pero sigues teniendo el poder de decidir.

Niégate a permanecer derrotado, aceptando cualquier cosa que no sea lo mejor que Dios tiene para ti. Tu actitud debiera ser: «Sé que ya no tengo cadenas que me aten. Sé que Dios pagó el precio y que aunque tenga que creer durante toda mi vida, aunque dependa de mi fe hasta el día en que muera, no voy a quedarme en el suelo aceptando una vida de mediocridad. Me levantaré y seguiré avanzando».

Hay muchas personas que aprenden a vivir con sus disfunciones. Es que aceptan todo tipo de cosas que no son lo que Dios tiene reservado para ellos. Discuten, se amargan, se resienten, permiten que haya peleas en sus hogares, critican y juzgan a los demás. En lugar de enfrentar todo eso y disponerse a cambiar, deciden cubrir con una venda sus heridas para seguir viviendo con ataduras, operando dentro de su disfuncionalidad.

---

**Hay muchas personas que aprenden a vivir con sus disfunciones.**

---

Uno no puede cambiar aquello que tolera. Mientras lo aceptes y te adaptes a eso seguirá estando allí, junto a ti. No tienes por qué vivir así, aprendiendo a operar en tu disfuncionalidad. Te aliento a dar un paso adelante. Trata de abandonar el hábito de fumar poco a poco, por ejemplo, un cigarrillo al día. Perdona a una persona que te haya ofendido. Esfuérzate hoy por ser un poco más disciplinado que ayer.

«Bueno», dirás, «Joel, he sido así toda mi vida. No veo cómo podría cambiar». Estás en un error: tu libertad ya ha sido comprada, el precio se pagó y lo que tienes que hacer es librarte de esa mentalidad de derrota y comenzar a pensar con poder. Dirás: «Soy libre. Esta adicción ya no puede controlarme. Grande es Aquel que está en mí, más grande que aquel que está en el mundo». Y no digas: «Jamás veré que mis sueños se hagan realidad. Nunca podré casarme». O, «No puedo pagar las cuentas porque no gano lo suficiente. Jamás terminaré con todas mis deudas». No. Tienes que cambiar esa situación. Debes decir: «Soy más que vencedor. Voy a cumplir mi destino. Dios provee y cubre todas mis necesidades».

Tienes que seguir adelante, avanzar, para poder apoderarte de todo lo que Dios tiene reservado para ti. Es fácil permanecer en pasividad y decir: «Es demasiado trabajo. Es difícil. No quiero cambiar, en realidad. Sé que suelo ser negativo pero no me siento con buena actitud. Sé que no tendría que comer esta comida basura, pero me gusta. Tengo que dejar de fumar, pero estoy harto de intentarlo y fracasar».

---

**No podrás cambiar jamás aquello que hayas decidido tolerar.**

---

Ese tipo de actitudes te impedirán llegar a ser lo mejor de ti. *Sí* puedes ir más alto. *Sí* puedes ser mejor persona, mejor padre, mejor madre, mejor cónyuge, mejor empleado o mejor líder. Dios tiene muchísimo más que eso reservado para ti.

Puede haber existido en tu familia mucho de lo que durante generaciones impactó de manera negativa. Son cosas que pasan de una generación a la siguiente: enfermedades, malas actitudes, adicciones, problemas económicos, baja autoestima y otras condiciones crónicas. Por favor, comprende que esas son algunas de las cosas de las que Dios te redimió. Son cosas que estaban bajo la maldición, y esa maldición se ha roto ahora.

Sin duda, quienes te precedieron —tus padres, hermanos y otros ancestros—, eran gente buena. Pero cuando una persona no entiende lo que Dios ha hecho por ella, es fácil que acepte una vida mediocre.

Un joven llamado Eric me dijo: «Joel, mi abuelo era alcohólico. Y mi padre también. Ahora tengo el mismo problema. No puedo vencerlo».

«No es cierto. Sí puedes», le respondí. «El poder que hay en ti es más fuerte que la adicción. Pero tienes que cambiar tu actitud. Tienes que comenzar a decir: "Soy libre". Dilo todos los días. No hables de cómo eres, sino de cómo quieres ser».

Muchas veces oímos decir: «El adicto siempre seguirá siendo adicto». «El alcohólico siempre seguirá siendo alcohólico». La gente dice tonterías, pero la Palabra de Dios afirma: «Así que, si el Hijo os libertare, seréis verdaderamente libres».[11] Todo lo malo que haya en tu vida, podrás vencerlo con la ayuda de Dios. Podrás romper con cualquier hábito malo. Podrás vencer cualquier obstáculo.

«Pero Joel, mi abuela tenía diabetes. Y también mi madre. Parece que yo también la tendré».

Cuando piensas así, ya estás planeando sufrir de diabetes. Estás invitando ese mal a tu vida. Tienes que decir con firmeza: «Quizá la abuela era diabética. Y también mi madre. Pero mi familia y yo hemos sido redimidos de la diabetes. Viviré bajo la bendición, y no bajo la maldición». No planifiques lo malo.

En mi familia, del lado de mi padre, siempre ha habido una historia de enfermedades cardíacas hasta donde pudimos rastrear los antecedentes. Sin embargo, yo no estoy planificando sufrir del corazón. Mi plan es tener una vida larga y sana. Claro que hago lo que me toca para permanecer sano. Como bien y hago ejercicio con regularidad. Y cada día digo: «Voy a cumplir mi destino, gozando de buena salud».

Es posible que en tus genes haya antecedentes de Alzheimer, pero no tienes por qué sucumbir a ello. Afirma todos los días: «Mi mente está alerta. Puedo pensar con claridad. Tengo buena memoria. Todas las células de mi cuerpo crecen y se desarrollan con salud». Si te elevas en autoridad por sobre lo negativo que haya en tu herencia genética, podrás impedir que acontezca.

---

**No hables de cómo eres, sino de cómo quieres ser.**

---

Vanessa es médica y asiste a la Iglesia Lakewood. En 1995 estaba trabajando en Washington DC y comenzó a tener terribles dolores en las articulaciones. El dolor era tan fuerte que casi no lo soportaba. Vino a Houston para que la operaran, esperando que la cirugía solucionara el problema. Desafortunadamente, su mal empeoró. Su cuerpo se debilitaba cada vez más. Aunque todavía no había cumplido los treinta años, caminaba con bastón. Nos dijo que sentía el peso de noventa años encima y que se veía como una anciana.

Fue interesante observar que el padre de Vanessa había sufrido esa misma enfermedad cuando tenía algo más de veinte años y que había fallecido a los cuarenta y tres. Su abuela también había sufrido lo mismo y terminó sus días en silla de ruedas, paralítica. Parecía que Vanessa iba por el mismo camino.

Cuando vino a la iglesia en el viejo local de Lakewood, le tomó cuarenta y cinco minutos llegar desde el auto hasta el asiento en el santuario, algo que los demás hacían en dos o tres minutos. Después del servicio, solía esperar hasta que todos hubieran salido para que nadie viera lo mal que estaba. Durante la semana se levantaba a las tres de la mañana para empezar a vestirse y aflojar sus articulaciones, a fin de llegar al hospital a las siete.

Lo más fácil para ella habría sido sentarse y pensar: *Mala suerte. Papá y la abuelita tuvieron lo mismo. Ahora me toca a mí.*

Sin embargo, Vanessa no hizo eso. Era una guerrera.

Dijo: «Voy a levantarme y a tomar todo lo que Dios tiene reservado para mí». Comenzó a orar, a creer y a afirmar día tras día: «Estoy mejor. Dios me está devolviendo la salud. Viviré y no moriré». Durante tres años no vio señales de cambio. No parecía haber mejorías. Pero eso no la detuvo. Siguió creyendo.

A veces hay que mostrarle al enemigo que uno tiene más determinación que él. Eso era lo que estaba haciendo Vanessa.

Un día, de la nada, observó que ya no sentía tanto dolor. Podía moverse un poco mejor. Al día siguiente se sintió un poco mejor. Y al siguiente, mejor todavía. No sucedió de la noche a la mañana, pero a lo largo de tres meses fue mejorando cada vez más. Hoy, es libre de verdad. La doctora Vanessa está feliz, sana y vive una vida plena.

Ella se plantó firme y rompió la maldición de esa enfermedad. Ahora, sus hijos, nietos y sus generaciones se beneficiarán de la decisión que tomó Vanessa: vivir bajo la bendición y no la maldición.

«Bueno, Joel, no sé si eso sucedería conmigo. No conoces mis circunstancias».

Es verdad. No va a suceder si tus pensamientos son negativos. Si dudas. Este tipo de bendición es para los que creen, no para los que dudan. Necesitas levantarte como Vanessa, mirar al obstáculo a los ojos y decir: «Voy a derrotarte. Soy hijo o hija del Altísimo Dios y voy a ser todo aquello que Él ideó para mí».

Líbrate de esa mentalidad de fracaso y debilidad. Comienza a pensar en cosas con poder, como: *Todo lo puedo en Cristo que me fortalece. Soy vencedor, no víctima.* Y recuerda que el mismo poder que resucitó a Cristo de entre los muertos está dentro de ti. Ya no llevas puesto el collar, atado a la soga. El precio ya fue pagado. Depende de ti ahora que te levantes y andes con autoridad.

---

**No te conformes con menos de lo mejor de Dios para ti.**

¿Qué es lo que te está impidiendo avanzar en la vida? ¿Las adicciones? ¿Las malas actitudes? ¿La baja autoestima? Ante todo, tendrás que identificarlo. No aprendas a funcionar con tu disfunción. Busca el cambio. El profeta Joel en el Antiguo Testamento, dijo: «Despertad a los valientes». Eres un hombre valiente, o una mujer valiente. No te conformes con menos de lo que Dios tiene reservado para ti. Despierta el don que hay dentro de ti. Mantén avivados tus sueños. Toma hoy la decisión de que a partir de este momento vivirás bajo la bendición, y no bajo la maldición. Al hacerlo descubrirás que Dios Todopoderoso ya ha cortado la soga, la cadena que te mantenía en prisión, y que te dio el poder de romper con todo lo que en el pasado te impidió avanzar.

# CAPÍTULO 4

# Líbrate de las ataduras de tu pasado

Es algo que sorprende e inquieta a la vez: Las decisiones que tomamos hoy no nos afectan sólo a nosotros, sino a nuestros hijos y nietos y a las generaciones por venir. La Biblia habla de que la iniquidad de los padres puede pasarse hasta la tercera o cuarta generación. Eso implica que puede suceder con los malos hábitos, las adicciones, la negatividad, la mentalidad errática y todo tipo de iniquidades.

Quizá estés luchando contra ciertas cosas hoy a causa de malas decisiones tomadas por personas que vivieron en generaciones pasadas. Muchas veces recuerdas y ves los resultados de dichas decisiones en alguna persona de tu familia. Es importante que reconozcamos lo que sucedió y que no aceptemos de manera pasiva esos patrones negativos: «Bueno, soy así. Esta pobreza, esta enfermedad, ha estado en mi familia por años».

No es así. Tienes que levantarte y hacer algo al respecto. Quizá haya estado allí por años, pero la buena noticia es que no tiene por qué seguir siendo así. Tú puedes ser quien lo impida. Puedes ser quien elija la bendición, en lugar de la maldición.

Estudios recientes buscan identificar ciertos genes y descubrir qué características específicas, como las adicciones, los desórdenes alimentarios y aun la depresión, son hereditarias. Los investigadores pueden ver patrones definidos pero no logran determinar la causa con total claridad. Puede ser genética, ambiental, hereditaria o una combinación de estos factores.

Por cierto, todos esos pueden ser factores. Aunque creo que la raíz de ello es espiritual. La Biblia lo llama *iniquidad*.

Tenemos que entender que así como las características físicas más importantes se pueden heredar, también las negativas seguirán pasándose de generación en generación, hasta que alguien se levante y les ponga fin. Por ejemplo, Adán y Eva desobedecieron a Dios y esa decisión no los afectó sólo a ellos, sino también a sus hijos. ¿Sabías que el primer asesino de toda la humanidad figura en la Biblia? Fue Caín, el hijo de Adán. Y el segundo asesino fue uno de los descendientes de Caín, un hombre llamado Lamec. Esa iniquidad siguió pasando de generación en generación en el linaje de Caín. Estaba en su sangre.

De manera similar muchas de las cosas contra las que hoy luchamos podrían rastrearse hasta algún antepasado que cedió o se entregó a esa iniquidad, y hoy tenemos el problema delante de nosotros. No debiéramos usar esto como excusa, para encontrar una razón lógica que nos permita seguir con este patrón. Lo que tenemos que hacer es reconocer lo sucedido y tomar la decisión de que seremos quienes le pongamos fin.

Una bella joven llamada Betsy sufre de anorexia. Me explicó que su madre había sucumbido a ese desorden, lo mismo que varias de sus tías. Sus hermanas y primas también sufrían de lo mismo. ¡Una enfermedad estaba destrozando a esta familia! No era coincidencia, sino un espíritu negativo y destructivo que se había pasado de generación a generación en esa familia. Es probable que hubiera seguido afectándoles si Betsy no hubiera decidido vivir bajo las bendiciones de Dios en lugar de seguir bajo la maldición. Besty vio que su problema con la anorexia no era sólo una batalla física. Era también espiritual. Tomó autoridad sobre el problema en el nombre de Jesús y rompió con las ataduras que había heredado.

Examina las áreas de tu vida en las que siempre enfrentas problemas, las áreas donde siempre hay un pesado lastre que te asfixia. Quizá sea un patrón de divorcios, de pobreza, adicciones, abusos, depresión o enfermedades.

Casi todos los hombres en la familia de Tim han tenido un ataque al corazón, o fallecido, al momento de acercarse a los cincuenta años de edad. Tim hoy tiene cuarenta y ocho, así que imaginas lo preocupado que está. «Tim, tú puedes ser quien rompa la maldición», le dije. «No comiences a planificar tu funeral. No supongas que tendrás un ataque cardíaco. Mantente firme contra eso».

Le sugerí: «Come sano, haz ejercicios con regularidad, y todos los días afirma: "Con larga vida Dios me satisface y me muestra su salvación"».

Amigo, amiga: tienes que tomar la decisión de recibir la bendición y no la maldición. Si esos patrones negativos existen en tu familia, reconoce lo que está sucediendo y haz algo al respecto. No sigas pasándolo de generación a generación. El patrón quizá no habría comenzado a partir de algún mal horrible. A veces esas cosas suceden como resultado de que alguien le abrió la puerta al enemigo. Quizá alguno de tus antepasados le abrió la puerta al miedo, la ansiedad, la preocupación y por eso todos los demás lo han sufrido durante años y años. No importa cuán terrible haya sido ese patrón al iniciarse, tú puedes ponerle fin.

El hijo de Stephen y Susan, el pequeño Bradley, comenzó el primer grado y estaba muy entusiasmado. Era un niño extrovertido y lleno de energía, y hacía amigos sin dificultad. Pero después de unos meses Bradley empezó a tener ataques de pánico en la escuela. Se molestaba mucho y temía que sus padres no vinieran a buscarlo al terminar el horario de la escuela. La maestra intentaba calmarlo llamando a Stephen o a Susan por teléfono, para que uno de los dos le dijera cuánto lo amaban y que por supuesto vendrían por él cuando terminara el día. Sin embargo, nada de lo que le dijeran podía calmar al niño. Una y otra vez, los padres tenían que correr a la escuela para asegurarle que todo estaría bien.

No había razón alguna para el inexplicable miedo de Bradley. Stephen y Susan eran padres amorosos y nunca lo habían dejado abandonado en ninguna parte. Sin embargo, los ataques de pánico siguieron durante meses. La situación empeoró al punto de que cuando Bradley estaba en la casa no se despegaba de Susan ni por un momento. La seguía donde fuera, de habitación en habitación. Si Susan salía, allí estaba Bradley. Si por alguna razón no veía a su madre, enseguida irrumpía en amargo llanto, con un nuevo ataque de pánico.

Los padres se sentían frustrados, apesadumbrados y se preguntaban qué habrían hecho para que el niño sufriera tanto, y cómo podrían hacer para ayudarlo. Luego, un día Stephen estaba hablando con su padre, abuelo del niño, y cuando le explicó la situación fue como si se encendiera una luz en la cabeza del hombre mayor: «Stephen, yo sé lo que le pasa a Bradley», dijo. «Cuando era pequeño y estaba en el primer grado mi padre murió de repente. Tenía tanto miedo que cuando mamá intentaba llevarme a la escuela yo lloraba mucho pensando que jamás vendría por mí. Muchas veces, ella decidía llevarme de regreso a casa, sin más. Creo que parte del miedo de Bradley se conecta con lo que me pasó».

Stephen y Susan pudieron ver que el miedo del pequeño no se originaba en él, sino que lo había heredado a causa de un hecho traumático en la vida de su abuelo. Empezaron a entender que hay cosas que se pasan de generación a generación, cosas con las que ellos no tenían nada que ver. Uno no puede solucionar estas cosas con los médicos, los psicólogos ni con nada que se refiera al físico. Tampoco se puede aplicar la fuerza de voluntad para vencerlo. Es una batalla espiritual. Stephen y Susan empezaron a orar. Día a día, se enfrentaban al miedo que había en la línea familiar y luchaban en contra de la maldición. Hoy, Bradley es un joven sano, totalmente libre, que vive una vida sana y normal.

Hay personas que viven bajo un espíritu de depresión que sigue pasándose de generación a generación. Sus vidas se caracterizan por la falta de gozo, de entusiasmo. Lo he visto en niños también. Hay algunos que ríen y juegan, divirtiéndose en tanto el niño de la familia deprimida languidece, serio y solemne, sin disfrutar siquiera de su infancia. Ese es el espíritu de la depresión.

He conocido hombres que lo tienen todo: una gran familia, dinero, éxito profesional… y sin embargo nunca se ven felices de veras, plenos. Es como si algo les carcomiera por dentro y les robara el gozo, la paz y la victoria. Eso no es normal. Es un espíritu de derrota, un espíritu de desaliento. Y hay que enfrentarlo como lo hicieron Stephen y Susan: levantándose y plantándose con firmeza, en oración y de manera positiva con afirmaciones basadas en la Biblia.

Puedes ser tú quien rompa la maldición de tu familia. No te eches atrás, diciendo: «Bueno, siempre fuimos negativos». «Siempre tuve esta adicción». «Todos en mi familia se casan y se divorcian tres o cuatro veces».

No, sé tú quien diga: «Basta ya. Ya me harté de esto. En cuanto a mi familia y a mí, elegiremos la bendición y no la maldición».

Tú puedes ser quien se enfrente a las fuerzas de la oscuridad y rompa esas cadenas que mantienen atados a los de tu familia y también a ti. La Biblia dice: «La maldición nunca vendrá sin causa».[12]

Eso significa que existe una causa por la que luchamos contra cosas como las adicciones, los malos hábitos, las disfunciones o fuimos nosotros los que tomamos una mala decisión o fue alguien en nuestra familia. Hay una razón por la que el niño crece para volverse alcohólico. Hay una razón por la que un niño se convierte en padre abusador. Hay una razón por la que el joven delinque una y otra vez hasta que termina en prisión y cuando sale, vuelve a elegir una vida de delitos. Por cierto, hay factores del entorno que podrán tener su impacto, pero estas cosas no suceden por casualidad en el plano del espíritu. Alguien, en algún lugar, le abrió la puerta al enemigo.

## Cómo vencer la historia negativa

Necesitas comprender lo siguiente: si estás luchando contra una o más de estas cosas, eso no te convierte en mala persona. No tienes por qué llorar con culpa, sintiendo que estás condenado porque haya obstáculos que tienes que vencer. Muchas veces ni siquiera será tu culpa. Habrá alguien que tomó la mala decisión y hoy tienes que lidiar con las repercusiones. Sin embargo, cuídate de usar eso como excusa para persistir en los patrones negativos. Tendrás que plantarte con firmeza y hacer algo al respecto.

Uno de los primeros pasos para vencer esas maldiciones generacionales es el reconocer contra qué luchas. Identifícalo y no lo ignores. No intentes esconderlo debajo de la alfombra, esperando que todo se arregle porque ya no lo ves. No será así.

Si eres holgazán y te falta disciplina, no presentes excusas. Admítelo y di: «Voy a cambiar esto». Si tienes problemas para manejar la ira, o no tratas a los demás con honra y respeto, no intentes convencerte de que todo está bien. Admítelo y enfréntalo.

La Biblia dice: «Confesaos vuestras ofensas unos a otros, y orad unos por otros, para que seáis sanados».[13] Verás que tienes que sincerarte y confesar tus faltas. Verás también que necesitas encontrar a un buen amigo o amiga, alguien maduro, para decirle: «Necesito tu ayuda. Tengo dificultades en esta área y necesito que ores conmigo».

Muchas veces hacemos todo lo contrario. Pensamos: *No le contaré a nadie sobre este problema porque ¿qué pensarían de mí? Me daría vergüenza.*

Trágate tu orgullo, confiesa tus debilidades y consigue la ayuda que necesitas para ser libre. No es fácil admitir que necesitamos ayuda pero es necesario, y liberador, además.

Robert creció en un hogar de violencia e ira. De joven, comenzó a consumir drogas y luego a vender para poder seguir con su hábito. Vivía en peligro, bajo un modelo de autodestrucción permanente, siguiendo el patrón de violencia e ira de su familia.

Pero cuando llegó a los veinticinco años Robert decidió entregar su vida a Dios. Estudió la Biblia y empezó a compartir las buenas nuevas con otras personas. En resumen, llegó a ser pastor. Le iba muy bien en lo personal y su iglesia crecía en fuerza y cantidad de miembros. Robert llegó a ser uno de los más respetables ciudadanos de su comunidad, y viajaba contando la historia de cómo Dios había cambiado su vida.

La gente no sabía que seguía teniendo un serio problema con la ira. Dios le había librado de todo tipo de malos hábitos, adicciones, drogas y alcoholismo. Pero Robert todavía seguía teniendo dificultades para controlar su ira. Nunca lo demostraba en público, pero si en casa algo no salía bien, montaba en cólera y no podía controlarse. Muchas veces estallaba por cosas insignificantes. Abusaba verbal y físicamente de su esposa. Le arrojaba objetos y la trataba de manera horrible, incluso al punto de poner en peligro su vida. Cuando por fin se calmaba, rogaba pidiendo perdón, y ella siempre lo perdonaba. Le decía: «Amor, tenemos que buscar ayuda. Tenemos que hablar con alguien sobre este problema».

«Me da mucha vergüenza», respondía él. «Soy pastor en la iglesia. Se supone que dé el ejemplo. ¿Cómo podría contarle a alguien que tengo este problema terrible?»

Su esposa se armó de todo el valor que pudo y le dijo: «Es que las Escrituras dicen: "Confiesen sus pecados para poder ser sanados". Robert, jamás podrás vencer esto sin ayuda. Tienes que encontrar a un amigo, un mentor, un pastor, un consejero. Alguien que esté a tu lado. Encuentra a alguien que ore contigo. Alguien ante quien tengas que rendir cuentas».

La esposa de Robert tenía razón, en todo. Sólo porque hayas pasado por momentos difíciles y tengas problemas, no eres una mala persona. Tenemos que dejar atrás el erróneo concepto de que porque amamos a Dios y la gente nos quiere y nos admira, se supone que seamos perfectos. No es así, para nada.

Si tienes problemas para controlar tu ira, o una adicción declarada u oculta, no intentes vencer al problema sin ayuda de nadie. No lo ocultes porque sientas vergüenza. Encuentra a alguien cristiano que —en fe— permanezca a tu lado. No digo que tengas que anunciarlo a todo el mundo. Pero sí que encuentres a una persona en la que puedas confiar de veras. Y cuando hagas lo tuyo, Dios te ayudará a vencer los patrones negativos en tu vida.

Más tarde el pastor Robert admitió que la razón por la que no podía contarle a nadie sobre su problema con la ira, era la idea de que algo estaba mal en él. No podía entender cómo Dios lo había librado de todas las otras adicciones y, sin embargo, el problema con la ira persistía. Robert contó que cuando estaba furioso y fuera de control, en el fondo de su corazón se decía: «¿Por qué hago esto? ¿Por qué no puedo detenerme? ¿Qué hay mal en mí?»

El problema era que la ira había estado en su familia durante generaciones. No era fácil de vencer, como los otros hábitos. Más allá de eso, tendría que pasar y vencer el miedo sobre lo que todos pudieran decir de él. Por fin buscó ayuda. Al confesar sus faltas y enfrentarse a las fuerzas de la oscuridad, Dios lo liberó por completo. Hoy es uno de los hombres más amables y tranquilos que uno pueda conocer.

De la misma manera, no puedes vencer todo lo que se te oponga. No hay adicción imposible para nuestro Dios. No hay fortaleza impenetrable para Él. No importa cuánto tiempo hayas tenido que soportarlo, o cuántas veces hayas intentado para fracasar una y otra vez, hoy es un nuevo día. Si te sinceras y reconoces cuál es el problema, y encuentras a alguien ante quien puedas rendir cuentas, también puedes comenzar a vivir bajo la bendición y no la maldición. Puedes librarte de todos esos patrones generacionales negativos e iniciar un nuevo patrón de amor y benignidad para tus descendientes.

Responsabilízate de tus acciones. Dios te ha dado libre albedrío. Puedes elegir el cambio. Puedes elegir nuevos parámetros. Toda buena decisión que tomes vencerá a los patrones malos que hayan elegido otras personas en tu familia, tus antepasados. Cada vez que te resistes ante una tentación estás un paso más cerca de la victoria. Puede ser negativa la historia de tu familia, claro que sí, pero no por eso tienes que perpetuarla. No podemos cambiar el pasado, pero sí el futuro, tomando las decisiones correctas.

Es triste, pero quien sufre termina haciendo sufrir a los demás. Podrás pensar que cuando salimos de un entorno negativo, el cambio es instantáneo. Oirás que mucha gente dice: «Yo nunca criaré a mis hijos de esa forma». O «Jamás trataré a mi esposa como mi padre trataba a mi madre». Y sin embargo, en verdad, la mayoría de las veces terminan haciendo justamente lo que dijeron que no harían. Porque ese espíritu pasó de generación a generación.

Si creciste en un entorno negativo, a menos que rompas ese patrón espiritual hay grandes probabilidades de que trates a tus hijos de la misma forma en que te trataron a ti. Conozco gente que sufrió abuso físico y verbal en su infancia. Y uno pensaría que como sufrieron tanto, tratarían de apartarse de todo eso. Pero los estudios confirman que sucede lo contrario. Los que han sido maltratados tienen más posibilidades de convertirse en abusadores. ¿Por qué? No porque lo deseen. Ya saben lo destructivo que es. Es porque ese espíritu negativo sigue pasándose de generación a generación.

Gracias a Dios, tú y yo podemos hacer algo al respecto. La Biblia dice en Efesios que nuestra batalla no es física sino una batalla en el plano espiritual.[14] Tienes que levantarte y decir: «Tomo autoridad respecto de esto y no voy a vivir de este modo». Dios te dará el poder de hacer lo que haga falta. No te quedes donde estás, aceptando la situación. Haz algo al respecto.

Mucha gente hoy practica el juego de las culpas. «Es culpa de este. Es culpa de aquella. Bueno, estoy deprimida porque mi madre siempre estaba así». O, «No puedo romper con estas adicciones porque todos en mi familia también fueron adictos». O, «Estoy enojada porque tú me haces enojar».

Evita eso. Tienes que responsabilizarte de tus acciones. Quizá en el pasado haya habido injusticias que te hicieron la vida difícil, pero tu actitud debiera ser otra: «No voy a quedarme aquí, llorando y quejándome por cómo me criaron o por cómo me maltrataron. No, esta es la vida que Dios me dio y voy a aprovecharla al máximo. Voy a tomar buenas decisiones a partir de hoy».

Hemos oído mucho sobre la maldición generacional, pero nuestra decisión generacional es igual de importante. No hay motivo para que sigamos en el mismo lugar.

---

**Esta es la vida que Dios me dio y voy a aprovecharla al máximo.**

---

Debes poner fin a todos los patrones negativos que haya habido en tu historia familiar. Quizá hayan estado allí por años, pero tú puedes ser quien marque la diferencia. Recuerda que esta batalla es espiritual. Tienes que tomar autoridad sobre todas las fuerzas que te mantienen en prisión. Una de las primeras cosas que tienes que hacer es reconocer de qué se trata, identificarlo, sacarlo a la luz y enfrentarlo. Cuando lo hagas, verás el favor y las bendiciones de Dios en tu vida, y pasarás estas cosas buenas a las generaciones venideras. En el próximo capítulo te mostraré cómo puedes dejar un legado positivo perdurable.

# CAPÍTULO 5

# La bendición generacional

Casi nadie se detiene a pensar en la gran cantidad y variedad de decisiones que toma cada día. Sin embargo, lo que decidamos hoy afectará a nuestros hijos, nietos y generaciones futuras.

Muchas veces pensamos solamente en el aquí y el ahora. «Es que, Joel, esta es mi vida. Yo sé que tengo malos hábitos. Que tengo mal carácter. Sé que no trato bien a todos. Pero está bien porque puedo controlarlo».

El problema con esta clase de pensamiento es que no sólo te lastimas a ti mismo, sino que haces que para quienes vengan detrás de ti la vida sea más difícil. Las cosas que nosotros no vencemos, los problemas que dejamos sobre la mesa, digamos, pasarán a la siguiente generación. Ninguna persona, sea hombre o mujer, vive y muere sólo para sí mismo. Porque tanto los buenos hábitos como las malas decisiones —como las adicciones, malas actitudes, mentalidades erróneas—, pasan a la siguiente generación.

Sin embargo, la buena noticia es que toda buena decisión que tomemos, toda tentación a la que resistamos, toda vez que honremos a Dios y hagamos lo bueno, no sólo nos eleva sino que también hace que para las generaciones siguientes la vida sea un poquito más fácil.

Piensa en esto: cada uno de nosotros tiene una cuenta bancaria espiritual. Según sea nuestra manera de vivir, estaremos acumulando capital o acumulando iniquidad. El capital sería todo lo bueno: nuestra integridad, nuestra determinación, nuestra santidad. Eso acumula bendiciones.

Por otro lado, la iniquidad incluye nuestros malos hábitos, adicciones, egoísmo, falta de disciplina. Todas esas cosas, sean buenas o malas, pasarán a las generaciones futuras.

Me gusta ver mi vida como si fueran las postas en la maratón que corre nuestra familia. Cuando llegue al punto donde debo entregar la posta a mis hijos, en esa posta estará mi ADN físico, como el color de cabello, altura y peso, y también mi ADN espiritual y emocional, que incluirá mis tendencias, actitudes, hábitos y pensamientos. Mis hijos tomarán la posta, correrán algunas vueltas y luego la entregarán a sus hijos. Y así seguirá la maratón, con cada vuelta que se corre. Si se corre con pasión, propósito e integridad, esa vuelta podrá ser aprovechada por quienes vengan detrás. En cierto sentido las vueltas que corramos bien ponen a las generaciones venideras un paso más adelante en el camino al éxito y el significado.

Tenemos que pensar en la imagen completa. Quiero dejar mi linaje mejor que como estaba antes. No quiero que mi vida se vea empequeñecida por el egoísmo, las adicciones o los malos hábitos. Quiero que todo lo que hay hoy en mi vida les haga más fácil la existencia a quienes vengan detrás.

Aunque no tengas hijos, vas a continuar tu legado a través de las personas en quienes influyas. Tus hábitos, actitudes y principios serán pasados a alguien.

Leí un estudio interesante que realizó el ejército estadounidense en 1993. Querían saber qué características se pasaban de generación a generación. Sabemos que eso vale para las características físicas. Pero, ¿qué pasa con las características emocionales, mentales y espirituales? ¿Qué con las malas actitudes, las adicciones? ¿O qué con las buenas cualidades como la integridad, la compasión, la vida que agrada a Dios? ¿Se pueden pasar de generación a generación también?

Los investigadores tomaron glóbulos blancos de la sangre de un voluntario y los pusieron en un tubo de ensayo. Luego introdujeron en el tubo de ensayo uno de los electrodos utilizados en los detectores de mentira para medir la respuesta emocional de la persona.

A continuación le indicaron al mismo voluntario que pasara a otra habitación y viera un vídeo breve con escenas de violencias de una vieja película de guerra. Cuando el hombre veía las escenas, aunque el tubo de ensayo con su sangre estaba en otra sala, el detector percibió cambios en sus emociones. Es que detectaba la respuesta emocional aunque la sangre ya no estaba en su cuerpo.

Los investigadores repitieron la experiencia con diferentes personas y llegaron siempre al mismo resultado: la sangre parecía «recordar» de dónde venía.

Ahora, si las enfermedades, las adicciones y las actitudes negativas pueden pasarse de generación a generación, ¿cuánto más podríamos legar las bendiciones, el favor y los buenos hábitos entonces?

Aunque es importante comprender la maldición generacional, es esencial que entendamos también las bendiciones generacionales que podemos obtener. Sé que gran parte del favor y la bendición en mi vida no es resultado de mi propio esfuerzo. No acumulé todo lo que hoy disfruto. Se debe a lo que me han legado mi madre y padre. No me dejaron sólo una herencia física, sino también una herencia espiritual.

Podemos edificar basándonos en el pasado. Mi padre me adelantó unos cuarenta años cuando me pasó la posta del ministerio de la Iglesia Lakewood. Y mi sueño es hacer que mis hijos también tengan un buen trecho recorrido. No hablo de dinero, sino de actitudes, de ayudarles con sus hábitos de trabajo, su carácter y su relación con Dios.

Tenemos que entender que las generaciones están conectadas. Estás sembrando semillas para las generaciones futuras. Lo veas o no, todo lo que hagas tiene importancia y cuenta porque cada vez que perseveras, cada vez que eres fiel, cada vez que sirves a los demás, estás marcando una diferencia. Estás acumulando capital en tu «cuenta generacional».

Es fácil pensar: «Bueno, sólo soy un hombre de negocios», o «Soy sólo ama de casa», o «Soy madre soltera y tengo que trabajar. No voy a lograr nada grandioso. Seamos realistas».

Sin embargo, digo que tienes que aprender a pensar más allá, en las generaciones que vendrán. El hecho de que trabajes duro, que eres fiel a tu cónyuge y tu familia, que lo entregas todo, implica que siembras semillas para quienes vengan detrás de ti. Quizá no veas que nada de esto suceda durante tu vida. Es posible que la semilla que plantes hoy será para tu hijo o tu nieto, que sí lograrán algo grande. No te desalientes. Se trata de tu legado. No es tu vida la que cambias, ¡sino tu árbol genealógico!

Mi abuela paterna trabajó muy duro casi toda su vida. Mis abuelos tenían una plantación de algodón y lo perdieron todo en la época de la Gran Depresión. No tenían mucho dinero, ni demasiado para comer, ni un futuro, para tal caso. Mi abuela trabajaba doce horas al día por diez centavos la hora, lavando ropa para otras personas: ganaba un dólar con veinte centavos por día.

Sin embargo, nunca se quejó. No andaba ventilando su mentalidad de «pobrecita yo». Ella siguió esforzándose al máximo. Estaba decidida y era persistente. Quizá no se diera cuenta, pero estaba sembrando semillas para sus hijos.

Estaba dejando un legado de trabajo, determinación y persistencia. Y mi padre pudo edificar basándose en esos cimientos. Porque la abuela echó el fundamento, papá pudo romper con ese ciclo de pobreza y depresión y nuestra familia pasó a un nivel nuevo.

Entiéndelo: mi abuela nunca disfrutó de veras de las bendiciones y el favor que sí tuvieron sus descendientes. Pero si no hubiera estado dispuesta a pagar el precio, mi padre quizá jamás habría escapado de la pobreza y yo no estaría disfrutando de este tiempo en que puedo ser útil a los demás.

Hoy, Victoria y yo solemos llevarnos el crédito por las vidas exitosas que tenemos, pero aprendí a mirar atrás y a dar crédito a quien le corresponde: a nuestros antepasados y madres. Mucha gente en ambas familias contribuyó a lo que hoy tenemos.

Mi abuela nunca recibió muchos elogios durante su vida. Ni gloria. Pero fue la que corrió varias de las vueltas más importantes en la carrera. Y cuando pasó la posta, la pasó con un legado de determinación, persistencia, ímpetu y mentalidad positiva. Ahora todo eso pertenece al legado de nuestra familia y creo que en cuatro o cinco generaciones más, nuestros descendientes estarán todavía mejor, gracias a la abuela Osteen.

De la misma manera, cuando te levantas temprano, trabajas duro y mantienes la mirada centrada en la excelencia, estás marcando una diferencia en el futuro de tu familia. No seas miope ni egocéntrico al pensar que si no sucede ahora no podrás ser feliz. Piensa que estás sembrando semillas para una gran cosecha que levantarán las generaciones que te sucederán.

«Es que trabajo duro, Joel», me dijo una madre soltera. «Intento lograr que mis hijos vayan a la universidad, y estoy muy cansada».

Puedo entenderla y compadecerme de esta madre soltera y de tantas otras que sienten lo mismo. Nadie dijo que fuera fácil, pero hay que seguir siendo fiel. No sabemos cómo puede usar Dios a ese hijo en el futuro, para que tenga un impacto en el mundo. Alguien en tu familia, algún descendiente podría llegar a ser un gran empresario, un gran líder, maestro, ministro, estadista o escritor. Puede pasar en esta generación, o incluso dentro de cuatro o cinco. Pero en parte, sucederá porque te dispusiste a pagar el precio.

Cuando veas a alguien exitoso, o que ha logrado algo grande, ten por seguro que no lo logró todo por sí mismo. Alguien más ayudó a pagar el precio. Alguien le legó las cualidades que le hacían falta.

Cuando vives con excelencia, esforzándote siempre un poco más, es posible que nadie lo note. Puede parecerte que no cosechas ninguno de los beneficios, pero recuerda esto: en el linaje formado en tu ADN queda impresa tu fortaleza, tu decisión, tu espíritu de excelencia. Y pasará a las generaciones futuras. Estás marcando una diferencia.

Un amigo mío es pastor en una iglesia muy grande, en otro estado. Él y su esposa la fundaron hace catorce o quince años y hoy, miles de personas acuden cada semana. Es una iglesia fuerte y saludable.

Pero mi amigo alberga grandes sueños en su corazón. Quiere ver que la iglesia crezca más y más y además, sueña con escribir libros que tengan un impacto en el mundo.

Después de algunos años de trabajar en la iglesia, se desalentó mucho. Su energía y entusiasmo alcanzaron una meseta y ya no sucedía nada demasiado emocionante. La iglesia tenía muchos miembros, pero no llegaba gente nueva. Y además, cuando mi amigo va de camino al trabajo cada mañana pasa por otra iglesia grande, con una congregación de entre quince y veinte mil personas, y un bellísimo terreno con muchos edificios nuevos, exactamente lo que mi amigo siempre soñó y por lo cual trabajó tan duro.

Un día mi amigo estaba detenido en el tráfico, justamente delante de ese bello terreno de la iglesia. Sintió que le echaban sal en la herida. Se desalentó tanto que dijo: «Dios, esto no es justo. Puse mi corazón y mi alma en el sueño que me diste, pero no creo poder llegar a equiparar el éxito de este hombre. ¿Por qué no crece mi iglesia?»

Expresó sus sentimientos con toda sinceridad, y dijo: «Dios, siento que se ríen de mí. Ya ni siquiera sé si debiera seguir corriendo esta carrera».

En ese momento Dios le habló. No en voz alta, sino en su corazón y su mente. Le dijo: «Hijo, ¿qué pensarías si fuese tu hijo quien viera la realidad de tu sueño? ¿Y si tu hija escribiera un libro que tuviera impacto en el mundo? ¿Cómo te sentirías si tus hijos fueran los que disfrutaran del éxito que tanto anhelas?»

Una luz iluminó la mirada de mi amigo: «Dios, eso sería fantástico. Sería un sueño hecho realidad».

Me dijo este amigo que esta experiencia cambió su manera de ver las cosas. Empezó a pensar más en la inversión que haría en las generaciones venideras. «Quizá esté sembrando para que mis hijos cosechen», dijo. «Quizá esté echando cimientos para que mis hijos logren algo grande».

Recuerda que cada vuelta que corremos es una vuelta menos que tendrán que correr quienes nos sucedan. Cada día en que te mantienes fiel, cada prueba que pasas, cada obstáculo que vences, significa que acumulas capital y bendiciones para las generaciones futuras. Estás facilitando las cosas para tus hijos y tus nietos. Tus sueños quizá no se concreten tal y cual lo esperas, pero las semillas que siembras podrán dar fruto para que lo cosechen tus hijos.

Es interesante que el pastor de la iglesia grande por la que pasaba mi amigo sea pastor de cuarta generación. Su padre, su abuelo y su bisabuelo habían liderado con fidelidad congregaciones pequeñas de quizá cien miembros, más o menos. ¿Por qué tenía este hombre una iglesia tan grande, con un impacto tan fuerte?

Es que alguien había pagado el precio. Sí, claro que ese pastor tiene dones y talentos. Pero sus antepasados, los que le precedieron, fueron los que acumularon el capital. Y ahora el favor se derrama sobre esta generación.

Quiero preguntarte algo: ¿Aceptas pagar el precio, para que tus hijos y nietos y las generaciones futuras puedan llegar más alto, lograr más que tú? Si eres como yo, no habrá nada que te haga más feliz que ver que tus hijos logran más y llegan más lejos de lo que imaginaste posible para ti. O ver que tus nietos pueden ir más allá de lo que soñaste para tu vida.

### ¡Tus hijos harán todavía más!

Muchas veces podrás ver más allá del camino que recorres. Dios puede haber puesto algo en ti, mucho más grande de lo que podrías lograr por ti mismo. No te sorprendas si tus hijos o nietos llegan y completan lo que tú iniciaste. Oí decir: «Nada verdaderamente grandioso se puede lograr en una sola vida». En ese momento no entendí las palabras porque es obvio que cada generación puede hacer más que las anteriores. Sin embargo, ahora sé que a veces los planes de Dios suelen abarcar mucho más que una sola generación.

Mi padre dijo muchas veces: «Un día construiremos un auditorio con capacidad para veinte mil personas. Un día tendremos un lugar enorme donde todos puedan venir a adorar».

Mi padre tenía la visión, pero Dios utilizó a sus hijos para concretarla. Sin embargo, si él no hubiera permanecido fiel, decidido y con excelente espíritu, no creo que su sueño se hubiera hecho realidad. Papá sembró las semillas, echó el cimiento y los miembros de mi familia y millones de personas más, disfrutan de las bendiciones como resultado de todo eso.

Es posible que albergues un gran sueño en tu corazón. Recuerda que Dios quizá puso en ti esa semilla, sólo para que el sueño comience a concretarse. Tus hijos y tus nietos quizá lo lleven más lejos de lo que tú pensaste.

En el Antiguo Testamento el rey David tenía un sueño: construir un templo permanente donde el pueblo de Dios pudiera adorar. David reunió lo que hacía falta, hizo traer cedros enormes del Líbano y amasó una fortuna en oro y metales preciosos. Sin embargo, Dios nunca le permitió construir el templo. En cambio, instruyó al hijo de David, Salomón, que construyera su casa de adoración.

Si no todo sucede en tu tiempo y según tus expectativas, sigue dando lo mejor de ti. Dios sigue estando al mando y tiene el control. Al seguir sembrando y viviendo con excelencia, recuerda que estás marcando una diferencia. En el momento que Dios lo decida el fruto de tu labor y esfuerzo se podrá ver.

Las Escrituras dicen que el pueblo de Dios dejó el lugar mejor de lo que estaba cuando lo encontraron.[15] Ese debiera ser nuestro objetivo también: voy a dejar a mi familia con más integridad, más gozo, más fe, más favor y más victoria. Voy a dejar a mis seres amados en libertad de toda atadura y más cerca de Dios.

Quizá no fuiste criado por padres que te prepararon para el éxito sembrando características positivas en tu árbol genealógico. Es posible que hayas heredado actitudes de derrota, mediocridad, adicciones y negatividad. Pero gracias a Dios puedes iniciar un nuevo linaje. Puedes ser quien establezca un nuevo parámetro.

Aun así, hace falta que *alguien* esté dispuesto a pagar el precio. Que alguien dé un paso al frente y limpie las sobras que quedaron sobre la mesa. Puede haber cosas negativas en tu ADN, pero no tienen por qué permanecer allí. Lo único que hace falta es que una persona se levante y comience a tomar mejores decisiones. Cada buena decisión que tomes empieza a contrarrestar las malas decisiones de quienes te precedieron.

Es posible que no lo haya hecho nadie antes, pero si tú comienzas a hacer cambios positivos, un día, tus descendientes mirarán atrás y dirán: «Fue gracias a él, o a ella. Fue quien comenzó a dar vuelta a la página. Hasta ese momento, vivíamos en derrota. Hasta ese momento, éramos adictos. Pero mira lo que pasó cuando llegó esta persona. Todo cambió. Logramos llegar más alto».

¿Qué pasó entonces? Se rompió la maldición y comenzaron las bendiciones. Eso es lo que puedes hacer por tu familia.

Sé que estoy aquí hoy porque alguien en mi familia oró. Alguien decidió defender la rectitud. Alguien cumplió con sus compromisos. Alguien vivió una vida de integridad. Mis antepasados sembraron semillas en mi vida, gente a la que nunca llegué a conocer en su mayoría.

«Ay, Joel. Es que tuviste suerte», me dirán.

La suerte nada tiene que ver. Mi vida hoy es bendecida porque alguien en la historia de mi familia oró, perseveró aun en medio de la dificultad, y honró a Dios en medio de todo.

Si tus padres y abuelos eran piadosos y vivían agradando a Dios, tu agradecimiento tiene que ser enorme porque gracias a ellos tienes innumerables ventajas hoy. Tienes más favor de Dios, más bendiciones gracias a lo que ellos hicieron. Ellos pagaron el precio para invertir en tu futuro.

Además, cuando tienes esta herencia cristiana, a veces hasta tropiezas con las bendiciones. Sucederán cosas grandiosas y ni siquiera podrás entender por qué. Se abrirán de manera sobrenatural puertas supuestamente impenetrables. Y obtendrás promoción, sabiendo que no lo merecías. No es suerte. Es porque esa abuela oraba. Es porque tus padres vivieron vidas marcadas por la excelencia. O porque tus abuelos sembraron semillas de integridad y éxito.

Claro que cada uno de nosotros es responsable de sus propias acciones, y tú y yo tenemos que trabajar con diligencia para aprovechar las oportunidades que se nos ofrecen. Pero la Biblia también indica que si tenemos esta herencia de fe, viviremos en casas que no construimos nosotros. Disfrutaremos del vino de la vid que no plantamos. Las bendiciones de Dios nos seguirán y nos sobrepasarán. Agradezco a Dios cada día por mis padres y mis abuelos. Porque gracias a la forma en que vivieron, a las cosas que hicieron, hoy no vivo bajo una maldición generacional sino bajo una bendición generacional.

Puedes hacer algo similar por tu familia. El dinero, las casas, los autos y otras posesiones materiales pueden formar parte de tu legado para tus hijos, y si les dejas todas esas cosas, es genial. Pero vivir una vida de integridad y excelencia que honre a Dios vale mucho más que todo eso. Pasar el favor y las bendiciones de Dios a tus futuros descendientes vale más que cualquier otra cosa en este mundo.

No busques la salida fácil. Sigue esforzándote al máximo, aun cuando te resulte difícil. Sigue amando, dando y sirviendo. Tu fidelidad es conocida en el cielo. Estás acumulando capital, tanto para ti como para las siguientes generaciones.

Primero de Samuel, capítulo 24, cuenta cómo David y sus hombres protegieron de los enemigos a la familia y los sirvientes de un hombre llamado Nabal. Un día David envió a sus hombres a pedirle alimento y provisiones a Nabal. David pensaba que Nabal le estaría agradecido y que les daría a las tropas lo que pedían. Pero cuando llegaron los hombres de David, Nabal los trató de manera ruda, sin respeto. Les dijo:

«Ni siquiera los conozco. Jamás les pedí que hicieran nada de lo que hicieron, así que váyanse. No me molesten».

Cuando los hombres volvieron y le contaron a David el trato insolente que habían recibido, este se enojó mucho. Les dijo: «Bien, señores. Tomen sus espadas. Nos ocuparemos de Nabal. Lo borraremos del mapa».

Pero mientras avanzaban, la esposa de Nabal, llamada Abigail, detuvo a David. Había oído de la conducta irrespetuosa de su esposo, por lo que trajo gran cantidad de provisiones y regalos con la esperanza de que David se calmara. Le dijo: «David, mi esposo es un hombre maleducado e ingrato. No tendría que haberte tratado de ese modo». Y en el versículo 28, dijo: «Y yo te ruego que perdones a tu sierva esta ofensa; pues Jehová de cierto hará casa estable a mi señor».

Me gusta esa frase: «casa estable». Abigail estaba diciendo: «David, sé que tienes derecho a estar enojado. Sé que mi esposo te pagó mal por bien. Pero si puedes pasarlo por alto, dejar la ofensa atrás, sé que Dios te bendecirá durante generaciones. Sé que te dará una casa estable, perdurable».

David se tragó su orgullo y se alejó, perdonando la ofensa. Dejó atrás su enojo y Dios de hecho los bendijo a él y a sus hijos en el futuro.

A lo largo de la vida todos encontraremos situaciones en las que habrá excusas para sentir enojo o amargura. Me dirás: «Joel, tuve buenas razones para dejar mi matrimonio. Sufría malos tratos». O, «Tengo derecho a sentir rencor. Me obligaron a soportar mucho dolor e injusticia».

De hecho, sí puedes tener buenas razones para sentirte como te sientes, para responder con negatividad ante la vida. Pero te pido que tomes otro camino, que no cedas. Todo eso entrará en tu sangre, y formará parte de tu legado. Tus hijos y nietos ya tendrán bastantes dificultades sin que les agregues algo más.

Puede ser difícil, pero tienes el poder para vencer las malas decisiones que hayan tomado las generaciones que te precedieron. Más allá de eso puedes hacer que la vida de las generaciones que te sucedan sea mejor. Toda ofensa que perdones, todo mal hábito que rompas, toda victoria que ganes, es una vuelta menos que tendrán que correr los que vengan detrás de ti. Y aunque no lo hagas por ti, hazlo por tus hijos, por tus nietos. Para que tu casa sea estable, perdurable.

He oído decir por ahí: «La sangre habla». Se refieren a que la sangre va cargada de tus experiencias. Recuerda como se ilustró la investigación de los militares que mencioné, la sangre recuerda de dónde viene. Dentro de cien años tu sangre seguirá hablándoles a las generaciones futuras. Y hablará de manera negativa o positiva, afectando a otros en tu árbol genealógico.

¿Qué hablará tu sangre? ¿Derrota? ¿Mediocridad? ¿Falta de perdón? ¿Amargura?

¡No! Creo que tu sangre hablará otras palabras: Determinación, persistencia, integridad, amor a Dios, generosidad, favor y ¡Fe y victoria!

Decide dejar un legado de amor a Dios. Deja a tu familia un legado de cosas buenas. Quizá hayas heredado cosas negativas, pero gracias a Dios, este día es nuevo. Traza una línea en la arena y declara: «Ya basta con la maldición generacional. En cuanto a mí y mi familia, vamos a vivir bajo la bendición generacional».

---

**Hazlo para que tu casa sea estable, perdurable.**

---

Levántate cada mañana y esfuérzate todo lo que puedas. Si lo haces, no sólo te elevarás más alto y lograrás más, sino que Dios ha prometido que tu semilla, tu familia hasta mil generaciones desde hoy, vivirá con las bendiciones y el favor de Dios, todo a causa de la vida que hayas vivido.

## CAPÍTULO 6

# *Descubre tu destino*

Aun antes de que nacieras Dios te vio y te otorgó dones y talentos, diseñados de manera única para ti. Te ha dado ideas y creatividad, y áreas específicas en las que puedes sobresalir.

¿Por qué, entonces, hay tanta gente que hoy se siente insatisfecha con su vida? ¿Por qué tanta gente vive yendo a trabajar sin ganas, sólo buscando ganarse el pan, atrapados en un trabajo que ni siquiera les gusta?

La respuesta es sencilla: no van tras los sueños y deseos que Dios ha puesto en sus corazones.

Si no están avanzando hacia el destino que Dios les dio, la tensión y la insatisfacción seguirán estando siempre en su interior. No se esfumarán con el tiempo. Seguirán allí mientras vivan. No puedo pensar en nada más trágico que el hecho de llegar al final de tu vida en la tierra y ver que no «viviste de veras»; que no llegaste a ser aquello para lo que Dios te creó. Ver que sencillamente «sobreviviste», que viviste una vida mediocre. Sobreviviendo, sí, pero sin pasión ni entusiasmo, desaprovechando un potencial que quedó latente, tapado.

Alguien me dijo que el lugar más rico de la tierra no es Fort Knox, ni los campos de petróleo del Medio Oriente. Tampoco las minas de oro y diamante de Sudáfrica. Irónicamente, los lugares más ricos de la tierra son los cementerios, porque en esas tumbas hay todo tipo de sueños y deseos que jamás se concretarán. Sepultados bajo la tierra hay libros que jamás se escribirán, negocios que jamás se emprenderán y relaciones que

71

nunca se formarán. Es triste, el increíble poder del potencial que yace bajo la tierra en esas tumbas.

Una de las razones por las que a tanta gente le falta entusiasmo y felicidad es porque no están cumpliendo con su destino. Entiende esto: Dios depositó un regalo, un tesoro dentro de ti. Pero tienes que hacer tu parte para poder sacarlo a relucir.

¿Cómo lograrlo? Es fácil. Decide que empezarás a concentrarte en tu divino destino, y comienza a caminar hacia los sueños y deseos que Dios ha puesto en tu corazón. Nuestro objetivo debiera ser vivir la vida en su mayor plenitud, buscando nuestros sueños y pasiones, y cuando llegue el momento de partir, que hayamos usado nuestro potencial al máximo. No vamos a enterrar nuestros tesoros. Al contrario, vamos a vivir de la mejor manera.

¿Cómo descubrir entonces tu sentido del destino divino? No es difícil ni complicado. Tu destino tiene que ver con lo que despierta entusiasmo y emoción en ti. ¿Qué te apasiona? ¿Qué es lo que de veras te gusta hacer? Tu destino formará parte de los sueños y deseos que hay en tu corazón, será parte de tu naturaleza. Siendo que Dios te creó y que es Quien puso esos deseos dentro de ti desde el primer momento, no debiera sorprenderte que tu destino tenga que ver con algo que te guste y disfrutes. Por ejemplo, si te gustan de veras los niños, tu destino quizá esté ligado a algo que tenga que ver con ellos: enseñar, ser entrenador, cuidarlos, ser mentor de niños.

O quizá te guste ver que se construyan o renueven cosas. Es posible que tu destino entonces entre en la categoría de la construcción, el diseño o la arquitectura. Conozco gente que les encanta servir, que es compasiva y se interesa por los demás, así que sin duda su destino les impulsará hacia algún campo del trabajo social, o hacia la medicina, como médicos, enfermeros, cuidadores o ministros o consejeros. Tu destino usualmente irá ligado al sueño que más te apasiona.

Desde que tenía diez u once años me fascina la producción de programas de televisión. Siempre me gustaron las cámaras, la edición, la producción de programas y películas. Todos los pasos en ese proceso despertaron en mí siempre un entusiasmo especial. Cuando era adolescente, pasaba casi todos mis fines de semana en la Iglesia Lakewood, donde mi padre era pastor principal. En esa época la iglesia tenía algunas cámaras profesionales, de las más pequeñas, y yo pasaba todo el sábado jugando con el equipo. No sabía mucho sobre cómo manejarlo, pero me fascinaba. Encendía y apagaba la cámara, la enchufaba y desenchufaba, desenredaba los cables y preparaba todo para el domingo. Me apasionaba porque era lo que en mí surgía por naturaleza.

Cuando tuve edad suficiente, quizá trece o catorce años, empecé a ayudar con las filmaciones durante los servicios. Y aprendí bastante. Era bueno en eso, por lo cual pronto fui uno de los mejores camarógrafos. No me resultaba difícil sino todo lo contrario: me encantaba. Para mí, estar detrás de la cámara era un placer, no un trabajo.

Recordando ahora veo que mi amor por la producción televisiva formaba parte del destino que Dios me dio. Es que el Creador había puesto en mí esa pasión, ese talento y capacidad, aun antes de la fundación del mundo.

Fui a la universidad y estudié producción durante un año. Volví a casa e inicié un ministerio televisivo con todo mi entusiasmo en la Iglesia Lakewood. Hoy estoy del otro lado de las cámaras y puedo ver cómo Dios iba guiando y dirigiendo mis pasos, enseñándome y preparándome todo el tiempo para que cumpliera mi destino.

Quizá no te gusta lo que haces en tu trabajo, y cada mañana despiertas pensando en lo tedioso que será tu día. Tu tarea no tiene significado y es rutinaria.

Si te identificas con eso, quizá sea hora de reevaluar lo que estás haciendo. Dios nunca quiso que vivieras una vida sin significado, sin plenitud. Asegúrate de que tu campo de acción concuerde con tu destino. No pases veinticinco años de existencia sin sentido, haciendo algo que no te gusta, quedándote allí sólo por conveniencia o porque le temes al cambio. No lo hagas. Da el paso hacia tu destino divino.

Es que nuestro trabajo tiene que ser algo que nos guste, algo que amemos. Tenemos que ir a trabajar cada día sintiendo entusiasmo y pasión por lo que hacemos. No digo que no tengamos que trabajar duro, y que no haya días en que sientas frustraciones o momentos en que te cruces con personas con las que preferirías no estar. Todo eso forma parte de la vida misma. Pero al término del día, debiéramos disfrutar de lo que hacemos. Cuando llegas a casa por la noche tendrías que sentir que lograste algo, que ayudaste de alguna forma a crear un mundo mejor. Creo que cuando descubras tu destino y comiences a trabajar en algo que esté relacionado con él, estarás en un lugar de crecimiento y éxito para ti.

---

**Nuestro trabajo debiera ser algo que nos encante hacer.**

---

Piensa en un buen perro de caza. Para ese perro, cazar es algo natural. Ahora, si pones a un perro de caza en un canil y lo mantienes encerrado allí, verás que pasa el día echado, sin motivación, sin entusiasmo, sin alegría alguna. Pero cuando llega el dueño y abre la portezuela de su camioneta y el perro ve que va a salir de caza, cobra vida nueva. Ladra, salta y corre con emoción. El cambio es muy marcado, como entre el día y la noche.

¿Por qué pasa eso? Porque Dios creó los perros de caza de esa forma. Él puso en ellos esa pasión, así que la emoción y el entusiasmo son algo natural. No necesitan esforzarse para que les guste. No dicen: «Bueno, iré a escuchar un mensaje de motivación, un sermón que me entusiasme. Tengo que reunir fuerzas y alegría para poder ir de caza esta tarde».

Cuando esos perros saben que saldrán de cacería, se animan. Ese deseo forma parte de su constitución, puesto allí por el Creador del universo.

Creo de veras que cuando entramos en lo que es nuestro destino y hacemos aquello para lo que fuimos llamados, el entusiasmo y la emoción emanan de nosotros. Claro que no saltamos ni corremos todo el tiempo, pero por dentro sabemos: Para esto nací. Esto forma parte de mi diseño interior. Es mi destino.

Dentro de ti tienes una sensación de tu destino, del propósito divino, instalado allí por el Creador del universo. Forma parte de tu naturaleza, de lo que eres en realidad.

Me gusta pensar en esto de esta manera: Dios hizo todo tipo de animales y a cada uno les dio características únicas, rasgos de personalidad que les son exclusivos. La lechuza, por ejemplo, es un animal nocturno y le gusta salir en la oscuridad. Dios le dio ojos que pueden ver por las noches tan bien como el ser humano puede ver durante el día. Pero si la lechuza decidiera que durante las noches dormirá para salir a buscar alimento durante el día, estaría yendo contra el destino que Dios le dio y seguro tendrá problemas. Le costaría encontrar alimento, por ejemplo. No disfrutaría de su vida porque no estaría haciendo aquello para lo que Dios la creó. Habría salido de su destino.

Por otra parte, cuando de veras estás en línea con tu destino, hay muchas cosas que surgen en ti por naturaleza. Siguiendo con mi analogía, nadie tiene que decirle a la lechuza que viva de noche. Dios la hizo así, por lo que es natural que no duerma y lo haga todo en medio de la oscuridad. Es que está equipada para hacerlo.

Del mismo modo Dios instaló en cada uno de nosotros ciertas características, y si logramos descubrir cuál es nuestro destino y hacer aquello en lo que por naturaleza somos buenos, la vida se hace mucho más placentera. La disfrutamos. No se nos hará difícil ni problemática.

Si alguna vez oíste a un gran cantante, habrás visto que no necesita hacer esfuerzo alguno para cantar bien. ¿Por qué? Porque hace lo que le sale bien por naturaleza.

Y si por otra parte haces algo que no es natural en ti, siempre habrá dificultades. Por mucho que practiques, te esfuerces y te entrenes, nunca pareces poder lograrlo del todo bien. Has de reconocer que no está en tu naturaleza.

Claro que a veces tenemos que perseverar, cuando el éxito no surge enseguida. Muchas veces hay que esforzarse, estudiar y aprender, y las lecciones suelen ser de gran beneficio. Pero en general, la vida no tiene por qué ser una lucha constante. Cuando uno vive dentro de su propósito, uno de los resultados más evidentes será lo cómodo que se siente. Aprende a apreciar y utilizar las habilidades, dones y capacidades para los que tienes talento natural.

Dos amigos míos fueron juntos a la escuela bíblica. Ambos planeaban ser pastores. Cuando se graduaron, Craig inició una iglesia y le pidió a su amigo Ron que viniera a ayudarle. Ron quería fundar su propia iglesia pero como no había tenido oportunidad, decidió ayudar a Craig durante un tiempo. Ron era un músico buenísimo, un pianista excelente, un fantástico compositor y cantante.

Craig puso a Ron a cargo del ministerio musical de la iglesia y durante años, este se distinguió en esa área. En toda esa zona, se conocía a la iglesia por su excelente música. Llegaban nuevos miembros todo el tiempo y la congregación crecía.

Sin embargo, Ron seguía diciéndose: «Tengo que salir de aquí y abrir mi propia iglesia».

Craig y la esposa de Ron reconocían que la música tenía un efecto positivo en la gente. Pero Ron no quería oír de eso. Para él, la música era demasiado fácil. Siempre había sido así porque le salía naturalmente y se distinguía en esa área. Ron pensaba que tenía que salir de allí para intentar algo más difícil, algo nuevo, un desafío.

Un día, sin embargo, vio que todo lo que esperaba darle a la gente, lo daba a través de la música. Empezó a percibir una sensación de destino justamente en lo que estaba haciendo. De hecho, cuando pensaba de veras en todo lo que implica ser pastor, podía ver que muchos aspectos no le atraían para nada.

Decidió entonces que se quedaría donde estaba y seguiría usando los dones y talentos que Dios le había dado. Ron y su familia han sido bendecidos como resultado de ello y mucha gente recibe inspiración y aliento a través de su música. Sin embargo, estuvo a punto de pasar por alto su divino destino porque estaba demasiado cerca como para verlo. Le parecía demasiado «normal».

Del mismo modo, Dios te ha dado ciertos talentos, dones o habilidades que hacen que puedas destacarte en determinadas áreas. No des por confirmados esos talentos. Quizá seas bueno o buena para las ventas, la comunicación, para alentar a otros, o en los deportes o el mercadeo. Sea lo que sea, no lo abandones sencillamente porque te resulte natural y fácil. Quizá sea precisamente para eso que Dios puso en ti esas capacidades. Pueden formar parte importante de tu destino. Asegúrate de explorar todas las facetas de tus habilidades natas, recordando que lo que para algunos es aburrido para otros es excitante porque forma parte de su destino.

Mi cuñado, Kevin, es administrador en la Iglesia Lakewood y es de gran ayuda para todo nuestro personal. Es una persona detallista, extremadamente organizada y eficiente. Planifica con sabiduría y sabe utilizar su tiempo muy bien. Esto no es algo que aprendió en un seminario para administradores. Es un don que Dios le dio. (En mi opinión, no es normal ser tan organizado. Pero me alegro de que él lo sea.)

Cuando estábamos supervisando los trabajos de renovación en el Centro Compaq, con una inversión de cien millones de dólares para la

Iglesia Lakewood, Kevin conocía cada detalle del proyecto. Sabía en qué se gastaba cada centavo y podía explicar por qué se había gastado el dinero. Además, siempre encontraba otras formas para lograr lo mismo ahorrando dinero. Kevin es una persona detallista.

Cuando Victoria, nuestros hijos y yo vamos de vacaciones con Kevin y la familia de Lisa, él siempre envía un itinerario por adelantado. También nos envía los boletos y un informe meteorológico, junto con información sobre alquiler de automóviles e instrucciones para el tránsito. El día en que parte nuestro vuelo, me llama si hay un atascamiento de tránsito en la autopista.

Una vez llegué al aeropuerto y me di cuenta de que había olvidado mi licencia de conducir, así que ahora Kevin me envía instrucciones, por escrito, en cuanto a asuntos que ni siquiera se me ocurren. Tiene el don de prestar atención a los detalles.

Kevin se dedica al campo de sus habilidades. Destaca como administrador. Es posible que en el fondo pudiera pensar: *Bueno, si yo pudiera predicar realmente marcaría una diferencia.* Pero no es así, porque si Kevin predicara, quizá no necesitáramos este edificio. Él no sabe predicar y yo no sé administrar. Él hace lo que le sale bien por naturaleza. Muchas veces me dijo: «Este trabajo es como un sueño hecho realidad». A Kevin le encanta ir a trabajar todos los días. Siente pasión por su tarea, porque es muy bueno en lo que hace. Es parte de su destino.

Tú también debes conocer cuáles son tus talentos naturales y utilizarlos para tu propio provecho y en beneficio de los demás. En Romanos 12, versículo 6, la Biblia dice: «Tenemos dones diferentes, según la gracia que se nos ha dado» (NVI). No puedes hacerlo todo bien, pero sí puedes hacer *algo* bien. Concéntrate en tus puntos fuertes y asegúrate de no pasar por alto tu destino porque pasas el tiempo dedicándote a algo que no te sale bien por naturaleza. Cuando de veras trabajas en tu destino, no vives en lucha constante. Te sientes bien.

## Tu destino encaja contigo a la perfección

A mi padre le gustaba mucho viajar a la India. Era una de sus pasiones. Dos o tres veces al año Victoria y yo viajábamos con él. Muchas veces después de aterrizar en alguna de las ciudades principales de la

India, viajábamos durante cuatro o cinco horas más hacia el interior del país, hasta alguna pequeña aldea. Claro que no había lindos hoteles, y muchas veces ni hoteles de ninguna clase. Tampoco había la clase de comida que pudiera gustarnos. Además, siempre hacía calor y todo estaba húmedo y pegajoso, y a los pocos minutos nos sentíamos incómodos, sucios. Pero mi padre sentía un amor muy grande por la gente de la India y por eso íbamos año tras año.

A veces nos alojábamos en un edificio del gobierno, las barracas del ejército. No había más que cuatro paredes, sin baño, sin aire acondicionado, sin sábanas, sin camas. Lo que había eran cuchetas incómodas, sucias y estrechas. Por las noches nos invadían toda clase de insectos. Victoria y yo nunca nos quejamos, pero estábamos impacientes por alejarnos del lugar.

En uno de los primeros viajes de Victoria a la India, poco después de nuestra boda, estábamos alojados en esas barracas. Una mañana mi padre y yo estábamos desayunando afuera del dormitorio y de repente oímos que Victoria gritaba aterrada. Nunca había oído a una mujer gritar de esa forma.

Dejamos el desayuno y entramos corriendo. Al acercarnos vimos a Victoria que, desesperada, subía y bajaba por las escaleras, sacudiéndose su rubia melena. Allí vimos cuál era el problema: una lagartija se le había enredado en el cabello. Como noble y flamante esposo, lo único que se me ocurría era pensar: *¡Vamos, sigue sacudiéndote el cabello! ¡Si esperas que yo sea la persona que te ayude, estás equivocada!*

Por fin, y para alivio mío, mi adorada Victoria logró que la lagartija cayera al suelo. Creí que necesitaría resucitación cardiopulmonar.

Mi padre, sin embargo, parecía no notar la incomodidad de nuestro hogar temporáneo. Actuaba como si estuviese en un lindo hotel. No notaba los olores apestosos ni parecía sentir el calor. No sentía los insectos y se veía feliz. De hecho, jamás lo vi tan feliz como cuando estaba en esas aldeas en la India.

Un día me dijo: «Joel, si no supiera que mi lugar es como pastor en la Iglesia Lakewood, viviría aquí».

¿Por qué? ¿Por qué no se sentía incómodo? Es porque formaba parte de su destino. Sentía pasión por eso. Así como Dios me había dado la pasión por la producción de televisión, a él le había dado la pasión por el trabajo misionero.

Proverbios 18.16 dice que tu don te hará lugar. Estoy convencido de que si entras en tu destino, no importa dónde estés, no tendrás problema en conseguir un empleo o sentirte feliz. Encontrarás trabajo, amigos y oportunidades sin problemas. De hecho, si te concentras en tus puntos fuertes y en aquello para lo que tienes talento, es probable que hasta tengas que rechazar algunas oportunidades.

Si no sientes plenitud, quizá sea porque no vas tras tu destino. Asegúrate de estar cumpliendo los sueños que Dios puso en tu corazón. ¿Estás usando el potencial que tienes dentro? ¿Descubriste para qué eres mejor, qué es lo que haces naturalmente bien y te estás destacando en ello?

Si tu llamado es a ser madre, ama de casa, a criar tus hijos, entonces hazlo lo mejor que puedas. No permitas que la sociedad te presione para que seas profesional, nada más porque tus amigas lo hagan. Reconoce cuál es tu propósito y hazlo bien.

Si tienes dones para vender, no pases el día sentado a solas en una habitación. Desarrolla tus talentos y da lo mejor de ti. Si vas a cumplir tu destino, tienes que hacer aquello para lo que Dios te diseñó. Asegúrate de operar dentro de un área en la que sientes pasión.

*Carrozas de fuego* es una de mis películas favoritas. En ella, Eric Liddell es un corredor talentoso que sueña con competir en los Juegos Olímpicos, pero siente el llamado a ser misionero en China. Sin embargo sabe que Dios le ha dado el don de correr rápido. Cuando corre siente que se está dedicando a Dios. En una de las clásicas líneas de la película Liddell dice: «Cuando corro, siento el placer de Dios». Está diciendo en realidad: Cuando corro, hago lo que sé que tengo que hacer por naturaleza porque uso mis dones y talentos y voy tras mi destino, entonces siento que Dios me sonríe.

Otra de mis líneas favoritas en la película es cuando Liddell dice: «Ganar es honrar a Dios». Creo que debiéramos vivir con esa filosofía, esforzándonos por alcanzar la excelencia, yendo tras nuestro destino, haciendo lo que sabemos hacer mejor. Entonces nosotros también estaremos honrando a Dios. Si tu llamado es ser empresario, sé excelente en eso y honrarás a Dios. Si tu vocación es enseñar a los niños, destácate en ello y honrarás a Dios. En lo que sientas que es tu llamado, si lo haces dedicando toda tu capacidad y destacándote, estarás honrando a Dios.

Es posible que todavía no hayas encontrado tu destino divino. Que sigas haciendo muchas cosas que no despiertan ni pasión ni entusiasmo en ti. Es hora de que llegues a ser lo mejor de ti.

Por cierto, no es que con sólo chasquear los dedos tu realidad pueda cambiar. Pero al menos examina tu vida y toma cuenta de cómo pasas tu tiempo. ¿Vas tras tu pasión? ¿Haces lo que te sale bien por naturaleza? Si no es así, ¿por qué no realizas algunos cambios? No tenemos mucho tiempo. Encuentra algo que despierte pasión en ti y comienza a entregarte a ello. Dios te irá guiando un paso a la vez.

Antes dije que Dios puso en mí desde muy pequeño la pasión por la producción televisiva. Fui tras esa pasión y cuando mi padre partió para estar con el Señor sentí el deseo de tomar el lugar de pastor. Seguí esa pasión y puedo decir con sinceridad que creo haber entrado en el destino que Dios tenía para mí. Sé que por eso Dios me puso aquí. Para esto nací.

Deseo que puedas ir tras el destino divino que Dios puso en tu vida, que descubras tu llamado y tu vocación, que te mantengas dentro de tu propósito. Toma la decisión de avanzar, de extenderte más, de seguir creyendo y esforzándote hasta ver que tus sueños se hagan realidad. Un día, recordarás el pasado y dirás con confianza: «Para esto es que Dios me puso aquí».

## PUNTOS DE ACCIÓN

## SECCIÓN UNO: SIGUE AVANZANDO

1. Hoy voy a meditar en lo siguiente:

   «Tengo todo lo que necesito para cumplir mi destino».

   «Dios me acepta. Tengo la aprobación divina. Sé que Dios tiene cosas buenas reservadas para mí».

   «Tengo mucho valor. Llevo sangre real en mis venas. ¡Tengo un futuro brillante!»

   «Mis mejores días están por venir».

2. Tomaré tiempo esta semana para examinar mi vida con cuidado, identificando los patrones negativos que hay en el pasado de mi familia. He decidido que seré quien establezca nuevos parámetros. Me sacudiré de encima el polvo de la mentalidad negativa y comenzaré a vivir bajo la bendición de Dios y no bajo la maldición.

3. Con la ayuda de Dios, venceré todo obstáculo que pueda impedir mi crecimiento y mi esfuerzo por extenderme al siguiente nivel en ciertas áreas de mi vida.

4. Estaré más atento en cuanto a las decisiones que tomo hoy y que afectarán a las futuras generaciones como a mí mismo. Seré más cuidadoso y deliberaré antes de tomar decisiones, para decidir con sabiduría. Oraré, leeré la Biblia para encontrar guía, el consejo de Dios y me tomaré tiempo antes de decidir algo importante. Basaré mis decisiones en mi deseo de dejar a mi familia mejor de lo que estaba antes.

# SÉ POSITIVO CON RESPECTO A TI MISMO

# CAPÍTULO 7

# Ya no escuches las voces acusadoras

Si realmente quieres ver lo mejor de ti y vivir de acuerdo a ello, tendrás que aprender a sentirte bien con quien eres. Mucha gente vive bajo el peso de la condena, escuchando siempre las voces equivocadas. La Biblia se refiere al enemigo como «acusador de los hermanos» que quiere que vivamos sintiendo culpa. El que constantemente levanta acusaciones contra nosotros, diciéndonos lo que no hicimos o lo que tendríamos que haber hecho. Él nos recordará todos nuestros errores y fracasos del pasado.

«La semana pasada perdiste los estribos».

«Tendrías que haber pasado más tiempo con tu familia».

«Fuiste a la iglesia, pero llegaste tarde».

«Diste, pero no lo suficiente».

Mucha gente se traga esas acusaciones sin oponer defensa. En consecuencia andan por la vida sintiéndose culpables y descontentos consigo mismos. Sus días no tienen gozo, ni confianza, siempre esperando y, en muchas ocasiones, recibiendo lo peor. Es verdad que no hay ser humano perfecto. Todos pecamos, fracasamos, nos equivocamos. Sin embargo, muchos no saben que pueden recibir la misericordia y el perdón de Dios. Al contrario, se permiten ser derrotados en su interior. Sintonizan esa voz que les dice: «Lo arruinaste todo. Te equivocaste demasiado». Y son duros consigo mismos. En lugar de creer que van creciendo y mejorando, le creen a esa voz que les dice: «No puedes hacer nada bien. Jamás romperás con este hábito. Eres un fracaso». Cuando despiertan por la mañana, una voz les dice lo que hicieron mal el día anterior y que también este día será desastroso. Como resultado, se vuelven demasiado críticos consigo mismos y eso —por lo general— se derrama sobre quienes los rodean.

Si queremos vivir en paz con nosotros mismos, tenemos que aprender a mantenernos firmes y decir: «Puede que no sea perfecto, pero sé que estoy creciendo. Quizá haya cometido errores, pero sé que soy perdonado. He recibido la misericordia de Dios».

Claro está que todos queremos ser mejores seres humanos, pero no hace falta que nos flagelemos por nuestros defectos. Posiblemente no sea perfecto en lo que hago, pero sé que mi corazón está en lo correcto. Aunque no siempre complazca a los demás, sé que siempre agrado a Dios.

De manera similar, mientras te esfuerces y des lo mejor de ti y quieras hacer lo que manda la Palabra de Dios, puedes tener plena confianza en que Él te acepta y aprueba. Ciertamente, Él quiere que seas mejor, pero sabe que todos tenemos debilidades y defectos, que todos hacemos cosas a sabiendas de que no hay que hacerlas. Cuando nuestras imperfecciones y debilidades asomen por sobre nuestro idealismo es normal que nos sintamos mal, inconformes. *Después de todo*, pensamos, *no merezco ser feliz. Tengo que demostrar que de veras lo lamento.*

Aun así, tenemos que aprender a recibir el perdón y la misericordia de Dios. No permitas que las voces acusadoras resuenen como eco permanente en tu cabeza. Eso sólo logrará acrecentar una actitud negativa hacia tu propia persona y si asumes esa mala actitud, encontrarás impedimentos en todas las áreas de tu vida.

Hay distintos tipos de acusaciones negativas: «No eres todo lo espiritual que debieras ser». «No te esforzaste lo suficiente la semana pasada», o «Dios no puede bendecirte a causa de tu pasado».

Todo eso es mentira. No cometas el error de habitar en medio de esa basura, ni por un momento siquiera. Cuando bajo de la plataforma luego de predicar en Lakewood un sermón transmitido por televisión a diversos lugares del mundo, lo primero que se me ocurre es: *Joel, ese mensaje de hoy no fue tan bueno. Nadie se benefició. Prácticamente fue un arrullo para que se durmieran.*

Bueno, he aprendido a desoír todo eso. Me doy vuelta y digo: «No. ¡Creo que estuvo bien! Di lo mejor de mí. Y sé que al menos una persona en realidad obtuvo algo bueno de ello. Yo. Yo pienso que estuvo bien».

Mientras des lo mejor de ti, no tienes por qué vivir sintiendo el peso de la condena ni siquiera cuando fracases o te equivoques. Hay tiempo para arrepentirse, pero también para liberarse de la acusación y seguir adelante. No vivas lamentándote. No andes por allí diciendo: «Tendría que haber hecho esto, o aquello. Tendría que haber seguido en la universidad», o «Tendría que haber pasado más tiempo con mi familia». «Tendría que haberme cuidado más».

Deja ya de condenarte. Tus análisis y observaciones pueden ser veraces, pero no te hace ningún bien buscar la culpa y vivir bajo semejante condena. Deja que el pasado sea pasado. Ya no puedes cambiarlo, y si cometes el error de vivir hoy con la culpa por algo que pasó ayer, tampoco tendrás las fuerzas que necesitas para vivir este día en victoria.

El apóstol Pablo dijo: «Porque no hago el bien que quiero, sino el mal que no quiero, eso hago».[16] Si hasta ese gran hombre de Dios, que escribió la mitad del Nuevo Testamento, tenía dificultades con eso, sus palabras me dicen que Dios no me descalifica sólo porque no logre la perfección el cien por ciento de las veces. Ojalá pudiera hacerlo, y me esfuerzo por mejorar, sí. No hago el mal a propósito, pero como todos los demás, también yo tengo debilidades. A veces cometo errores o tomo malas decisiones. Sin embargo, aprendí a no flagelarme por esas cosas. A no hundirme ante la condena. Me niego a escuchar las voces acusadoras. Sé que Dios todavía está trabajando en mí, que estoy creciendo, aprendiendo, tratando de ser lo mejor de mí. He decidido que no voy a vivir condenado mientras Dios esté realizando su obra en mí.

Cuando esa voz acusadora se levanta y te dice: «Perdiste los estribos esta semana, en medio del tráfico»... tu actitud debiera ser: «Sí, está bien. Es que estoy creciendo».

«Sí, pero ayer dijiste cosas que debías haber callado».

«Es cierto. Desearía no haberlas dicho, pero me arrepentí y sé que fui perdonado, así que la próxima vez, lo haré mejor».

«Pero, ¿qué hay de ese fracaso en tu relación hace dos años, y tus errores en los negocios?»

«Eso quedó en el pasado. He recibido la misericordia de Dios. Este es un nuevo día. No voy a mirar atrás. Voy a mirar hacia adelante».

Cuando adoptamos esta actitud le quitamos al acusador su poder mortífero. Ya no puede controlarnos si no creemos en sus mentiras.

Quizá necesites sacudirte ese antiguo sentimiento de culpa. Tienes que dejar de oír esa voz que te dice: «Dios no está contento contigo. Tienes demasiados defectos. Cometiste demasiados errores».

Mientras le hayas pedido perdón a Dios y sigas avanzando en la dirección que te indica, puedes saber con confianza que se complace en ti. Cuando la voz acusadora te provoque diciendo: «Lo arruinaste. No tienes futuro. No tienes disciplina», no te quedes ahí respondiendo: *Sí, es cierto*.

Tendrás que responder a ese acusador. Tendrás que levantarte con autoridad y decirle: «Espera un momento. Soy la rectitud de Dios. Dios me ha hecho digno. Claro que cometí errores, pero sé que fui perdonado. Sé que soy la niña de Sus ojos. Sé que Dios tiene cosas buenísimas reservadas para mí».

Las Escrituras nos dicen que hemos de estar «vestidos con la coraza de justicia».[17] Esa es una de las partes más importantes de nuestra armadura. Piensa en la coraza y en lo que cubre: tu corazón, el centro de tu ser, el modo en que piensas y sientes acerca de tu propia persona, muy dentro de ti. Si andas por allí con un sentimiento que te carcome, diciendo: *No tengo futuro. Me equivoqué muchas veces. Dios no puede complacerse conmigo*, puedo decirte lo siguiente: Estás escuchando la voz equivocada. No le prestes atención. Es el acusador.

Lo que necesitas es despertar cada mañana diciendo con confianza: «Dios se complace en mí. Dios me aprueba. Dios me acepta tal como soy».

Entiéndelo: ¡No eres una sorpresa para Dios! Él no está en el cielo consternado y rascándose la cabeza mientras dice: «¿En qué lío me metí? Jamás soñé tener tantos problemas. Nunca imaginé tantas debilidades».

Dios nos creó. Y lo sabe todo acerca de ti y aun así te acepta y se complace contigo. Claro que tendrás defectos, pero sigues siendo la niña de sus ojos. Quizá no estés donde tienes que estar, pero al menos ya no estás donde estabas antes. Deja ya de condenarte.

La Biblia nos dice «que el que comenzó en vosotros la buena obra, la perfeccionará hasta el día de Jesucristo».[18] Dios todavía está trabajando en ti.

Quítate de encima toda esa presión y concédete el derecho a tener ciertas debilidades, a no hacer todo a la perfección el cien por ciento de las veces. Cuando cometas un error no sientas culpa durante dos o tres semanas. Ve de inmediato ante Dios y dile: «Padre, lo siento. Me arrepiento. Ayúdame a hacerlo mejor la próxima vez».

La clave es esta: En ese momento tendrás que recibir el perdón y la misericordia de Dios.

Sam le pide a Dios que lo perdone cada día, por algo que hizo hace tres años. Quiere decir que ya pidió perdón por lo mismo más de quinientas veces. No puede entender que Dios lo perdonó ya en la primera oportunidad, cuando por primera vez le pidió perdón. El problema con Sam es que no recibió el perdón y la misericordia de Dios. Sigue escuchando las voces acusadoras. «Lo arruinaste. Dios no puede bendecirte. Sabe lo que hiciste hace unos años».

Sam debiera despertar cada día diciendo algo así como: «Padre, gracias porque tu misericordia perdura para siempre. Cometí errores en el pasado, pero sé que nada de lo que haya hecho es demasiado para tu misericordia. Me equivoqué también ayer. Pero sé que tu misericordia se renueva y refresca cada mañana. Así que, en fe, hoy también la recibo».

Si te aferras a esta verdad, se romperán las ataduras que te mantuvieron en prisión durante años. No prestes más atención a las voces de la acusación. Deja de sentirte mal contigo mismo. Si vives en condenado, eso significa que no recibes la misericordia de Dios. A veces, pensarás: *Siento que no lo merezco. Siento que no lo valgo.*

Sin embargo, justamente de eso se trata la gracia. Ninguno de nosotros la merece. Es gratis. No valemos nada por nuestros propios medios. La buena noticia es que Dios nos hizo dignos, por su gracia. No somos gusanos. Somos hijos del Dios Altísimo. Niégate a volver a escuchar esas voces acusadoras.

Dirás: «Joel, tengo muchas cosas que vencer».

¿Y quién no? Todos tenemos áreas en las que debemos mejorar. Pero Dios no se enfoca en lo que está mal en ti. Se concentra en lo que está bien. No busca tus defectos y debilidades. Mira el camino que recorriste y cuánto creciste. Necesitas tomar una decisión y decir, hoy mismo: «Ya no viviré condenado. Ya no iré por la vida sintiéndome culpable, indigno. Ningún error que haya cometido es demasiado terrible. Me he arrepentido. He pedido perdón, y ahora voy a avanzar un paso más, para empezar a recibir la misericordia de Dios».

Como padre, no me enfoco en lo que nuestros hijos hacen mal. Si tu hijo batea mal mil veces, y sólo acierta una vez, vas a hablar de ese acierto durante muchos días, y se lo dirás a todo aquel que se cruce en tu camino. En este momento nuestro hijo Jonathan tiene doce años. Si alguien me pregunta sobre él, enseguida pienso en todo lo que me encanta de él. Te diré que es inteligente, talentoso y divertido. También muy pícaro.

Una vez dije en un sermón que la mayoría de las personas sólo usamos el diez por ciento de nuestra capacidad mental. Jonathan se acercó a Victoria y le dijo: «Mamá, soy más que el promedio, ¡porque yo uso el once por ciento!»

Jonathan no es perfecto. Comete errores. Pero como padre, gozo en enseñarle, entrenarle, ayudarle a llegar más alto. Lo mismo sucede con Dios y nosotros. Él nos ama incondicionalmente.

¿Qué pasaría si Jonathan viniera un día y dijese: «Papá, siento que ya no merezco tus bendiciones, siento que no soy digno de tu amor, cuando tenía tres añitos te dije una mentira y cuando tenía cuatro, le pegué a mi hermanita?»

Si me dijera algo así, le tomaría la temperatura porque Jonathan sabe recibir. Sabe que es amado. Sabe que Victoria y yo queremos bendecirlo.

Hace unos años le compramos una guitarra y no podía esperar a que llegáramos a casa para conectar el amplificador. Minutos más tarde Jonathan vino y me dio un gran abrazo. Dijo: «Papito, gracias. ¡Gracias por la guitarra nueva! Y de paso, ¿cuándo te parece que podrás comprarme un teclado nuevo?» ¡Mi hijo no es tímido, para nada!

A todos nos haría bien un poco de esa audacia. La Biblia nos dice: «Acerquémonos, pues, confiadamente al trono de la gracia, para alcanzar misericordia y hallar gracia para el oportuno socorro».[19] ¿Por qué?

«Para recibir misericordia por todos nuestros errores».

No ores diciendo: «Ay, Dios. Volví a estropearlo todo. No soy buen padre, o buena madre. Perdí los estribos y les grité a mis hijos. Sé que no merezco nada bueno en la vida».

¡No! Si quieres recibir algo bueno de Dios acércate a Él con humildad y reverencia, pero también con confianza. «Dios, cometí errores pero sé que me amas y te pido perdón. Recibo tu misericordia». Y luego, espera las bendiciones y el favor de Dios.

Tengo confianza suficiente como para creer que soy amigo de Dios Todopoderoso y que Él me sonríe en este momento. He aceptado el hecho de que no puedo hacer las cosas a la perfección, pero sé que mi corazón va por buen camino. En todo lo que puedo, hago lo que agrada a Dios. Esto significa que no tengo que prestar atención a los acusadores. No tengo que vivir sintiéndome condenado. Cuando me equivoco, lo único que tengo que hacer es ir ante Dios, pedirle perdón y recibir su misericordia para seguir adelante, esforzándome.

Quizá te hayan abatido tus experiencias negativas. Quizá ni siquiera fuese culpa tuya: alguien te maltrató. Alguien te rechazó.

Al enemigo le encanta retorcer las cosas, insinuando que tuviste algo que ver en ello. Lo he visto en personas que sufrieron malos tratos durante la infancia. No tenían edad suficiente siquiera como para saber qué pasaba, pero el enemigo les provoca diciendo: «Te lo buscaste. Es tu culpa». En especial, cuando se trata de relaciones que no funcionan, quizá oigas esa voz que te dice: «Es tu culpa. No sirves. No eres atractivo para nadie. No te esforzaste e hiciste todo mal».

¿Alguna vez pensaste que quizá esa otra persona puede haber sido la de los problemas?

Deja de escuchar todas esas acusaciones. Deja de permitir que las voces condenatorias echen raíz, quitando lugar a las cosas buenas de Dios en tu vida. Hay gente que es prácticamente adicta a la culpa. No conocen lo que es sentirse bien consigo mismos, creer que son amados, perdonados, o creer que tienen un futuro brillante.

«Joel, no sabes lo que hice en el pasado», me dijo Regan. «No sabes por qué cosas pasé».

«Es posible que no lo sepa, Regan, pero no hace falta que te aferres a toda esa culpa, esa vergüenza. Necesitas entender que cuando te entregaste a Cristo, cuando recibiste su perdón, Él lavó todos tus rincones ocultos. Él decide no recordar tus errores, pecados y equivocaciones. Mi pregunta es ¿por qué no decides tú lo mismo? ¿Por qué no te decides a dejar de escuchar las voces del acusador?»

Me encanta la historia que Jesús contó sobre el hijo pródigo. Este joven cometió muchos errores. Le dijo a su padre que quería su parte de la herencia. Cuando el padre le dio el dinero, el muchacho se fue de casa y se dedicó a vivir divirtiéndose, despilfarrando el dinero. Al fin sus malas decisiones mostraron las consecuencias lógicas. Y cuando se le terminó el dinero también se quedó sin amigos. Ya no tenía comida, ni lugar donde dormir, y terminó trabajando en un chiquero, limpiando y alimentando a los cerdos. Estaba tan desesperado que tenía que comer el alimento de los cerdos para poder sobrevivir. Sin embargo, un día en medio de la suciedad y la vergüenza, se dijo: «Me levantaré e iré a casa de mi padre». Fue la mejor decisión que pudo hacer.

Cuando cometemos errores, cuando pasamos por dolores, desilusión y pena, lo peor que podemos hacer es sumirnos en la autocompasión. No pases los meses condenándote y rechazándote. El primer paso a la victoria es volver a levantarte y regresar a los amorosos brazos de tu padre.

El joven volvió a casa y seguramente, en el fondo, pensaba: *Estoy perdiendo el tiempo. Mi padre no me recibirá. Va a estar muy enojado conmigo. Tomé tantas decisiones equivocadas.* Puedo imaginar que intentó convencerse unas tres o cuatro veces de que la idea no era buena. Sin duda, se habrá dicho: «Soy un fracaso. Papá nunca me perdonará».

Sin embargo, la Biblia cuenta: «Y cuando aún estaba lejos, lo vio su padre».[20] Eso me indica que el padre tiene que haber estado esperándolo, y que lo buscaba. Seguramente se levantaba temprano cada mañana, diciendo: «Quizá hoy sea el día en que vuelva mi hijo». Día, tarde y noche su padre estaba alerta, esperando. Al ver a su hijo corrió a su encuentro. No podía esperar más. Los paralelos en la historia son evidentes: el padre representa a Dios.

Esto me intriga porque es la única imagen de Dios en que la Biblia lo muestra corriendo. Y ¿hacia quién o qué corría Dios? ¿Hacia uno de los discípulos? ¿Uno de los apóstoles? ¿Algún famoso líder religioso? No. El Padre corre hacia un joven que necesita misericordia. Corre hacia una persona que se equivocó y cometió errores graves, una persona que fracasó terriblemente.

Cuando el padre llegó hasta donde estaba su hijo, lo abrazó. Estaba tan feliz de tenerlo otra vez en casa. El hijo, sin embargo, sólo bajó la cabeza con vergüenza. Y empezó a decir: «Papá, he cometido un grave error. Tomé decisiones muy malas. Y sé que no merezco nada de esto, pero quizá me aceptes para que trabaje como sirviente en casa. Trabajaré en los campos, para ti».

El padre no quiso oír nada de eso. Le respondió: «¿De qué hablas? Eres mi hijo. Quiero celebrar tu regreso».

Quizá pienses que Dios jamás podrá perdonarte. Has cometido demasiados errores. Te equivocaste muchísimas veces. Te aseguro, sin embargo, que nada de lo que hayas hecho será demasiado para la misericordia de Dios. Tu Padre celestial no está buscando cómo condenarte, no planea triturarte como castigo. Está delante de ti, con los brazos abiertos. Si estás lejos de donde sabes que debieras estar, tienes que saber que Dios está esperándote y que apenas des un paso en Su dirección, tu Padre vendrá corriendo a tu encuentro.

---

**Nada de lo que hayas hecho será demasiado para la misericordia de Dios.**

---

Es posible que hayas estado lejos durante mucho tiempo, viviendo con sentimientos de culpa, sintiendo que Dios jamás podría hacer nada con tu vida.

Hoy puedes recibir un nuevo comienzo. Dios tiene misericordia de ti y de todos los errores que hayas cometido.

Este padre le dijo a uno de sus sirvientes: «Ve a buscar el mejor vestido y dáselo a mi hijo». Una de las traducciones al idioma inglés dice: «Vístelo con el manto de honor».

De la misma manera, quizá hayas cometido errores tontos y sufrido reveses severos. Dios, sin embargo, no sólo quiere restaurarte, no quiere darte sólo un nuevo comienzo. Quiere vestirte con el manto del honor. Así es nuestro Dios. Es decir, que cuando cometemos errores y nos metemos en problemas a causa de lo que decidimos hacer, Dios es tan bueno que cuando regresamos a Él no nos guarda rencor. Nos recibirá de vuelta y hará algo grandioso en nuestras vidas.

La única forma en que puede suceder esto, sin embargo, es si tenemos la actitud correcta. No podemos seguir en el suelo, esperando que Dios nos dé lo mejor que tiene para nosotros. Quizá no estés en el lugar que debieras en la vida, pero no tienes que seguir lamentándote, llenando tu vida de autocompasión. Haz lo que hizo el hijo pródigo, y di: «Voy a levantarme para volver a casa de mi padre». En otras palabras, di: «Voy a dejar de vivir con culpa y vergüenza, como si estuviera condenado. Voy a salir de este desastre y empezaré a recibir la misericordia de Dios».

Es cierto que hace falta fe porque todo en ti gritará: «Sabes lo que hiciste. Sabes qué errores cometiste. ¿De veras piensas que Dios te va a bendecir?»

Precisamente en ese punto yérguete y di: «No lo creo. Lo sé. Sé que Dios es un Dios bueno. Sé que su misericordia es mucho más grande que cualquiera de mis errores. Así que voy a empezar a recibir su misericordia y a esperar cosas buenas en mi vida».

Mucha gente piensa que Dios está enojado con ellos, que está llevando la cuenta de todo lo que han hecho mal, y que quizá ya se pasaron de la raya. Cuando toman malas decisiones, no se atreven a ir ante Dios a pedirle perdón y ayuda. Suponen que deben pagar por sus errores. Lamentablemente, la manera en que la mayoría de la gente intenta hacer esto es abandonando sus sueños; se sienten perpetuamente descalificados, deprimidos y derrotados, pensando que le están retribuyendo a Dios viviendo a un nivel muy inferior al que Él quería que disfrutaran.

Pero la buena noticia es que la deuda ya fue pagada. ¿Por qué no aceptar la misericordia de Dios? ¿Por qué no cree que Dios aún tiene grandes cosas reservadas para usted? Sí, puede que hayas cometido errores, pero nada de lo que hayas hecho es demasiado para la misericordia de Dios.

Imagínate que yo haya escuchado a mi hijo Jonathan llamándome: «¡Papi! ¡Ven, ayúdame!»

Miro por la ventana y veo a mi hijo colgado de la rama de un árbol a una gran altura del suelo, a punto de caerse. Al instante me doy cuenta de que Jonathan se podría lastimar seriamente si cae desde esa altura.

¿Cómo crees que respondería?

Yo no diría: «Um, déjame pensarlo un poco. ¿Qué tan bien se ha portado últimamente?»

Tampoco diría: «¿Victoria? ¿Ha estado Jonathan cumpliendo con las tareas del hogar? Déjame ir a su habitación para ver si todo está arreglado y limpio como debe ser».

Mientras tanto, Jonathan está colgado débilmente de la rama, gritándome: «¡Papi, por favor! Por favor, ayúdame, estoy en problemas».

«Aguántate un ratito más, Jonathan; quiero revisar tu libreta de calificaciones».

No, por supuesto que no diría ni haría tal cosa. Jonathan es mi hijo, y lo amo (al igual que a mi hija Alexandra). Si uno de nuestros hijos me necesita, yo voy a hacer todo lo que pueda por ayudarlo.

Esa es la manera en que Dios te ve a ti. Él no se enfoca en tus errores ni tus fallas. Él no desea hacer que tu vida sea miserable ni ver cuánta frustración puedes resistir. Dios quiere que tengas éxito; Él te creó para que vivas abundantemente.

No necesitas pasar la vida con ese sentimiento amargo: *Dios no se complace conmigo. Sería un hipócrita si le pido ayuda después de todos los errores que he cometido.*

Todo lo contrario, eres la niña de los ojos de Dios. Eres su posesión más preciada. Ninguna cosa que hayas hecho o hagas, puede impedir que Dios te ame y quiera ser bueno contigo.

Atrévete a creer eso. Quítate esos sentimientos de culpa y falta de valía. A Dios no le agrada que nos arrastremos por la vida sintiéndonos como un fracaso miserable, tratando de mostrarle cuánto lamentamos nuestras malas decisiones. Al contrario, reconoce que eres su hijo, que te ama y que haría casi cualquier cosa por ayudarte. Quítate el polvo, yérguete y enderézate, sabiendo que has sido perdonado. Declara: «Puede que haya cometido algunos errores; quizás lo haya echado todo a perder, pero sé que Dios está lleno de misericordia y que aún tiene un gran plan para mi vida».

Desarrolla esta nueva actitud, libre de culpa y, ante todo, libre de voces acusadoras. No importa durante cuánto tiempo te hayan mentido, diciéndote que naufragaste, que te equivocaste demasiado, Dios sigue teniendo un gran plan para tu vida. Quizá te perdiste el plan A, pero la buena noticia es que Dios tiene un plan B, un plan C y uno D.

Puedes volver tu rostro hacia Él sabiendo que en todo momento está de frente hacia ti.

Mis padres muchas veces nos contaban una historia de cuando mi hermano Paul era pequeño, antes de que naciéramos los demás. Mamá y papá lo llevaban a la cama por las noches y luego iban a dormir a su cuarto, que estaba cerca. Todas las noches, mis padres decían: «Buenas noches, Paul».

Paul respondía: «Buenas noches, mamá. Buenas noches, papito».

Pero una vez, por algún motivo Paul tuvo miedo y luego de decir «Buenas noches», pasaron unos minutos y dijo: «Papito, ¿sigues allí?»

Mi padre dijo: «Sí, Paul. Estoy aquí».

Entonces Paul preguntó: «Papito, ¿estás mirando hacia donde estoy?»

Por alguna razón, saber que papá miraba hacia donde él estaba le daba seguridad. Podía dormir tranquilo sabiendo que el rostro de mi padre estaba dirigido hacia él.

«Sí, Paul. Estoy mirando hacia donde estás».

Paul se durmió enseguida, sabiendo que descansaba bajo la mirada protectora y vigilante de papá.

Amigos, sepan que el rostro de nuestro Padre celestial está dirigido hacia nosotros. La buena noticia es que el rostro de Dios siempre estará así, no importa qué hayas hecho, dónde hayas estado o qué errores hayas cometido. Dios te ama y siempre mira hacia ti, buscándote.

---

**El rostro de Dios siempre está dirigido hacia ti.**

---

Quizá antes sintieras entusiasmo con tu vida, pero en algún momento pasaste por fracasos, desilusiones y problemas. Es probable que esas voces acusadoras te hayan estado persiguiendo, provocándote sentimientos de culpa y desánimo. Necesitas saber que Dios corre hacia ti. Su rostro está vuelto hacia ti. No es un Dios enojado, condenador. Es un Dios misericordioso, amoroso, que perdona. Es tu Padre celestial y sigue teniendo un grandioso plan para tu vida.

Además, Dios puede restaurar lo que sea que te hayan robado. Quizá hayas fracasado mil veces, o perdiste todo lo que amabas. Pero Dios no ha perdido su misericordia. Puedes recibirla hoy. Todo comienza cuando cambias tu actitud. Deja la negatividad con tu propia persona. Deja de aceptar las acusaciones y comienza a recibir la misericordia de Dios. Deja de habitar en el pasado, de escuchar y prestar atención a las voces condenatorias. En vez de eso, vístete con la aprobación de Dios sabiendo que te acepta, que te ha perdonado y que tiene reservado para ti un futuro brillante. Cuando lo hagas, se esfumará el poder del acusador y sentirás una nueva sensación de libertad. Hasta puedes lograr que te guste como eres y sentirte bien contigo mismo. En los capítulos que siguen te mostraré cómo.

# CAPÍTULO 8

# Aprende a quererte

Todos tenemos áreas en las que nos hace falta mejorar, pero mientras sigamos esforzándonos, levantándonos cada día para dar lo mejor de nosotros mismos, podemos estar seguros de que Dios se complace en lo que somos y hacemos. Quizá no le agraden todas nuestras decisiones, pero sí le agradamos como personas. Sé que a algunos les cuesta creerlo, pero Dios quiere que nos sintamos bien con nosotros mismos. Quiere que nos sintamos seguros, que nuestra imagen de nosotros mismos sea saludable. Sin embargo, hay mucha gente que se enfoca siempre en sus defectos y debilidades. Si cometen errores, son demasiado críticos consigo mismos. Viven con un sentimiento continuo de reproche: «No eres lo que debieras ser. No sirves. Has arruinado mucho y en muchas ocasiones».

Piensa que Dios sabía que no podrías alcanzar la perfección. Sabía que tendrías defectos, fallas, debilidades, malos deseos... todo esto lo sabía aun antes de que nacieras ¡y sin embargo te ama!

Una de las peores cosas que puedes hacer es andar por la vida siendo tu propio enemigo. Ese es un gran problema en nuestros días porque hay mucha gente que dentro de sí lucha una guerra continua. No les gusta quiénes son en realidad. «Bueno, soy lenta. No tengo disciplina. No soy atractiva. No soy tan inteligente como otras». Se concentran en sus debilidades sin ver que esta introspección negativa es la raíz de muchas de sus dificultades. No logran avanzar en sus relaciones, son inseguros, no disfrutan de la vida y en gran parte esto se debe a que no están en paz con su forma de ser.

Jesús dijo: «Amarás a tu prójimo como a ti mismo».[21] Observa que el requisito para amar a los demás es amarte a ti mismo. Si no sientes respeto hacia quien eres y si no aprendes a aceptar tus defectos y virtudes, entonces nunca podrás amar adecuadamente a los demás. Por desdicha, el desprecio que muchos sienten por sí mismos destruye muchas relaciones en nuestros días.

He conocido personas que piensan que su cónyuge es la razón por la que el matrimonio no funciona para ellos. O están seguros de que la culpa la tiene su compañero de trabajo, por ejemplo, aunque en realidad, lo que tienen es una guerra que se libra en su interior. No les gusta su aspecto personal, ni su posición en la vida y se molestan porque no han logrado romper con un mal hábito, un veneno que se derrama en sus otras relaciones.

Comprende que no puedes dar lo que no tienes. Si no te amas a ti mismo no podrás amar a los demás. Si por dentro estás en guerra, enojado, inseguro, sintiendo que no eres atractivo, que estás condenado, entonces eso será todo lo que podrás dar a los demás. Por otra parte, si reconoces que Dios está trabajando en ti a pesar de tus defectos y debilidades, podrás aprender a aceptarte. Luego podrás dar ese amor y tener relaciones saludables.

Este principio básico podría salvar tu matrimonio. Además, podría cambiar tus relaciones con quienes te rodean. Piensas que el problema está en los demás, pero antes de que puedas hacer cambios positivos y significativos en tu vida, necesitas hacer las paces contigo mismo. Por favor, reconoce que si tu actitud hacia ti mismo es negativa no sólo te afectará sino que influirá en todas tus relaciones. También afectará tu relación con Dios.

Por eso es tan importante que te sientas bien con quien eres. Podrás tener defectos. Podrá haber cosas que querrás cambiar. Bueno, bienvenido, porque esto nos sucede a todos. Anímate entonces y deja de ser tan duro contigo mismo.

Es interesante que quizá nunca critiquemos a alguien, ni le digamos: «Eres verdaderamente simple. Eres muy fea. No tienes disciplina. No me gustas», y sin embargo no tengamos problema en decírnoslo a nosotros mismos. Entiende lo siguiente: cuando te criticas, estás criticando la suprema creación de Dios.

«Estoy tratando de vivir bien», dijo Pete. «Pero Joel, soy tan impaciente. No puedo controlar mi carácter y me molesto con demasiada facilidad».

«Es obvio que perder los estribos nunca ayuda, Pete», le dije. «Pero recuerda que Dios sigue trabajando en ti. No eres un producto terminado. Y está bien que te gustes mientras Dios va cambiándote, transformándote. Todavía no conozco a nadie que haya llegado a la perfección, que no necesite cambiar en algún aspecto de su vida. Pero mientras mantengas una actitud negativa y crítica hacia ti mismo, ese proceso se hará cada vez más lento. Empeorarás las cosas».

No hablo de que seamos sucios, descuidados, que nuestra actitud hacia el pecado y los errores sea despreocupada. El hecho de que estás leyendo este libro indica que quieres ser mejor, que te esfuerzas por alcanzar la excelencia, que tienes el deseo sincero de agradar a Dios. Si es así, no vivas sepultado bajo culpas sólo porque todavía tengas dificultades en ciertas áreas. Cuando cometas errores, simplemente ve ante Dios y dile: «Padre, lo siento. Me arrepiento. Ayúdame a hacerlo mejor la próxima vez». Y luego, déjalo atrás. No te golpees durante dos semanas, dos meses o dos años. Déjalo atrás y sigue avanzando.

Muchas personas no se dan cuenta de que su peor enemigo está dentro de ellos mismos. «Estoy tan gordo. Rompí mi dieta. No paso bastante tiempo con mis hijos. No soy disciplinada, así que hace una semana que no limpio mi casa. Seguro que Dios no se complace en mí».

No entres en esa trampa. La Biblia nos dice que Dios se complace en ti y te acepta. No dice que Dios te acepta sólo si vives una vida perfecta. No. Dice que te acepta incondicionalmente, tal como eres. Francamente, no es por lo que hayas hecho o dejado de hacer. Dios te ama por lo que eres. Eres hijo o hija del Dios Altísimo. Y si Dios te acepta, ¿por qué no puedes aceptarte tú? Quítate de encima el sentimiento de culpa, las inseguridades, la sensación de no poder hacer nada bien, y comienza a sentirte bien con lo que eres.

---

**Y si Dios te acepta, ¿por qué no puedes aceptarte tú?**

«Bueno, Joel, es que no sé si creo en eso», me dijo un hombre muy bueno, bien intencionado y amable. «No somos más que pobres pecadores».

¡No! Antes éramos pobres pecadores, pero vino Cristo y lavó nuestros pecados. Nos hizo nuevas criaturas y ahora ya no somos pobres pecadores sino hijos e hijas del Dios Altísimo. En lugar de arrastrarte con esa vieja mentalidad de «pobrecito yo», puedes sentarte a la mesa del banquete increíble que Dios tiene preparado para ti. Tiene vida abundante para ti y no importa cuántos errores hayas cometido, o qué tipo de problemas tengas ahora, tu destino es vivir victorioso. Quizá no seas todo lo que quieres ser, pero al menos puedes mirar atrás y decir: «Gracias, Dios, porque ya no soy lo que era antes».

El enemigo no quiere que entiendas que Dios te ha lavado y ahora estás justificado. Prefiere que vivas con una conciencia de pecado, pero Dios quiere que tengas conciencia de rectitud y justicia. Comienza a meditar en el hecho de que has sido elegido, apartado, aprobado y aceptado en el cielo y que aquí sobre la tierra fuiste hecho justo.

Todas las mañanas, no importa cómo nos sintamos, tenemos que salir de la cama y declarar con valor: «Padre, te agradezco que me apruebes. Gracias porque te complaces en mí. Gracias porque me perdonaste. Sé que soy amigo de Dios».

Así como te vistes, también vístete con la coraza de la aprobación divina. Durante todo el día, dondequiera que vayas, imagina que llevas una leyenda impresa sobre el pecho, que dice: «Aprobado por Dios Todopoderoso». Cuando esas voces condenatorias intenten derribar tu imagen propia con comentarios como: «No eres esto, no eres lo otro, aquí y allá te equivocaste», sólo mírate en el espejo y lee ese cartel: Aprobado por Dios Todopoderoso.

Sé que mis hijos no son perfectos. Tienen defectos y debilidades y a veces cometen errores. Pero también sé que están creciendo. Están aprendiendo. Imagínate lo que respondería si me preguntaras: «Joel, ¿te complaces en tus hijos?» ¿Cuál te imaginas que sería mi respuesta?

No enumeraría todos sus defectos. No pensaría en los errores que cometieron durante sus cortas vidas, y ni siquiera pensaría en su desobediencia de la semana pasada. Sin dudarlo te diría: «Sí, me complazco en ellos. Son chicos excelentes». Y luego te diría todo lo que me gusta de ellos. Te diría que son afectuosos, amorosos, atractivos, solidarios, talentosos. Es decir, ¡igualitos a su papá!

Hablando en serio ahora, Dios te ve exactamente igual. No se concentra en tus defectos ni lleva una lista de tus debilidades. Dios no está buscando por todas partes lo que puedas haber hecho mal en tu vida, o tu desobediencia de la semana pasada. Está mirando lo que has hecho bien. Mira el hecho de que tomaste la decisión consciente de ser mejor, de vivir en rectitud, de confiar en Él. Se complace porque seas benigno y cortés con los demás. Y mira el hecho de que deseas conocerle mejor.

Es hora de que entres en un acuerdo con Dios y comiences a sentirte bien contigo mismo. Por cierto, habrá áreas en las que necesites mejorar y así será, porque estás creciendo. Estás progresando. Puedes vivir libre del peso que te ha oprimido en el pasado.

---

**Es hora de que entres en un acuerdo con Dios y comiences a sentirte bien contigo mismo.**

---

Recuerda siempre que el enemigo acusa diciéndote que nunca haces lo suficiente: «No estás trabajando lo suficiente, ni siendo buen cónyuge, o padre o madre. Ayer cumpliste con tu dieta, pero no tendrías que haber comido ese postre anoche».

No aceptes nada de eso. Tienes muchísimas buenas cualidades por cada cualidad negativa.

«Es que, Joel, soy muy impaciente».

Bueno, puede ser cierto pero, ¿alguna vez pensaste que siempre eres puntual? ¿Persistente? ¿Decidido?

«No creo que sea tan buena madre como debería ser».

Es posible que así sea, pero ¿notaste que a tus hijos les va muy bien en la escuela? Y nunca les falta comida. Son sanos, tienen buena vida social y se ocupan de los estudios, la escuela y las actividades de la iglesia.

«Bueno, es que no soy muy buen marido, Joel».

Está bien, quizá trabajes demasiado, pero nunca dejaste de pagar la hipoteca. Eres buen proveedor para tu familia.

«Sí, pero cometí muchos errores en la vida».

Es cierto, pero tomaste este libro y comenzaste a leer, a aprender, a buscar un cambio para mejorar. Es una buena decisión. Otórgate el beneficio de la duda. Quítate esos trapos de culpabilidad y vístete con el manto de la rectitud. Ponte la armadura de la aprobación divina.

Puedes hacerlo. Puedes sentirte bien contigo mismo. Cuando te ves de manera positiva, estás de acuerdo con Dios.

«¿Y qué hay del error que cometí la semana pasada? ¿Y qué de esa vez en que fracasé el año pasado?»

Apenas te arrepentiste Dios no sólo te perdonó, sino que lo olvidó. Decide no recordarlo ya. Deja de recordar lo que Dios olvidó ya, déjalo atrás y comienza a sentirte bien contigo mismo. Solemos pensar que Dios lleva un registro de todos nuestros errores. En tu mente, puedes verlo allí en el cielo: «¡Uy! Aquí se equivocó. Vamos a anotar eso»; y «Um, oí ese comentario. Gabriel, por favor, anótalo en la lista».

Ese no es el corazón de Dios. Para nada. Dios está a tu favor. Está de tu lado. Es el mejor amigo que podrías tener. No está mirando tus errores, sino tus aciertos. No se concentra en lo que eres, sino en lo que puedes llegar a ser.

Puedes tener por seguro que Dios se complace en ti. Porque se está ocupando de transformarte. Por eso puedo levantarme cada mañana, y aunque sé que cometo errores puedo decir con confianza: «Dios, sé que tengo tu aprobación, así que me siento bien conmigo mismo».

---

**Dios no está mirando tus errores, sino tus aciertos.**

---

«Joel, estás haciéndolo demasiado fácil», se quejó un señor mayor. «Estás dándole a la gente permiso para pecar».

Mi respuesta es: No. No hace falta permiso. Si quieres pecar, puedes hacerlo. Yo peco todo lo que quiero. Pero la buena noticia es que no quiero hacerlo. Quiero vivir una vida que agrade a Dios. Quiero vivir una vida de excelencia e integridad.

Ya deja de habitar en todo lo malo o negativo que hay en ti y haz un inventario de lo bueno. La Biblia nos dice en Hebreos: «Despojémonos de todo peso y del pecado que nos asedia».[22] Si todo el tiempo te atacas a ti mismo, lo más seguro es que te deprimas y termines derrotado. Aparta la mirada de todo eso y reconoce que estás cambiando, que estás progresando. Acepta también la verdad de que el crecimiento espiritual es un proceso y no un destello instantáneo. La Biblia dice que Dios nos cambia poco a poco.

«Es que, Joel, tengo tantos defectos», oigo que dicen. «Si tan solo supieras cómo soy».

Tengo una buena noticia: el poder de Dios surge en medio de nuestras debilidades. Cuando somos débiles, Él es fuerte. Puedes aprender a apoyarte en Dios y en lugar de vivir criticándote, siendo negativo con respecto a ti mismo, puedes decir: «Padre, dependo de ti. Te pido que me ayudes a vencer este mal hábito. Dios, sé que soy débil en esta área pero creo que tú eres fuerte, en y a través de mí. Te pido que me ayudes a tener mejor opinión de mí mismo».

En tus debilidades, cualesquiera que sean, en lugar de atacarte, sencillamente pídele a Dios que te ayude y verás que su poder se levanta ante ti como nunca antes.

Creo que Dios permite que tengamos ciertas debilidades para que siempre confiemos en Él. Es que si estás esperando quitarte de encima todo lo que te pesa y sentir que alcanzaste la perfección antes de que puedas gustarte a ti mismo, creo que esperarás toda la vida.

«Bueno, Joel. Me sentiría bien conmigo misma si pudiera bajar diez kilos». «Me sentiría bien conmigo mismo si fuera más paciente, o si fuera más comprensivo».

Puedes comenzar a sentirte bien contigo mismo ahora. No eres perfecto, pero intentas vivir un poco mejor y Dios mira tu corazón. Él ve tu interior y te transforma poco a poco.

Todos estamos en etapas diferentes de nuestra madurez espiritual. Por eso, cada una de nuestras actitudes podrá variar: «Dios, sé que tengo áreas en las que debo mejorar, y me estoy esforzando. Y también sé que ya me aceptaste y te complaces en mí, así que voy a comenzar a aceptarme a mí mismo. Decido que voy a vivir este día sintiéndome bien conmigo mismo».

Me contaron la historia de un hombre que escalaba una montaña con su pequeño hijo. De repente el niño resbaló y se deslizó por la ladera, unos treinta metros. Quedó atascado en un arbusto. Ileso pero asustado, gritó: «Alguien ayúdeme. ¡Auxilio!»

Le respondió una voz: «Alguien ayúdeme. ¡Auxilio!»

Sorprendido y confundido, el niño dijo: «¿Quién eres?»

Y la voz contestó: «¿Quién eres?»

El niño entonces se enojó: «Eres un cobarde».

Y la voz le gritó también: «Eres un cobarde».

Con ira, el pequeño gritó: «Eres un tonto».

«Eres un tonto», repitió la voz.

Entonces, el padre del pequeño pudo llegar hasta él y lo ayudó a levantarse. El niño luego miró a su papá y preguntó: «¿Quién era?»

El padre sonrió y dijo: «Hijo, eso es el eco. Pero también se le llama vida».

Añadió entonces: «Quiero mostrarte algo». Y gritó al viento: «¡Eres un vencedor!»

La voz resonó de vuelta: «¡Eres un vencedor!»

La voz del padre tronó: «Podrás hacer lo que quieras».

«Podrás hacer lo que quieras», respondió la voz.

El padre gritó entonces: «¡Sí que lo lograrás!»

«¡Sí que lo lograrás!», se oyó en el viento.

«Hijito, así es la vida», explicó el hombre. «Lo que envíes siempre volverá a ti».

Quiero preguntarte algo: ¿Qué mensajes estás enviando sobre ti mismo?

«Soy un desastre. No atraigo a nadie. No tengo disciplina. Estoy en bancarrota. Tengo muy mal carácter. Nadie quiere estar conmigo».

Entonces, comienza a cambiar el mensaje: Soy aceptado. Me quieren. Estoy hecho a imagen de Dios. Soy creativo. Soy talentoso. Soy más que vencedor.

Asegúrate de estar enviando buenos mensajes con respecto a ti mismo.

---

**Lo que envíes, volverá a ti.**

---

Cuando Jesús fue bautizado, salió del agua y una voz tronó en los cielos, diciendo: «Este es mi Hijo amado, en quien tengo complacencia».[23] Claro, Jesús era el Hijo de Dios, pero creo que también a ti Dios te dice lo mismo, porque tiene complacencia en ti.

«Ay, no creo que Dios dijera eso. No puedes imaginar cómo ha sido mi vida. Ni siquiera conoces las cosas malas que me causan dificultades en este momento».

Quiero que escuches con tu corazón, tu mente y tu alma: Dios se complace en ti. Ya te ha aceptado y aprobado. Es posible que no esté de acuerdo con todas tus decisiones, pero si le has entregado y confiado tu vida, Dios se complace en ti.

¡Qué tragedia es ir por la vida atacándote, en especial cuando no hay razón para ello! Entiende, por favor, que no es que Dios se complacerá en ti algún día, cuando por fin hayas logrado la perfección. No. Dios se complace en ti en este momento. La guerra en tu interior ha terminado, ¡y Dios la ganó! Por eso está bien que te sientas complacido con lo que eres ahora, en este mismo momento.

## CAPÍTULO 9

# *Haz que tus palabras te sirvan*

Dios no nos creó para ser personas mediocres ni promedio. No nos creó para que sobreviviéramos nada más. Fuimos creados para alcanzar la excelencia. La Biblia nos enseña que aun antes de la creación del mundo Dios no sólo nos eligió sino que nos dio todo lo que necesitamos para vivir en abundancia.[24] Tienes dentro de ti semillas de grandeza, pero hace falta que creas en ello y actúes en consecuencia.

Veo que hoy mucha gente vive con una autoestima baja, sintiéndose inferiores, como si no pudieran ser capaces de nada. Mientras tengamos tan pobre imagen de nosotros mismos no lograremos experimentar lo mejor que Dios tiene reservado para nosotros. Jamás podremos elevarnos por sobre la imagen que tenemos de nosotros mismos, por eso es tan importante que nos veamos como nos ve Dios.

Necesitas tener dentro de ti la imagen de un campeón. Quizá todavía no lo seas, y haya áreas en las que tienes que mejorar, pero en el fondo, en lo más profundo, tienes que saber que no eres víctima, sino vencedor.

Una de las mejores formas en que podemos mejorar nuestra imagen de nosotros mismos es con lo que decimos. Es que las palabras son como semillas: tienen poder creativo. En Proverbios leemos que seremos saciados del fruto de nuestros labios. Es asombroso, si nos detenemos a considerar esa verdad: nuestras palabras tienden a producir lo que decimos.

Cada día debiéramos efectuar declaraciones positivas con respecto a nosotros mismos. Debiéramos decir cosas como: «Soy bendecido. Soy próspero. Soy sano. Soy talentoso. Soy creativo. Soy sabio». Cuando lo hacemos, estamos forjando nuestra propia imagen y a medida que esas palabras penetren en tu corazón, tu mente y en especial tu subconsciente, al fin cambiarán la forma en que te ves a ti mismo.

La Biblia dice: «De una misma boca proceden bendición y maldición».[25]

Hay personas que maldicen su propio futuro diciendo cosas como: «No podré hacer nada. Soy tan torpe que todo lo hago mal. No tengo disciplina. Quizá jamás logre bajar de peso».

Tenemos que ser muy cuidadosos con lo que permitimos que pronuncien nuestros labios. Nuestras palabras marcan el rumbo que seguirán nuestras vidas.

¿Hacia dónde vas? ¿Estás declarando cosas buenas? ¿Estás bendiciendo tu vida, pronunciando palabras de fe sobre tu futuro y el de tus hijos? ¿O sueles decir cosas negativas? Algunas cosas como: «Nunca me pasa nada bueno. Quizá nunca logre salir de mis deudas. Nunca podré romper con mi adicción».

Cuando hablas así, estás estableciendo los límites de tu vida.

---

**Nuestras palabras marcan el rumbo que seguirán nuestras vidas.**

---

Muchas personas sufren una mala imagen de sí mismos creada con sus propias palabras. Durante años han estado viviendo bajo el peso de sus palabras y su mentalidad equivocada les impide elevarse y crecer en su profesión y su vida personal.

«Joel, he cometido tantos errores que no sé cómo podría bendecirme Dios», me dijo Catherine, llorando. «Siento que no lo merezco».

«No, claro que no merecemos las bendiciones de Dios», le dije. «Forman parte del regalo de su salvación. Lo mejor que puedes hacer es aceptar su ofrecimiento y comenzar a decir durante el día: "Soy nueva creación. Tengo su perdón. Soy valiosa a los ojos de Dios. Él me ha hecho digna". Si lo dices con frecuencia, comenzarás a creerlo. Y empezarás a esperar cosas buenas».

Es posible que sientas soledad, pero no tienes por qué hablar de ello todo el tiempo: «Es que no tengo a nadie. Vivo sin ganas. Nadie quiere estar conmigo. Quizá nunca me case».

¡No! Levántate cada mañana diciendo: «Soy agradable como compañía para los demás. Soy atractiva y amigable. Tengo una linda personalidad. La gente se siente atraída hacia mí». Al decir cosas positivas día tras día, pronto descubrirás que tu imagen de ti mismo cambia día a día, y mejora. Te sentirás mejor contigo mismo y además de sentir mayor confianza, serás más amigable. Atraerás a otras personas positivas.

Es posible que otras personas te hayan dicho cosas negativas y destructivas. Quizá tu padre o tu madre, o un entrenador o maestro dijeron cosas como: «No podrás hacerlo nunca. Nunca lograrás el éxito. No podrás ir a esa universidad. No tienes la inteligencia que se requiere».

Ahora, esas palabras han echado raíz y están estableciendo límites para tu vida. Desafortunadamente has estado oyendo estos comentarios durante tanto tiempo, que ya impregnaron la imagen que tienes de ti mismo. La única forma en que podrás cambiar el efecto de esas palabras es tomar la ofensiva y comenzar a pronunciar palabras de fe sobre tu propia vida. Además, la Palabra de Dios es el mejor borrador que podamos encontrar. Comienza a pronunciar con tus labios lo que Dios dice de ti: «Soy ungido. Dios se complace en mí. Estoy preparado para lo que tenga que hacer. He sido elegido, apartado, destinado a vivir victorioso».

Cuando pronuncias estas palabras llenas de fe, estás bendiciendo tu vida. Y además, la imagen que tienes de ti mismo mejorará.

Tus palabras tienen poder creativo, positivo o negativo, porque crees en lo que dices más de lo que le crees a cualquier otra persona. Piensa en esto. Tus palabras salen de tu boca y vuelven a ti a través de tus oídos. Si oyes esos comentarios durante bastante tiempo, entrarán en tu espíritu y las palabras producirán exactamente lo que digas.

Es por esto que importa tanto que adoptemos el hábito de declarar cosas buenas acerca de nuestras vidas cada día. Cuando te levantas por la mañana, en lugar de mirarte en el espejo y decir: «Ay, no puedo creer que me vea tan mal. Estoy tan vieja y arrugada», tienes que sonreír y decir: «¡Buenos días! Te ves muy bien». No importa cómo te sientas, mírate en ese espejo y di: «Soy fuerte. Soy sana. Dios renueva mi juventud como las águilas. Siento gran entusiasmo por comenzar este día».

En el plano natural y físico estas afirmaciones pueden no parecer ciertas. Quizá ese día no te sientas muy bien. O tengas muchos obstáculos por vencer. Sin embargo, la Biblia nos dice que Dios «llama las cosas que no son, como si fuesen».[26]

Es decir, no digas lo que eres sino lo que quieres llegar a ser. De eso se trata la fe. En el plano físico tienes que verlo para creerlo, pero Dios dice que tienes que creer para luego ver.

Por ejemplo, quizá te falte disciplina en algún área, pero en lugar de quejarte por ello y criticarte, comienza a llamar a la disciplina que necesitas.

Cambia el modo en que hablas de ti mismo y podrás cambiar tu vida. Todas las mañanas, di cosas como: «Soy disciplinada. Tengo dominio propio. Tomo buenas decisiones. Soy victoriosa. Este problema no vino para quedarse; vino para quedar atrás». Y durante todo el día, mientras vas a tu trabajo o tomas una ducha, o cuando estés preparando el almuerzo, en voz baja repite afirmaciones positivas y bíblicas con respecto a ti misma: «Soy más que vencedora. Puedo hacer lo que tengo que hacer. Soy hija del Altísimo Dios».

---

**Cambia el modo en que hablas de ti mismo y lograrás cambiar tu vida.**

---

Cuando pronuncies cosas positivas sobre ti mismo, te asombrará descubrir que te haces más fuerte, emocional y espiritualmente, y que la imagen que tienes de ti mejora.

Jacqueline es una estudiante de secundaria muy brillante, pero no creía poder sacar buenas calificaciones. «Soy mediocre. Siempre obtengo lo necesario para pasar, nada más», se lamentaba. «Eso es lo más que logro. No entiendo nada de aritmética. Mi maestro es el más duro».

Afortunadamente, Jacqueline aprendió a dejar de limitarse con sus palabras. Ahora, cada día mientras va a la escuela dice: «Soy excelente en la escuela. Aprendo con facilidad. Tengo buenos hábitos de estudio. Soy buena alumna. Me llena la sabiduría de Dios».

Quizá tengas la tendencia a criticar a la gente, a juzgarla. Bueno, no te quedes ahí pensando: «Es mi forma de ser».

En cambio, mírate al espejo y di: «Soy compasiva y amable. Comprendo a los demás. Creo siempre en lo mejor de cada persona». Si siempre repites estas afirmaciones positivas las actitudes nuevas penetrarán en ti y tus relaciones con las personas comenzarán a cambiar.

Cuando Dios les dijo a Abraham y Sara que tendrían un hijo, ambos habían pasado muchos años antes la edad fértil. No es de extrañar que Sara se riera. Debe haber dicho: «Abraham, ¿de qué hablas? ¿Yo? ¿Un hijo? Soy vieja. No lo creo».

Dios tuvo que cambiar la imagen que Abraham y Sara tenían de sí mismos antes de que pudieran tener ese hijo. ¿Cómo lo hizo? Les dio nombres nuevos. Cambió las palabras que oían. A Sarai la llamó Sara, que significa «princesa». Y a Abram lo llamó Abraham, que significa «padre de naciones». Piensa en eso. Aun antes de que Abraham tuviera siquiera un solo hijo, Dios lo llamó por fe padre de naciones. Cada vez que alguien le decía: «Hola, Abraham ¿cómo estás?», le estaba diciendo: «Hola, padre de naciones». Lo oyó tantas veces que empezó a sentirlo dentro de sí, como una verdad.

Sara era una mujer mayor y nunca había tenido hijos. Es probable que tampoco se sintiera princesa. Pero cada vez que alguien le decía: «Hola, Sara», le estaban diciendo: «Hola, princesa». Con el tiempo eso cambió la imagen que ella tenía de sí misma. Ahora, ya no se veía como una anciana estéril, sino como una princesa. Al fin y al cabo dio a luz a un hijo, a quien llamaron según Dios les había mandado: Isaac.

Quizá Dios haya susurrado algo en tu corazón que te pareció totalmente imposible. Es posible que te parezca imposible que puedas volver a estar bien, que puedas salir de las deudas, casarte, bajar de peso, iniciar un nuevo negocio. En el plano natural y físico las tienes todas en contra: no ves de qué modo podría suceder. Pero para poder ver que se concretan esos sueños tienes que hacer que tus labios pronuncien las palabras correctas, y utilizar esas palabras para desarrollar dentro de ti una nueva imagen. No importa qué tan imposible parezca algo, ni cómo te sientas, siempre afirma: «Soy fuerte en el Señor. Todo lo puedo en Cristo. Puedo cumplir mi destino». Llama hacia ti todo eso que Dios te ha prometido. La Biblia dice en Joel 3.10: «Diga el débil: Fuerte soy». Es posible que hoy no te sientas bien, pero no andes diciendo: «No creo poder recuperarme de esta enfermedad».

En cambio, di con confianza: «Dios restaura mi salud. Mejoro día a día».

O quizá tu situación económica no se vea muy bien. Comienza a declarar: «Soy bendecido. Soy próspero. Soy la cabeza, y no la cola. Prestaré en lugar de tomar prestado».

No uses tus palabras sólo para describir tu situación. Úsalas para cambiarla.

Victoria y yo tenemos unos amigos que intentaban tener otro hijo. Tenían ya una niña y realmente querían un varón. Pero cada vez que la esposa quedaba encinta, perdía el embarazo. Esto sucedió cinco veces a lo largo de nueve años. A medida que se hacían mayores, perdían las esperanzas y se sentían frustrados.

Nuestro amigo se llama Joe y así le habían llamado toda su vida, pero un día observó que su nombre completo era «José», que significa «Dios añadirá». Cuando lo supo, algo dentro de él se encendió. Sabía que Dios le estaba hablando. Joe decidió comenzar a usar su nombre completo en lugar de su apodo.

Así que les dijo a todos en su familia y su trabajo: «Por favor, ya no me llamen Joe. Quiero que me llamen José». Nadie sabía por qué lo hacía, y muchos rieron pensando que se trataba de la crisis del cuarentón. Pero a José no le importaba. Sabía que cada vez que alguien dijera: «Hola, José», le estarían diciendo: «Hola, Dios añadirá». Estaban pronunciando fe sobre su vida. José entendía esto como: «Dios va a añadirnos un hijo».

Varios meses después de que José comenzara a creer en su nombre, su esposa volvió a quedar encinta. Y por primera vez en diez años llegó a término y dio a luz a un varoncito lindo y sano.

Como testimonio de lo que Dios había hecho por ellos, también lo llamaron «José: Dios añadirá».

Con nuestras palabras podemos profetizar nuestro propio futuro. Es triste que tanta gente prediga la derrota, el fracaso, la carencia y la mediocridad. Evita ese tipo de comentarios y utiliza tus palabras para declarar cosas buenas. Declara salud, gozo, bendición económica, relaciones felices y plenas. Durante todo el día puedes declarar: «Tengo el favor de Dios. Puedo hacer lo que tengo que hacer». Al hacerlo, estarás bendiciendo tu propia vida y fortaleciendo tu propia imagen.

Si te agobia la depresión, utiliza tus propias palabras para cambiar tu situación. Quizá sufriste muchas decepciones y has pasado por graves problemas, pero eres tú, y nadie más, quien necesita levantarse cada mañana y declarar con confianza: «Este será un gran día. En el pasado quizá sí sea cierto que sufrí derrotas, pero este es un nuevo día. Tengo a Dios a mi lado y las cosas cambiarán en mi favor».

Cuando te ataquen los pensamientos de desánimo, en lugar de quejarte y esperar lo peor, repite una y otra vez: «Algo bueno me va a suceder. No soy víctima sino vencedor». No sirve solamente pensar de manera optimista: hace falta pronunciar cosas positivas acerca de ti. Necesitas oír una y otra vez: «Vienen cosas buenas. Dios pelea mis batallas por mí. Se están abriendo nuevas puertas de oportunidad».

Al hablar de manera positiva, desarrollarás una nueva imagen en tu interior y las cosas comenzarán a cambiar a tu favor.

Si apartas cinco minutos al día y sencillamente declaras cosas buenas para tu vida, te asombrarás ante los resultados. Antes de comenzar con tus ocupaciones diarias, antes de salir de casa y dirigirte a tu trabajo, o antes de llevar los niños a la escuela, tómate unos minutos y pronuncia bendiciones sobre tu vida. Quizá quieras anotar las afirmaciones para poder llevar un registro. En Habacuc se nos indica anotar nuestra visión. Haz una lista de tus sueños, objetivos, aspiraciones, de las cosas que quieres mejorar, de lo que quieres cambiar. Y siempre asegúrate de poder respaldarlo con la Palabra de Dios. Luego, pasa tiempo a solas con Dios y tómate unos minutos cada día para declarar cosas buenas sobre tu vida. Recuerda que no basta con leerlo o pensarlo. Algo sobrenatural sucede cuando lo pronunciamos. Así es como le damos vida a nuestra fe.

Quizá te persigan las preocupaciones. Siempre hay algo que te perturba y tu mente se inquieta por cosas menores, insignificantes. Comienza a declarar: «Tengo la paz de Dios. Mi mente está en paz. Tengo una actitud relajada y calmada». Decláralo con fe y utiliza tus palabras para cambiar esa situación.

Betty había intentado dejar el cigarrillo durante años. Tenía buenas intenciones y se esforzaba, pero no parecía poder romper con el hábito. Siempre decía: «No puedo hacerlo. Es muy difícil. Jamás me libraré de esta adicción». Si hasta les decía a sus amigas: «Si dejo de fumar, sé que aumentaré de peso». Todo el tiempo hablaba palabras negativas sobre su vida, y esto duró años.

Un día, sin embargo, alguien alentó a Betty a cambiar sus dichos, a llamar las cosas que no son como si ya fueran. No le pareció mal, y empezó a decir: «No me gusta fumar. No soporto el sabor de la nicotina. Y cuando deje de fumar, no voy a aumentar de peso, ni un gramo». Lo dijo día tras día durante meses.

Tiempo después me dijo: «Joel, me sentaba a fumar un cigarrillo y lo disfrutaba, pero decía en voz alta: "No soporto fumar. No soporto la nicotina"». No estaba hablando de lo que era, sino de lo que quería llegar a ser. Lo hizo mes tras mes y luego un día, despertó y encendió un cigarrillo. Le supo diferente, amargo. Al poco tiempo los cigarrillos le sabían cada vez peor, y llegó el momento en que Betty ya no soportaba ese sabor horrible, y pudo dejar de fumar para nunca volver a hacerlo.

Es sorprendente que Betty tampoco aumentó de peso por haber dejado de fumar. Hoy, está libre de la nicotina. Betty rompió esa adicción en parte por el poder de sus palabras. Profetizó su futuro.

Al igual que Betty, quizá hayas pasado años diciendo cosas negativas sobre ti mismo: «No puedo dejar esta adicción. No puedo perder peso. No puedo saldar mis deudas. No puedo casarme».

Entiende que estas palabras han creado una barrera en tu corazón y tu mente. Has formado una imagen equivocada de ti mismo. Tienes que empezar a cambiar esa imagen para verte en la victoria y no en la esclavitud, donde estás hoy.

Decide ahora mismo que solamente pronunciarás cosas positivas sobre tu vida. Quizá tengas mil hábitos malos, pero no permitas que tus labios pronuncien ni una sola palabra de crítica sobre ti mismo. Utiliza tus palabras para bendecir tu vida. Mírate en el espejo y pronuncia esas palabras que tanto necesitas. La imagen de tu vida tiene que cambiar por dentro antes de que pueda cambiar por fuera.

---

**Utiliza tus palabras para bendecir tu vida.**

---

Comienza a decir cada día: «Sobresalgo en mi rendimiento profesional. Tengo el favor de Dios. Tomo buenas decisiones. Trabajo duro y voy a lograr una posición más alta». Si lo oyes durante bastante tiempo, crearás una nueva imagen interior. Una imagen de victoria, una imagen de éxito.

Cada día, lo sienta o no, declaro: «Soy ungido. Mis dones y talentos relucen en toda su plenitud. Cada mensaje es mejor que el anterior. La gente se siente atraída hacia mí. Quieren escucharme».

En ocasiones, recibo cartas de personas que dicen: «Joel, nunca miro programas de ministros en la televisión. Ni siquiera me gustan. Pero por alguna razón cuando pongo tu programa, no puedo cambiar de canal».

Y un hombre me escribió para contarme que su esposa había estado intentando lograr que me viera en televisión, pero que durante años se había negado. Todo lo que tuviera que ver con Dios producía en él cierto cinismo y sarcasmo. Un día, sin embargo, mientras pasaba los canales vio nuestro programa. Como siempre, apretó el botón del control remoto para cambiar de canal pero, por algún motivo, el control remoto no respondió, así que tuvo que mirarme. Frustrado y enojado, seguía apretando el botón pero no pasaba nada. Cambió las pilas del aparato, pero tampoco logró que funcionara.

En su carta admitía: «Joel, aunque me comportaba como si tu programa no me importara un rábano, como si las palabras entraran por un oído y salieran por el otro, lo que decías se aplicaba a mí en lo personal. Lo gracioso es que apenas terminó el programa, el control remoto volvió a funcionar como debía». Al leer su carta pensé: *Dios obra de maneras misteriosas*. Ahora, ese hombre nunca falta a la iglesia los domingos.

Aprende a declarar cosas buenas sobre tu vida. Si eres negativo y crítico contigo mismo, tus propias palabras pueden impedir que el plan de Dios, lo mejor para ti, se cumpla en tu vida. Es lo que casi le sucedió a Jeremías, el profeta del Antiguo Testamento. Dios le dijo: «Jeremías, te vi antes de que te formaras en el vientre de tu madre, y te elegí como profeta ante las naciones».

Jeremías era joven y no tenía un gran sentido de la confianza en sí mismo. Cuando oyó la promesa de Dios, en lugar de sentirse bendecido, tuvo miedo y dijo: «Dios, yo no puedo hacer eso. No puedo hablar ante las naciones. Soy demasiado joven. Ni siquiera sabría qué decir».

Dios le respondió: «Jeremías, no digas que eres demasiado joven».[27] Observa que Dios de inmediato detuvo las palabras negativas de Jeremías. ¿Por qué? Porque Dios sabía que si Jeremías seguía diciendo: «No puedo hacerlo. No soy el indicado. Soy demasiado joven», sus palabras se opondrían al plan e impedirían que la promesa se concretara. Sencillamente, Dios le dijo: «Jeremías, no vuelvas a decir eso. No uses palabras para maldecir tu futuro».

Jeremías cambió su discurso con respecto a sí mismo y llegó a ser un valiente vocero ante una generación que se había conformado con menos de lo mejor que Dios tenía reservado para ellos.

Dios te ha llamado a ti también a que hagas grandes cosas. Ha puesto en tu corazón sueños y deseos. Y sí, seguro que hay áreas en las que quieres mejorar, y cosas que quieres lograr. Pero cuídate de las excusas: «Dios, no puedo hacerlo. Cometí demasiados errores. Soy demasiado joven. Soy demasiado viejo. Dios, no nací para esto».

Dios nos está diciendo lo mismo que a Jeremías: Basta ya de decir eso. Las palabras negativas pueden impedir que vivas Mi mejor plan.

Decide ahora mismo que hoy será un día clave, un día de cambio en tu vida. Antes de este momento, pocas veces habías dicho algo positivo con respecto a ti mismo, pero a partir de hoy iniciarás la ofensiva y comenzarás a declarar cosas positivas sobre tu propia vida. Dirás cada día cosas como: «Soy bendecido. Tengo salud y prosperidad. Soy competente. Tengo una vocación, un llamado. Soy ungido. Soy creativo. Soy talentoso. Soy capaz de cumplir mi destino».

---

Comienza a declarar cosas positivas sobre tu propia vida.

---

Si quieres saber dónde estarás dentro de cinco años, escucha lo que dices. Profetiza tu futuro. Si quieres ser más fuerte, más sano, más feliz, y romper con alguna adicción, entonces comienza a declararlo ahora mismo. Recuerda que comerás el fruto de tus palabras, así que, bendice tu futuro. Ponte de acuerdo con Dios y aprende a decir palabras de fe y victoria sobre tu propia vida. No sólo desarrollarás una mejor imagen de ti mismo sino que además, ¡llegarás a ser lo mejor de ti!

# Ten confianza en ti mismo

Cada uno de nosotros mantiene un diálogo interno, una conversación con nosotros mismos a lo largo del día. De hecho, hablamos más cada uno consigo mismo que con cualquier otra persona. La pregunta es: ¿Qué te dices? ¿En qué cosas meditas? ¿Son pensamientos positivos? ¿Son conceptos que te edifican y te dan poder? ¿Te afirman tus pensamientos? O andas por allí pensando cosas negativas, diciéndote: «No tengo atractivo. No tengo talento. Me equivoqué demasiadas veces. Es seguro que Dios siente desagrado hacia mí». Ese tipo de conversación negativa contigo mismo impide que puedas llegar más alto. Y esto les sucede a millones de personas.

Por lo general nos hablamos de manera subconsciente, sin siquiera pensar en ello. Aunque en el fondo de tu mente, estos pensamientos se repiten una y otra vez. En muchísimos casos, son pensamientos negativos: soy torpe, jamás me sobrepondré a mi pasado, no sirvo para nada.

A lo largo del día, quien piensa así permite que los mensajes de derrota invadan su mente y su diálogo interno. Ven a alguien exitoso, a alguien que logra cosas y esa vocecita interna les dice: «Eso jamás ocurrirá conmigo. No sirvo. No soy tan inteligente ni tengo tanto talento». O ven a alguien que está en forma y se ve saludable, atractivo, y la vocecita les dice: «Yo no tengo esa disciplina. Jamás volveré a estar en forma». Hay una voz negativa en el interior que constantemente le dice a esta persona que algo anda mal.

«No eres buena madre». «No te esforzaste lo suficiente la semana pasada». «Eres débil». Si cometemos el error de permitir que este diálogo interior tan negativo eche raíces, ensombrecerá nuestro espíritu pero además, limitará nuestras posibilidades de éxito en la vida. Mucha gente vive en la mediocridad porque oye una y otra vez esa voz, como disco rayado, que repite siempre lo mismo.

He descubierto que en ocasiones esos patrones negativos tienen su origen en la infancia. Quienes debieran habernos nutrido, diciéndonos lo que podríamos llegar a ser, edificando nuestra confianza en nosotros mismos, hicieron todo lo contrario. Conozco personas que se encuentran atoradas porque cuando eran pequeños alguien las maltrató de ese modo, o alguien las rechazó. Su padre, su madre, un maestro o quizá un compañero, les dijo algo negativo... y lo creyeron. Permitieron que echara raíces. Y ahora estos patrones de pensamiento tan negativos le impiden a la persona llegar a ser todo lo que Dios quiere que sea.

Tenemos que reprogramar nuestras mentes. Por favor, no te quedes en la cama por las mañanas pensando en tus defectos, en todo lo que está mal en ti. No permanezcas acostado ensayando una y otra vez tus errores, pensando en lo que puedes o no puedes hacer, en lo que te falta y lo que tienen los demás. No importa cuántas veces hayas intentado, cuántas veces hayas fracasado. Tienes que quitarte de encima esos mensajes y experiencias de negatividad, y escuchar una nueva voz. Recuérdate lo siguiente varias veces al día: «Soy hijo o hija del Dios Altísimo. Tengo un futuro brillante por delante. Dios se complace en mí. Tengo talento. Creatividad. Tengo lo que me hace falta. Voy a cumplir mi destino». De esta manera tendríamos que hablarnos, no con arrogancia, sino con una quieta confianza. En el transcurso del día, en lo profundo de nuestro ser, debiéramos oír cosas como: «Soy ungido. Soy elegido. He sido llamado. He sido capacitado. Este es mi momento».

Nuestro diálogo interno debiera ser siempre positivo y lleno de esperanza. Siempre tendríamos que hablarnos a nosotros mismos con pensamientos que infundan poder y aprobación. Hay que deshacerse del hábito de los malos pensamientos con respecto a nosotros mismos. Y no digas: «Soy lento. No soy atractivo. Jamás me sobrepondré a mi pasado».

¡No! Borra esas palabras de tu vocabulario. Si cometiste el error de habitar en medio de esa basura, estás limitando tu vida. Quizá hayas sufrido terriblemente en el pasado. Quizá te hayan tratado muy injustamente. Pero no permitas que todo eso sea un lastre que te mantenga hundido, repitiéndote todo lo negativo que hay en ti. Creerás lo que te dices a ti mismo mucho más de lo que podrás creerle a cualquier otra persona. Porque quizá te digan, sí, que Dios tiene un gran plan para tu vida. Que tiene un brillante futuro reservado para ti. Pero hasta tanto no lo tengas arraigado en tu corazón y lo repitas día tras día, este mensaje no te servirá de nada.

Presta atención a lo que te dices a ti mismo. Por favor, no me malentiendas, pero yo me repito constantemente: «Joel, vas bien. Has sido capacitado para esto. Puedes hacer todo lo que Dios te llame a hacer. Tienes talento. Eres creativo. Eres fuerte en el Señor. Eres capaz de cumplir tu destino». Si te hablas de la manera indicada, no sólo disfrutarás más de la vida sino que te elevarás a un nuevo nivel de confianza en ti mismo, un nuevo nivel de denuedo.

Leí un estudio en que los investigadores les dieron a un grupo de estudiantes universitarios unos anteojos con los que todo se veía patas arriba, al revés de como era en realidad. Durante los primeros días los sujetos del estudio estaban confundidos. Tropezaban con los muebles, no podían leer ni escribir, necesitaban que les llevaran del brazo hasta su clase y apenas podían hacer las cosas más sencillas. Pero poco a poco se acostumbraron y para fines de la primera semana, pudieron llegar a sus aulas sin ayuda. Luego, no necesitaban que les guiaran en casi nada. Los investigadores sintieron curiosidad, por lo que decidieron que el experimento continuara. Después de un mes, los estudiantes se habían adaptado por completo. Sus mentes habían compensado la distorsión de su «mundo al revés» y podían leer sin problemas. Podían hacer todo: podían escribir, hacer su tarea, usar la computadora.

A nosotros nos puede pasar algo parecido. Si vamos por ahí con mentalidades equivocadas durante bastante tiempo, diciéndonos: «Soy mal padre. He cometido muchos errores. Jamás me sucede nada bueno», al igual que los estudiantes y aunque sea una distorsión y no el modo en que Dios nos creó, nuestras mentes se adaptarán y terminaremos viviendo en ese nivel.

Es posible que tu mundo ya esté patas arriba. Quizá estés viviendo muy por debajo de tu potencial, sintiéndote mal contigo mismo, sin confianza y hundiéndote en la autocompasión. ¿Pensaste alguna vez que todo eso puede ser resultado de lo que has estado diciéndote? Tu diálogo interno es negativo. Tienes que cambiar eso antes de que puedas cambiar cualquier otra cosa.

Vi en televisión a una señora que bajó casi noventa kilogramos. Se había sometido a cirugías para quitarse el exceso de piel y le iba muy bien. Mostraban fotografías de ella, antes y después, y se veía fantástica. Pero unos meses más tarde, volvieron a entrevistarla y se veía muy deprimida. Casi no podía comer. Le preguntaron: «¿Qué es lo que está mal? Te ves tan bien. Te ves fantástica».

Ella respondió: «Sí, es lo que me dicen todos. Pero yo creo que siempre seré gorda y fea».

Al verla pensé: *Diste en el clavo. Todo está en tu mente.* Es que había cambiado por fuera, pero no por dentro. Seguía escuchando las mismas palabras negativas: «Soy gorda. Fea. Nunca seré feliz». Ella pudo haber bajado hasta pesar noventa kilogramos y como quiera hubiera seguido estando descontenta.

No escuches las voces que quieren hundirte. Quizá no te veas como una modelo de revistas, pero puedo decirte lo siguiente: fuiste creada a imagen de Dios Todopoderoso. Te asombrará lo mucho que podrás disfrutar de la vida y lo bien que te sientes contigo misma si tan solo aprendes a hablarte con pensamientos positivos. Aun cuando cometas errores, aun cuando te equivoques y hagas algo malo, no digas: «Bueno, nunca hago nada bien. Soy torpe. Mi mente es lenta».

Practiqué deportes con personas que cometían el error de derrotarse a sí mismas porque se insultaban: «¡Idiota! Bill, eres tan tonto. No sabes patear». «¿Qué clase de bobo eres?»

Y también conozco personas que han pasado por problemas graves, por desilusiones, fracasos, bancarrota o divorcio. Y andan derrotados, concentrados en lo que salió mal. En especial, porque permiten que ese disco rayado repita: «Lo arruinaste todo. Tuviste la oportunidad, pero la perdiste. Arruinaste tu vida».

Aprende a escuchar una nueva canción, diciéndote: «He sido perdonado. He sido restaurado. Dios tiene un nuevo plan. Hay buenas cosas esperándome en el futuro».

No digo que busques la salida fácil, pero sí que no te hace ningún bien sentir que estás condenado, que eres desgraciado o que quedaste descalificado por algo que ya pasó. Conozco gente que camina con un negro nubarrón persiguiéndolas todo el tiempo. Es como un sentimiento vago que no pueden definir, pero algo les dice todo el tiempo: «Jamás lograrás ser feliz. Olvídalo».

No puedes quedarte ahí y aceptar ese tipo de declaraciones con respecto a tu vida. Tienes que levantarte y empezar a dialogar contigo mismo de manera nueva, diferente. Durante todo el día, debieras oír cosas como: «Algo bueno me sucederá. Dios se complace en mí. Tengo un brillante futuro por delante. Lo mejor está por venir». Tienes que cambiar por dentro antes de que puedas cambiar por fuera.

A todos nos vendría bien un ejercicio de confirmación cada mañana, antes de salir de la cama. Tendríamos que pensar, a propósito, cosas buenas sobre nosotros mismos: *Soy buen padre. Soy buen líder. Soy buen esposo. Tengo un gran futuro. Dios se complace en mí*. Aprende a pensar de esta manera deliberadamente.

Tuve la bendición de ser criado por padres que infundieron en mí este tipo de confianza y autoestima. Mis padres, mientras iba creciendo, siempre me decían que podría lograr grandes cosas. Me recordaban todo el tiempo que se sentían orgullosos de mí. Si cuando somos pequeños tenemos personas que nos nutren, alientan y edifican, tenemos entonces algo muy importante.

Padres y madres: les animo a inculcar estas cualidades en sus hijos. Ellos necesitan de su amor, su aliento y aprobación; su afirmación. Nunca los menosprecien. No les digan cosas como: «¿Por qué no puedes sacar buenas notas, como tu hermano?» O «No creo que tengas la inteligencia que se requiere para ir a la universidad». «Si sigues así, jamás lograrás nada».

Entiende lo siguiente: las palabras son como semillas. Pueden echar raíces y crecer en la mente de una persona durante años. Claro que cuando nuestros hijos son pequeños tenemos que corregirlos, pero no cometas el error de decirles: «Eres un niño malo». «Eres una niña mala». ¡No! No son niños malos. Quizá cometieron una travesura, algo malo, pero son niños buenos. Han sido creados a imagen de Dios Todopoderoso. Dios no creó basura.

A los padres les digo que tenemos la responsabilidad de inculcar confianza, autoestima y seguridad en nuestros hijos.

Me pregunto cuántos adultos tienen dificultades hoy porque no recibieron de sus padres o de quienes los criaron la suficiente afirmación. Quizá los padres sólo los corregían sin mostrarles nunca su aprobación. Si eres padre o madre, por favor evita ese triste error.

Mi hermano Paul y su esposa Jennifer tienen un hijo precioso llamado Jackson. Es un niño feliz y divertido. Todas las noches cuando Jennifer lo lleva a la cama, le cuenta una historia y ora con él. Luego, antes de decir buenas noches, le dice: «Ahora, Jackson, déjame recordarte quién eres». Y entonces repasan una larga lista de superhéroes:«Jackson, eres mi Superman. Jackson, eres mi Power Ranger. Eres mi Buzz Lightyear. Eres mi Rescue Hero. Mi Lighting McQueen, mi vaquero, mi jugador de béisbol». El pequeño Jackson sonríe en su camita, escuchando todo eso.

¿Qué hace Jennifer? Le da combustible a Jackson para su diálogo interior. Aunque sólo tiene tres años, Jennifer le está diciendo: «Jackson, eres especial. Eres valioso. Lograrás grandes cosas en tu vida». Y también ¡repite la misma rutina cuando Paul se va a la cama! Pero en lugar de decirle que es su Buzz Lightyear, le dice que es su Elvis.

El otro día sucedió algo gracioso: Paul y Jennifer llegaron tarde, así que Jennifer llevó a Jackson a la cama muy apurada. No se tomó el tiempo de repasar la larga lista de superhéroes. Unos minutos más tarde, oyó una vocecita que desde el piso de arriba decía: «Mamá, mamá». Jennifer subió corriendo y dijo: «Sí, Jackson, ¿qué pasa?» Él le dijo: «Mamá, olvidaste decirme quién soy».

En esa afirmación hay una verdad profunda. He descubierto que si no les decimos a nuestros hijos quiénes son, alguien más se los dirá. Yo quiero decirles a mis hijos: «Tienes todo lo que hace falta. No hay nada que no puedas hacer. Mamá y papá te apoyan. Estamos orgullosos de ti. Creemos en ti. Estás destinado a hacer grandes cosas».

Pronuncia palabras de bendición sobre tus hijos. Declara victoria sobre sus vidas. Ellos necesitan que los animes y que les muestres tu aprobación. Ayúdales a tener una gran visión para sus vidas.

Cuando Moisés nació, el faraón egipcio decretó que todos los niños menores de dos años debían ser asesinados. En lugar de aceptar ese mandato absurdo y diabólico, la madre de Moisés lo escondió. Así que lo puso en una canasta y la echó a flotar sobre el río Nilo. Una de las hijas del faraón encontró al bebé y lo adoptó. Puesto que Moisés no se criaba con un padre piadoso, no tuvo a esa persona que pronunciara bendiciones sobre su vida.

Pasaron muchos años, hasta que Dios vino y le dijo a Moisés: «Te elijo para que liberes al pueblo de Israel». No es extraño que Moisés dijera enseguida: «Dios, ¿quién soy yo?»

Cuando no les decimos a nuestros hijos quiénes son, edificando en ellos la autoestima y confianza en sí mismos, esto hace que luego tengan dificultades con su identidad, con lo que son y lo que pueden hacer. Dios dijo: «Moisés, no digas: "¿Quién soy yo?" Eres la persona que Yo elegí».

Entonces Moisés preguntó algo más: «Pero Señor, ¿quién me escuchará? Sabes que no puedo hablar bien. Soy tartamudo». Observa su falta de confianza en sí mismo.

Es que Moisés también estaba escuchando en su mente la voz que le repetía cosas negativas. Quizá su confianza se viera minada por la ausencia de un padre que le dijera cosas buenas con regularidad. Pero con la ayuda de Dios, Moisés pudo vencer ese déficit en su crianza.

Es posible que no te alentaran demasiado en tu infancia. Eso no tiene por qué impedir que progreses en la vida. Tu padre terrenal quizá no te haya dicho quién eras, pero permíteme ayudarte: eres hijo o hija del Dios Altísimo. Has sido coronado o coronada con la gloria y la honra de Dios. Puedes hacerlo todo en Cristo. Tienes gran potencial. Desbordas de creatividad. No hay nada en tu corazón que no puedas lograr. Tienes coraje, fuerza y capacidad. El favor de Dios te rodea dondequiera que vayas. Todo lo que toques prosperará. Has sido bendecido o bendecida, y nada puede maldecirte. Eso es lo que eres en verdad. Así que yérguete, levanta la cabeza y comienza a decirte a ti mismo: «Soy victorioso. Soy capaz. Dios mismo me ha dotado de grandeza».

Debes hacer que tus pensamientos sobre ti mismo vayan en la dirección correcta si de veras quieres llegar a ser lo mejor de ti. Durante todo el día debieras pensar cosas buenas de ti mismo, y cuando vuelvan a acosarte las palabras negativas, recuerda entonces que es hora de cambiarlas. Cita enseguida alguna afirmación positiva sobre ti y tu Dios:

«Soy ungido. Soy capaz. ¡Dios tiene reservadas cosas buenas para mí!» Que esos pensamientos positivos se repitan en tu mente.

El otro día hablé con una joven en la sala de la Iglesia Lakewood. Era bella y por lo que se veía, parecía feliz. Pero por dentro estaba librando una guerra. Se detestaba porque se veía fea, gorda, poco atractiva. Había una larga lista de cosas que no le gustaban de sí misma.

Mientras hablaba con ella, descubrí que su padre siempre la criticaba. Le decía cuáles eran sus defectos, qué cosas no lograba hacer, y lo que jamás podría llegar a hacer. Lo triste es que esta joven había pasado por dos matrimonios y ahora, aunque no tenía treinta años aún, estaba por divorciarse por tercera vez.

Le dije: «Tienes el CD equivocado en tu reproductor interno. Todo el tiempo te repites: "Soy gorda. Fea. No tengo nada que ofrecer. Nadie puede amarme". Y mientras habites en esas mentiras, seguirás librando una guerra interior. No fuiste creada para vivir de ese modo. Dios te creó para que te sientas segura, confiada en ti misma. Te creó para que te sientas completa, plena. No para que te vuelvas en contra de ti misma todo el tiempo. Y si no puedes llevarte bien contigo misma, no podrás llevarte bien con los demás. Porque esto se trasladará a todas tus relaciones».

Quizá no haya paz en tu hogar y el problema no sea la otra persona. Necesitas estar en paz contigo mismo. Deja de permitir que la voz negativa se repita en tu mente. Quizá, como esta joven que acabo de mencionar, la causa principal es algo que sucedió muchos años atrás.

Probablemente, como tantos otros, no sepas cómo apagar esa voz. Piensas que es normal vivir sintiéndote mal contigo mismo. Es posible que no hayas recibido de tus padres o de quienes te criaron todo lo que necesitabas, pero tienes que recordar lo siguiente: lo que importa no es cómo comenzamos, sino cómo terminamos. Repítete cada día: «Soy la niña de los ojos de Dios. Soy su más preciada posesión. Estoy coronado con gloria y honra. Soy valioso y atractivo. Tengo un brillante futuro delante de mí».

Comprende lo siguiente: las voces negativas siempre parecen gritar más fuerte. Puedes tener veinte personas alentándote y sólo una que te diga algo negativo, pero a esta última la recordarás más. Es lo que tu mente te repetirá, una y otra vez. Harás cien cosas bien, pero cuando cometas un solo error, tendrás que enfrentarte a la culpa y la condena.

Las voces negativas te acosarán con más fuerza, pero tendrás que aprender a desoírlas. Mientras sigas concentrándote en lo negativo, seguirás librando dentro de ti una gran lucha y no te sentirás bien contigo mismo. La única forma de cambiar es lograr que tu diálogo interno vaya en la dirección correcta. Reemplaza estas grabaciones negativas por mensajes nuevos y edificantes. Comienza a pensar lo correcto con respecto a ti mismo.

Dios les dijo a los hijos de Israel en Josué 5 versículo 9: «Hoy he quitado de vosotros el oprobio de Egipto». Es decir que el pueblo judío no se sentía bien consigo mismo. Habían sido heridos, maltratados, y estaban desalentados aun cuando Dios los había liberado de la esclavitud. Entonces Dios les dijo: «Basta ya de hacer eso. He quitado de vosotros el oprobio, la ofensa». Creo que hacía falta que Dios quitara de ellos el oprobio antes de que pudieran entrar en la tierra prometida.

Lo mismo pasa con nosotros. Tal vez estés intentando vivir de manera victoriosa, buscando el éxito, tratando de que tu matrimonio sea bueno. Pero el problema está en tu negatividad hacia ti mismo. No te sientes bien con lo que eres, y todo el tiempo recuerdas tus dolores y problemas del pasado. A menos que tengas la voluntad de dejar esas ofensas en el pasado e intentes concentrarte en tus nuevas posibilidades, encontrarás que te mantienen atrapado, atado al lugar en que estás. No puedes tener una mala actitud hacia ti mismo y esperar lo mejor de Dios para tu vida. Deja ya de concentrarte en lo que has hecho mal porque Dios ya ha levantado el reproche, la vergüenza, los fracasos y obstáculos que tuviste en el pasado. Esto significa que Dios ya hizo lo suyo y ahora te toca a ti. Deja todo eso atrás para poder entrar en tu tierra prometida. Comienza a pensar, sentir y hablar de manera positiva con respecto a ti mismo.

La Biblia dice: «Que la participación de tu fe sea eficaz en el conocimiento de todo el bien que está en vosotros».[28] Piensa en ello. Nuestra fe no es efectiva cuando reconocemos todo lo malo que hay en nosotros. No es efectiva si nos mantenemos atentos a nuestros defectos y debilidades todo el tiempo. Nuestra fe es más efectiva si reconocemos todo el bien que hay en nosotros. Declara cosas como: «Tengo un futuro brillante. Tengo talentos y dones. Agrado a las personas. Tengo el favor de Dios».

Cuando creemos en el Hijo de Dios, Jesucristo, y en nosotros mismos, nuestra fe cobra vida. Cuando creemos que estamos dotados para lograr las cosas, cuando nos concentramos en nuestras posibilidades.

Lamentablemente, muchísimas personas hacen todo lo contrario porque reconocen todo lo malo que hay en ellos, y hasta en su subconsciente siguen todo el tiempo escuchando las voces negativas que producen en ellos una mala opinión de sí mismos. Si te identificas con ese grupo, deberás cambiar la grabación que hay en tu interior.

Tal vez sea por ingenuidad, pero yo *espero* gustarle a la gente. Espero que la gente sea amable conmigo. Espero que quieran ayudarme. Tengo una opinión positiva de mí mismo y de lo que soy porque sé lo que soy: pertenezco a Dios Todopoderoso.

Así que no entres a los lugares sintiéndote tímido e inseguro ni pensando: *No le caeré bien a nadie aquí. Míralos. Quizá ya estén hablando de mí. Sabía que no tenía que haberme vestido así. Sabía que tenía que haberme quedado en casa.*

¡No! Que tu diálogo interior vaya en el rumbo contrario. Tu fe solamente podrá ser efectiva si reconoces el bien que hay en ti. Tienes que desarrollar el hábito de sentir cosas positivas con respecto a ti mismo. Tienes que tener una buena opinión de ti como persona.

Me dirás: «Es que no soy nada más que un ama de casa. Sólo soy un hombre de negocios. No soy más que una maestra de escuela».

No eres «sólo» nada. Eres hijo o hija del Dios Altísimo. Estás cumpliendo tu propósito. El Señor ordena tus pasos. El bien y la misericordia te siguen. Eres una persona de destino. Si conoces y reconoces estas cosas estarás nutriendo tu confianza.

Levántate cada mañana y repite para tus adentros: «Soy bendecido. He sido capacitada. Tengo el favor de Dios. Este será un gran día». Y luego, a lo largo del día repítete esto en tu mente. Siempre escucha la grabación correcta y medita sólo sobre los pensamientos positivos acerca de ti mismo, ellos te darán poder. Allí tu fe cobrará nueva energía. No cometas el error de reconocer lo malo que hay en ti, sino buscar lo bueno. Ten una buena opinión de la persona que eres. Si adoptas este hábito de decirte las cosas buenas, pensando lo bueno acerca de ti, no sólo tendrás mayor confianza en ti mismo sino que te elevarás más alto y verás las bendiciones y el favor de Dios de una manera más grandiosa.

PUNTOS DE ACCIÓN

## SECCIÓN DOS: SÉ POSITIVO CON RESPECTO A TI MISMO

1. Me niego a vivir condenado a causa de los errores del pasado. En vez de eso entraré en cada nueva situación con confianza, sabiendo que Dios me ha perdonado. Haré de este día un nuevo comienzo.

2. Hoy decido refrescar la imagen que tengo de mí mismo, pronunciando cosas positivas y palabras llenas de fe sobre mi vida, como:

    «Soy bendecido. Soy próspero. Soy sano. Cada vez me hago más sabio».

    «Sobresalgo en mi profesión. Dios me está ayudando a alcanzar el éxito».

    «Tengo buena opinión de mí mismo porque no sólo sé quién soy sino *de quién* soy: pertenezco a Dios Todopoderoso».

3. Estoy decidido a mantener un diálogo interior positivo. Rechazaré todo pensamiento negativo con respecto a mí mismo y a los demás y meditaré cosas como: «Soy valioso. Soy capaz de hacer todo aquello a lo que Dios me ha llamado».

# FOMENTA MEJORES RELACIONES

CAPÍTULO 11

# Inspira lo mejor en cada persona

Cuando estaba terminando la escuela primaria era uno de los más pequeños jugadores en el equipo de básquetbol. En el primer juego de la temporada, teníamos que enfrentar a un equipo realmente bueno, con jugadores corpulentos. Claro que con mi tamaño, podría haberme sentido intimidado.

El día del partido iba caminando por los pasillos de la escuela, pasando de una clase a otra cuando mi entrenador me llamó para que me uniera a un grupo de amigos que estaban con él. El entrenador era grandote, rudo, fuerte, y me dijo: «Joel, no eres demasiado alto, pero quiero que sepas que lo que importa no es el tamaño. Lo que cuenta es lo que hay aquí dentro», y señaló su pecho. Luego dijo: «Joel, tienes un gran corazón, así que este año te irá muy bien».

Al oír sus palabras, frente a mis amigos, sentí que crecía: me sentí más alto, más erguido. ¡Hasta mi sonrisa se hizo más amplia! Podría haberme hecho pasar por Michael Jordan. Pensé: *¡El entrenador cree en mí!* Mi confianza adquirió un nuevo nivel y jugué mejor que antes. Me asombra lo que podemos lograr cuando sabemos que alguien realmente cree en nosotros.

Es que ese entrenador se tomó un poco de tiempo para marcar una gran diferencia. Se tomó tiempo para inculcar nueva confianza en mí. Si queremos que las personas den lo mejor de sí, tenemos que sembrar semillas de ánimo.

«Es que nadie me alienta, Joel», me dirán algunos. «¿Por qué tendría yo que alentar a otros?»

Si quieres abundancia y crecimiento en tu vida, si quieres que tu vida sea mejor, entonces tendrás que mejorar la vida de alguien más. Si ayudas a alguien a alcanzar el éxito, Dios se asegurará de que también tú lo alcances.

Dios pone a propósito a las personas que nos rodean para que podamos ayudarlas a alcanzar el éxito, ayudarlas a llegar a ser todo lo que Él quiere que sean. Muchos no alcanzarán todo su potencial si no saben que alguien cree en ellos. Eso significa que tú y yo tenemos una misión. Dondequiera que estemos, debemos alentar a las personas, edificarlas, presentarles nuevos desafíos para llegar más alto. Cuando la gente está con nosotros, debieran sentirse mejor que antes. En lugar de sentir desaliento y derrota, si pasan tiempo contigo o conmigo debieran sentirse inspirados, con desafíos para alcanzar algo más alto.

La Biblia dice que el amor es benigno.[29] Una de las traducciones dice: «El amor busca la forma de ser constructivo». Es decir que el amor busca formas en que pueda mejorar la vida de alguien.

---

**Tienes algo que ofrecer que nadie más puede dar.**

---

Tómate el tiempo para marcar la diferencia. No te obsesiones con mejorar tu propia vida. Piensa también cómo puedes mejorar la vida de alguien más. Nuestra actitud debiera ser siempre: ¿A quién puedo alentar hoy? ¿A quién edifico? ¿Cómo podría mejorar la vida de alguien?

Tienes algo que ofrecer que nadie más puede dar. Alguien necesita de tu ánimo. Alguien necesita saber que crees en él o ella, que estás a su favor, que piensas que tienen lo necesario para lograr el éxito. Si recuerdas el pasado y ves tu propia vida, es probable que aparezca quien te apoyó para que lograras llegar adonde estás hoy. Quizá hayan sido tus padres o algún maestro los que creyeron en ti y te ayudaron a que también creyeras en ti mismo. Quizá fuera tu jefe, que te dio una posición importante aun cuando no te sentías calificado. O el consejero de la escuela, que te dijo: «Eres capaz. Puedes ir a esta universidad. Serás exitoso en esta profesión porque puedes serlo».

Tal vez vieron en ti algo que tú mismo no habías visto y te ayudaron a alcanzar un nivel más alto. Ahora es tu turno de hacer algo parecido con otros. ¿En quién crees? ¿A quién animas y alientas? ¿A quién estás ayudando a alcanzar el éxito? No hay mayor inversión en la vida que edificar a otros. Las relaciones son más importantes que nuestros propios logros.

Creo que Dios nos pedirá cuentas por lo que hayamos hecho con las personas que puso en nuestras vidas. Él cuenta con nosotros para que logremos que aflore lo mejor de nuestro cónyuge, nuestros hijos, amigos o compañeros de trabajo. Pregúntate: «¿Estoy mejorando la vida de alguien, dándole confianza? ¿O sólo vivo centrado en lo mío?»

Eso es algo que siempre me gustó en mi esposa Victoria. Siempre creyó en mí. Es mi más fiel seguidora y quien más me alienta. Victoria piensa que soy la persona más grande sobre el planeta. Ahora, claro que sé que no es verdad, pero me gusta que lo piense. Victoria piensa que yo puedo hacerlo todo. Siempre está logrando que aflore lo mejor de mí.

Una vez, hace ya varios años, estábamos preparándonos para construir una casa. Habíamos vendido la nuestra y comprado un terreno donde pensábamos construir. Tomé el teléfono para llamar a un amigo constructor con el objeto de preparar un plan, pero Victoria me detuvo y dijo: «Joel ¿qué haces? No nos hace falta un constructor. Tú puedes construir la casa».

Yo le respondí: «Pero Victoria, yo no sé construir casas. No sé nada de eso».

«Claro que sí sabes. Estuviste en la otra casa nuestra casi todos los días mientras la construían. Viste cómo la hacían. Puedes dirigir a los albañiles igual de bien que cualquier otra persona», me dijo ella con los ojos brillando de emoción.

Claro que me convenció y construí nuestra casa. Resultó bastante bien, ¡aunque olvidé las tuberías!

Sé que Victoria tiene confianza en mí. No creo que estaría todas las semanas hablando ante multitudes si Victoria no me hubiera dicho hace años que sería pastor de la Iglesia Lakewood. Recuerden que cuando ella comenzó a expresar esas expectativas y convicciones, yo jamás había predicado un sermón en público y mucho menos en televisión. Además, en ese momento no tenía deseos de hacerlo. Sin embargo, cuando Victoria y yo escuchábamos predicar a mi padre, ella solía decir: «Joel, un día estarás tú allí arriba. Tienes tanto que ofrecer. Un día estarás allí, ayudando a muchísimas personas».

No pensé que pudiera hacerlo porque no me gustaba pararme delante de toda esa gente. Y además no había asistido al seminario. No tenía estudios formales que me calificaran como pastor. Dije por lo bajo: «Victoria, ojalá dejaras de decir eso. No es para mí. No soy predicador».

«No, Joel», me respondió. «Puedo verlo en ti. Tienes lo que se requiere para hacerlo». Victoria veía en mí cosas que yo mismo no había notado, así que seguía regando esas semillas de ánimo y aliento.

Cuando mi padre se fue con el Señor y yo empecé a predicar en la Iglesia Lakewood, me sentía muy nervioso. Pero hubo dos factores que contribuyeron a que perdiera el miedo. Por un lado, las semillas de ánimo y aliento que había sembrado Victoria. Y por otro, el apoyo de la congregación. Cada vez que me levantaba para hablar, muchas de las personas en Lakewood me vitoreaban y aplaudían. Podría ser el peor de los predicadores, pero ellos me alentaban, dándome la confianza que precisaba.

Después de unos meses, vi que de veras creían en mí. Pensé: *Esta gente cree que sí puedo hacerlo*. Hubo un cambio interior en mí porque Victoria, mi familia y la congregación de Lakewood lograron sacar a flote lo que había en mí.

Ahora me propongo como compromiso lograr que surja lo mejor de ellos y lo mejor de ti. Tienes en tu interior dones y talentos que ni siquiera soñaste tener o usar. Puedes ir más lejos, lograr más. No te contentes con el *status quo*. Puedes vencer cualquier desafío que se levante ante ti. Puedes romper con cualquier adicción. Tienes el poder del Dios Todopoderoso morando en ti. Comienza a creer en ti mismo y a actuar de acuerdo a tu creencia.

La Biblia nos dice en 1 Corintios 8, versículo 1, que el amor alienta a las personas a crecer hasta su estatura completa. Cuando crees lo mejor de las personas, las ayudas a que saquen a la luz lo mejor de sí mismas.

Susan Lowell había forjado para sí una carrera exitosa y todo iba de maravillas en su vida, pero no se sentía satisfecha. Dentro de ella había un deseo profundo de ayudar a los adolescentes en problemas. Así que un día renunció a su empleo, aunque el salario era muy bueno, y fue a trabajar como maestra en una de las escuelas más problemáticas de California. Era una secundaria famosa por sus problemas de drogas, pandillas y otras dificultades. No es de extrañar que además tuviera el más alto índice de deserción escolar. La directiva de la escuela no lograba que los maestros se quedaran porque los alumnos eran muy rebeldes y tenían muy mala conducta. Nadie pensó que la nueva maestra se quedaría por mucho tiempo.

Sin embargo, la estrategia de la señora Lowell fue distinta. El primer día de clases les pidió a sus alumnos que anotaran sus nombres y domicilios, además de algo interesante sobre sí mismos. Mientras escribían, ella caminaba por entre los pupitres, memorizando en secreto el nombre de cada uno. Cuando terminaron, les anunció que tendrían su primera prueba. Los alumnos protestaron, pero ella dijo: «No, esta prueba no es para ustedes, sino para mí». Y explicó: «Si puedo llamar a cada uno por su nombre, sin equivocarme, habré pasado la prueba. Pero si me equivoco siquiera con uno, entonces todos automáticamente tendrán un 10 en su primera prueba».

Todos estaban emocionados mientras la maestra Lowell pasaba junto a cada uno, llamando a cada quien por su nombre. Quedaron impresionados, y ella logró captar su atención. Entonces, en voz muy suave dijo: «Chicos y chicas, hice esto porque quiero mostrarles que ustedes son importantes para mí. Y cuando los miro, no sólo me gustan sino que me importan. Para eso estoy aquí».

Los alumnos vieron que esa maestra era distinta. No estaba allí sólo para cobrar un salario, ni tampoco trataba de conseguir mayor compensación a cambio del menor esfuerzo. *Esta señora cree en nosotros. Piensa que podemos llegar a ser algo.*

Un día, la señora Lowell se enteró de que Armando, uno de los alumnos más rudos de la clase, le debía cien dólares a una de las pandillas más crueles. Era una situación peligrosa por demás, porque Armando no tenía dinero para pagar. La maestra Lowell le pidió a su alumno que se quedara después de clases. Se sentaron a conversar, y ella le dijo: «Armando, me enteré de que tienes un dilema y quiero prestarte el dinero que necesitas para pagar tu deuda. Sin embargo, lo haré con una condición».

«¿Cuál?», quiso saber Armando.

«Te daré este dinero si prometes devolvérmelo el día de tu graduación». Para esto, Armando cursaba su segundo año y, de todos los alumnos de la maestra Lowell, era el que menos probabilidades tenía de graduarse. Sus hermanos y hermanas también habían asistido a esa escuela, y ninguno había logrado terminar. Sus padres sólo habían llegado a cursar hasta segundo de primaria.

El acto bondadoso de la señora Lowell pareció llegarle al corazón. Nadie le había mostrado a Armando esa clase de amor. Nadie había creído en él lo suficiente como para pensar que podría terminar la escuela.

La maestra Lowell hacía que sus alumnos llevaran un diario. La semana anterior les había pedido que anotaran lo más lindo que alguien hubiera hecho por ellos. Armando dijo: «Señora Lowell, la semana pasada tuve que inventar algo porque no podía recordar que nadie hubiese hecho algo lindo por mí. Pero lo que hizo usted hoy, jamás lo olvidaré». Luego añadió: «No voy a defraudarla. Voy a graduarme porque si usted cree que puedo hacerlo, entonces sé que así es».

Esa maestra creía tanto en sus alumnos que ellos empezaron a creer en sí mismos. De hecho, Armando fue el primero de su familia en terminar la escuela secundaria.

Hay muchas personas que sólo necesitan una chispa de esperanza, alguien que les diga: «Sí, puedes hacerlo. Puedes lograr lo que sea».

¿Crees lo mejor de tus hijos? ¿Estás inspirándoles la confianza que necesitan, esa autoconfianza que les indica que pueden lograr grandes cosas en la vida? ¿Crees lo mejor de todos tus seres amados? Quizá algunos se hayan desviado. No los abandones. No los taches de la lista. Asegúrate de que sepan que te importan. Que te interesan y que realmente crees en ellos.

---

**Cuando crees lo mejor de las personas,
las ayudas a que saquen a la luz lo mejor de sí mismas.**

---

La clave es la siguiente: no te concentres en lo que son en este preciso momento. Concéntrate en lo que pueden llegar a ser. Mira el potencial que tienen dentro. Sí, puede ser que tengan malos hábitos, o que hagan cosas que no te gusten. Pero no los juzgues. No los critiques ni desprecies. Encuentra la forma de desafiarlos a elevarse, a llegar más alto. Diles: «Estoy orando por ti. Creo que podrás romper con esa adicción. Creo que lograrás grandes cosas en tu vida».

Tendrás una agradable sorpresa cuando veas cómo responden al ver que de veras te importan. Dondequiera que iba Jesús, veía potencial en las personas que no lograban verlo en sí mismas. No se concentraba en sus defectos o flaquezas. Los veía como podrían llegar a ser.

Por ejemplo, Pedro, el discípulo, era un hombre con asperezas. Tenía un carácter difícil, era impetuoso, rudo, vehemente. Sin embargo, eso no detuvo a Jesús. Jesús no le dijo: «Olvídalo, Pedro. Buscaré a alguien más refinado». No. Jesús trabajó con Pedro para sacar a la luz lo mejor de este hombre. Allí estaba. Lo único que faltaba era que lo mostrara.

Es interesante que el nombre Pedro significara literalmente «piedrita». Pero Jesús veía mucho más que eso en Pedro. Le dijo: «Te daré un nuevo nombre. Tu nuevo nombre será Cefas, que significa "roca"». Es decir, que Dios indicaba: «Ahora eres una piedrita, pero cuando yo termine contigo, serás una roca. Fuerte, sólido, seguro».

Por lo general, uno nunca logra sacar a la luz lo mejor de nadie con condenas y críticas, ni abusando verbalmente de la persona. Uno logra eso solamente con amor. Mostrándole al otro que nos importa. Claro que tus amigos, familiares o compañeros de trabajo quizá hagan cosas que no te gusten o que consideres ofensivas. Puede ser que tengan malos hábitos, pero no te concentres en sus debilidades. Encuentra algo que hagan bien y anímalos por eso.

No digo que ocultemos las cosas bajo la alfombra, sino que esperemos el momento justo, la oportunidad de enfrentar esas acciones o actitudes negativas. Ante todo hay que edificar la relación, ganarse el respeto y la confianza de la persona, y eso se logra alentándola, animándola a ir más lejos.

He descubierto que si trato a alguien como quiero que esa persona sea, es más probable que llegue a ser ese tipo de persona. Tiene más posibilidades de cambiar.

Por ejemplo, si tu esposo no te trata con el respeto debido, no te bajes a su nivel y también le faltes el respeto. No. Siembra una semilla. Trátalo con respeto de todos modos y verás cómo el hombre empieza a cambiar. Si es holgazán, trátalo como si trabajara duro. Hará quizá mil cosas que no te gusten, pero encuentra una por la que puedas felicitarlo y aliéntalo en eso.

Es fácil buscar siempre los defectos en todos. Nuestro objetivo, sin embargo, consiste en lograr que lo mejor de cada uno aflore. Es tarea nuestra alentar, edificar, presentar desafíos que impliquen crecimiento.

Oí que un hombre fue por su periódico una mañana y que al abrir la puerta vio que el perrito del vecino le traía el diario. El hombre rió, fue a la cocina y le dio algo rico para comer. El perrito se fue muy contento.

Al día siguiente, cuando el hombre fue a buscar su periódico, sucedió lo mismo. Allí estaba el perrito. Y junto a este, ¡había ocho periódicos pertenecientes a todos los vecinos!

Ante los premios, los seres humanos mostramos una conducta similar, en especial si se nos trata con elogios, admiración y aprecio. Creo que los esposos y esposas estamos llamados a alentarnos mutuamente, todo el tiempo. Tómate tiempo para elogiar a tu esposa. También a ti, esposa, te digo que hagas lo mismo con tu marido. No sean holgazanes en esto. Aprendan a no tomar al otro como cosa común.

El otro día, Victoria pasó junto a mí y observé que se veía especialmente linda. Llevaba puesto un vestido bonito y se había arreglado el cabello. Pensé: *Hoy se ve realmente bien*.

Sin embargo, estaba ocupado trabajando y no quise interrumpir mi labor, por lo que no dije nada. Además, pensé: *Ella ya sabe que pienso que es hermosa. Se lo he dicho miles de veces*.

Perdí esa oportunidad de sembrar un elogio. Más tarde me di cuenta que eso significa que me voy haciendo holgazán. Claro que Victoria sabe que la amo y la aprecio. Y también que para mí es atractiva físicamente. Pero como esposo, tengo la responsabilidad de aprovechar cada oportunidad que haya para edificarla, alentarla y ayudarla.

Alguien dijo una vez: «Los elogios son el pegamento que mantienen unidas a las personas». Con tanto que hay por allí, obrando en contra de las buenas relaciones es muy poco lo que hay que hacer: una palabra amable aquí y allá, lograrán muchísimo.

«Amor, te ves muy hermosa hoy. Gracias por preparar una cena tan rica». O, «Te fue muy bien en tu proyecto la semana pasada». Son elogios breves, naturales, pero que pueden mantener fuerte y sana tu relación.

---

**Los elogios son el pegamento que mantiene unidas a las personas.**

---

Casi todas las veces que termino de hablar en público, al bajar de la plataforma allí está Victoria, diciéndome: «Joel, estuviste grandioso hoy».

Es probable que esa haya sido mi peor predicación, pero a Victoria no le importa. Ella me alienta igual.

Bajamos de la plataforma el otro día y Victoria me dijo: «Joel, estuviste espectacular».

Me sentí tan bien. Pero el domingo siguiente, volvió a decir: «Joel, estuviste muy bien».

«¿Qué quieres decir con muy bien?», pregunté fingiendo incredulidad. «¿No dirías que estuve espectacular?»

Victoria rió y miró hacia arriba. ¡Sabe que me malcría!

No escatimes los elogios, dilos siempre en voz alta. Recuerda que con el *pensamiento* no bendecirás a nadie. Claro que puedes pensar cosas buenas de alguien todo el día, pero para la otra persona, esto no significará nada. Tienes que decir lo que piensas, día tras día. Intenta encontrar a alguien a quien elogiar el día de hoy, alguien a quien puedas edificar. Si el camarero en el restaurante se esmera, no pienses que es bueno. Díselo. «Gracias por ser tan buen camarero y por atendernos tan bien». Esas palabras positivas podrán cambiar el día del hombre.

Brent, un hombre que asiste a la Iglesia Lakewood, estaba esperando en la fila de la tienda para pagar en la caja. La joven cajera no tenía un buen día. La gente de la fila parecía molesta y la trataban con poca amabilidad.

Cuando llegó el turno de Brent, decidió que no añadiría leña al fuego respondiendo como los demás. Sonrió y dijo: «Señorita, sólo quiero decirle que está haciendo un muy buen trabajo. Aprecio lo mucho que se esfuerza».

El rostro de la mujer se iluminó. Era como si Brent le hubiera quitado una pila de ladrillos de encima. «Señor, hace tres meses que trabajo aquí», dijo ella. «Y es usted el primero en decirme algo así. Muchas gracias».

Nuestra sociedad desborda de críticos, cínicos y buscadores de defectos. Muchos te señalarán lo que haces mal, pero muy pocos se toman el tiempo para indicarte qué es lo que haces bien. No quiero vivir así. Voy a dar, no a recibir. Quiero edificar a la gente, no derribarla. Voy a esforzarme por dejar cada lugar en mejores condiciones de las que tenía antes de que yo pasara por allí.

---

**Sé alguien que da y no que quita.**

---

Hace unos días estaba pensando en las muchas cosas de la vida por las que la gente se hace conocida. Pensando en el legado que dejaré, decidí que dentro de cien años quiero que me conozcan como alguien que siempre buscó sacar a la luz lo mejor de cada uno, como alguien que dejó este lugar un poco mejor de lo que lo encontró. Los logros materiales quedan muy pronto en el olvido. Lo único que perdura es lo que invertimos en las vidas de los demás.

Quiero que salga a la luz lo mejor de mi esposa y mis hijos. Quiero inspirar a mis amigos para que logren ser lo mejor de sí. Quiero que digan: «Me gusta estar con Joel Osteen porque me alienta a ir más alto, a esperar más, a expandir mis horizontes. Sus acciones, actitudes y modo de tratar a la gente me inspira a ser mejor persona».

Además, quiero pasar la mayor parte de mi tiempo «discrecional» con personas que se esfuercen por lograr que yo saque a la luz lo mejor de mí. Las Escrituras dicen que «con hierro se afila el hierro». El modo en que vivimos debiera alentarnos mutuamente a ser mejores, siempre.

Pregúntate: ¿Se sienten peor quienes me rodean por haber estado conmigo? ¿O mejor? ¿Los edifico con nuestras conversaciones? ¿O los hundo? ¿Creo en alguien? ¿Les doy confianza en sí mismos para que puedan mejorar? ¿O me concentro siempre en mí?

En los últimos años, he recibido bastantes cartas de felicitación de parte de famosos: estrellas de cine, autoridades gubernamentales, atletas profesionales, etc. Me siento halagado y honrado por sus comentarios, pero el más grande elogio que recibí jamás fue cuando Victoria se paró frente a nuestra congregación y dijo: «Después de vivir con Joel todos estos años, siento que soy mejor persona. Tengo más confianza en mí misma. Soy más amable. Tengo mejor actitud. He crecido, y he sido retada».

Claro que yo puedo decir exactamente lo mismo con respecto al impacto que ella ha tenido en mí. Victoria «edifica» a la gente y estamos comprometidos a dejar a cada persona mejor de lo que estaba antes de conocerla.

Esto se puede hacer dondequiera que estemos. Cuando cargamos combustible, no pensemos sólo en el combustible y ya. Carguemos un poco de combustible espiritual en el tanque del hombre que nos atiende. A esa señora en la oficina que siempre se ve enojada, en lugar de quejarnos, tomémonos el tiempo de elogiarla. Edifica a tus amigos y compañeros, y también a tu jefe. Donde vayas, haz depósitos positivos en vez de retiros negativos.

Cuando te levantes cada mañana, en lugar de usar tus energías buscando cómo recibir bendición, trata de encontrar la forma de bendecir a los demás. Si mejoras el día de otra persona, Dios mejorará el tuyo.

A lo largo de mi vida he tenido la bendición de que hubiera gente que creyera en mí: mis padres, mi esposa, mi familia. Ahora me toca a mí. ¿En quién creo? ¿A quién animo y aliento? ¿A quién ayudo a alcanzar el éxito?

---

**Si mejoras el día de otra persona, Dios mejorará el tuyo.**

---

Te animo a hacer florecer lo mejor en cada persona que Dios ponga en tu vida. Jamás eres más parecido a Dios que cuando das, y lo que más cerca de su corazón está es la ayuda a otros. Si ayudas a los demás, buscando sacar a la luz lo mejor de cada uno, puedo asegurarte algo: Dios hará que salga a la luz lo mejor de ti.

# CAPÍTULO 12

# Mantén el conflicto fuera de tu vida

Las relaciones son lo que más importa en la vida: nuestra relación con Dios, con nuestro cónyuge, hijos, familiares, amigos y la gente que nos rodea. Sin embargo, son muchas las veces en que les damos a las relaciones una posición inferior a la que merecen en nuestra lista de prioridades. Si no tenemos cuidado podemos permitir que alguien o algo cree una brecha entre nosotros y la gente que tanto apreciamos.

Si queremos relaciones sanas tenemos que aprender a mantener alejado el conflicto. Dios nos creó, a cada uno de nosotros, como individuos únicos. Tenemos personalidades y temperamentos distintos. Vemos las cosas de manera diferente, así que no ha de sorprendernos que de vez en cuando haya roces. Muy a menudo, sin embargo, si alguien no está de acuerdo con nosotros con respecto a algo, eso nos molesta y se crea un ambiente propicio para el conflicto. He descubierto que aun así, el hecho de que alguien esté en desacuerdo conmigo o no haga las cosas como yo, no significa que esa persona esté equivocada y yo esté en lo cierto. Somos diferentes, nada más, y nuestras diferencias pueden causar fricción.

Hace falta madurez para poder llevarnos bien con alguien distinto. Hace falta paciencia para no discutir por cosas menores, para no sentirse ofendido por poca cosa. Si queremos mantener alejado el conflicto, tendremos que aprender a darles a los demás el beneficio de la duda.

También tendremos que pasar por alto algunas cosas. Todos tenemos defectos. Todos tenemos flaquezas. No tenemos que esperar la perfección en quienes nos rodean. No importa cuán grandiosa sea una persona, o lo mucho que la ames, si estás con ella el tiempo suficiente habrá oportunidad de sentirte ofendido porque no existe tal cosa como el cónyuge perfecto, el jefe perfecto y ni siquiera el pastor perfecto (¡aunque yo sí estoy cerca!).

Si no somos realistas en cuanto a nuestras expectativas, y esperamos que el otro sea perfecto, no estaremos siendo justos; y eso nos causará frustración. Siempre sentiremos desilusión.

Hay quienes viven con la actitud de: «Te amo siempre y cuando no me lastimes. O siempre y cuando no te equivoques». «Seré tu amigo siempre y cuando me trates bien; siempre y cuando hagas las cosas a mi modo. Entonces te aceptaré y seré feliz».

Esto es muy injusto y pone demasiada presión sobre la otra persona. La Biblia nos enseña que el amor da lugar a las debilidades del otro. El amor cubre los defectos del otro. Es decir que tenemos que pasar por alto algunas cosas. Deja ya de esperar la perfección de parte de tu esposo, tu esposa, tus hijos u otras personas. Aprende a mostrar algo de misericordia.

No podría haber encontrado mejor esposa que Victoria. Es extremadamente cariñosa, afectuosa, generosa y aun así, hay cosas que tengo que dejar pasar, cosas que elijo no tomar en cuenta. Eso no implica que haya algo malo en ella. Es humana. Pero si yo fuera crítico y buscara señalar defectos, llevando un registro de todas sus equivocaciones, nuestra relación sufriría. Y no llevaría mucho tiempo para que nos peleáramos, discutiéramos o estuviésemos siempre en desacuerdo.

En cambio, elegimos el camino de la paciencia. Hemos aprendido a no ofendernos con tanta facilidad.

Pocas cosas hay peores que la convivencia con alguien quisquilloso. Si alguien te ofende o te molesta, aprende a dejarlo atrás y sigue adelante. La Biblia nos enseña que el amor siempre cree lo mejor de los demás.

«Es que mi marido apenas me dirigió la palabra esta mañana. Ni siquiera me agradeció por cocinar la cena la otra noche», dirá una esposa.

Recuerda que el amor cubre toda falta. En lugar de pasar tu día molesta y ofendida, considera el hecho de que tal vez él no se sintió del todo bien. En el trabajo quizá haya demasiadas presiones, o algo que le perturba. En lugar de criticar y condenar, dale el beneficio de la duda, y cree lo mejor de él.

Mi padre decía siempre: «Todos tenemos derecho a un mal día de vez en cuando». Si alguien hace algo que no te gusta, si te insultan u ofenden sin querer, trágate tu orgullo y di: «Decido pasar por alto esa ofensa», y sigue adelante.

En lugar de pasarte enseguida al lado negativo, viendo lo peor, cambiarás mucho tu vida si puedes adoptar el hábito de ver las cosas desde una perspectiva positiva, creyendo lo mejor de la gente.

Las Escrituras nos dicen que el amor no lleva registro de las ofensas.[30] Podrás ver tu relación con alguien en un nivel totalmente nuevo si tan solo te deshaces del libro de quejas. Conozco personas que llevan registro de todo lo malo que les han hecho durante los últimos veinte años. Tienen un registro detallado donde figura cada ofensa de su cónyuge, cada palabra ruda de su jefe, cada vez que sus padres faltaron a un partido de pelota de sus nietos. En lugar de llevar una lista de ofensas, tira a la basura ese libro de quejas y busca lo bueno en la gente.

Steve me dijo: «Joel, cada vez que mi esposa y yo estamos en desacuerdo por algo, aunque sea pequeño, ella menciona todos mis errores de los últimos diez años: "Hiciste tal cosa aquel año. ¿No te acuerdas de que en el 2005 hiciste otra cosa? El mes pasado fuiste hiriente". Todo el tiempo remueve y evoca la suciedad del pasado».

Mientras sigas recordando el dolor del pasado, seguirás con conflictos en el presente.

«¡Pero si la razón la tengo yo!», oigo que dices.

Es posible, pero ¿quieres tener razón o quieres paz en tu hogar? ¿Quieres que las cosas se hagan a tu manera o quieres relaciones saludables? Muchas veces es imposible tener ambas cosas a la vez. En todas las relaciones y, en especial en el matrimonio, es vital que no llevemos registro de las ofensas.

Christine iba conduciendo su auto y pasó por una intersección. Entonces, accidentalmente viró demasiado rápido y rozó el costado de otro auto. Lo peor fue que iba conduciendo su flamante auto, regalo de bodas de su esposo Eric. Christine se detuvo a un lado de la calle y el conductor del otro auto, que era un caballero ya mayor, salió de su vehículo para examinar el daño causado a su parachoques delantero. Luego, se acercó a Christine, que estaba sentada en su auto, llorando.

El señor preguntó con amabilidad: «¿Se encuentra bien, señorita?» Christine le dijo sollozando: «Estoy bien, pero este auto fue un regalo de bodas de mi esposo y es nuevo. Se va a molestar tanto. No sé qué hacer».

El señor le contestó: «Ah, todo estará bien. Su esposo va a entender».

Hablaron durante unos minutos, y entonces el caballero dijo: «Si pudiera encontrar la información de su seguro, intercambiaremos los datos y podremos seguir nuestro camino».

«Ni siquiera sé si tengo la tarjeta del seguro», dijo Christine todavía llorando.

«Bueno, por lo general está en la guantera. ¿Por qué no se fija?», dijo el hombre.

Christine abrió la guantera y encontró su registro de propiedad y la información de la aseguradora. Junto al sobre con la tarjeta del seguro, había una nota que decía: «Amor, en caso de que tuvieras un accidente por favor recuerda que te amo a ti, no al auto».

Yo quiero ser esa clase de persona: Alguien que muestra misericordia, aun adelantándose a un error o acción equivocada. En lugar de echar en cara los errores de alguien, aprende a cubrir algunas de esas debilidades de quienes te rodean.

### Decide ser pacificador

«Es que mi cónyuge y yo, sencillamente no somos tan compatibles. No nos llevamos bien. Somos muy diferentes».

Bueno, Dios puede haberte unido a alguien diferente, a propósito. No es un error. Tus puntos fuertes y tus puntos débiles y los de esa otra persona pueden ser distintos, pero en una situación ideal ambos compensarán lo del uno con lo del otro. Se complementan. Debieran *completar* al otro, y no *competir* con el otro. Juntos, los dos son mucho más potentes que cada uno por su lado.

Aun así, necesitas estudiar a la otra persona, descubrir qué le gusta y qué no. Descubre cuáles son sus puntos débiles y luego no permitas que las flaquezas causen conflicto en la relación.

Quizá seas prolija y detallista. Te gusta que todo esté en su lugar. Y tu esposo es descuidado y desordenado. Deja todo tirado en cualquier lugar de la casa. Le has dicho mil veces que no deje los zapatos frente al televisor, pero cada noche, los encuentras allí. Vas y le dices: «¿Cuándo vas a aprender a guardar tus zapatos? Estoy cansada de ordenar tus cosas. ¡No voy a hacerlo más!»

¿Por qué no buscar la paz en tu familia? Guarda los zapatos y sigue adelante, disfrutando de la noche. En otras palabras, deja ya de hacer alharaca por pequeñeces. Ese tema no es tan importante como para permitir que entre el conflicto en tu hogar.

«Le he pedido mil veces a mi esposa que apague las luces cuando sale de cada habitación», protestó David. «Pero siempre lo olvida y yo tengo que hacerlo por ella».

«Pero en lugar de reproches, ¿por qué no decides pasar por alto sus puntos débiles, como ella lo hace contigo?», pregunté. «Después de todo, no te hará mal apagar las luces que deja encendidas. Si hasta significa que caminas más y haces un poco de ejercicio».

«¿Cuándo cambiará?», protestó David.

Tal vez puedas responder su pregunta: cuando él deje de reprochar, quejarse y tenga una mejor actitud. Entonces, ella cambiará. Dalo por seguro.

Es obvio que estos son temas menores, pero el mismo principio aplica a los asuntos de mayor importancia. Cuando cubres los puntos débiles de alguien y te esfuerzas por mantener alejada la discordia de tu hogar estás sembrando una semilla para que Dios pueda obrar en la otra persona. Y recuerda: Tú no puedes hacer que alguien cambie. Sólo Dios puede lograr eso. Podrás protestar y reprochar, pero tus comentarios sólo empeorarán las cosas. Como resultado, habrá más pleitos y más división. Nada echará fuera de tu hogar la paz tanto como la crítica constante. De manera similar puedes enturbiar la atmósfera en tu lugar de trabajo si estás siempre protestando, quejándote o criticando a los demás.

La Biblia dice que tenemos que adaptarnos y amoldarnos con el fin de mantener la paz.[31] No dice que los demás tienen que adaptarse y amoldarse a nosotros. No, si hemos de tener paz, *nosotros* somos los que tenemos que estar dispuestos a cambiar.

No puedes vivir con la actitud de: «Si ella empezara a hacer lo que le pido, tendríamos paz», o «Si mi esposo empezara a guardar sus cosas, nos llevaríamos bien», o «Si mi jefe me tratara bien, yo no sería tan rudo con él».

No, tenemos que amoldarnos para mantener la paz. Es decir que tienes que tragarte tu orgullo a veces. Quizá aun con cosas tan sencillas como guardar sus zapatos. Y luego, no vayas a anunciarle lo que hiciste: «Bien, sólo quiero que sepas que guardé tus zapatos... otra vez... hoy... como todos los días».

Sólo guárdate esas palabras y cierra la boca. Tal vez no te des cuenta, pero cuando haces lo tuyo por mantener el conflicto lejos de tus relaciones, estás honrando a Dios. Y cuando honras a Dios, Él siempre te honrará. Cuando siembres semillas de misericordia y benignidad empezarás a ver cómo mejoran tus relaciones.

La clave está en la adaptación. Tenemos que estar dispuestos a amoldarnos. Deja de esperar que los demás se amolden. En vez de eso, empieza tú por hacer las paces en tu familia o lugar de trabajo.

A veces permitimos que la pelea se mantenga latente, siempre alerta ante las cosas más pequeñas e insignificantes. Discutimos por cosas que ni siquiera importan. Un día, Victoria y yo íbamos en el auto y salimos de nuestro barrio. Me detuve para ver una casa nueva que estaban construyendo. Sólo dije: «Me pregunto por qué el constructor puso el garaje al costado de la casa. Yo no lo pondría allí».

Victoria miró la casa y dijo: «Supongo que lo hizo porque así tendría un jardín más amplio».

Yo miré el terreno y me fijé en la ubicación de la casa. Entonces dije: «No, no le daría más espacio».

«Claro que sí, Joel. Tendría mucho más espacio», respondió Victoria.

Quince minutos después seguíamos discutiendo sobre por qué el constructor había puesto el garaje en ese lugar. Hablábamos cada vez más alto y con palabras más fuertes. Por fin me di cuenta: *¿Qué? ¿Estamos discutiendo por dónde pone el tipo su garaje? ¡Ni siquiera lo conocemos!*

No valía la pena que perdiéramos nuestra paz y gozo, así que Victoria y yo acordamos estar en desacuerdo.

Elige tus batallas con sabiduría. No discutas por cosas que no tienen importancia. Todos tenemos bastantes temas importantes en la vida que tenemos que enfrentar, sí o sí.

Un día Victoria y yo salíamos de ver un juego de béisbol de los Houston Astros, en el Estadio Minute Maid en el centro de la ciudad. En ese momento el estadio al aire libre era relativamente nuevo y yo no conocía muy bien dónde estaba la salida. Cuando salimos del estacionamiento, pregunté: «Victoria, ¿tengo que doblar a la derecha o a la izquierda?»

«Creo que a la derecha», dijo Victoria.

Miré a la derecha, pero no vi nada que pudiera reconocer.

«No. Creo que tenemos que doblar a la izquierda», dije.

Victoria miró a su alrededor y entonces dijo: «No, Joel. Sé que es hacia la derecha».

«Victoria, nuestra casa queda en esa dirección. Sé que tenemos que ir hacia allá», repliqué señalando a la izquierda.

Y con eso, doblé a la izquierda.

Victoria comentó: «Bueno, está bien. Pero vas por el camino equivocado».

Habíamos disfrutado del partido de béisbol y nos divertimos mucho. Pero ahora la atmósfera había cambiado. Estábamos tensos, como al borde de un abismo. Apenas nos hablamos, y todo a causa de una cosa sin importancia. Si tan solo me hubiera tragado mi orgullo y le hubiese hecho caso, nadie habría perdido. Y aun si su sugerencia estaba equivocada, ¿qué son diez minutos? Claro que yo tenía que mostrarle que tenía razón.

Seguí conduciendo… conduciendo… y conduciendo. Di todo un paseo por el centro de Houston. Trataba de mostrar que sabía hacia dónde iba, pero ¡lo mismo habría dado que estuviera en Japón! No tenía idea siquiera de dónde estábamos. Podía ver la autopista, pero no cómo llegar hasta ella. (Cualquiera que haya conducido por el centro de Houston sabrá de qué estoy hablando.)

Cada vez que miraba a Victoria, ella se limitaba a sonreír y decía: «Podrías haberme hecho caso. Quizá lleguemos a casa mañana». Y cuando más insistía, más me irritaba.

Por fin, después de vagar por la ciudad durante media hora, dije: «Está bien. Vamos a volver al estadio y veremos si tu propuesta nos lleva a casa».

«Ya era hora», respondió ella.

Volvimos al estadio y me dijo: «Bueno, ahora dobla a la derecha y luego a la izquierda».

Pasamos por un sector de Houston que nunca antes vi y la verdad es que deseaba que estuviese equivocada. No me importaba llegar a casa. Lo único que quería era ganar. Pasamos por varias calles y entonces Victoria dijo: «Ahora dobla a la derecha».

Y allí estaba la autopista que nos llevaría a casa. Quedé atónito. Me negaba a creer que ella pudiera saberlo. Le pregunté: «Victoria, ¿cómo lo supiste?»

«Ah, hay una tienda de géneros por aquí. Antes solía venir seguido a comprar», contestó.

No cometas el mismo error que yo. No seas orgulloso y con la necesidad de siempre mostrar que tienes razón. Trágate tu orgullo y toma en cuenta la opinión de los demás. Quizá pienses que se equivocan, pero hay probabilidades de que el equivocado seas tú.

Conozco gente que se divorció porque mantuvieron encendido el enojo por algo tonto o insignificante. Permitieron que la herida se infectara y al poco tiempo, los pleitos eran ya cosa habitual y cada vez más feroces. En el fondo, quizá siguieran amándose, pero con el paso de los años, el pleito creó una brecha en su relación.

Jesús dijo que la casa dividida será destruida y no perdurará. Observa que si permites que la pelea se entrometa en tu relación, terminará destruyéndola. Tal vez no suceda de la noche a la mañana, o en unos meses, o ni siquiera en un par de años. Pero si permites que el encono crezca, si guardas rencor, si haces comentarios sarcásticos o cosas parecidas, aunque no te des cuenta, esa relación va camino a la destrucción. El conflicto carcome los cimientos, y a menos que decidas hacer algo pronto, tu vida terminará siendo un desastre. Podrías muy bien levantarte un día y pensar: *¿Qué hice? Destruí esta relación. ¿Cómo pude cometer tal tontería?*

No seas obstinado y testarudo. Es probable que durante meses hayas estado enemistado con alguien, siéndole indiferente, sin hablarle. La vida es demasiado corta como para vivirla así. Si es posible, acércate a esa persona y haz las paces. Todavía tienes oportunidad de hacerlo.

Hace poco hablé con un hombre que se sentía derrotado, quebrantado. Cuando le pregunté qué le pasaba, me dijo que él y su padre habían discutido por una cuestión de negocios. No se habían hablado en dos años. Me dijo: «Joel, en el fondo yo sabía que tenía que hacer las paces, pero siempre lo postergaba. Esta semana me llamaron para decirme que mi padre tuvo un ataque al corazón y murió».

Imagina el dolor emocional con que vive ese hombre ahora.

No esperes a que sea demasiado tarde como para hacer las paces con alguien de quien te has distanciado. Hazlo hoy. Trágate tu orgullo y discúlpate, aunque no sea culpa tuya. Guarda la paz. Entiende que no importa tener siempre la razón. Importa alejar la discordia y el conflicto de tu vida. Podrás ganar todas las discusiones, pero si eso le abre la puerta a la discordia, si trae división, los separa y causa destrucción, al final no habrás ganado nada. Terminarás perdiendo mucho, en cambio.

Creo que Dios siempre nos da advertencias, llamadas de alerta. Quizá sólo diga: «Deja de discutir por todo. Ya no busques defectos en los demás. Ya no lleves una lista de ofensas. Comienza a hacer las paces». Cuando reconozcamos su voz, tendremos que responder.

«Es que la última vez yo fui quien se disculpó. No es justo. Ahora le toca a él».

Es posible que no sea justo, pero contribuirá a que sigan juntos. Trágate tu orgullo. Sé más grande. Cuando lo hagas, estarás sembrando una semilla, Dios siempre te compensará por ello.

Abraham, el patriarca del Antiguo Testamento, se mudó a un lugar nuevo con su sobrino Lot. En ese lugar no había pasto suficiente como para los animales de ambos, así que en Génesis 13, versículo 7, se nos dice que los pastores de los rebaños de Lot comenzaron a pelear con los de Abraham.

Abraham se ocupó del tema enseguida. Sabía que si permitía que continuara la discordia, no sólo afectaría a los pastores sino también su relación con Lot. El conflicto terminaría distanciando a toda la familia. Así que Abraham tomó el camino correcto y dejó que Lot eligiera el mejor pedazo de tierra. Es interesante, ¿verdad? Para evitar la discordia, Abraham estuvo dispuesto a que Lot se aprovechara de él. Permitió que Lot se saliera con la suya, aun cuando Abraham era mayor y podría haber tenido derecho a elegir la mejor tierra. A veces hay que dejar que el otro tenga la razón, sólo para mantener la paz. No importa cuánto te duela, quizá tengas que dejar que el otro se salga con la suya, sólo para evitar conflictos innecesarios. Claro que puede no ser justo y claro que, sin duda alguna, creerás tener la razón, y que el otro está equivocado. Pero eso no importa. Déjalo pasar y confía en que Dios te compensará por ello.

La Biblia nos cuenta que como Abraham decidió elegir la paz y se negó a pelear, Dios le honró dándole todo aquel país. Si decides mantener la paz aun cuando alguien te ofenda, Dios te bendecirá con abundancia. Terminarás mejor de lo que estabas antes.

La Biblia no nos dice que se nos permita vivir en discordia siempre y cuando no tengamos la culpa. No. Cuando hay discordia, no importa quién tenga la culpa, la consecuencia siempre será la destrucción y el desastre. Además, Dios puede pedirte a *ti* que te amoldes, sólo por mantener la paz.

Bill y Mary tenían graves problemas en su matrimonio. Ni siquiera tenían una relación. Sólo convivían, coexistiendo. Bill era muy egoísta y discutidor. Básicamente, era una persona negativa, crítica, que no se llevaba bien con nadie.

Por otra parte, Mary amaba a Dios con sinceridad. Iba a la iglesia todas las semanas y se esforzaba por vivir con integridad. Pero Bill siempre hacía alarde de estar en contra de ella. No quería saber nada de Dios, y muchas veces hablaba con sarcasmo de todo lo que fuera espiritual. Mary oraba todos los días pidiendo que Dios cambiara el corazón de su esposo. Pasaron los años, muy lentamente, pero casi no había mejoras.

Un día mientras Mary oraba, le preguntó a Dios: «¿Por qué tengo que vivir en un entorno tan terrible? ¿Cuándo vas a cambiar a mi esposo?»

Dios le habló a su corazón y su mente, y le dijo: «Mary, cambiaré a tu esposo tan pronto como cambies tú».

«¿Qué quieres decir Dios?», sollozó Mary. «El problema es *él*. Bill es quien discute y tiene mala actitud. Yo voy a la iglesia todos los domingos».

Dios le dijo entonces: «No, no estás haciendo todo lo posible por mantener la paz. Te volviste indiferente ante la situación. Voy a hacerte responsable, porque conoces la verdad. Sabes qué es lo correcto, qué es lo que hay que hacer, y cuando lo hagas, yo cambiaré a Bill».

Mary se tomó en serio la Palabra de Dios y comenzó a esforzarse especialmente por mantener la paz en su hogar. En menos de un año Bill empezó a cambiar, primero lentamente y luego, con cambios más y más evidentes. Hoy ambos sirven a Dios y se aman como si fueran recién casados.

La Biblia dice: «Al que sabe hacer lo bueno, y no lo hace, le es pecado».[32] Muchas veces esperamos que quien cambie sea el otro. Sabemos que está equivocado. Sabemos que la culpable es ella. Tenemos que saber que Dios nos hace responsables de hacer lo que sabemos que hay que hacer. Cuando le damos entrada a la discordia, le estamos abriendo la puerta a toda clase de problemas.

Hace años Victoria, nuestros hijos y yo fuimos a andar en bicicleta por el parque. Ese día para mí no había sido muy bueno, y algo que hizo Victoria me mantenía molesto. Yo creía que se había equivocado y eso me irritaba. En lugar de dejarlo pasar, elegí aferrarme a ello. Podría haberlo dejado pasar porque no era nada importante. Si lo hubiera ignorado, habría disfrutado de la tarde con mi familia. En cambio, elegí seguir molesto.

Puse a nuestra hija Alexandra en el asiento trasero de mi bicicleta y me adelanté a Victoria y Jonathan. El sendero para ciclistas era angosto, de 1,20 m quizá. Jonathan había aprendido a montar su bicicleta unos meses antes y todavía no se sentía muy seguro, así que iba despacio.

Me había adelantado unos cien metros, dejando a Victoria y Jonathan detrás. En ese momento otro ciclista pasó a toda velocidad junto a mí, en dirección opuesta. Lo primero que pensé fue: *Espero que Jonathan vaya con cuidado porque ¡ese tipo anda volando!*

Cuando el hombre pasó junto al niño por la senda angosta, Jonathan se asustó y viró a la derecha, quedando justo en medio. Chocaron produciendo un ruido de metal horrible. Pensé que Jonathan tendría la pierna o el brazo roto.

Frené enseguida, dejé mi bicicleta y corrí hacia él tan rápido como pude. Lo levanté y me asombró ver que no se había hecho gran daño. Sólo tenía raspones en las piernas y los brazos, pero no había huesos rotos. La bicicleta, sin embargo, estaba arruinada y ya no podría usarla.

Afortunadamente, el otro hombre tampoco se lastimó. Cuando todos nos calmamos, algo dentro de mí me indicó: «Joel, tú mismo causaste esto. Podías haber elegido hacer las paces. Tenías la posibilidad de echar fuera la discordia, pero no lo hiciste».

Sabía que así era. Aun sabiendo cuál era el camino correcto, había preferido aferrarme a la ofensa. No estaba tratando bien a Victoria y, en parte, ese accidente era resultado de mi decisión. Las Escrituras nos dicen que no debemos darle cabida al enemigo: cabida a la pelea, a la discusión, a la falta de perdón. Claro que no todos los accidentes se deben a algún conflicto, pero en ese caso yo sabía que la causa estaba en mí, por lo cual me disculpé ante mi familia.

Cuando elegimos aferrarnos a la discordia, estamos eligiendo salirnos de la protección de Dios. Salimos de las bendiciones y el favor de Dios. Por cierto, habrá momentos en que tenemos que tomar el toro por las astas, pero también hay ocasiones en que podemos decidir dejar atrás cualquier desacuerdo y ceder, con tal de vivir en paz. Toma la iniciativa y deja fuera de tu vida todo lo que sea conflictivo. Líbrate de las pequeñeces que producen división y discordia. Decide hoy que harás todos los cambios que hagan falta para vivir una vida con más paz.

Si te tragas tu orgullo y haces lo que haga falta para echar fuera la pelea y la discordia, estarás sembrando semillas de bendición y abundancia de Dios. Cuando lo hagas, verás que tus relaciones comienzan a prosperar. Dios dijo: «Benditos sean los que buscan la paz». Si tienes esa clase de actitud, tus relaciones serán cada vez mejores.

# CAPÍTULO 13

# *Defiende a tu familia*

Una de las amenazas más grandes que enfrentamos en el siglo veintiuno no tiene nada que ver con los ataques terroristas ni las catástrofes ecológicas, se trata del ataque contra nuestros hogares. No hay nada que le daría más gusto al enemigo que arruinar tu relación con tu esposo, con tu esposa, o tu relación con tus padres o hijos. Los conflictos, la falta de compromiso, las prioridades equivocadas y las malas actitudes logran destruir demasiados hogares. Si queremos relaciones fuertes y sanas, tenemos que mantenernos firmes y luchar por nuestras familias.

El Antiguo Testamento nos habla de la época en que Nehemías estaba reconstruyendo las murallas de Jerusalén. Estas fueron derribadas años antes, y el enemigo aprovechaba para atacar al pueblo de Dios, sus hogares, esposas e hijos mientras los hombres trabajaban en la construcción. La situación empeoró a tal punto que Nehemías mandó a sus hombres a trabajar con un martillo en una mano y una espada en la otra. Les animó: «Pelead por vuestros hermanos, por vuestros hijos y por vuestras hijas, por vuestras mujeres y por vuestras casas» (Nehemías 4.14). Luego dijo: «Si pelean, entonces Dios peleará también».

Creo que Dios nos está diciendo hoy algo parecido. Si hacemos lo que nos toca y defendemos con firmeza a nuestras familias, Dios hará lo Suyo. Nos ayudará a disfrutar de una excelente relación en nuestro matrimonio y de excelentes relaciones con nuestros hijos y padres.

Claro que no todo el mundo se casa, pero si un hombre y una mujer deciden hacerlo, hay dos cosas que deben dejar bien en claro desde el principio. Número uno: Como matrimonio, nuestro compromiso es con Dios. Viviremos una vida que honre a Dios. Seremos personas de integridad y excelencia en todo lo que hagamos.

La segunda cosa que habrán de establecer es que como matrimonio su compromiso es mutuo. En ocasiones podremos estar en desacuerdo, decir cosas que no debiéramos, quizá protestar y hasta enojarnos. Pero al fin y al cabo, nos sobrepondremos a ello y perdonaremos, y seguiremos adelante. Separarse no es una opción. Estamos comprometidos el uno con el otro, en las buenas y en las malas.

Si salirse de la relación es una opción o alternativa, algo que tienen como posibilidad, entonces siempre encontrarán una justificación para hacerlo: «Es que no nos llevamos bien. Es que no somos compatibles. Es que lo intentamos, pero ya no hay amor».

La verdad es que no hay dos personas que sean totalmente compatibles. Tenemos que aprender a ser uno solo. Eso significa que habrá que renunciar a ciertas cosas y a dejar pasar por alto otras. Significa que tenemos que estar dispuestos a resignarnos a ciertas cosas, en bien de la relación.

No existe el cónyuge perfecto. Victoria a veces les dice a las personas: «Ah, mi esposo Joel es el marido perfecto».

No le crean. ¡Lo dice por fe!

Quédate con tu cónyuge y haz que la relación funcione.

Cuando surjan los desacuerdos, aprendan a estar en desacuerdo del cuello para arriba. Que no baje al corazón. Victoria y yo no siempre estamos de acuerdo, pero acordamos estar en desacuerdo. Cuando presentes tus razones, no intentes hacer que el otro cambie de idea. Dale el derecho a tener su propia opinión. Si no puedes ser feliz a menos que te den la razón, entonces sencillamente estás intentando manipular al otro. Intentas obligarle a compartir tus opiniones. Lo mejor que puedes hacer es dar tus motivos, compartir lo que hay en tu corazón y luego dar un paso atrás para permitir a Dios que haga su obra en esa persona o situación.

Mientras busquemos la discusión e intentemos obligar al otro a darnos la razón, siempre habrá conflictos en casa. Y donde hay conflicto hay confusión. No hay cosa peor que vivir en un hogar donde hay tensión, porque todos son afectados por ella. Sientes que en cualquier momento la cosa podría explotar.

No tienes por qué vivir así. Esfuérzate por crear una atmósfera de paz y unidad en tu hogar. Cuando sientas la tentación de explotar y decir cosas hirientes, críticas improductivas que sabes que debieras callar, la próxima vez hazte un gran favor: Respira hondo, espera unos diez segundos y piensa antes de hablar. Hay palabras tan filosas como un cuchillo. Las dirás en cuestión de segundos, pero quien las oye podrá seguir sintiendo su efecto tres meses más tarde.

¿Alguna vez tocaste una estufa caliente y retiraste la mano enseguida? Semanas más tarde, todavía arde la quemadura. Así sucede también con las palabras hirientes.

Jamás amenaces a tu cónyuge con el divorcio. He oído decir: «Bueno, si vuelves a hacerlo, me voy». O, «Si no haces tal o cual cosa, me iré».

Ni siquiera permitas que esas palabras entren en la atmósfera de tu hogar. Tus palabras tienen poder creativo y cuando dices algo así, sólo estás dándole al enemigo el derecho de hacer que eso suceda. Además, la Biblia nos dice que podemos «enojarnos, pero no pecar». Es cierto que a veces nos enojaremos. El enojo es una emoción que Dios nos dio. Pero no por eso tenemos que estallar y decir cosas horribles que dañen nuestras relaciones. Aprende a dar un paso atrás para pensar y analizar lo que estás a punto de decir.

Una vez, mis padres no estaban de acuerdo en algo. Mi papá estaba muy molesto, así que decidió no hablarle a mamá. Cuando ella le decía algo, papá le respondía de manera cortante, poco amable. Eso siguió así durante una o dos horas y él se esforzaba por ignorarla.

Mi madre es bastante ingeniosa, por lo que decidió hacer algo al respecto.

Se escondió detrás de una puerta y allí se quedó, quieta y en silencio. Al poco tiempo mi padre notó su ausencia y comenzó a buscarla. Miró por todas partes y no pudo hallarla. Cuanto más buscaba, más frustrado se sentía. Dijo: «Es terrible tratar de ignorar a alguien y que no puedas siquiera encontrarla». Eso continuó durante unos quince minutos.

Finalmente papá empezó a preocuparse. En ese momento, pasó junto a la puerta tras la cual se escondía mamá. Y como si fuera un gato, ella saltó, abrazándolo por detrás con brazos y piernas. Le dijo: «John, no te soltaré hasta ver que estés contento». Rieron tanto que mi padre olvidó por qué estaba enojado.

Intenta crear una atmósfera llena de alegría, diversión y risas en tu hogar. Todos pasamos por momentos de tensión. Todos sentimos la presión. Todos tenemos desacuerdos, pero no debemos permitir que perduren. Muchas veces nos conformamos con lo que hay: «Bueno, sé que no debiera decirle esto, pero me enoja tanto que lo diré de todos modos». O, «Claro que sé que tengo que perdonar, pero no lo siento así. De modo que voy a seguir molesta durante un par de semanas». La relación va enfermándose, poco a poco. No entres en esos juegos de niño. Haz lo que haga falta por mantener la paz.

Hace más de veinte años que nos casamos, y Victoria y yo no estamos de acuerdo en todo. Pero sí estamos comprometidos en todo. Comprometidos con nuestros hijos y el resto de la familia. De antemano nos comprometimos a trabajar por resolver toda diferencia que pudiera haber entre los dos.

Hay personas que se comprometen a tener paz mientras dure el noviazgo, o aun durante los primeros años de matrimonio, siempre y cuando todo sea color de rosa. Pero ¿qué hay cuando las llamas pierden intensidad? En lugar de un romance apasionado, ahora estás aquí, levantando medias sucias o lavando camisetas sudorosas. Para eso hace falta compromiso. O, cuando eran novios, quizá ella siempre estuvo preciosa, como una princesa. Nunca la viste despeinada y sin maquillaje. Ahora, despiertas por la mañana y dices: «¿Quién es esta mujer?»

El matrimonio, sin embargo, es un compromiso. No es un sentimiento.

Oí una historia verídica sobre el presidente de una prestigiosa universidad. Era un hombre mayor y muy respetado como líder. Su esposa tuvo mal de Alzheimer cuando eran mayores y su condición empeoraba con el paso de los meses. Después de varios años, la enfermedad había afectado tanto su mente que ni siquiera podía reconocer a su esposo. Como tenían una buena posición económica el hombre pudo contratar enfermeras para cuidar a su esposa.

Un día, anunció a la junta del directorio de la universidad que renunciaría para poder dedicarse a cuidar a su esposa a tiempo completo. Los miembros de la junta intentaron convencerlo de lo contrario, recordándole lo necesario que era. Uno de ellos le preguntó: «Con todo respeto, señor ¿por qué querría hacer algo así? Su esposa ni siquiera lo reconoce».

El presidente de la universidad lo miró a los ojos y respondió: «Hace más de cincuenta años me comprometí con esta mujer. Ella tal vez no sepa quién soy yo. Pero yo sí sé quién es ella».

Esa es la clase de compromiso que nos hace falta en nuestras relaciones también.

Es interesante que Dios dé al esposo y la esposa la responsabilidad de mantener la unión del hogar y la familia. La palabra *esposo* o *esposa* proviene del latín *sponsus*, que significa «prometer». Es la promesa de la unión.

Imagina una banda elástica que sostiene un atado de palillos. Están unidos y no se separan. Es la imagen de lo que se supone han de hacer los esposos y esposas con su familia.

Salomón fue el hombre más sabio que haya existido jamás. Su libro de sabiduría alienta al marido a mirar a su esposa a los ojos, para decirle: «Hay muchas mujeres hermosas en el mundo, pero tú les ganas a todas». Salomón comenzaba su día elogiando y animando a su esposa. Esposos, ¿pueden imaginar cómo serían de buenas nuestras relaciones si comenzáramos a elogiar a nuestras esposas de este modo? Hay mujeres que no han oído un elogio en años, no porque no lo merezcan sino porque no son apreciadas. Sólo oyen críticas o reproches. Que la cena no estuvo buena. Que los niños hacen demasiado ruido.

Escucha con cuidado las palabras y el tono de tu voz cuando hablas con tu cónyuge. ¿Te quejas todo el día o le dices qué cosas hace mal? ¿O haces como Salomón, y bendices, animas y edificas a tu cónyuge?

## Lo que dice el sabio

Cantar de Cantares, también conocido como Cantar de Salomón, es una historia de amor que nos da la Biblia. En ocho cortos capítulos,

Salomón elogia a su esposa cuarenta veces. Escribe sobre su fuerza, belleza e inteligencia.

«Bueno, Joel, es que no conoces a mi esposa», me dijo Chuck. «Le encanta discutir. Ella es la del problema. Es difícil convivir con ella».

«Tal vez sea como dices», respondí. «Pero si empiezas a elogiarla, si le dices lo linda que está, lo contento que te pone saber que ella está en tu vida, cuando hables lo bueno, lograrás que aflore lo bueno. Si hablas de lo negativo, lograrás que aflore lo negativo. De ti depende».

Hombres, aprendan a declarar bendición sobre sus esposas y verán cómo se elevan a un nuevo nivel. Ellas responderán al elogio y a las palabras de aliento. No hace falta ser poético o demasiado elaborado ni profundo. Sencillamente, pueden decir de corazón: «Eres tan buena madre para nuestros hijos y tan buena esposa conmigo. Estoy feliz de poder contar contigo en todo momento».

---

**Cuando hables lo bueno, lograrás que aflore lo bueno.**

---

Si tratas a tu esposa como una reina, estará mucho más dispuesta a tratarte como un rey. Como marido tienes que entender que tu esposa necesita de tu bendición. Necesita de tu aprobación.

«Es que no soy de los románticos, Joel», me dirás. «No suelo decir todas esas cosas melosas y agradables».

Bueno, tendrás que entender que no es una opción. Es una necesidad si quieres que tu matrimonio goce de buena salud. Como Salomón, adopta el hábito de mirar a tu esposa y decirle: «Eres hermosa. Estoy feliz de tenerte. Hay muchas mujeres bellas, pero para mí, tú eres la más linda». La Biblia dice que la esposa refleja la gloria del esposo.

Si Victoria apareciera en público con mala cara, despeinada, con ropa arrugada o sucia, su aspecto y postura serían un reflejo malo de lo que yo soy. Tendría yo que examinar mi vida y preguntarme: «¿La estoy tratando bien? ¿La hago sentir segura? ¿Sabe que estoy orgulloso de ella?»

Esposo, tienes que mirar a tu esposa y ver si refleja tu gloria. Tu esposa debiera verse fuerte, confiada, segura, bella, radiante y sana. Tienes que poder verlo en su sonrisa, y en su forma de hablar y caminar.

Yo solía jugar al básquetbol con un hombre que no respetaba a su esposa. Después de jugar, me decía: «Bueno, me voy a casa a ver a la vieja».

Y yo me preguntaba: *Si hablas así de tu esposa, tampoco debes creer que eres demasiado porque ella es reflejo de lo que tú eres.* Sonreía y le decía: «Bueno, yo me voy a ver a la Reina Victoria».

¡Es que así es! Victoria es la reina de nuestra casa. Y como yo la hice reina, eso significa que yo soy rey, y eso me gusta.

Como el escritor de Proverbios 31 elogiaba a su esposa, sus hijos se levantaban y la bendecían también.[33] Es indudable: cuando un esposo elogia y bendice a su esposa, los hijos seguirán su ejemplo. La manera que un hombre trata a su esposa tendrá un profundo impacto en cómo sus hijos honran y respetan a su madre. Los tonos de voz, el lenguaje corporal y la actitud son cosas que los niños reciben de manera inconsciente.

Papá: tu hija muy probablemente se case con alguien que se parezca a ti. Si eres altanero, si no ofreces respeto, si insultas a tu esposa o le dices cosas hirientes, no te sorprendas si tu hija se inclina hacia alguien con esas características. Sé que tengo que tratar a mi esposa como quiero que alguien trate a mi hija en el futuro.

Mamá: tienes que tratar a tu esposo de la misma forma en que quieres que alguien trate a tus hijos.

Hombres: ábranle la puerta a su esposa para que pase primero. Llévenles café por las mañanas. Esfuércense por mostrarles amor, honra y respeto.

Oí que alguien dijo: «Si un hombre le abre la puerta del auto a su esposa, o tiene un auto nuevo o tiene una esposa nueva». Es posible que nos haga falta volver a una sociedad que aliente a los hombres a respetar y honrar a las mujeres.

«Es que si hago algo así mis amigos pensarán que soy un debilucho», me dirá alguno. «Se reirán de mí».

Si es ese el caso, quizá necesites amigos nuevos. La masculinidad de un hombre de verdad no se ve mellada porque le abra la puerta del auto a su esposa. Ser varón no necesariamente implica que uno sea hombre. Eres hombre si tratas a las personas con dignidad y respeto. Eres hombre si cuidas a tu esposa y a tu familia. Si proteges a tus hijos, eres hombre. Declarar bendición sobre tu esposa y tus hijos: eso es ser hombre de verdad.

Sí, claro que quizá no te hayan criado en ese tipo de ambiente, pero tú puedes establecer nuevos parámetros. Puedes buscar parámetros más altos.

En el proceso de la reproducción, es el hombre quien determina el sexo del niño por nacer. La mujer contribuye con dos cromosomas X, el hombre aporta un cromosoma X o un Y. Si el padre le da a la mujer una X, nacerá una niña. Si le da una Y, nacerá un varón. La madre no es la que determina el sexo del bebé. La identidad de ese hijo o hija proviene de su padre.

Papá: necesitas asegurarte de que en verdad reafirmas a tus hijos. Tienes sobre ellos una influencia increíble. Todos los días, así como bendices a tu esposa, tienes que bendecir también a tus hijos. Mira a los ojos a tu hijo o hija y dile: «Estoy tan orgulloso de ti. Pienso que eres genial. No hay nada que no puedas hacer». Tus hijos necesitan de tu aprobación. Estás contribuyendo a la formación de su identidad. Y si como padres estamos demasiado ocupados, o no estamos nunca, o quizá sólo los corregimos sin brindarles afirmación, nuestros hijos no tendrán la confianza en sí mismos, ni la seguridad que necesitan.

Por cierto, hay momentos en que el padre no puede estar presente porque tiene otras responsabilidades, pero tendrás que esforzarte por mantener en orden tus prioridades. No hay éxito profesional que pueda compensar el fracaso en el hogar. He visto a algunos lograr hazañas en el mundo de los negocios a expensas de sus hijos. Sus hijos crecieron sin una figura paterna.

Padres: lleven a sus hijos a la iglesia. No los manden solos sin acompañarlos. Asistan a sus partidos de pelota todo lo que puedan. Conozcan a sus amigos. Escuchen la música que ellos escuchan. Los niños buscan dirección y guía. Cuando ese joven viene a buscar a su hija para salir, recíbanlo en la puerta de casa, y háganle saber que hay un hombre en la casa que cuida a la joven. Padres y madres: tenemos que pelear por nuestros hijos. Si peleamos por ellos, Dios peleará con nosotros.

Hace años, en la reserva ecológica más grande de Sudáfrica, hubo exceso de elefantes. Los encargados decidieron tomar a trescientos elefantes machos y separarlos de sus padres y demás elefantes adultos. Los «huérfanos» fueron llevados a otro parque nacional, donde el rinoceronte imperaba como «rey del parque». El rinoceronte no tiene enemigos naturales. No tiene depredadores, ni siquiera el león, el tigre o el oso. El rinoceronte es demasiado fuerte para eso y por lo tanto los cuidadores de la reserva pensaron que no habría problemas al mezclar a los elefantes con los rinocerontes. Pero al poco tiempo empezaron a encontrar rinocerontes muertos en el parque. No podían entender qué estaba pasando, por lo que instalaron cámaras de vigilancia. Se sorprendieron al ver que los elefantes jóvenes, los que ya no tenían padre o madre, habían formado pandillas y atacaban con mucha violencia a los rinocerontes. Ni siquiera está en el instinto que Dios les dio el impulso de actuar de esa manera, pero la falta de influencia materna y paterna hizo que se diera ese extraño y fatal fenómeno.

Creo que algo similar acosa y amenaza a nuestros hijos. La razón por la que se meten en problemas muchas veces puede rastrearse a la falta de modelos positivos en sus vidas. No tienen quien declare bendición sobre ellos, quien ore sobre ellos. No tienen figuras paternas y muchos ni siquiera tienen figuras maternas positivas y saludables. Eso no significa que sean chicos incorregibles. Sencillamente, es un hecho que los niños sin guía paterna a veces hagan cosas que de otro modo no harían, de estar papá y mamá presentes.

Tenemos la responsabilidad de llegar a esos niños que no tienen figura paterna ni materna. Quizá puedas ser mentor o mentora de un joven o de una chica adolescente. Si realmente quieres recibir bendición, no luches sólo por tu familia. Pelea también por la de alguien más. Cubre la brecha de esa madre soltera, de ese padre que cría solo a sus hijos. Cuando llevas a tu hijo a jugar a la pelota, lleva también a ese otro niño que no tiene figura paterna. Haz lo mismo con otros niños y niñas. Ayúdalos a descubrir su identidad.

Mandy creció en un hogar disfuncional. Su padre nunca estaba en casa y su madre tenía muchos problemas. En su adolescencia, Mandy se encargó de la crianza de su hermanito. Para todos parecía que Mandy lograba manejar la situación razonablemente bien, pero por dentro pedía ayuda a gritos.

Un día su amiga le dijo que su padre era dueño de un restaurante de comidas rápidas. «Vamos, Mandy. Ven. Mi papá quizá pueda darte un empleo», le sugirió. Mandy fue, y el caballero no sólo le dio empleo sino que la acogió bajo su ala. Comenzó a cuidarla, asegurándose de que cambiara el aceite del auto, viendo que tuviera buenas calificaciones, etc. No se daba cuenta, pero estaba convirtiéndose en la figura paterna que Mandy tanto había anhelado. Años después, cuando Mandy iba a casarse y su padre verdadero estaba quién sabe dónde, ¿a quién eligió Mandy como padrino en la boda?

Así es, al hombre del restaurante. Es que ese hombre se había tomado tiempo para cuidarla. Peleó no sólo por su familia, sino por la hija de otro hombre también. Hoy Mandy es una mujer sana, plena, felizmente casada y parte del crédito es para el hombre que se convirtió en figura paterna para ella. Defiende a tu familia, y luego sé «familia» para alguien más, para alguien que necesite un padre, una hermana, una madre o un hermano. Cuando te tomes tiempo para los demás, Dios proveerá para tus necesidades.

# CAPÍTULO 14

# Invierte en tus relaciones

«Un minuto, chicos», dijo Terry mientras dirigía el auto hacia el cajero automático del First National Bank. «Tengo que parar aquí para retirar algo de dinero, y luego seguiremos camino. Me alegro de que aceptaran mi invitación a ir a ver el partido de hoy».

Terry se detuvo junto al cajero automático e ingresó su clave. Presionó los botones e ingresó la suma de doscientos dólares que quería retirar. La máquina zumbó, y en segundos escupió una tira de papel… pero no el dinero. Terry tomó el papel, lo leyó y luego lo puso en su bolsillo. «¡Máquina tonta!», dijo. «Estas cosas nunca funcionan bien. ¿Alguno de ustedes trajo efectivo?»

«Sí, claro. No hay problema», dijo uno de los chicos desde el asiento trasero. «Traigo bastante dinero. Te puedo prestar algo hasta el lunes».

Los amigos de Terry se miraron con mirada conocedora. Fuera que Terry lo admitiera o no, todos sabían que la razón por la que no había podido retirar dinero era simple: no había dinero en su cuenta. Terry fingía ser un dador generoso, cuando en realidad, era un «tomador» muy egoísta.

Si quieres que tus relaciones prosperen, tienes que invertir en ellas, dando en lugar de tomar. Dondequiera que vayas, esfuérzate por hacer depósitos positivos en las vidas de los demás, alentándolos, edificándolos, haciendo que se sientan mejor consigo mismos.

Claro que no siempre será fácil. Hay gente difícil porque suelen chuparte toda tu energía. No son personas malas. Es sólo que te agotan porque todo lo toman para sí. Siempre tienen algún problema, o alguna crisis de la que están convencidos que sólo tú puedes ayudarlos a salir. Hablan todo el tiempo, tanto que ni siquiera puedes interrumpir. Para cuando termina la conversación, sientes que tu energía emocional está al límite. La gente difícil no hace depósitos positivos porque están demasiado ocupados haciendo extracciones y retiros.

Por favor, no me malentiendas. Está bien sentirse triste o desalentado cada cierto tiempo. Todos tenemos derecho a tener un mal día. Pero si haces eso todo el tiempo, allí sí hay un problema. Y no tendrás buenas amistades si siempre estás tomando el último resto de energía emocional de todos los que te rodean.

Quiero decirte algo que quizá tus amigos no se animen a decir: tu familia, tus amigos, tus compañeros de trabajo, no quieren oír hablar de tus problemas todo el tiempo. Ya tienen bastantes problemas propios. Ya están cargando un peso exagerado, sin que tú vengas y les eches un par de kilos o toneladas más sobre las espaldas.

Si siempre hablas de lo que está mal en tu vida o de lo mal que te tratan las personas o las circunstancias, estás viviendo de manera muy egoísta. Intenta dejar de centrarte en ti mismo, viviendo con esa actitud de: «¿Qué puedes hacer por mí?» Reemplázala con cosas como: «¿Qué puedo hacer hoy por ayudar a alguien? ¿Qué puedo hacer para mejorar tu vida? ¿Cómo puedo alentarte?» Asegúrate de invertir en las personas en vez de efectuar continuos retiros de sus reservas emocionales.

Me gusta pensar que mis relaciones son «cuentas bancarias emocionales». Tengo una cuenta con cada una de las personas con quienes me relaciono, ya sea un familiar, compañero empresarial, amigos o hasta personas que conozco de pasada. Tengo una cuenta emocional con el guardia de seguridad del trabajo, con el hombre de la estación de servicio, con el camarero del restaurante. Cada vez que interactúo con ellos, hago un depósito en —o una extracción de— esa cuenta.

¿Cómo se hace un depósito? Puede ser algo tan simple como tomarse un minuto para acercarse y saludar al hombre: «¿Cómo le va hoy, amigo? Buenos días. Me da gusto verle».

El solo hecho de tomarte tiempo para hacer que ese hombre se sienta importante, ha hecho un depósito en la cuenta. Su acto de amabilidad ha establecido confianza y respeto. Puedes efectuar un depósito con sonreírle a alguien, siendo amable, siendo gentil aun en medio de una situación común.

También efectúas depósitos al elogiar a alguien. A ese compañero de trabajo, dile: «¡Qué buena estuvo tu presentación! Lo hiciste muy bien». Dile a tu esposo: «Aprecio lo que haces por nuestra familia». O a tu esposa: «Haces que sea divertido vivir aquí». Cuando haces todo esto, no estás elogiando nada más, sino efectuando un depósito en la cuenta que compartes con esa persona.

En casa, tus depósitos pueden ser un abrazo o un beso a tu esposa, o decirle que la amas. Haces depósitos en la cuenta con tus hijos cuando pasas tiempo con ellos, cuando escuchas a tu hija que toca el piano, cuando vas al parque y miras cómo anda en patineta tu hijo.

Y también, hay un modo sutil, aunque asombrosamente efectivo de hacer un depósito: puedes pasar por alto las fallas. Quizá un compañero de trabajo sea maleducado contigo, o te critique por algo insignificante. En lugar de contestar mal, déjalo pasar. Al día siguiente, cuando se disculpe, le dices: «No te preocupes. Ya te perdoné. Ni siquiera volví a pensar en ello. Sé que no eres así».

Cuando haces esas cosas, estás efectuando enormes depósitos en tu cuenta con esa persona. En su escala de valores, subes muchos escalones. Y un día cuando estés un poco tenso y quizá no la trates todo lo bien que la tratas siempre, habrá mucho en tu cuenta para cubrir esa falla.

¿Cómo efectuamos retiros de nuestras cuentas bancarias emocionales? La forma más común es cuando nos comportamos con egoísmo. Si sólo pensamos en lo que queremos y necesitamos, es inevitable que retiremos recursos de las cuentas que tenemos con cada persona. Retiramos recursos cuando no les dedicamos tiempo a las personas. Si entras en la oficina y ni siquiera notas a la recepcionista, no le sonríes o pasas de largo nada más, aunque estés pensando en otra cosa o lo hagas por mala educación, lo mismo da. Acabas de efectuar un retiro de tu cuenta con ella, y ahora su opinión de ti se ha empobrecido.

Otras formas de efectuar retiros incluyen las ocasiones en que no perdonamos, o no cumplimos con nuestros compromisos, o no expresamos aprecio cuando alguien lo merece. Si alguien fue amable contigo y lo das por merecido. Si no dices gracias porque estás demasiado ocupado o peor aun, porque te parece poco importante decir: «Aprecio tu esfuerzo». Si no aprecias la amabilidad de los demás, siempre estarás retirando recursos de tus cuentas con cada persona.

El problema en muchas relaciones es que la cuenta ha sido sobregirada. Cuando cometemos un error o necesitamos comprensión, misericordia o aun el beneficio de la duda, esa persona mirará el saldo de la cuenta y descubrirá que ya no hay fondos. Ahora tendremos que vivir con la preocupación de que no todo anda bien. Las cosas pequeñas ahora se vuelven grandes. Tendremos que cuidar cada palabra que digamos porque ya no habrá reserva de gracia en esa relación. Hemos agotado los recursos.

Por ejemplo, cuando corriges a tu hijo adolescente y de repente él estalla: «¿Quién eres para decirme eso? No tengo por qué prestarte atención», verás que te revela con sus palabras que tu cuenta con él está agotada.

«No has depositado confianza últimamente. No te has interesado por mí. No me has hecho saber que soy importante para ti».

Te está diciendo: «Quieres efectuar un retiro, pero ya no hay nada en la cuenta porque no has depositado nada».

Esa situación no se produce de la noche a la mañana. No es que el adolescente despierte un día y decida que ya no respeta a sus padres. Es porque a lo largo de los años no ha estado recibiendo lo que necesita. Los depósitos en la cuenta que tiene el adolescente con sus padres ya no existen.

Si vas a corregir a alguien o le quieres ofrecer una crítica constructiva, necesitas asegurarte de que has hecho muchos depósitos en tu cuenta con esa persona y que te has ganado su respeto.

Al corregir a tus hijos, pregúntate: «¿Lo he alentado? ¿La he elogiado? ¿Me intereso por lo que le interesa, o sencillamente efectúo retiros de la cuenta?» Si lo único que oye tu hijo o hija durante meses es: «Limpia tu cuarto, haz la tarea, saca la basura, arréglate la camisa, vuelve para las diez...», has estado efectuando retiros solamente. Y enfrentémoslo, los padres de adolescentes tenemos que efectuar muchos retiros, pero no podemos esperar que nuestras palabras afecten sus vidas si no hicimos primero muchos depósitos. Hay que invertir en la relación, nutrirla y establecer confianza.

Un padre tenía muchos problemas con su hijo adolescente. No parecían poder llevarse bien. No podían conectarse y tenían muy poco en común. El hijo era un gran atleta pero al padre le interesaba más su profesión. Trabajaba todo el tiempo y casi nunca iba a ver los partidos de su hijo. Con el tiempo la relación se deterioró.

Un día el padre reconoció que tenía que cambiar. Vio que para ganarse el respeto de su hijo y que sus palabras tuvieran efecto en su vida, tendría que efectuar depósitos. Sabía que a su hijo le gustaba mucho el béisbol, así que aunque a él no le importara, decidió tomarse un mes de licencia para llevar a su hijo a ver todos los partidos de la Liga Mayor. Sería caro y le tomaría mucho tiempo viajar de una ciudad a otra, pero fue un tiempo invaluable de sanidad para la relación, un tiempo en que se llenó su cuenta relacional. Ese viaje de un mes entero fue el catalizador de cambio en la relación entre el padre y el hijo.

Cuando el hombre volvió, uno de sus socios se enteró de lo que había hecho. Le sorprendió que el hombre gastara tanto dinero e invirtiera tanto tiempo en ir a ver partidos con su hijo y le preguntó: «¿De veras te gusta tanto el béisbol?»

«No, para nada, pero amo mucho a mi hijo».

Comienza a invertir en tus hijos. Quizá no puedas hacer lo que hizo este hombre, pero puedes tomarte tiempo para estar con tu hijo, para hacer que tu hija sepa que te importa. Mantén esas cuentas siempre con un saldo bien alto.

## Deposita antes de retirar

Me asombra cómo responden las personas cuando saben que las estás vitoreando, que estás a su favor y que quieres lo mejor para ellas. Muchas veces estarán dispuestas a cambiar si saben que no las condenas, que no intentas aplastarlas o hacer que se sientan mal consigo mismas. La corrección sincera siempre inspira a la gente a querer ser mejor.

En ocasiones, después del servicio en la Iglesia Lakewood o durante alguno de nuestros eventos especiales en el país, Victoria y yo conversamos sobre cómo nos fue y lo que podría haber salido mejor. Cuando tengo que decirle algo que me parece una buena sugerencia, o una crítica constructiva, no me subo al auto para espetar: «Bueno, Victoria, si hubieras dicho tal o cual cosa, todo habría salido mejor. Si lo hubieras hecho a mi modo...»

No. Si tengo algo para sugerirle, que pienso que la ayudará, siempre comienzo con algo positivo. Le digo: «Victoria, estuviste muy bien. Hablaste al corazón de la gente. Fue muy bueno. Fue útil y claro. Pero quizá la próxima vez podrías agregar tal o cual cosa, para que el mensaje sea más efectivo. Te iría todavía mejor». Si comienzo con algo positivo, ella baja las defensas y está dispuesta a tomar en cuenta mi sugerencia. Mi esposa hace algo parecido conmigo cuando nota áreas en las que puedo mejorar. En lugar de condenarnos, decidimos alentarnos mutuamente.

---

**Los primeros treinta segundos de una conversación determinan cómo será la próxima hora.**

---

Si haces que sea prioridad mantener alto el saldo en tu cuenta emocional, tendrás menos problemas para que la gente reciba tus sugerencias o correcciones. De hecho, un experto dice que los primeros treinta segundos de una conversación determinan cómo será la próxima hora de charla. Así que, cuando tengas que hablar sobre un tema delicado, cuando lo que digas tenga potencial para causar conflicto o problemas, siempre habla primero de lo positivo. Asegúrate de que el momento sea adecuado. Asegúrate de que pensaste cómo comenzarás a hablar, y presta atención al tono de tu voz y a tu lenguaje corporal. Mantén una expresión agradable y elige el amor como hilo conductor de la conversación.

Cuando intentes mejorar una relación, si tus palabras o acciones hacen que la otra persona se ponga a la defensiva, ya estás derrotado. No van a recibir lo que tengas que decir. Se sentirán heridos, o quizá señalen qué faltas cometes: «Bueno, ¿quién eres para decirme eso?», podrán replicar. «¡No eres mejor que yo! ¿Piensas que eres perfecto?» Puedes evitar todo eso si tu modo es más positivo.

Hay estudios que demuestran que se requieren cinco cargas positivas para compensar una sola carga negativa. Es decir, que si quieres corregir a alguien tienes que asegurarte de que ya le hayas ofrecido cinco elogios.

Lamentablemente, en nuestra sociedad de hoy esa relación de elogios a correcciones es casi lo opuesto. Oímos cinco críticas por cada elogio. No es de extrañar entonces que nuestras relaciones estén tan mal. Hemos sobregirado la cuenta.

---

**Hacen falta cinco cargas positivas para compensar una sola carga negativa.**

---

Al corregir a alguien, no debemos menospreciarlo, ni hacer que se sienta insignificante. En la oficina, no permitas que tu actitud sea: «¿Cómo se te ocurre eso? ¿De quién fue esta idea tan mala?» En cambio, esfuérzate por encontrar lo bueno en cada sugerencia, aun cuando no la puedas usar.

A veces en nuestra organización, hay quien inicia un nuevo proyecto que luego no funciona. Sabemos que tendremos que descontinuarlo. Pero cuando pasa eso, siempre me esfuerzo por hacerle saber a quien participó que inicié muchísimos proyectos que tampoco funcionaron. Por algún motivo, ha habido programas que jamás despegaron, por mucho que yo creyera que serían buenos. Quiero que mis compañeros de trabajo sepan que estoy con ellos. Nunca debemos hacer que los demás se sientan mal por haber intentado algo que luego no funcionó. No tenemos que criticarlos para que se sientan mal, ya se trate de tu cónyuge, tus compañeros de trabajo o tus hijos. Trata a todos con respeto.

Recuerda que el amor sincero deja pasar las faltas. El amor perdona toda ofensa, todo error. El verdadero amor siempre ve lo mejor en todas las personas. Si quieres efectuar un enorme depósito en la vida de alguien, cuando se equivoquen y se den cuenta de su error, no hagas alharaca. No avergüences a tus hijos delante de amigos o familiares. No avergüences a un empleado delante de sus compañeros. Si tienes que confrontar por algún motivo, hazlo en privado si es posible, y toma recaudos para proteger su dignidad. No sirve de nada hacer que el otro se avergüence, ni humillarlo delante de otras personas.

En ocasiones te sentirás tentado a devolver mal por mal cuando alguien te ofenda, pero si sucumbes a esa tentación, a la larga saldrás perdiendo. Cuando avergüenzas a alguien a quien podrías haber amonestado con la mayor discreción, agotas los recursos de tu cuenta con esa persona y destruyes toda confianza y lealtad que pudiera haber existido entre ambos.

Hace años, cuando Colin Powell trabajaba para el presidente Ronald Reagan, él y otros miembros de su gabinete presentaron una nueva política de acción. Estaban entusiasmados y se reunieron con el presidente Reagan para explicarle los detalles.

El general Powell estaba entusiasmado porque la idea era suya, así que se esforzó por vendérsela. Le dijo al presidente Reagan que el nuevo sistema sería muy útil y dio explicaciones, pero no pudo convencerlo. El presidente veía que había algunas fallas importantes en la política propuesta y durante un rato largo debatieron. Finalmente, aunque el presidente Reagan no estaba de acuerdo, decidió confiar en el general Powell y aceptó la nueva idea.

Lamentablemente fue un grave error. La política propuesta fracasó y creó un lío muy grande. En una conferencia de prensa le preguntaron al presidente qué era lo que había salido mal. Luego de varias preguntas, un periodista por fin formuló la cuestión que tanto temía el gobernante: «Presidente Reagan, díganos ¿fue idea suya esta nueva política?»

Sin dudarlo, el presidente Reagan dijo: «Asumo toda la responsabilidad por esta idea». El general Powell estaba a un lado de la sala y cuando el presidente lo miró, notó que tenía los ojos llenos de lágrimas. El presidente Reagan acababa de efectuar un enorme depósito en su cuenta con Colin Powell. Había protegido su reputación, cubriendo un error. Cuando salía del salón, el general Powell le dijo a uno de los miembros del gabinete: «Haré cualquier cosa por ese hombre».

Si quieres forjar amistades leales para toda la vida, si quieres establecer confianza, aprende a proteger a tus familiares y amigos aun cuando se equivoquen. Aprende a mostrar misericordia. Soporta el chubasco, aun cuando no tengas la culpa. Esfuérzate por proteger la reputación de alguien más. No avergüences al otro si tienes la oportunidad de edificarlo.

Claro que no tenemos que consentir la maldad, o cubrir delitos intencionales. Pero si se trata de un error, de algo que no funcionó, y que hizo alguien con quien tenemos una cuenta emocional, tenemos que esforzarnos por proteger esa relación emocional, con cuidado e integridad.

Dondequiera que vayamos debiéramos efectuar depósitos, sea en la tienda, en el parque, la escuela o la oficina. Forma el hábito de sembrar cosas buenas en las vidas de los demás. Ocúpate de hacer que alguien pueda sentirse bien consigo mismo. Interésate por los demás. Tómate el tiempo de demostrarle a alguien que sí te importa. Esfuérzate por mostrarle a alguien que es especial. Cuando salgas de la oficina, en lugar de correr al estacionamiento y buscar tu auto, pregúntale al empleado de vigilancia: «¿Cómo estás hoy? ¿Cómo te sientes? Me alegro de que trabajes aquí». Aliéntalo de alguna forma. Haz que se sienta importante. Ayúdalo a saber que hay quien se interesa por su persona.

Aprende a apreciar a los demás. Aprende a decir «gracias». Sólo porque alguien trabaje para ti no significa que estés exento de expresar tu aprecio por esa persona. «Si le pago bien. No necesito malcriarlo», dirás. O, «Pago mis impuestos. No tengo nada que agradecerle a ese policía. No necesito darle las gracias a la maestra. Cada quien hace su trabajo y ya». No. Aprende a sembrar depósitos positivos en las vidas de los demás.

Hace un tiempo estaba trabajando en el jardín de mi casa. Era una mañana calurosa y húmeda, por lo que decidí entrar a la cocina para beber agua. Al pasar vi que estaban trabajando los recolectores de basura. Pensé: *Voy a buscar una botella de agua fresca para ofrecerles.* Cuando pasaron por nuestra casa, salí y les ofrecí agua. Me sorprendió su respuesta. Habría pensado que en lugar de agua les estaba dando un billete de cien dólares. Estaban tan agradecidos. Para mí no era mucho, apenas una atención. Pero vi que había hecho un depósito en esa cuenta.

Pasaron unos meses y un día, Victoria y yo nos demoramos en sacar la basura. El camión pasó temprano y lo perdimos. No queríamos tener las bolsas de basura acumuladas durante tres o cuatro días, pero no podía hacer nada por cambiar esa situación.

Más tarde, los del camión se desviaron de su camino para pasar por nuestra casa y ver si habíamos puesto las bolsas de basura en la calle. Ese tipo de ayuda recíproca, sin aviso, es algo frecuente cuando uno efectúa depósitos en las vidas de los demás.

No cometas el error de vivir de manera egoísta, corriendo todo el día pensando sólo en ti mismo. Tómate tiempo para los demás. Haz que se sientan especiales. Aprende a apreciar a los demás. Cuando veas al cartero, llámalo y dile: «Gracias. Aprecio su tarea». Cuando vayas a la tienda, alienta a la cajera. Sé amable. Siembra una semilla en el banco, en la peluquería, en la estación de servicio. Efectúa un depósito positivo en las vidas de cada persona con quien te cruces.

«¿Para qué? Si no voy a formar una relación estable con ninguno de ellos», me dirás.

Tal vez tengas razón, pero como parte de tu relación con Dios, puedes ser amable y apreciar a cada persona. La Biblia nos dice: «Anímense unos a otros cada día».[34] Esto significa que cada día debieras encontrar a quién alentar. Sólo un elogio podría marcar la diferencia en la vida de alguien. «Te ves bien hoy. Ese color te queda bien», o «Aprecio tu amistad. Significa mucho para mí».

Recuerdo que cuando vivía con mis padres y veíamos venir al cartero, papá sonreía y decía: «Bueno, mira quien viene: el mejor cartero del mundo». Y el rostro del cartero se iluminaba. Ese sencillo elogio iluminaba el día de ese hombre. No requería de ningún esfuerzo, ni tampoco mucho tiempo para mi padre. Se había habituado a invertir en la gente, a ayudarles a sentirse bien con ellos mismos.

Tus palabras tienen el poder de darle un giro nuevo a la vida de la gente, la posibilidad de elevar a alguien por sobre la derrota y el desaliento, para que avancen hacia la victoria. Un depósito con potencial edificador, como el que mi padre hacía en la vida de ese cartero, no te lleva más de diez o quince segundos. Sin embargo, alguien cerca de ti puede estar necesitando algo así, sólo quince segundos de inversión en la cuenta que tienen contigo.

Debemos entender que todos necesitamos ser animados. No importa quiénes seamos, o lo exitosos que podamos parecer. Muchas veces alguien viene y me dice: «Joel, realmente me ayudaste», o «Marcaste una gran diferencia en mi vida». Cada vez que oigo algo así, quien recibe ánimo soy yo. Hay algo dentro de mí que me hace saber que mi vida importa, que he podido marcar una diferencia en este mundo. Toda la gente que conoces necesita ese tipo de aliento.

Esposo, nunca serán demasiadas las veces que le digas a tu esposa: «Eres hermosa. Creo que eres genial. Estoy tan feliz de haberme casado contigo». Haz que tu cuenta emocional crezca.

Aprende a elogiar a la gente con toda libertad. Aprende a ser amable y evita todo lo que transmita la actitud de que eres tan importante que no puedes perder el tiempo en alguien que no está a tu nivel. Por el contrario, haz que todo el que se cruce contigo sienta que es importante. Esfuérzate porque todos con quienes tengas contacto se sientan especiales. Después de todo, la gente con quien te cruzas está creada a imagen de Dios.

Victoria y yo tenemos un restaurante favorito. Allí sirven muy buena comida, la atmósfera es maravillosa y tienen estacionamiento con valet. Noté, sin embargo, que muchos clientes sólo dejan el auto y le arrojan las llaves al empleado, tratándolo como si fuera un sirviente. Me niego a hacer lo mismo. Siempre busco ser amable con los empleados. Me tomo unos quince segundos para decirles: «¿Cómo estás? ¿Qué tal va todo?» Es asombroso lo que ese poquito de tiempo e interés puede hacer como depósito positivo en las vidas de esos jóvenes.

También noté que cuando Victoria y yo salimos de ese restaurante, quizá haya cinco o diez personas esperando por sus autos, pero parece que, de alguna manera, el nuestro siempre llega antes que los demás. Casi siento vergüenza. Nunca pido ni espero un trato especial. Y, sin embargo, me lo dan.

Estoy convencido de que la gente quiere ser buena con uno si sembramos buenas cosas en sus vidas. Probablemente haya hablado con esos jóvenes no más de cinco minutos en total, en toda mi vida, y sin embargo, saben que he depositado algo positivo en mi cuenta emocional con ellos.

En lugar de calcular qué pueden hacer por ti los demás, empieza a buscar cosas que tú puedas hacer por ellos. Efectúa depósitos positivos dondequiera que vayas. Sé dador en lugar de tomador. Al hacerlo, no sólo verás que tus relaciones mejoran, sino que verás el favor de Dios de manera más grandiosa y experimentarás más de su bendición.

# CAPÍTULO 15

# *Sé bueno con la gente*

¿Quieres más de la vida? ¿Y quién no? Bueno, intenta lo siguiente: Levántate por la mañana y en lugar de buscar bendición, haz todo lo que puedas por bendecir a otros. Si lo haces durante seis semanas, e intentas bendecir a alguien todos los días, tu vida se verá tan llena de bendiciones que no podrás contenerlas todas.

He descubierto que si satisfago las necesidades de los demás, Dios satisfacerá las mías. Si hago feliz a otros, Dios verá que yo sea feliz. Todos los días, tenemos que buscar oportunidades para ser buenos con los demás. Quizá puedas comprarle el almuerzo a alguien, llevarlo en tu auto, cuidar los hijos de alguien, dar más propina de la habitual. Adopta el hábito de hacer algo bueno por alguien todos los días. No cometas el error de vivir de manera egoísta, pensando sólo en ti. Esa es una de las peores prisiones donde vivir. No fuimos creados para pensar solamente en nosotros mismos. Fuimos creados por el Dios Todopoderoso para dar y la mejor forma de sentirnos plenos es dejar de pensar en nosotros mismos para pensar en los demás.

---

**Si satisfago las necesidades de los demás, Dios satisfacerá las mías.**

---

Levántate por las mañanas con la siguiente actitud: ¿Para quién puedo ser una bendición el día de hoy? ¿A quién puedo alentar? ¿Dónde hay una necesidad que yo pueda satisfacer?

No creo que hoy veamos muchas buenas obras. Sí, oímos mucho acerca del éxito y sobre las cosas buenas que Dios quiere hacer por nosotros, pero no nos olvidemos de que somos bendecidos para así poder ser una bendición a los demás. Somos bendecidos para que podamos compartir la bondad de Dios, dondequiera que estemos. Si quieres tener un impacto positivo en la vida de alguien, no hace falta que le prediques un sermón. Basta con ser bueno con ellos. Tus acciones hablarán más que tus palabras. Podrás decir: «Te amo. Me importas», pero el verdadero amor toma las emociones y las hace acciones.

Si te amo, me esforzaré por ayudarte. Si te amo, te llevaré en mi auto al trabajo o a la escuela aunque tenga que levantarme más temprano ese día para hacerlo. Si te amo, cuidaré a tus niños cuando sepa que no te sientes bien. El amor sincero convierte las palabras y sentimientos en acción.

Aprende a ser bueno con la gente todos los días. Cuando entres al comedor, llévale una taza de café a tu compañero. Quizá pienses: *Claro que no haré eso. Él jamás hace nada por mí.*

Tendrás que ser más grande que eso. Hazlo para Dios. No pierdas oportunidad de hacer algo bueno por los demás. Si hay un atascamiento de tráfico, deja que otro pase delante de ti. En la tienda, cuando estás haciendo fila con tu carrito lleno de cosas y la persona detrás de ti sólo lleva unas pocas, déjale tu lugar. En el estacionamiento, si tomas el último lugar al mismo tiempo que otro conductor, da marcha atrás y cédele el lugar. Siempre prefiere a los demás antes que a ti mismo. Sé bueno con todos.

«Bueno, pensé que era el favor de Dios lo que me ayudaba a conseguir ese lugar en el estacionamiento», podrás decir.

Te respondo que no es así. Está en nuestra naturaleza egoísta querer ser los primeros. Si eres bueno con los demás, tendrás más favor de Dios del que jamás puedas necesitar.

Deja buenas propinas si comes en un restaurante. No le dejes sólo un dólar a la camarera, si gastaste más de treinta en tu comida. «Pero Joel, le dije mi testimonio y la invité a la iglesia».

Bueno, con tu propina tan pobre has cancelado tu testimonio.

Victoria y yo fuimos a un restaurante donde ya habíamos estado algunas veces. Casi sabíamos de memoria lo que ofrecía el menú y sabíamos exactamente qué queríamos. Apenas nos sentamos pudimos ordenar. Yo tenía hambre, pero pareció llevarles a los cocineros una eternidad y tuvimos que esperar y esperar. No tenía sentido. Ni siquiera era porque hubiera mucha gente. Cuando por fin la camarera nos trajo la comida, no era lo que habíamos pedido. Devolvió mi cena a la cocina y tuve que esperar otra vez. Por fin me cansé y empecé a comer del plato de Victoria. Fue el peor servicio que nos hayan brindado en ese restaurante.

Cuando llegó el momento de pagar y dejar propina, pensé: *Dios, acabas de ver lo que pasó. Sé que eres un Dios justo. Seguramente no esperarás que deje una buena propina.*

Casi de inmediato supe que estaba equivocado. Dije: «Bueno, Dios. ¿Qué tal si dejo un cinco por ciento?»

Quiero decirte un secreto: Nunca negocies con Dios porque jamás tendrás las de ganar. Dije: «¿Y qué tal entonces un diez o quince por ciento? Es lo normal. Dios, sabes que es lo que se acostumbra. Eso sí puedo hacerlo». Aun así, tampoco me sentí en paz. Sabía que Dios me estaba diciendo: «No pierdas esta oportunidad para hacer el bien. No pierdas esta oportunidad de mostrar Mi misericordia». Es fácil ser bueno con quienes son buenos con nosotros. Eso sí que no cuesta casi nada. Pero Dios quiere que seamos buenos aun cuando los demás no lo sean con nosotros. Lo malo se vence con lo bueno.

Al fin cambié mi actitud y pensé: *No voy a darle sólo una propina. Voy a sembrar una semilla en la vida de esta chica. Me esforzaré y seré bueno con ella.* Dejamos veinte dólares de propina, por una comida que nos costó treinta. Pero lo hicimos para sembrar una semilla.

Semanas más tarde recibí una carta de esa jovencita. No tenía idea de que nos hubiera reconocido. No había dado señales de saber quiénes éramos.

La carta comenzaba con una pregunta: «¿Recuerda quién soy? Soy la camarera del restaurante, allí donde recibieron lo que tal vez fuera el peor servicio de su vida».

Sonreí al leer eso y pensé: *Sé exactamente quién eres.*

Luego contaba que había crecido en una buena familia cristiana. Que iban a la iglesia todos los domingos, pero que hacia finales de su adolescencia, su familia había sufrido a causa de las acciones de un líder en su congregación. Se habían sentido muy heridos y en consecuencia, básicamente todos habían abandonado a Dios y dejaron de ir a la iglesia. Sin embargo, hacía uno o dos años que me veían por televisión. En su carta la camarera decía: «Les dije a mis padres que sabía que eran personas reales. Que algo en mi interior me indicaba que son sinceros y que tenemos que volver a la iglesia».

Y continuaba: «Joel, cuando tú y tu esposa entraron en el restaurante y nos equivocamos con el pedido, fueron muy amables y bondadosos. Cualquier otro se habría molestado o enojado. Y para colmo, nos dejaron una propina tan grande», decía. «Esto confirmó lo que en mi corazón ya sabía. Fui a casa y les dije a mis padres todo y ahora hemos vuelto a la senda, estamos adorando al Señor en Lakewood todos los domingos por la mañana».

---

**Cuando muestras amor, estás mostrando a Dios ante el mundo.**

---

Aprende a ser bueno con la gente. Es uno de los mejores testimonios que podemos dar. Ahora, cuando dejo propina, le digo a Victoria: «Vamos a sembrar una semilla en la vida de esta gente. Es una oportunidad para ser buenos». Al dejar el lugar, quiero que puedan decir: «Esa pareja es generosa. Son buenos con la gente».

El mundo no necesita oír otro sermón tanto como necesita verlo. Aprende a dar de tu tiempo, tu dinero. Ofrece una palabra de aliento, cubre la necesidad de alguien. Cuando muestras amor, estás mostrando a Dios ante el mundo.

Y no te preocupes si no te lo agradecen. Si esa joven no nos hubiera escrito la carta, no habría importado. Igual, Victoria y yo habríamos sentido que estábamos haciendo lo correcto. Si dejas que otro auto pase delante de ti, quizá nunca veas a esa persona de nuevo en tu vida. Si das veinte dólares sólo por sentir compasión en tu corazón, tal vez nunca vuelvas a oír de esa persona. Está bien. Dios lleva la cuenta. Él ve todo acto de bondad que realices. Ve todas las veces que eres bueno con alguien. Oye cada palabra de aliento que pronuncias. Dios ha visto todas las veces que te esforzaste por ayudar a alguien aunque nunca te lo hayan agradecido. Dios Todopoderoso no pasa por alto tus buenas acciones.

De hecho, las Escrituras nos dicen que cuando haces algo en secreto, sin recibir crédito por ello, tu recompensa será mayor. Una cosa es mover mucho las aguas para que todos sepan cuán generoso eres, pero si realmente quieres bendición, haz algo bueno por alguien y no se lo cuentes a nadie. Deja algo de dinero en un sobre sin marcar, sobre el escritorio de ese compañero que está en problemas. En el restaurante, págale la cena a alguien y permanece en el anonimato. Limpia la cocina en la oficina y no le digas a nadie que lo hiciste. Cuando haces las cosas en secreto, cuando nadie te lo agradece y no recibes crédito, estás sembrando una semilla para que Dios haga grandes cosas en tu vida.

Quiero ser el tipo de persona que hace el bien por los demás, sea que me recompensen o no, sea que me lo agradezcan o no. No quiero hacer algo bueno para que me vean. No quiero hacerlo para que digan: «Mira lo bueno que es». No. Quiero hacerlo para Dios. Creo que cuando tenemos esa actitud, veremos el favor de Dios de maneras insólitas, nunca antes vistas.

En la cabina de peaje de la autopista, en lugar de pagar sólo su peaje, un hombre le dio al empleado cinco dólares, pagando el peaje de los cuatro autos que le seguían. Cuando llegó el siguiente conductor, el empleado le dijo: «El auto de adelante ya pagó su peaje». Pasaba con tanta frecuencia que un periodista se enteró y escribió algo al respecto en el periódico.

Es asombroso cómo algo pequeño puede alegrar el día de otra persona. Quién sabe, tal vez esa persona a quien le pagaron el peaje se sentía triste y desalentada o tensa, pero entonces el empleado le dijo: «Ya han pagado lo suyo». Tal vez los pasajeros de los cuatro autos que venían detrás del benefactor iban a casa discutiendo o estaban irritados y de repente, llegan a su hogar y son mejores padres, mejores esposas, y todo porque alguien sembró una semilla, porque alguien no dejó pasar la oportunidad de hacer algo bueno.

Me pregunto cómo sería nuestro mundo si cada persona encontrara la forma de hacer algo bueno todos los días. ¿Cómo sería nuestra ciudad? ¿Y nuestras oficinas? ¿Y nuestras escuelas? Si tan solo fuera nuestra prioridad alegrar las vidas de otros, si hiciéramos algo bueno por los demás.

La Biblia dice: «Así que, según tengamos oportunidad, hagamos bien a todos».[35] Esto significa que tenemos que buscar activamente las oportunidades. ¿A quién puedo bendecir hoy? ¿A quién puedo hacerle un favor? No puedes sentarte a esperar que surja la necesidad. Sal a buscarla. Sé sensible. Presta atención a quienes te rodean. Si ves que un amigo viste siempre la misma ropa, ve y dile: «Te regalo uno o dos trajes». O, «Te doy un certificado de regalo para que puedas ir a comprarte ropa nueva».

Si un compañero está diciendo: «La semana que viene tengo que llevar mi auto al mecánico y no sé cómo vendré a trabajar», ofrécele tu ayuda: «Yo pasaré por la mañana y te traigo en mi auto».

«No, vivo lejos. No te queda de camino».

«Está bien. No hay problema. Me alegrará hacerlo».

Escucha lo que dicen quienes te rodean.

Claro que no podemos gastar todo nuestro dinero ni pasar todo nuestro tiempo haciendo eso. Pero la mayoría podríamos hacer más de lo que hacemos, eso es seguro. Las Escrituras dicen que por el fruto se nos conocerá.[36] No nos conocerán por la cantidad de versículos bíblicos que citemos. No nos conocerán por cuántas pegatinas tengamos en el auto. La gente sabrá que realmente somos creyentes cuando hagamos buenas obras y satisfagamos necesidades reales.

Tal vez tengas bastante dinero. Si es así, cuando ves una madre soltera en problemas, ¿por qué no pagas su renta durante uno o dos meses? Dile: «Déjame que pague tus cuotas del auto durante algunos meses. Quiero alivianarte la carga un poco». Jesús dijo: «En cuanto lo hicisteis a uno de estos mis hermanos más pequeños, a mí lo hicisteis».[37]

Además, en Proverbios dice que si le damos al pobre, a Dios le prestamos. Es posible que no puedas dar dinero, pero sí puedes cuidar a los niños. ¿Por qué no le das a esa madre soltera un descanso una de estas noches? Dile: «Ve a hacer algo especial, que te guste. Te doy un certificado de regalo. Ve a comprarte algo o a arreglarte las uñas. A darte un masaje o lo que sea, pero hoy mi familia cuidará a tus niños».

Podrías ser mentor o mentora de un joven o una muchacha que no tengan un modelo positivo en sus vidas. No hace falta dinero para eso. Sólo hace falta tiempo e interés por los demás y querer marcar una diferencia.

Un joven que canta en el coro de niños de Lakewood proviene de una familia muy disfuncional. Su padre está en prisión, su madre es drogadicta y él no estaba recibiendo el cuidado y la atención que en realidad necesitaba.

De alguna forma, una de las familias de nuestra iglesia cruzó su camino con el de este joven y se interesaron por él. Tenían un hijo de su misma edad, así que empezaron a traerlo a la iglesia, a demostrarle que lo amaban. Pudo ver cómo era vivir en familia, al recibir el amor y la atención que necesitaba. Jamás había estado antes en una iglesia, pero le encantó venir a Lakewood. Era el día de la semana que esperaba con ansias. Estaba impaciente porque llegara el domingo.

Al fin se inscribió en el coro de niños y descubrió que le gustaba mucho cantar. Ahora la familia que se interesó por él no sólo lo traía a la iglesia el domingo sino que también tenían que traerlo durante la semana para los ensayos del coro. Significaba más tiempo, esfuerzo y energía, pero nunca se quejaron y lo hacían con alegría. Estaban sembrando en su vida.

Por desdicha, el muchacho perdió a su madre en un trágico accidente doméstico. Murió delante de sus ojos y, por supuesto, se sintió devastado y triste. Unos días después del funeral, los familiares y parientes se reunieron para ver qué harían. Sin embargo, no podían encontrar al chico. Cuando fueron a su cuarto, vieron que la puerta estaba cerrada, y al abrirla lo vieron escuchando sus cintas del coro y practicando la última canción, preparándose para una noche especial.

Cuando me enteré, lo primero que pensé fue en dónde estaría ese chico si alguien no hubiese mostrado interés por él. ¿Cómo habría podido soportar esa situación si esa familia no se hubiera ocupado de él? ¿Si hubieran estado demasiado ocupados? Podrían haber dicho: «Te llevaremos a la iglesia, pero no a los ensayos del coro. Ya es demasiado».

Al contrario, no les importó la molestia. Sacrificaron su tiempo y recursos para ayudar a satisfacer la necesidad de ese chico. Se tomaron el tiempo de ocuparse, de interesarse por él. De esto se trata la vida. Lo que más cerca está del corazón de Dios es la ayuda al que sufre. Si estamos demasiado ocupados como para asistir a amigos o vecinos, al prójimo, al necesitado, entonces... sí que estamos demasiado ocupados. Nuestras prioridades ya no están en línea.

La Biblia dice que en los últimos tiempos el amor de muchos se enfriará.[38] Esto significa, sencillamente, que la gente estará demasiado ocupada, pensando en sus propias necesidades, tan inmersos en su lucha por el éxito que no se tomarán el tiempo para marcar una diferencia.

No permitas que esta descripción refleje lo que eres. Alrededor de ti hay gente que sufre, gente que necesita tu amor, que necesita tu aliento. No te pierdas el milagro del momento. Puede haber alguien en tu vida ahora mismo que necesite de tu tiempo y energía. ¿Estás prestando atención?

Puede ser que un compañero de trabajo esté a punto de renunciar. Que necesite desesperadamente que lo animes. Necesita que lo invites a almorzar y le digas que te importa. No estés demasiado ocupado. No seas insensible a las necesidades que te rodean. Disponte a molestarte.

Cuando estudias la vida de Jesús, notas que siempre tenía tiempo para los demás. Sí que estaba ocupado y tenía lugares donde quería ir, pero siempre estaba dispuesto a cambiar Sus planes para hacer algo bueno por alguien más. Al andar por las aldeas la gente lo llamaba: «Jesús, ven y ora por nosotros». Se detenía, y se salía de Su itinerario para sanar a esa gente. Una vez, se acercaron para decirle: «Jesús, por favor, ven a nuestra ciudad. Nuestro pariente está muy enfermo. Tienes que orar por él». Jesús cambió Sus planes y fue con ellos.

Cuando trataban de traerle a los niñitos, los discípulos dijeron: «No lo molesten. Está ocupado. Es una persona muy importante».

Jesús respondió: «Dejad que los niños vengan a mí».

Es muy fácil enredarnos en nuestro pequeño mundo y concentrarnos sólo en nosotros mismos. «Tengo planes. No desarmes mi agenda u horario».

No. Tómate tiempo para los demás. No pierdas oportunidad de hacer el bien. Marca la diferencia en la vida de alguien. No hace falta que sea algo grande. Muchas veces un pequeño gesto de amor y amabilidad marcará una gran diferencia. En nuestra iglesia hay un grupo de mujeres que hace mantas y luego bordan en ellas versículos de las Escrituras para llevarlas a los pacientes de cáncer en el Centro de Cáncer M.D. Anderson de Houston. Esas mantas hechas a mano, les recuerdan a los hombres y mujeres que luchan contra el cáncer que hay alguien que siente interés por ellos. Que ellos son importantes. Esa expresión de amor les da un rayito de esperanza. Esas mujeres usan sus talentos para hacer algo bueno por los demás.

Es posible que no tengas dinero de sobra, pero también es probable que puedas hacer una manta o preparar un pastel. Puedes ser mentor o mentora de un joven. Puedes visitar los hogares de ancianos. Puedes participar en la misión de las cárceles y alentar a los presos a confiar en Dios. Haz algo bueno por alguien.

O.A. «Bum» Phillips, el legendario entrenador de fútbol de la NFL, se retiró ya hace años. Pero en realidad, no está jubilado. Siempre que puede, va a las prisiones para alentar a los presos y darles esperanza. De eso se trata la vida, de hacer algo bueno por los demás. Juan Bunyan, autor del clásico *El progreso del peregrino* dijo: «No has vivido el día de hoy hasta haber hecho algo bueno por alguien de quien estás seguro que no podrá devolverte el favor».

«Es que Joel, compré este libro para ver cómo podía recibir bendición», me dirás. «Quiero saber cómo satisfacer mejor mis necesidades».

Amigo, amiga, sucederá exactamente de esta manera. Si satisfaces las necesidades de otros, Dios satisfacerá las tuyas. Lo que hagas por los demás, Dios lo hará también por ti. Cuando empiezo a sentirme desalentado o triste, o siento que cargo con todo el peso del mundo sobre mis hombros, voy al hospital y oro por la gente. Cuando empiezo a dar aliento y esperanza, mi alegría, mi gozo, vuelve de inmediato. Mi enfoque ha cambiado.

Hace un tiempo estaba en uno de los hospitales orando por una familia. Al dejar la habitación se me acercaron cuatro o cinco personas para pedirme que fuera a la habitación de un ser amado y orara por cada una de esas personas. Lo hice gustoso. Una persona preguntó: «¿Iría a esa habitación a orar por nuestro padre?»

«Sí, claro. Pero, ¿por qué no vienen conmigo?»

«No. Esperaremos aquí, si no le importa».

Entré y hablé con el hombre y lo traté como si fuera mi mejor amigo. Oré por él, una potente oración, y cuando salí de la habitación la familia se mostró sorprendida. Uno de ellos dijo: «Joel, no podemos creer que te haya permitido orar por él. Se ríe cuando te miramos por televisión».

Pensé: *Si hubiera sabido eso antes ¡mi oración habría sido distinta quizá!* No importa qué pensara de mí ese hombre, al orar por él recibí nueva energía.

Hay dos tipos de personas en este mundo: los que dan y los que quitan. Sé alguien que da y no que quita. Marca una diferencia en la vida de alguien.

---

**El momento en que nos parecemos más a Dios es cuando damos.**

---

Me contaron la historia de un chico que vivía en uno de los barrios bajos. Tenía unos ocho años y su familia era muy pobre. Un día de otoño el chico estaba frente a la tienda, viendo en la vitrina un par de zapatillas de tenis. Allí, descalzo y con frío, vio que se acercaba una señora que le dijo: «Jovencito, ¿qué miras en esa vitrina con tanto interés?»

En voz muy queda y casi con vergüenza, le dijo: «Estaba diciendo algo así como una plegaria, una oración, le pedía a Dios que me regalara un par de zapatillas de tenis nuevecitas».

Sin titubear, la dama lo llevó al interior de la tienda y con toda amabilidad y amor, le lavó los piecitos helados. Luego, le puso un par de medias nuevas y le dijo que eligiera tres pares de zapatos. El chico no podía creerlo. Estaba tan emocionado. Jamás había tenido zapatos nuevos. Siempre había tenido que usar zapatillas usadas que le regalaban.

Después de pagar por los zapatos y las medias, la mujer se volvió al niño. El chico la miraba sin poder creerlo. Nadie se había interesado por él de ese modo. Con lágrimas en los ojos, que bañaban sus mejillas, el niño preguntó: «Señora, ¿puedo preguntarle algo? ¿Usted es la esposa de Dios?»

Amigo, amiga, el momento en que más nos parecemos a Dios es cuando damos, cuando tomamos tiempo para dedicarnos a los demás, cuando hacemos algo bueno por alguien que nunca podrá compensarnos por ello. No permitas que la forma de pensar tan narcisista de nuestra sociedad te chupe y te haga pensar siempre: «¡Yo! ¡Yo! ¡Yo!» Jamás serás feliz ocupándote de ti mismo. El gozo verdadero llega cuando entregas tu vida.

¿Quieres realmente llegar a ser lo mejor de ti? Decide conmigo hoy que empezarás a ser bueno con los demás. Presta atención a quienes están alrededor de ti: tus amigos, compañeros, parientes y hasta los desconocidos. Escucha lo que dicen. Sé sensible y no pierdas oportunidad de hacer el bien. Recuerda que el verdadero amor siempre viene acompañado de acciones.

## SECCIÓN TRES: FOMENTA MEJORES RELACIONES

1. Ayudaré a alguien a alcanzar el éxito y confiaré en que Dios me hará alcanzarlo también. Esta semana alentaré, animaré o mejoraré de alguna manera las vidas de por lo menos tres personas.

2. Encontraré (a propósito) a alguien con quien pueda ser bueno hoy. Intentaré cambiarle el día a alguien de bueno a mejor. Siempre buscaré formas de ser una bendición para alguien, en especial si ese alguien no puede hacer nada por mí para compensarme.

3. Tomo la determinación de mantener el conflicto fuera de mi hogar. Recordaré lo siguiente con frecuencia:

   «Soy pacificador, no causante de problemas».

   «Dejaré pasar las cosas menores y perdonaré sin demora».

   «Decido ver lo mejor en la gente».

   «Aprecio a mi cónyuge, a mis familiares, amigos y compañeros».

4. Hoy efectuaré depósitos positivos en las vidas de quienes me rodean. Regalaré elogios y trataré de que todo aquel con quien me cruce se sienta importante.

# DESARROLLA MEJORES HÁBITOS

CAPÍTULO 16

# Alimenta tus buenos hábitos

Un antiguo cuento de los indios Cherokees presenta a un abuelo que le enseña los principios de la vida a su nieto. El viejo y sabio Cherokee dice: «Hijo, en el interior de toda persona se libra una batalla entre dos lobos. Uno de los lobos es malo, iracundo, celoso, no perdona, es orgulloso y holgazán. El otro es bueno. Está lleno de amor, benignidad, humildad y dominio propio».

«Estos dos lobos pelean todo el tiempo», continúa el abuelo.

El niño lo piensa y dice: «Abuelo, ¿cuál de los dos lobos ganará?»

«Aquel al que alimentes», contesta el abuelo con una sonrisa.

Si alimentamos la falta de perdón, la impaciencia, la baja autoestima u otras características negativas, sólo estaremos haciendo que ganen fuerza. Por ejemplo, tal vez te quejes siempre con respecto a tu empleo. Siempre haces comentarios negativos sobre tu jefe, o sobre lo mal que te trata la compañía y lo insoportable que se te hace ir al trabajo. Irónicamente, al quejarnos sentimos alivio. Nos sentimos bien cuando alimentamos esos pensamientos negativos, pero el lobo al que alimentemos siempre querrá más y más.

La próxima vez que sientas la tentación de quejarte, pregúntate: «¿Realmente quiero seguir alimentando este hábito negativo? ¿Realmente quiero seguir dónde estoy?» o: «¿Quiero matar de hambre a este espíritu de queja y llegar más alto?»

Si quieres comenzar a alimentar la paz, la paciencia, la benignidad, la bondad, la humildad y el dominio propio, verás que esas características comienzan a desarrollarse en tu vida. Decide lo mejor y en lugar de quejarte por ir a trabajar, di: «Padre, gracias porque al menos tengo empleo; y aunque esa gente no me trate bien, no trabajo para los hombres sino para ti». Cuando hagas eso, estarás alimentando al lobo bueno, la actitud correcta, y formarás un nuevo hábito.

Los hábitos son un comportamiento adquirido o aprendido que luego realizamos sin siquiera pensarlo. Es algo casi involuntario. Hemos hecho lo mismo tantas veces que prácticamente forma parte de nuestra naturaleza. Si tenemos buenos hábitos, está bien. Pero a veces nuestros hábitos nos impiden alcanzar lo mejor de Dios, y ni siquiera nos damos cuenta.

Muchos de los hábitos que formamos provienen de la cultura en la que crecimos. Si creciste en un hogar con gente desorganizada, desordenada o siempre impuntual tal vez hayas adoptado todos esos hábitos negativos. Si creciste con gente de mal talante, maleducada o sarcástica es posible que también evidencies esas conductas. Es posible que ni te des cuenta de que son conductas ofensivas porque es lo único que conoces.

Por otra parte, hay gente que creció en un entorno de hábitos positivos como la prolijidad, la santidad, el orden y la limpieza. Muchos han establecido hábitos positivos en cuanto a la dieta y el ejercicio físico y otros se han habituado a levantarse a determinada hora y a acostarse también a una hora que permita que su cuerpo descanse y se renueve. Son hábitos positivos que se aprenden y adquieren.

Tus hábitos, sean buenos o malos, determinan en gran medida cómo será tu futuro. Un estudio indica que el noventa por ciento de nuestra conducta cotidiana está regida por nuestros hábitos. Piensa en eso: desde que te levantas por la mañana hasta que te vas a dormir por las noches, el noventa por ciento de lo que haces es el resultado de tus hábitos. Esto incluye el modo en que tratamos a los demás, cómo gastamos nuestro dinero, qué vemos en televisión, qué cosas elegimos escuchar. El noventa por ciento del tiempo estamos en piloto automático. Hacemos lo que siempre hemos hecho. No es de extrañar que si quieres cambiar tu vida, tendrás que comenzar por cambios conscientes en tus hábitos diarios. No puedes seguir haciendo lo de siempre y esperar resultados distintos.

Para sacar a la luz lo mejor de ti, tendrás que hacer un inventario de tus hábitos. ¿Tiendes a la negatividad en tus pensamientos y conversaciones? ¿Llegas siempre tarde al trabajo? ¿Vives preocupándote por todo? ¿Comes demasiado? ¿Sucumbes a las adicciones?

Debes entender que tu hábito quizá no sea ilegal, contrario a la ética o a la moral. Puede ser una acción o actitud que parezca inocua, algo pequeño, pero si no haces algo al respecto y sigues igual por un año, estarás malgastando tiempo y energía, sin producir ni dar fruto de ganancia. Sin embargo, eso no es lo que Dios tiene reservado para ti.

La buena noticia es que sí puedes cambiar. Puedes adoptar hábitos mejores. La mayoría de los estudios de la conducta indican que se puede romper con un hábito en tan sólo seis semanas; otros indican que puede lograrse en sólo veintiún días. Piensa en eso: Si te disciplinas durante más o menos un mes y te dispones a someterte al dolor del cambio, podrás librarte de una conducta negativa, y formar un hábito saludable, alcanzando un nuevo nivel de libertad personal.

El apóstol Pablo dijo: «Todas las cosas me son lícitas, mas no todas convienen; todas las cosas me son lícitas, mas yo no me dejaré dominar de ninguna». Observa que Pablo está diciendo en efecto: «Me libraré de todo lo que no sea conveniente o productivo en mi vida». Estaba diciendo: «No permitiré que me controlen los hábitos malos».

La verdad es que la gente exitosa desarrolla hábitos buenos. Por eso, hasta los jugadores de golf que son profesionales practican casi todos los días. Hay profesionales que tiran hasta quinientas o mil bolas al día, aunque no estén compitiendo en un torneo. Se esfuerzan durante horas practicando su swing hasta que lo logren hacer sin siquiera pensar en ello. Entonces, cuando durante un torneo están bajo intensa presión, sus cuerpos harán los movimientos correctos casi de manera automática. ¡Con razón esos jugadores gozan de tanto éxito! Es que han formado hábitos que conducen al éxito.

Si tienes el mal hábito de nunca llegar a tiempo al trabajo, cámbialo. La gente que avanza en la vida suele ser puntual. Levántate quince minutos más temprano los días en que vayas a trabajar, a la escuela o a una reunión. Planifica tu itinerario dejando un margen de tiempo para poder llegar a tiempo. Establece una nueva rutina de puntualidad. No te permitas la impuntualidad, cuando es tan fácil desarrollar el hábito de la puntualidad.

---

**La gente que avanza en la vida suele ser puntual.**

---

Si tienes el hábito de ingerir comida chatarra y beber varias gaseosas al día, asume el compromiso de cambiar tus hábitos. No te mates de hambre, sólo cambia una pequeña cosa a la vez. No pasará mucho tiempo antes de que veas una gran diferencia en tu nivel de energía y también en tu aspecto personal.

Nuestros hábitos se convierten en aspectos de nuestro carácter. Si te permites ser desorganizada y siempre llegas tarde, eso se convertirá en parte de lo que eres. Si te acostumbraste a los berrinches y enojos cada vez que las cosas no salen a tu manera, desafortunadamente estos hábitos pasarán a formar parte de ti. El primer paso es el identificar qué es lo que te impide cambiar. Identifica los malos hábitos y luego decide hacer algo al respecto.

¿Cómo cambiamos un hábito? Es sencillo: dejamos de alimentarlo. Tienes que matar de hambre a tu mal hábito para poder someterlo, al tiempo de empezar a nutrir tus hábitos buenos.

Alguien dijo una vez: «Los malos hábitos se adoptan con toda facilidad, pero luego resulta difícil convivir con ellos». Es decir que es fácil ser maleducado y estallar, diciendo lo primero que se te ocurre y siendo sarcástico e hiriente. Eso es fácil. Pero es difícil vivir en un hogar lleno de tensión y conflicto.

Es fácil gastar demasiado, cargando todo a la tarjeta de crédito. Pero es difícil vivir sin poder pagar todas las cuentas porque no tenemos dinero suficiente. Es fácil sucumbir a la tentación y hacer lo que se nos antoje. En cambio, es difícil vivir con ataduras, sintiéndonos condenados y culpables.

Piensa en quien tiene una adicción química. Es fácil quedar enganchado. Hasta puede parecer emocionante y divertido al principio. Pero más temprano que tarde, la persona queda bajo el control de la adicción y se convierte en esclavo de su hábito. Los malos hábitos son fáciles de adoptar, pero son difíciles compañeros de vida.

Por otra parte, los buenos hábitos no son tan fáciles de aprender. El buen hábito es resultado del deseo de esforzarse y hacer sacrificios, y hasta de la voluntad de someterse al sufrimiento. Sin embargo, es fácil convivir con el buen hábito. Por ejemplo, al principio te cuesta frenar tu lengua, dejar pasar una ofensa si alguien te critica o insulta. Siempre es difícil aprender a perdonar. Sin embargo, es fácil vivir en un hogar lleno de paz y armonía.

Si estás dispuesto a pasar por la incomodidad durante un tiempo, podrás avanzar y dejar atrás el dolor inicial del cambio, y a la larga, tu vida será mucho mejor. El dolor nunca dura para siempre. De hecho, cuando desarrollas el nuevo hábito, el dolor suele desaparecer.

Victoria sabe que no discutiré con ella. No permitimos que la pelea y el conflicto entren en nuestro hogar. En nuestro matrimonio no me resulta difícil dejar pasar las cosas o perdonar una ofensa, sencillamente porque me entrené para buscar la paz. Me entrené para pedir disculpas aunque no tenga la culpa, lo cual por supuesto, ¡sucede cada vez que estamos en desacuerdo!

Sin embargo, en nuestros primeros años de matrimonio, no era esa mi respuesta. Era mi costumbre defender siempre mi argumento y decirle a ella cómo creía yo que tenían que ser las cosas. Un día, sin embargo, me di cuenta de lo siguiente: *Dios no quiere que yo viva de esta manera*. No es esto lo mejor que Dios tiene para mí. Dentro, oía la voz que me decía: «Joel, déjalo pasar. Puedes hacerlo mejor. No vivas rebajando tu vida».

Reconocí que tendría que tomar una decisión: ¿Quería mostrar que tenía razón o quería paz en mi hogar? Empecé a cambiar, renunciando a mi derecho a pelear, y se me fue haciendo más y más fácil. Hoy no me cuesta nada buscar la paz porque forma parte de mi carácter. Es algo que hago como cosa natural. Podría, en realidad, seguir allí hundiéndome donde estaba en los primeros años de casados, discutiendo, protestando, queriendo siempre tener la última palabra.

Pero agradezco haber adoptado hábitos mejores. Pasé por el dolor del cambio y hoy puedo decir que bien valió la pena. Claro que tengo otras áreas en las que necesito mejorar, ¡una o dos, tal vez!

Si estás dispuesto a pasar por el dolor inicial, sea que te lleve una semana, un mes o un año, verás que luego desaparece y disfrutarás mucho más de tu vida. Además, estarás viviendo en un nivel mucho más elevado.

## Las reacciones retrasadas

El sutil peligro que hay en muchos malos hábitos es que no sufrimos sus consecuencias enseguida, sino más adelante en la vida. Si abusas de tu cuerpo consumiendo tabaco y alcohol, quizá lleve años el desarrollo del cáncer, enfisema o la cirrosis. Si maltratas tu cuerpo comiendo mal y trabajando demasiado sin descansar, alimentándote y durmiendo poco, es posible que lo soportes durante un tiempo, pero algún día esos malos hábitos cobrarán su precio. Si eres duro y maleducado con tu familia, con tus amigos o compañeros de trabajo tal vez te soporten ahora, pero algún día quedarás muy solo. La gente tolerará tu insolencia durante un tiempo pero al fin tus relaciones se verán afectadas.

Por lo general, cuando pensamos en los hábitos, lo más natural es que nos vengan a la mente patrones destructivos como la drogadicción, el alcoholismo u otros tipos de abusos. Sin embargo, lo que forma o deforma a la gente suele ser el tipo de hábitos más comunes. Los hábitos de todos los días. Si pierdes cuatro o cinco minutos al día buscando cosas que no recuerdas dónde dejaste como las llaves, el celular, las gafas, tu agenda, etc., para fin de año habrás desperdiciado casi una semana entera de tu vida. La Biblia nos dice que aprovechemos al máximo nuestro tiempo. De modo que ser desordenados o desorganizados nos impide ser buenos administradores del tiempo que Dios nos da.

Hay un dicho que reza: «Los hábitos son como la fuerza de gravedad: siempre te atraen». Si desarrollas buenos hábitos, tu vida será más fácil, más exitosa y productiva. No tendrás que esforzarte siempre para hacer lo correcto. Cuando tus hábitos son buenos, el fruto que produce tu vida también lo será. Vivirás con mayor felicidad y naturalidad, experimentando la vida en abundancia, como Dios nos la da. Por otra parte, si tienes hábitos malos, será inevitable que te hundan porque su fuerza de gravedad te mantendrá siempre bajo su control.

Por cierto, si has tenido los mismos hábitos durante veinte o treinta años, no te resultará tan fácil romper con ellos en sólo veintiún días. Aunque si tomas la decisión y le pides ayuda a Dios para romper con ellos, tampoco tiene por qué llevarte años. Toma la decisión de cambiar, sé firme y te asombrará lo pronto que podrás formar un nuevo y mejor hábito. Cada día te será más fácil, al punto de que al fin harás lo correcto de manera automática, sin siquiera pensarlo.

Cuando recién nos casamos, Victoria y yo siempre perdíamos las llaves del auto. No por la calle, sino dentro de la casa. Es que al llegar, yo las dejaba sobre la mesa, sobre la cama o en cualquier otra parte. Victoria hacía lo mismo. Parecía que cada vez que teníamos que salir, había que buscar las llaves por toda la casa. Un día me di cuenta de que perdíamos demasiado tiempo. Tomé un martillo y dos clavos y los clavé dentro de un armario junto a la puerta trasera; tendríamos dónde colgarlas cada vez. Durante un tiempo, seguí haciendo lo mismo de antes. Sin pensarlo, dejaba las llaves en mi bolso, o las dejaba sobre la cama y allí quedaban. Tenía que recordarme: *Toma las llaves y cuélgalas en su lugar, en los clavos que pusiste junto a la puerta*. Lo hacía día tras día.

No es fácil al principio cambiar un hábito pero luego, cuando has cambiado aquella conducta, el nuevo hábito resulta natural. Ahora ni siquiera pensamos en las llaves y los clavitos que puse junto a la puerta. Así funcionan los hábitos, sean positivos o negativos. La conducta repetida tiende a automatizarse.

Amigo, amiga, no dejes que un mal hábito te detenga. Decide formar un hábito mejor. La clave está en la persistencia. Tienes que perseverar, día a día. Tienes que aplicarte la política de «no excepción». Esto significa que por mucho que te moleste, por mucho que quieras volver a los viejos tiempos, seguirás adelante con tu plan, sin excepciones.

Otra clave es: tienes que disponerte a soportar la molestia y el dolor al iniciar cualquier nuevo régimen de conductas. Después de todo, si entrenaste a tu cuerpo durante años para hacer lo que hacías y desarrollaste patrones de conducta a los que te acostumbraste, no te extrañes si ahora se rebela cuando intentas establecer patrones nuevos. Aunque si te disciplinas y te mantienes firme, en pocos meses podrás formar nuevos hábitos y tu vida será mucho más grata.

El que se prepara para correr una carrera pasa por muchos inconvenientes al principio. Le duelen las piernas, su estómago protesta y a cada momento siente la tentación de abandonar el entrenamiento. Pero a medida que su condición física mejora, logra correr más rápido, cansándose menos y sin interrumpir tantas veces su progreso.

Entiende que una vez que pasas por ese dolor inicial te resultará mucho más fácil establecer el nuevo patrón. Piensa en un cohete lanzado al espacio. En el despegue, hace falta mucha potencia. Casi toda la energía se utiliza para que la nave rompa con la fuerza de gravedad. Una vez que llega al espacio exterior, es más fácil mantenerlo en movimiento, avanzando. De la misma manera, cuando se trata de romper con un hábito, si logras pasar las primeras semanas te resultará más y más fácil cada día hasta el momento de que sea un nuevo hábito.

Piensa en toda la gente que conoces que intenta bajar de peso. Hoy la industria de las dietas gana millones de dólares. Y aunque la dieta puede ayudar, la solución a largo plazo para mantener tu peso no está en cambiar de dieta cada cierto tiempo, pasando de una dieta «maravilla» a la siguiente. Casi todo el éxito que logran estas dietas es temporal. Desafortunadamente, quienes siguen estas dietas recuperan su peso al poco tiempo, ¡y más aun!

La mejor forma de controlar tu peso y mantenerlo está en el desarrollo de nuevos hábitos. Comienza a moverte, a ejercitar tu cuerpo, a vigilar lo que comes, cuándo lo comes y cuánto. Sí, es cierto que no siempre resulta fácil, en especial al principio, cuando hay que ser extremadamente disciplinado. Pero cada vez que te resistes a una tentación, cada vez que decides lo bueno, te resultará más fácil; y un día observarás que vives una vida más sana y productiva.

Recuerda que al formar un nuevo hábito el comienzo es la parte más dura. Sentirás la tentación de abandonar y volver a tu vieja rutina. No claudiques.

Dirás: «Pero Joel, no puedo vivir sin ese pote de helado por las noches».

*Sí*, claro que puedes. Y probablemente vivas más y mejor ¡sin comer helado todas las noches! Pero para romper con ese hábito, tendrás que dejar de ir a la cocina antes de acostarte. La Biblia nos dice que debemos apartarnos de la tentación, así que se trate de la tentación sexual o de la gula, lo mismo da. La clave del éxito es la misma: ¡Mantenerse lejos!

Cuando vayas al mercado, ni siquiera pases por donde están los helados. Estarán esperándote, *ricos* y dulces, seduciéndote. No presentes excusas como: «Bueno, sólo medio kilo, por si llegan visitas sin avisar».

No. Sabes que tú eres la única visita que comerá ese helado. Mantente lejos de él. Corre para huir de la tentación. No te dificultes las cosas más de lo que ya te cuesta. Estoy bromeando (un poco) pero, hablando ya en serio, no puedes maltratar tu cuerpo y esperar que funcione como Dios quiere que lo haga.

## Hora de cambiar

Así como para algunos es difícil comer bien, para otros el manejo y administración del tiempo son casi imposibles. No viven de manera equilibrada y, por lo tanto, viven corriendo de un lado al otro. Además, desarrollan el hábito de trabajar demasiado, sin poder relajarse ni hacer ejercicios. No tienen tiempo libre porque no se lo permiten. A menos que cambien y logren equilibrar sus vidas, un día todo eso cobrará su precio. Puedes vivir bajo mucha presión durante un tiempo, en especial si eres joven, pero no te sorprendas cuando tu cuerpo sufra las consecuencias.

Es mucho mejor desarrollar buenos hábitos desde ahora. Analiza tu forma de vivir y pregúntate: «¿Por qué hago lo que hago? ¿Es algo que mi familia me legó? ¿Es un buen hábito? ¿Me está ayudando a ser mejor?» Si descubres que hay hábitos que no son productivos o convenientes, atrévete a cambiar, reemplazándolos. Asegúrate de no permitir que nadie excepto Dios controle tu vida.

Conozco a una mujer que intentaba dejar de fumar, aunque había sido adicta al tabaco durante años. Estaba decidida a que «esta vez» lograría su cometido. Y durante varias semanas lo logró. Pero un día discutió con su esposo. Se sintió ofendida y molesta, y fue a comprarse un paquete de cigarrillos. Pensó: *¡Ya verá! ¡Fumaré un atado entero!*

Pero cuando encendió el primer cigarrillo, algo dentro de ella le dijo: «Estás a punto de tirar por la borda todo tu esfuerzo. Si fumas ese cigarrillo tendrás que volver a empezar. Estarás de nuevo donde comenzaste sólo porque no fuiste capaz de dominar tus emociones».

Pensó en el esfuerzo y la disciplina para dejar su hábito, en todo lo que había pasado y en todo lo que había soportado para llegar a ese punto. Así que tomó una decisión. Dejó el atado de cigarrillos y decidió no volver jamás a encender uno.

Siempre tendrás excusas para racionalizar por qué no necesitas cambiar. Encontrarás una razón para dejar de esforzarte, dar la vuelta y volver a lo que hacías antes. No te sorprendas cuando estés a prueba. Recuerda lo que dicen las Escrituras: «No os ha sobrevenido ninguna tentación que no sea humana pero fiel es Dios, que no os dejará ser tentados más de lo que podéis resistir, sino que dará también juntamente con la tentación la salida, para que podáis soportar».[39] No importa cuán intensa sea la presión, o lo difícil que te parezca, necesitas saber que podrás soportarlo. Dios te ayudará. Te dará una salida, pero serás tú quien deba aceptarla.

---

**No se trata tanto de *romper* con los malos hábitos, sino de *reemplazarlos*.**

---

Si ves un área donde no respondes de manera positiva, no busques excusas. Asume la responsabilidad y di: «Reconozco lo que está sucediendo y decido cambiar. Voy a formar mejores hábitos».

En realidad, no se trata tanto de *romper* con los malos hábitos, sino de *reemplazarlos*. Es decir, que si tu problema son las preocupaciones y tu mente siempre corre a doscientos kilómetros por hora, preocupándote por tus hijos, tus finanzas, tu salud o lo que sea, tienes que reconocer que la preocupación es un mal hábito que adoptaste. Es difícil preocuparse y confiar en Dios al mismo tiempo. Dios quiere que tu mente esté en paz. Puedes reposar, sabiendo que Dios te lleva en la palma de su mano. Pero si durante mucho tiempo viviste con preocupaciones, es casi automático que te preocupes porque ni siquiera piensas en ello. Sólo te levantas por la mañana y comienzas a preocuparte por lo que traerá ese día.

En muchos casos no puedes sencillamente decidir que ya no te vas a preocupar. Tienes que reemplazar los pensamientos negativos por otros positivos y llenos de fe. Entonces, cada vez que sientas la tentación de preocuparte, utilízala como recordatorio de que debes meditar en las cosas buenas. Las Escrituras nos dicen: «Todo lo que es verdadero, todo lo honesto, todo lo justo, todo lo puro, todo lo amable, todo lo que es de buen nombre... en esto pensad».[40] Si reemplazas los pensamientos de preocupación por pensamientos de esperanza, fe y victoria, estarás entrenando tu mente para ser distinto. Hazlo día a día y pronto habrás formado el hábito de meditar en lo bueno, habiendo dejado atrás tu viejo hábito de la preocupación.

La clave del éxito está en encontrar con qué reemplazar el hábito negativo. Si siempre corres a la cocina para comer cuando estás angustiada, busca otro lugar a donde puedas acudir, otra actividad. Cuando estés tensa, sal y da un paseo. No hace falta que corras cuatro kilómetros. Con una simple vuelta a la manzana, un paseo corto, bastará. Cuando vuelvas, ¡mantente ocupada y lejos de la cocina!

«La práctica hace a la perfección», dice el refrán. Quizá sea así, pero a veces practicamos lo malo. Algunos me han dicho: «Joel, es que soy una persona negativa. Mis padres eran negativos y también mis abuelos. Así soy yo también».

Con todo respeto, *no* eres así. Es lo que te *permites* ser. Dios no te creó para que fueras así. Dios te hizo para que fueras libre. No te hizo para que vivieras con ataduras de adicciones, desorganización, enojo, frustración y negatividad. No, Dios te creó para la excelencia. Para que seas feliz, sano, pleno. Muchas veces, formamos hábitos con mentalidad negativa y nos decimos: «No puedo cambiar. No puedo dejar este hábito». No es así. El problema está en que ponemos en práctica las cosas equivocadas.

Es interesante que el apóstol Pablo dijera en Romanos, capítulo 7: «Pues no hago lo que quiero, sino lo que aborrezco, eso hago». Pablo tenía dificultades para hacer lo correcto, y en el versículo 19 nos muestra por qué le costaba tanto. Dice: «Porque no hago el bien que quiero, sino el mal que no quiero». Dice, básicamente, que no ha desarrollado buenos hábitos en estas áreas. Que no pone en práctica lo que sabe que debiera hacer. A decir verdad, todos estamos practicando algo y la forma en que desarrollamos buenos hábitos es practicando lo bueno. Quizá seas bueno para enojarte porque lo practicas varias veces a la semana. Hay gente buena para impacientarse porque lo practican cada mañana cuando conducen hacia el trabajo. Conozco gente que es buena para ser pesimista porque siempre pone en práctica el pesimismo. Recuerda, la repetición es lo que hace un hábito, lo que nos pone en piloto automático. Por eso tenemos que asegurarnos de poner en práctica lo correcto.

Por ejemplo, todos debiéramos practicar el perdón. La próxima vez que alguien te ofenda o hiera, no devuelvas mal por mal. De inmediato perdona a la persona que te hirió. Déjalo pasar y comienza a practicar el perdón.

Pongamos en práctica la disciplina en la forma de gastar el dinero, en cómo decidimos administrarlo. Mucha gente vive endeudada porque ha formado malos hábitos, como el de gastar dinero que no tienen cargándolo todo a su tarjeta de crédito. No hace falta mucha sabiduría para ver que pagar más del veinte por ciento de interés por una compra no es algo demasiado bueno.

Hay quienes me dicen: «Joel, no puedo vivir sin las tarjetas de crédito. No lograría nada». Sí podrían, pero con ciertas molestias. Tendrían que sufrir durante el período de cambio. Mi padre siempre decía: «Siéntate en un cajón de manzanas hasta que puedas comprar una silla». En realidad, se refería a que si usamos con sabiduría lo que tenemos, Dios nos dará más. Muchos hoy oran por un milagro, por una solución económica. Lo digo con respeto, pero en realidad, no nos hace falta un milagro sino un buen hábito en cuanto a cómo gastamos el dinero y a cómo ahorramos. Conozco personas que si Dios las bendijera mañana con un millón de dólares, dentro de un año, estarían de nuevo en dificultades financieras. Tendrían los mismos problemas. ¿Por qué? Porque no han formado el buen hábito del ahorro y la disciplina en los gastos.

Tenemos que pensar mucho y con cuidado antes de comprar algo que nos cause endeudarnos mucho. ¿Realmente necesitas ese auto tan lujoso? ¿De veras te hace falta ese juguete? Los consejeros financieros dicen que si todo lo que compramos lo pagáramos en efectivo, en un año ahorraríamos como promedio unos novecientos dólares. ¿Por qué? Porque cuando cuentas los billetes al pagar en efectivo, uno por uno, piensas: *¿De veras quiero dar mi dinero por esto?* Pagar en efectivo nos hace pensar más que pasar una tarjeta por la ranura de un lector electrónico.

Recuerda que la presión financiera casi siempre aparece como una de las tres principales razones por las que fracasan los matrimonios modernos. Si quieres que tu matrimonio dure, adopta buenos hábitos de ahorro y administración del dinero. Nunca es tarde para empezar a hacer lo correcto. Si haces tu parte, Dios hará la suya. Te promoverá. Te dará abundancia. Pero antes, tienes que administrar bien lo que tienes.

Una pareja de nuestra iglesia tenía una deuda de unos cuarenta mil dólares en sus tarjetas de crédito. Sentían vergüenza y desazón. No veían la salida. En el plano de lo natural, les parecía imposible saldar su deuda. Un día dieron un paso de fe. Se reunieron con el consejero financiero del ministerio. El consejero estudió sus finanzas y les instruyó sobre cómo podrían vencer sus problemas económicos, paso a paso.

Se comprometieron a salir de las deudas y durante tres años, no salieron a comer afuera, no se tomaron vacaciones y no compraron ropa en exceso. Vivieron con lo básico y necesario. Fue incómodo. Fue un sacrificio.

Pero estaban cambiando años de malas decisiones, formando mejores hábitos y estableciendo un cimiento para años de buenas decisiones. Dejaron de usar sus tarjetas de crédito. Aprendieron la diferencia entre lo que querían y lo que necesitaban. Empezaron a poner en práctica la disciplina y el dominio propio. Tres años después, esta joven pareja ya no tiene deudas y Dios los bendice. Ven abundancia y prosperidad. Y todo comenzó con la decisión de formar mejores hábitos. Trazaron una línea en la arena y dijeron: «Basta ya. No viviremos más de esta manera».

El primer paso para vencer un hábito o adicción consiste en identificar qué es lo que te impide hacerlo. Pero no te detengas allí. Decide hacer algo al respecto. Actúa. No te avergüences de pedir ayuda. La gente lucha contra adicciones químicas, adicciones sexuales y todo tipo de aflicciones. Puede tratarse de la adicción a la ira porque no puedes controlar tu carácter. Entiende que sí puedes cambiar. La libertad está a tu alcance. No creas esa mentira de que estás atascado y no podrás mejorar. Dios ya ha tendido un camino hacia el éxito para ti.

Pero tienes que hacer lo tuyo y estar dispuesto a hacerlo por él. La próxima vez que llegue la tentación, lo primero que debes hacer es orar. Haz que Dios participe de tu situación. No podemos derrotar a los malos hábitos sin la ayuda de Dios. Pídele que te ayude. Cuando sientas que tus emociones se salen de cauce y no puedes controlarlas, cuando quieras gritarle algo a alguien, ora en ese mismo momento, en voz baja: «Dios, te pido que me ayudes. Dame la gracia para cerrar la boca y el coraje para apartarme de esto».

Las Escrituras nos dicen: «Velad y orad, para que no entréis en tentación».[41] No nos dicen: «Orad para no caer en la tentación». La tentación es algo que todos enfrentaremos. Dios nos dice: «Cuando llegue la tentación, pídeme ayuda». En cualquier área en la que estés intentando cambiar, aun en las cosas más pequeñas, pide su ayuda: «Dios, voy a pasar por la cocina y ya huelo las galletas de chocolate, así que te pido que me ayudes a resistir la tentación de romper mi dieta»; «Padre, todos mis amigos salen de fiesta hoy y yo sé, dentro de mí, que no está bien. Te pido que me ayudes a tomar la mejor decisión. Ayúdame a permanecer en tu mejor plan».

«Joel, eso es difícil. Es difícil no salir con mis amigos. Es difícil no usar las tarjetas de crédito. Es difícil no decir lo que pienso».

Sí, todo eso es difícil. Pero más difícil todavía es vivir con ataduras y sintiéndote mal contigo mismo porque sabes que vives por debajo de tu potencial. No hay nada peor que vivir todo el día con cosas pequeñas que te impiden avanzar, que sabes que muy bien podrías vencer.

Es posible que tu dificultad sea una adicción, o tu carácter o tu impaciencia. Tal vez vivas en la mediocridad solamente porque permites que una pequeñez te controle. Quiero decirte lo que ya sabes: eres mejor que eso. Eres hijo o hija del Dios Todopoderoso. Su sangre real fluye por tus venas. No te quedes ahí conformándote con el lugar donde estás. No hay obstáculo insalvable, ni grande ni pequeño. No importa si se trata de un espíritu de crítica o de cocaína. El poder de Dios que hay en ti es mayor que el poder de lo que intenta detener tu progreso. Pelea la buena batalla de la fe. No permitas que nada ni nadie sobre la tierra te domine. Tu actitud debe ser la siguiente: «Basta ya. No me quedaré donde estoy. Voy a ir más alto. Sé que puedo más que esto».

Busca el poder de Dios que hay dentro de ti y deja de decir: «No puedo romper este hábito». En vez de eso, comienza a declarar cada día: «Soy libre. Todo lo puedo en Cristo. No hay arma forjada en contra de mí que pueda prosperar». Recuerda que Jesús dijo: «Aquel a quien el Hijo libera es libre de verdad». Ahora, declara esto sobre tu propia vida.

El capítulo 2 de Filipenses nos dice que tenemos que ocuparnos de nuestra salvación. Esto significa que tenemos dentro todas esas cosas buenas, pero tenemos que hacer lo que nos corresponde para ver que den buen fruto en nuestras vidas. Tienes dentro la semilla de Dios Todopoderoso. Él ya puso en ti el dominio propio, la disciplina, la benignidad, el perdón, la paciencia y más. A causa de tu fe en Él, esas cualidades ya están en ti; pero depende de cada uno de nosotros ocuparnos. Lo bueno no surge automáticamente. Sólo surge cuando tomamos buenas decisiones y no de vez en cuando, sino una y otra vez.

Mi personalidad me hace orientarme mucho hacia las metas y objetivos. Soy estructurado y organizado. Si te digo que estaré en algún lugar a mediodía, no estaré allí diez minutos después, sino diez minutos antes. Soy disciplinado cuando se trata de lograr cosas.

Pero con las cosas buenas de nuestras personalidades siempre hay otras áreas en las que tenemos que trabajar. Yo soy naturalmente disciplinado y me concentro bien, pero además, soy impaciente. No me gusta esperar. Me gusta llegar, hacer, avanzar. Es fácil que me impaciente, por lo que sé que tengo que mejorar en eso. No puedo sólo sentarme y decir: «Bueno, no soy paciente. Dios no me hizo paciente». No. Sé que dentro de mí está la paciencia, pero tengo que hacer mi parte para que funcione. A veces es graciosa la forma en que Dios utiliza a las personas y las circunstancias para tratar de ayudarnos a llegar más alto.

Por ejemplo, el sistema de autopistas de Houston me ha enseñado mucho sobre la paciencia. Solía poner en práctica el estrés y la tensión cada vez que quedaba en un embotellamiento de tránsito. Pero ahora, aprendí a relajarme, a ir con la corriente y a permanecer en paz. He logrado que la paciencia que tengo dentro se dirija hacia mis pensamientos, mi conducta y mi actitud.

Dios también ha usado a mi hermosa esposa Victoria para que me ayude a ocuparme en mi salvación. Cuando nos casamos, cada vez que nos disponíamos a salir yo preguntaba: «Victoria, ¿estás lista?»

Ella respondía: «Sí, ya voy».

Con mi tipo de personalidad, iba al auto y esperaba. Para mí «ya voy» significaba «Ya». Pero la personalidad de Victoria es más relajada: nada es demasiado grave. Es la persona más paciente del mundo. Así que cuando dice «ya voy» es un término relativo. Quiere decir: «Estoy lista en términos generales, digamos en diez o quince minutos empezaré a ir hacia la puerta».

En esos años cuando sucedía eso yo permanecía en el auto, ofuscado y molesto: «Pensé que había dicho que estaba lista», protestaba. «¿Cuándo vendrá?»

Hoy, después de más de veinte años de casados, aprendí que cuando Victoria dice: «Estoy lista», es algo parecido a la advertencia de los dos minutos en un juego de fútbol. El reloj dice dos minutos, pero si sabes algo de fútbol, entiendes que serán diez o quince minutos. Cuando Victoria dice que está lista, ahora me siento, repaso las notas de mis sermones, miro televisión o descanso durante unos minutos. Permanezco en paz, en lugar de molestarme. ¡Dios ha usado a Victoria para que la paciencia sea más evidente en mí!

¿Cómo logré desarrollar la paciencia? Poniéndola en práctica. Con el tiempo, formé mejores hábitos.

Tal vez tu problema no sea la paciencia y seas la persona más paciente del mundo. Pero te pasas la mitad de la vida deprimido y desalentado. También tendrás que trabajar para que salga a la luz el gozo que hay en tu interior. Despierta por la mañana y di con David: «Este es el día que hizo el Señor. Me regocijaré y alegraré. Hoy seré feliz». Concéntrate en lo bueno, no en lo malo. Ocúpate de tu salvación. No creas esas mentiras a las que diste lugar en el pasado: «No puedo controlar mi carácter. Soy iracundo». No. El dominio propio está en ti porque Dios lo puso allí. El problema es que todavía no has hecho nada por eso.

La forma de ocuparte es ejercitando tus músculos en esa área. Si quieres que salga a la luz tu benignidad, comienza por alentar y animar a los demás. Elógialos. No te quedes allí, esperando que Dios te convierta en alguien bueno y amable. Tienes que ocuparte, desarrollando el hábito de la amabilidad hacia los demás.

Además, siempre debemos tener metas nuevas delante de nosotros. Nuestra actitud ha de ser: voy a poner en práctica el buen trato hacia mi familia. Voy a elevarme más alto hoy, a honrar y respetar a mi esposo o esposa. Voy a ser más amoroso y generoso con mis hijos. No te esfuerces sólo por vencer los malos hábitos. Ocúpate de fortalecer y mejorar los buenos hábitos también.

Habrá áreas en tu vida que necesitas dominar. Dios te dice: «Ya no lo postergues más. Hoy es el día en que puedes empezar. Hoy puede ser un nuevo comienzo». Si te tomas esto en serio y estás dispuesto a avanzar más allá del dolor del cambio, a un año de hoy serás una persona diferente. Estarás libre de las adicciones, libre de las malas actitudes, libre de las ataduras que te han estado impidiendo avanzar.

Asegúrate de poner en práctica las cosas buenas. Mata de hambre a los malos hábitos y alimenta a los buenos. Si lo haces, te elevarás más alto y Dios derramará sobre tu vida sus bendiciones y favor. No permitas que nada te domine. Desarrolla mejores hábitos. Líbrate de todo lo que no esté produciendo buenos frutos en tu vida.

Recuerda que tus hábitos de hoy determinan tu futuro. Examina tu vida, haz un inventario de tus hábitos y cuando encuentres algo que no esté bien, cámbialo enseguida. Mientras, estarás formando el hábito de lograr lo mejor de ti.

# CAPÍTULO 17

# La felicidad como hábito

Mucha gente vive sin darse cuenta de que gran parte de nuestra perspectiva sobre la vida, nuestras actitudes, nuestra disposición, son conductas aprendidas. Son hábitos que formamos por repetición a lo largo de los años. Si pasamos años concentrándonos en lo malo y no en lo bueno, estos patrones negativos nos impedirán disfrutar de nuestras vidas.

Adquirimos muchos de nuestros hábitos imitando a nuestros padres, o a quienes están con nosotros mientras crecemos. Hay estudios que indican que los padres negativos crían hijos negativos. Si tus padres se enfocaban más en lo malo, vivían bajo una gran presión, molestos o desalentados, es muy posible que hayas formado los mismos hábitos negativos.

Hay gente que me dice: «Es que, Joel, soy de los que se preocupan por todo. Siempre estoy tenso. No soy del tipo amable o agradable».

Por favor, entiende que son hábitos que formaste. La buena noticia es que puedes reprogramar tu «computadora». Puedes librarte de la mentalidad negativa y desarrollar el hábito de la felicidad.

La Biblia dice: «Estad siempre gozosos». Otra versión dice: «Alégrense en el Señor siempre».[42] Esto significa que no importa qué suceda, podemos sonreír en todo momento. Debemos levantarnos cada mañana sintiendo entusiasmo por el nuevo día. Aunque pasemos por circunstancias difíciles o negativas, tenemos que mantener una perspectiva positiva. Muchas personas esperan que se solucionen sus circunstancias para

211

luego decidir ser felices: «Joel, cuando tenga un empleo mejor. Cuando el comportamiento de mi hijo mejore. Cuando mejore mi salud».

Aquí, el tema es que si quieres ser feliz, tienes que decidir serlo hoy mismo.

La felicidad no depende de tus circunstancias. Depende de tu voluntad. Es una decisión que tomas. He visto gente que ha pasado por las situaciones más dolorosas y desafortunadas, pero en el momento, no habrías pensado siquiera que tenían un problema porque sonreían y hablaban palabras buenas. A pesar de sus terribles dilemas, se mantenían positivos, enérgicos, con dinamismo.

---

**La felicidad no depende de tus circunstancias... Es una decisión que tomas.**

---

En tanto, otros en las mismas circunstancias y a veces en situaciones no tan graves, insisten en llorar su desesperanza, deprimidos, desalentados, preocupados. ¿Dónde está la diferencia?

Está en la forma en que han entrenado sus mentes. Una persona desarrolló el hábito de la felicidad. Está llena de esperanza, de confianza, esperando lo mejor. La otra ha entrenado su mente para ver lo negativo y vive preocupada, frustrada, quejándose siempre.

Si quieres formar el hábito de la felicidad, debes aprender a relajarte, a dejarte llevar por la corriente en lugar de vivir en frustración. Tienes que creer que Dios está al mando y eso significa que no tienes por qué andar corriendo o preocuparte. Además, tienes que ser agradecido por lo que tienes en lugar de quejarte por lo que no tienes. El hábito de la felicidad depende de que permanezcamos del lado positivo de la vida.

Cada día trae sus propias sorpresas e inconvenientes, así que tienes que aceptar el hecho de que no todo saldrá siempre como lo quieres. Tus planes no siempre funcionarán tal y como los planeaste. Cuando eso suceda, decide que no permitirás que las circunstancias te alteren. No permitas que la presión te robe el gozo. Al contrario, adáptate, buscando lo mejor en cada situación adversa.

Una de las mejores cosas que he aprendido es que no hace falta salirme con la mía para poder ser feliz. Decidí que disfrutaría de cada día, salgan las cosas como yo quiero o no.

Nuestra actitud debiera ser: *Voy a disfrutar de este día aunque se pinche un neumático camino a casa. Voy a disfrutar de este día aunque llueva a la hora del juego. Voy a ser feliz en la vida aunque no me den el ascenso que espero.*

Cuando mantienes esa actitud, las cosas menores que podrían haberte irritado o perturbado ya no serán fuente de frustración. No tienes por qué vivir en tensión. Debes entender que no puedes controlar a la gente, ni cambiar a las personas. Sólo Dios puede hacerlo. Si alguien hace algo que te perturba, déjale el asunto a Dios. Deja de permitir que la idiosincrasia o los caprichos de otra persona te molesten.

Si tu esposo llega quince minutos tarde y se enfría la cena, sientes que la noche está arruinada. No. No seas tan rígida. La vida es demasiado corta como para vivirla en tensión. Además, la tensión prolongada puede dañar tu salud y acortar tu vida. No quiero morir prematuramente porque me molesto cada vez que el tránsito se atasca. No quiero vivir con un nudo en el estómago porque alguien no hace lo que yo quiero, o porque mis grandes planes para el fin de semana se cancelaron por la lluvia.

No vale la pena. Puedes decidir ser más flexible, tener una actitud más relajada. Piensa en esto: a diez años de hoy, muchas de las cosas que hoy permites que te molesten no tendrán la más mínima importancia. No recordarás que llovió el martes pasado y no pudiste jugar al golf. No te importará el atascamiento de tráfico de ayer.

Una vez, Victoria y yo planeamos unas vacaciones perfectas. Habíamos estado esperando durante meses. Era una oportunidad para poder estar solos, descansar durante unos días. A medida que se acercaba la fecha, yo sentía más y más emoción. Ya tenía los boletos y estaba listo para partir.

Mi madre había estado con un problema en la cadera debido a un ataque de polio durante su infancia. Cuando los médicos, por mucho que se esforzaron, decidieron que tendrían que reemplazar su cadera, programaron una cirugía. Pero a último momento sucedió algo y tuvieron que reprogramarla. La cirugía entonces, sería justamente el día en que habíamos planeado irnos. Me costó decidir si me iría o si me quedaría para cuidar a mi madre. Decidimos quedarnos. Al principio estábamos bastante desilusionados, un poco tristes, pero luego nos dijimos que no permitiríamos que eso nos robara el gozo.

Mamá fue operada y esa semana, mientras estaba en el hospital con ella, debo haber orado también por veinte o treinta personas más. En un momento, iba de sala en sala porque las familias me pedían que orara por sus seres queridos. Al final de esa semana me sentía más renovado y relajado de lo que habría logrado descansar durante las vacaciones.

Sin embargo, podríamos haber permitido que todo eso nos perturbara. Podríamos haber dicho: «Dios, no es justo. Lo planificamos durante mucho tiempo. ¿Por qué nosotros?»

En cambio, elegimos adaptarnos y ajustarnos. La Biblia dice en Romanos 8.28: «Y sabemos que a los que aman a Dios, todas las cosas les ayudan a bien». No sé por qué la operación de mamá cayó el mismo día en que íbamos a partir. Pero sí sé una cosa: Dios lo obró todo para nuestro bien. Sé también que aunque mis planes no funcionen y las cosas no salgan como yo quiero, porque honro a Dios y me esfuerzo por mantener la actitud correcta, Dios me compensará.

Hará lo mismo por ti. Cuando tus planes no funcionen, no te vuelvas amarga y negativa. No te quejes: «No puedo creer que me pase esto. Dios, no puedo darme el lujo de una demora». Quizá te esté protegiendo de un accidente. ¿Cómo sabes que Dios no permitió esa demora para que pudieras conocer a alguien que quiere que conozcas? Aprende a ir con la corriente. No te molestes y no permitas que las interrupciones menores te roben el gozo.

A veces, cuando nuestros planes se ven interrumpidos, puede ser porque Dios tiene a alguien a quien quiere que conozcamos o algo especial que quiere que hagamos. Muchas veces no nos damos cuenta de todas esas cosas que ocurren «detrás de bastidores», pero Dios nos está usando.

Hace poco mi hijo Jonathan y yo fuimos a comer a uno de nuestros restaurantes favoritos. Un grupo grande llegó antes que nosotros y la recepcionista nos informó que tendríamos que esperar cuarenta y cinco minutos. No podíamos esperar tanto y como habíamos estado esperando esa noche, nos sentimos desilusionados. Pero igual, convinimos en que nos adaptaríamos. Le dije: «Jonathan, vayamos a ese otro lugar de hamburguesas a comer». No había estado allí más de dos veces en mi vida. Pero cuando llegamos, observé que había un hombre bien vestido en una de las mesas del frente. Estaba solo. Cuando pasamos junto a él lo miré y le sonreí. Nada importante. Seguimos hacia el mostrador y pedimos la comida.

Días después recibí una nota de parte de ese señor. Dijo que en ese momento pasaba por una de las situaciones más feas de su vida y que casi nunca había orado antes, pero que ese día oró, diciendo: «Dios, si existes, muéstrame una señal». En su carta decía: «Cuando mi mirada se cruzó con la suya, algo en mi interior se abrió. Nunca antes había sentido tal amor».

Ahora, lo que más me asombra es que yo no sentí nada. Sólo hambre porque quería comer. Pero veo que Dios cambió mis planes a propósito, interrumpiendo lo que yo quería hacer para que pudiera ver a ese hombre, a fin de que de esa forma tan minúscula Jonathan y yo formáramos parte de la respuesta a la oración de ese hombre. A veces Dios nos lleva hacia un lugar totalmente distinto sólo para que podamos sonreírle a alguien, para que podamos decir «Hola». Con sólo verte, quizá alguien sienta esperanza. Dios puede hacer que la gente te mire para que vean su amor y compasión.

No creo que nada de eso hubiera pasado si mi actitud hubiera sido la incorrecta; si hubiera estado tenso. Sin duda, no habría podido transmitir esa unción si hubiera estado molesto y frustrado porque nuestro restaurante favorito no tenía mesas libres.

Cuando se presentan inconvenientes y las cosas no salen como quieres, no te entregues a la tentación de enojarte y frustrarte. No sólo te causará problemas, sino que podrías estar impidiendo que Dios te use de la manera en que quiere usarte.

A veces, saldrá mal todo lo que pueda salir mal. Cuando tengas uno de esos días, decide que seguirás sonriendo pese a todo y sigue adelante, con la corriente, sabiendo que Dios está al mando. Victoria y yo estábamos en un avión hace poco, volviendo a Estados Unidos, cuando por alguna razón que desconocemos nos enviaron a primera clase. Fue sencillamente el favor de Dios lo que permitió que nos sentáramos en primera fila.

Viajamos bastante seguido, así que cuando regreso me gusta ponerme al día. El aterrizaje en Houston estaba programado para el mediodía y yo ya tenía actividades programadas para la tarde. Quería almorzar en un restaurante que nos gusta mucho, jugar con nuestros hijos, hacer ejercicios y algunas cosas más. Tenía todo planificado y pensé que como Victoria y yo bajaríamos primero, podríamos pasar por aduana e inmigración sin retrasos.

El avión aterrizó según lo programado. Victoria y yo salimos enseguida. Pero evidentemente, al mismo tiempo habían llegado cuatro o cinco vuelos internacionales porque la aduana estaba llena de gente, como nunca antes. La fila llegaba hasta los corredores de embarque. Al menos habría mil personas. Con una mirada supe que nos llevaría una o dos horas salir de allí, y que mis planes quedarían postergados.

Decidí que no me molestaría y que creería en el favor de Dios. Hasta bromeé con Victoria, diciendo: «Mira esto, Victoria. Vendrá alguien para hacernos pasar primero». Y oré: «Dios, por favor, dame tu favor. Dios, por favor, que sobresalgamos por entre la multitud», y así seguí orando.

La línea parecía hacerse más larga, con más gente. Pero no me molesté. Yo esperaba el favor de Dios, así que me paré a un costado en un momento para mirar hacia adelante. Entonces observé que se acercaba una mujer. Llevaba uniforme, un escudo y un intercomunicador en la mano. Era una autoridad, supuse. Le dije a Victoria: «Allí viene. Quizá sea alguien de nuestra iglesia». Me sentía muy emocionado. Sabía que me llevaría al frente de la fila.

Y seguro, la mujer se acercó y me dijo: «Señor».

«Sí», dije con una amplia sonrisa y tomando ya mi bolso para poder pasar al frente.

«Señor, por favor vuelva a su lugar en la fila».

«¿Dios? No era eso lo que te pedía».

Todo el día fue así. Ninguno de mis planes funcionó como lo esperaba. Pero gracias a Dios, aprendí a adaptarme. He decidido que disfrutaré de cada día, me salgan las cosas como las quiero o no.

Decide que serás feliz aunque quedes atascado en el tránsito, aunque la camarera derrame algo sobre tu saco nuevo, aunque tengas que esperar en una larga fila.

Entiende que Dios no te creó para ser negativo. No nos creó para que vivamos deprimidos, perturbados, preocupados ni frustrados. Dios quiere que seas feliz, que tengas paz, que estés contento y que disfrutes de tu vida. Dios quiere que seamos ejemplo de lo que significa vivir una vida de fe. Cuando la gente nos ve, tienen que ver tanto gozo, paz y felicidad como para querer tener lo mismo.

Mira tu vida con toda sinceridad. ¿Estás todo lo feliz que sabes que debieras ser? ¿Te levantas cada día sintiendo entusiasmo por tu futuro? ¿Disfrutas de tu familia y de tus amigos? Si no es así, ¿qué es lo que te molesta y te roba el gozo? ¿Por qué te preocupas? Identifícalo, haciendo un inventario y luego da un paso al frente. Empieza a reentrenar a tu mente en esas áreas en particular.

Muchas veces puedes efectuar cambios pequeños, ajustes menores en tu actitud, en la forma en que tratas a los demás, en cómo respondes ante los problemas, y todo eso marcará una enorme diferencia en tu vida y tu nivel de gozo.

Hace años el científico ruso Ivan Pavlov hizo un experimento con unos perros. Estudió sus hábitos y cómo respondían ante ciertas situaciones. Cada vez que los alimentaba, hacía sonar un timbre. Cuando los perros veían la comida se excitaban y salivaban. Estaban impacientes por comer.

En las siguientes semanas, Pavlov siempre hizo sonar el timbre antes de darles la comida. Después de unos días, los perros ya asociaban el sonido del timbre con la presencia del alimento.

Semanas más tarde, decidió probar con algo diferente. Hizo sonar el timbre en cualquier momento y no cuando les daba comida a los perros, sólo para ver qué sucedía. Curiosamente, cada vez que sonaba el timbre y aun cuando no hubiera comida ni olor, los perros salivaban. En sus mentes, se disponían a comer. Pavlov lo llamó «respuesta condicionada».

Algo parecido puede suceder en nosotros. Podemos permitirnos desarrollar todo tipo de respuestas condicionadas negativas. Por ejemplo, en un atascamiento de tránsito casi de inmediato nuestra presión arterial sube a las nubes, nos sentimos muy enojados. Quizá, si en la oficina alguien no nos habla y nos ignora, en lugar de darles el beneficio de la duda nos sentimos ofendidos. Es que nos condicionamos a responder de determinada manera. Permitimos que esta mentalidad negativa nos robe el gozo.

Para desarrollar el hábito de la felicidad, deberás cambiar esas repuestas negativas por unas positivas. Al levantarte por las mañanas, quizá sientas desaliento o depresión; falta de deseos de ir a trabajar. Si en lugar de pensar: «*Nunca me pasa nada bueno. Será un día horrible*», rompes con esa rutina, podrás decir independientemente de tus circunstancias: «Este es el día que hizo el Señor. Voy a disfrutarlo. Hoy seré feliz». Dilo con fe. Cada vez que lo hagas, estarás reentrenando tu mente. Formando un nuevo hábito de felicidad. Así como podemos formar hábitos negativos de derrota, desaliento, amargura y autocompasión, también podemos formar el hábito de disfrutar de cada día.

Entrena tu mente para ver lo bueno. Agradece lo que tienes y líbrate de las respuestas negativas condicionadas.

Ya sabes que en el mundo de hoy hay muchas cosas tristes. Mucha gente enferma porque vive perturbada, molesta, preocupada. Sí, sé que la depresión puede ser causada por un desequilibrio químico, pero también veo gente que se arrastra en la depresión y la derrota porque han desarrollado el hábito de concentrarse en lo negativo. Se centran en sus problemas, en lo que está mal y no en lo que está bien. En lo que perdieron, en lo que no pueden hacer, en lugar de centrarse en lo que pueden hacer con lo que les ha quedado.

Cambia tu enfoque. Puedes tener un problema pequeño, pero si te concentras en él verás cómo crece y crece. No exaltes tu problema; exalta a tu Dios. Sal de la duda y entra en la fe. Sal del descontento y entra en el gozo. Decide que vivirás tu vida con felicidad.

---

**No exaltes tu problema, exalta a tu Dios.**

---

No estoy diciendo que lo veas todo color de rosa. Porque eso no es ser realista. De hecho, el gozo puede definirse como «calmo deleite». Esto significa que estás en paz, que sonríes, que sientes entusiasmo por tu futuro. Claro que tendrás problemas. Todos tenemos obstáculos que hay que vencer. Pero sabemos que Dios está al mando. Sabemos que nos lleva en la palma de su mano.

La clave es esta: tenemos que reentrenar nuestras mentes para que se aparten de las respuestas condicionadas negativas. Conozco gente que se deprime cada lunes por la mañana. No les gusta su trabajo, lo odian, y cada semana sufren de «la depresión del lunes por la mañana».

No es de extrañar que los investigadores informen que hay setenta veces más probabilidades de sufrir un ataque cardíaco el lunes por la mañana, más que en cualquier otro momento de la semana, porque la gente está más tensa y estresada en ese momento.

En contraste, el apóstol Pablo dijo: «Sé vivir humildemente, y sé tener abundancia; en todo y por todo estoy enseñado, así para estar saciado como para tener hambre». Piensa en eso. Dice: «Sé... y... estoy enseñado». Es decir que esto no sucedió automáticamente. Lo aprendió. Tuvo que entrenar su mente para permanecer en paz. Para concentrarse en lo bueno y ver el lado positivo de las cosas.

Lo mismo debemos hacer nosotros. La felicidad no nos caerá de arriba. Es una decisión que tenemos que tomar. Ser positivos no es algo que necesariamente nos salga por naturaleza. Tenemos que decidirlo a diario. Nuestra mente por sí misma suele tender a lo negativo. Si no nos mantenemos a la ofensiva, poco a poco nos iremos amargando. Ya no sonreiremos tanto. Y pronto dejaremos de ser buena compañía porque en todo encontraremos falta. Criticaremos todo lo que veamos.

Niégate a permitir que esos hábitos negativos se arraiguen. Cuando dejas la cama por la mañana, sonríe. Establece el tono adecuado al iniciar cada día. Porque si no lo haces, alguien más lo hará por ti.

«Joel, si sonrío o actúo como si estuviera de buen ánimo, estaría fingiendo porque en realidad estoy deprimido. Tengo tantos problemas».

Tienes que darte cuenta de que al sonreír, estás actuando con fe. Cuando sonríes, le envías un mensaje a todo tu cuerpo, que anuncia que todo estará bien. Si desarrollas esta actitud positiva de fe, estarás sembrando la semilla para que Dios obre en tu vida.

Leí que una joven pareja de universitarios vivía en un complejo de apartamentos. Sus vecinos también eran estudiantes, por lo que pronto se hicieron amigos ya que tenían bastantes cosas en común.

La segunda pareja, sin embargo, parecía tener mejor fortuna. Vivían en el apartamento de la esquina, que era más grande y lindo que las otras unidades del complejo. Sus muebles eran nuevos. Los otros apenas tenían muebles y los que tenían se los habían regalado, de segunda mano. Una de las parejas vestía ropa nueva y a la moda, mientras la otra vestía siempre lo mismo. En cierto momento, ambos muchachos intentaban conseguir un empleo como asistentes en la universidad. Y una vez más, fue el segundo quien lo logró.

El primero sentía gran frustración ante lo que le parecía tan mala fortuna. Para colmo, en Navidad la segunda pareja recibió como regalo de sus padres un flamante auto. La primera pareja tenía una camioneta vieja, sin aire acondicionado, y sufría calor porque vivían en un lugar húmedo y caluroso del país. Muchas veces conducían a clase por la mañana, sudando y sintiéndose tristes, y veían cómo sus vecinos andaban en el auto deportivo nuevo.

A medida que se sumaban esas cosas, el joven se volvió más negativo y deprimido. Empezó a quejarse de sus circunstancias y pronto estaba continuamente peleando con su esposa. Discutían y peleaban, pero lo irónico es que antes jamás habían tenido problemas en su relación. Es que las actitudes negativas pronto contagian cada una de las áreas de nuestras vidas y nos sumen en lo malo.

Un día este joven estaba en su clase de estadísticas. Pasó varias horas ingresando datos en su computadora y resolviendo una ecuación larga y compleja. Tenía ya los números alineados y cuando apretó la tecla de «ingresar», esperó la respuesta. Se acomodó en la silla y cruzó los brazos. Pensó que la computadora se llevaría unos diez o quince minutos en analizar y calcular toda la información, pero para su sorpresa, cuando levantó la vista vio que la computadora ya había terminado. No podía creerlo. Pensó: *¡Es asombroso! Me llevó horas ingresar los datos y la computadora me dio la respuesta en una décima de segundo.* En ese momento pasó el profesor y notó que el joven estaba perplejo.

«¿Sucede algo malo?», le preguntó.

«No, señor. Nada está mal. Es que pasé mucho tiempo ingresando datos en la computadora y no sé cómo puede hacer el cálculo tan rápido».

El profesor sonrió y le dijo: «Te lo explicaré». Le dijo al estudiante que la computadora toma todos los datos y le atribuye a cada uno un impulso eléctrico negativo o positivo antes de almacenarlos. Luego, sencillamente retoma la información y la combina en el orden adecuado. Puede hacerlo con tal rapidez porque la información ya ha sido categorizada.

Luego añadió algo que le llamó la atención al joven. Dijo: «La computadora trabaja de manera similar al cerebro humano. Antes de que algo ingrese en nuestra computadora mental, todo lo que vemos, oímos, saboreamos, sentimos o intuimos se almacena en el cerebro y se le imprime un sello, negativo o positivo. Esa sensación permanece almacenada en nuestra memoria. Por eso a veces no puedes recordar cómo se llama una persona pero sí cómo te sientes ante su presencia». El profesor continuó: «A diferencia de la computadora, sin embargo, todos desarrollamos un hábito de programación, principalmente positivo o negativo».

Las palabras del hombre encendieron una chispa en el cerebro del joven. Vio que se había formado el hábito de sentirse negativo y, sin saberlo, todo lo que ingresaba en su mente llevaba el sello de lo negativo. Cuando veía a sus amigos, lo único que observaba era todo lo que tenían y que a él le faltaba. «Su apartamento es más grande… negativo. Su auto es mejor… negativo. Les va mejor en todo… negativo». Vio que no estaba disfrutando de la vida porque categorizaba todo lo que entraba en su computadora mental como algo negativo.

Es incuestionable que lo que entre en tu mente y corazón será lo que salga también. Claro que tus circunstancias pueden ser negativas. Y quizá no tengas todo lo que tienen otros, como el puesto que tiene tu vecino, por ejemplo. Pero en lugar de poner automáticamente el sello de «negativo» antes de almacenar la información, cambia tu actitud. Recuérdate: «Sé que Dios tiene reservado algo mejor para mí. Sé que cuando se cierra una puerta, Dios puede abrir otra». Al hacerlo, tomarás esa situación negativa y le darás vuelta, para imprimirle el sello de lo positivo.

Puedes hacerlo aun en los momentos más difíciles. Quizá hayas perdido a un ser querido. Y sé que eso duele, pero nuestra actitud tiene que ser: «Sé dónde está. Está en un lugar mejor, un lugar de gozo y de paz». Al hacerlo, estamos sellando la experiencia como «positiva».

Presta atención a aquello con lo que te alimentas. ¿Estás almacenando más cosas positivas o negativas? No puedes sellar mentalmente todo como negativo y esperar que tu vida sea positiva y feliz.

«Quedé atorado en el tráfico la semana pasada y no llegué a una reunión importante».

No. Dale vuelta y declara: «Padre, gracias porque me pones en el lugar indicado en el momento indicado. No me voy a deprimir. Creo que diriges mis pasos y que cambiarás mi falta a la reunión en algo positivo para mí».

Cuando hagas eso, estarás cambiando lo negativo por lo positivo y durante el proceso, al acostumbrarte a este tipo de mentalidad, descubrirás que desarrollas el hábito de la felicidad.

Nuestro cerebro posee una fascinante función conocida como «sistema activador reticular». Básicamente es una función mediante la cual la mente elimina los pensamientos e impulsos que considera innecesarios. Por ejemplo, hace años mi hermana vivía en una casa que estaba junto a las vías del ferrocarril. Dos o tres veces cada noche, el tren pasaba haciendo sonar su silbato justo junto a su ventana. El tren hacía temblar la casa. Cuando se mudó, Lisa despertaba cada vez que pasaba el tren, aunque estuviera profundamente dormida. Pero después de unas semanas, sucedió algo asombroso. Aunque pasaran los trenes, Lisa casi no los oía. Podía dormir durante toda la noche.

Una vez fui de visita y me quedé a dormir. Cuando pasó el tren, pegué un salto en la cama. Me parecía que había llegado el fin del mundo.

A la mañana siguiente le pregunté: «Lisa, ¿cómo puedes dormir con ese tren que pasa por las noches?»

«¿Qué tren?», preguntó.

Su sistema activador reticular procesó el sonido del tren y le permitía dormir por las noches.

De manera similar, podemos entrenar a la mente en lo positivo para que las cosas negativas ya no nos afecten. Cuando llega el sentimiento del miedo, aprende a sacarlo de sintonía, como hacía Lisa. Si esa idea deprimente de «hoy será un mal día» amenaza con resonar en tu mente, elimínala. Si lo haces, en poco tiempo el sistema activador reticular de tu mente dirá: «No necesitas esta información. No prestes atención. Ni siquiera dispares la sensación de miedo o preocupación».

Por cierto, lo presento de manera muy simplificada, pero así como Lisa podía eliminar de su sistema el ruido del tren, creo que todos podemos hacer lo mismo con los mensajes negativos. Podemos sintonizar mensajes de gozo, paz, fe, esperanza y triunfo si aprendemos a dar vuelta a lo negativo e imprimir el sello de lo positivo en todo.

«Es que a mis hijos no les va bien. Se han desviado. Me preocupo tanto por ellos».

No. Cambia esa idea: «Padre, gracias porque mis hijos están bendecidos y toman buenas decisiones. Declaro que tu Palabra dice: "Yo y mi casa serviremos al Señor"».

«Es que, Joel, mis problemas son económicos. La gasolina cuesta tanto. Mi negocio no va bien. No sé cómo lo lograré».

No. Cambia la sintonía y empieza a decir: «Dios provee y satisface todas mis necesidades. Todo lo que toco prospera y tiene éxito. Soy bendecido. No podré ser maldecido jamás».

Luego de la devastación del huracán Katrina, estaba viendo un programa especial un día en que los periodistas entrevistaban a gente en Nueva Orleáns. Eran personas a las que había afectado el huracán. Cada uno contaba su historia y casi todos eran muy negativos, estaban amargados, y culpaban a otros, al gobierno, a Dios».

Una joven, sin embargo, me impresionó por su actitud diferente. Era obvio que su actitud era distinta. Sonreía y su rostro casi parecía brillar.

El periodista le preguntó con cierto sarcasmo: «Bueno, cuéntanos tu historia. ¿Qué es lo que está mal?»

«Nada está mal. No vine para quejarme», dijo la joven. «Sencillamente quiero agradecer a Dios porque estoy viva y sana. Agradezco a Dios porque mis hijos están bien».

El periodista estaba sorprendido. Todos los demás se habían quejado por la falta de agua o electricidad. Hacía muchísimo calor y no había aire acondicionado. Entonces, le preguntó algo más: «¿Qué pasó con la electricidad? ¿Tienen aire acondicionado?»

«No. No sólo no tengo aire, sino que no tengo casa. Se la llevó la inundación». Y entonces sonrió y dijo: «Pero tengo esto». Y con una sonrisa, levantó su Biblia. «Tengo mi esperanza, mi gozo, mi paz». Con rostro radiante dijo: «Sé que Dios está de mi lado».

La mujer decidió tomar una situación desesperada y negativa, darle vuelta e imprimirle el sello «positivo». Se negaba a sintonizar la autocompasión en su mente. Se negaba a permitir que las desafortunadas circunstancias le robaran el gozo. Decía, en efecto: «Sé que Dios sigue al mando de mi vida. Dijo que ni siquiera un gorrión podría caer al suelo sin que Él lo viera. Así que sé que me ve y me cuida. Sé que nos cuidará a los niños y a mí».

Entrena tu mente para ver lo bueno. Líbrate de las respuestas condicionadas negativas. Aunque todos los demás se quejen, podrás encontrar algo bueno en toda situación. Si haces lo que dice la Biblia, podrás de hecho ser feliz en todo momento.

# CAPÍTULO 18

# ¿Qué hacer con las críticas?

Tera lloraba muy enojada y decía: «¡No puedo creer que ella dijera eso de mí! No quiero trabajar con alguien en quien no pueda confiar, alguien que dice algo cuando está conmigo y luego se da vuelta y dice todo lo contrario».

«No tuvo mala intención. Siempre es así. Critica a todos. Es la forma en que trata de sentirse bien consigo misma», le dijo Bonnie a su amiga para consolarla.

«Será. Pero conmigo no ha ganado puntos», respondió Tera.

Todos pasaremos por momentos en los que se nos critique, a veces con razón, pero muy a menudo, injustamente. Eso crea tensión en nuestros corazones y mentes, y afecta nuestras relaciones. Alguien en tu trabajo o en tu círculo social dice algo negativo de ti, o te culpa por algo, intentando hacer que quedes mal, o exagerando alguna pequeñez. Por lo general, los criticones no tienen intención de ayudarte: sencillamente intentan destruirte.

Por cierto, la crítica constructiva puede ser útil. La perspectiva de alguien que tiene buenas intenciones para ti puede iluminar un área en la que puedas mejorar. Pero es triste que la mayoría de las veces, la crítica no tenga como fin la edificación sino todo lo contrario. Si no se la da con espíritu de bendición, se la presenta como aguijón intencional. La crítica que más duele es la injusta e inmerecida. Esta crítica es más un reflejo de quien critica que de la persona criticada.

He notado que la crítica infundada casi siempre se basa en los celos. Proviene de un espíritu competitivo. Tienes algo que otro quiere. Pero en lugar de alegrarse por ti y mantener una buena actitud sabiendo que Dios puede hacer algo parecido para todo el que confíe en Él, los celos surgen en el espíritu de la persona crítica que intenta cubrir su propia inseguridad siendo cínica, cáustica o amarga hacia los demás.

Cuanto más éxito tengas, más te criticarán. Si te dan ese ascenso en la oficina, no te sorprendas de que los críticos aparezcan por doquier.

«Bueno, no tiene talento», dirá alguno. «Sólo es manipuladora y se congracia con el jefe».

Tus amigos quizá se sientan bien mientras estés soltera. Pero apenas te cases, no te sorprendas si dicen: «No puedo creer que él se haya casado con ella. Si ni siquiera tiene personalidad».

Lamentablemente, no todos celebrarán tus victorias contigo. Todas tus amigas solteras no saltarán de alegría cuando te cases con el hombre de tus sueños. Tus compañeros probablemente no canten loas a tu talento cuando te asciendan. Para algunas personas, tu éxito evoca celos y crítica en lugar de aprecios y felicitaciones.

Hay una clave sencilla para enfrentar la crítica: nunca la tomes como algo personal. Muchas veces, ni siquiera se trata de ti, aunque vaya dirigida a ti. Si quien critica no estuviera destrozándote, se dedicaría a patear el tablero de alguien más. Y a menos que logren corregir su actitud, esto les impedirá vivir a un nivel más alto.

Una de las cosas más importantes que he aprendido es celebrar la victoria ajena. Si tu compañero recibe ese ascenso que esperabas, claro que tendrás la tendencia a sentir celos: *¿Por qué no a mí? Yo trabajo duro. No es justo.*

---

**Celebra las victorias ajenas.**

---

Sin embargo, si mantenemos la actitud correcta y nos alegramos por el éxito ajeno, en el momento indicado Dios abrirá algo todavía mejor para nosotros. He descubierto que si no puedo regocijarme con los demás, no llegaré al lugar donde quiero estar. Muchas veces Dios nos tiene reservado algo bueno, pero antes nos envía una prueba para ver si estamos listos. Cuando se casa nuestra mejor amiga y nosotros seguimos sin casarnos, ¿podemos sentir alegría por ella? Cuando nuestros parientes logran mudarse a la casa de sus sueños y hemos estado orando durante años para poder comprar una casa y ya no pagar la renta de ese apartamento pequeño, esa es una prueba. Si sientes celos y criticas al otro, tu actitud te dejará atrapado allí donde estés. Aprende a celebrar las victorias ajenas. Que el éxito de los demás te inspire. Debes saber que si Dios hizo algo maravilloso por ellos, también puede hacerlo por ti.

Si quieres ser mejor, tienes que saber cómo enfrentar a los críticos, a quienes hablan mal de ti, a quienes te juzgan o hasta te acusan falsamente. En los tiempos del Antiguo Testamento, esas personas eran conocidas como «taponadores». Cuando el enemigo atacaba una ciudad, su prioridad era la de quitar las piedras de la muralla que la protegía para luego usar esas piedras como barreras en los cursos de agua. Al fin y al cabo, sin agua la gente de la ciudad no podía sobrevivir y tenían que salir.

¿Ves el paralelo? Tienes dentro un manantial de cosas buenas, un manantial de gozo, paz y triunfo. Pero muchas veces permites que los «taponadores» logren su cometido. Quizá alguien te critique, pero en lugar de dejarlo pasar, te dedicas a pensar en ello todo el tiempo, y te molestas cada vez más. Pronto estás pensando: *Voy a vengarme. Voy a pagarle con la misma moneda. Dice mentiras sobre mí, así que contaré todo lo que sé de él también.*

En lugar de eso, mantén como prioridad la limpieza de tu manantial. Si alguien te critica y te hace ver mal ante los demás, reconoce esa crítica como una piedra. Si sigues pensando en ello todo el tiempo o te molestas y buscas venganza, quien te criticó habrá logrado su cometido. Dejó una piedra que tapona tu manantial. Ahora, tu gozo, tu paz y tu victoria se ven impedidos y no fluyen como debieran.

En verdad, todos tenemos taponadores en nuestras vidas, gente que intenta hundirnos con sus palabras o acciones. Pueden hacer el papel de amigos, pero detrás de tus espaldas te romperían en pedazos si pudieran hacerlo.

La forma en que podemos vencer esas críticas injustas es no permitiéndonos la idea de la venganza, sin siquiera albergar resentimiento. No te rebajes a su nivel hablando mal de ellos. Sobre todo, no te pongas a la defensiva tratando de probar que tienes razón y que el otro no la tiene. No. La forma en que derrotas al taponador es sacudiéndote el polvo y avanzando sin dejar que nada te lo impida. Mantén la mirada en el premio, en tus metas, haz lo que crees que Dios quiere que hagas.

Esto es lo que Jesús les mandó hacer a los discípulos cuando los envió a otras ciudades para enseñar, para sanar, para satisfacer las necesidades de la gente. Jesús sabía que sus seguidores enfrentarían rechazo de vez en cuando. No todos los aceptarían, ni recibirían su mensaje con alegría. Habría gente celosa que los criticaría, haciéndoles quedar mal. Jesús sabía que habría taponadores, así que mandó a sus discípulos a hacer lo siguiente: «Y si alguno no os recibiere, ni oyere vuestras palabras, salid de aquella casa o ciudad, y sacudid el polvo de vuestros pies».[43]

Jesús sabía que enfrentarían tiempos de rechazo y crítica, y no les aconsejó que se pusieran a la defensiva ni se preocuparan. Ni les mandó defender su reputación para dejar en claro las cosas. Les dijo: «Sacudid el polvo de vuestros pies». Una forma simbólica de decir: «No vas a robarme mi gozo. Puedes rechazarme, decir cosas feas de mí, pero yo no bajaré a tu nivel. No voy a pelear contigo. Voy a dejar que Dios me reivindique».

A veces cuando dejas tu lugar de trabajo, tendrás que sacudirte el polvo. Hay gente que se dedica a escalar, a ser políticos, a tratar de hundirte. Déjalo todo allí. No cargues con ese peso, llevándolo a casa. Sacúdetelo. Si hasta cuando sales de la casa de un pariente, puede ser que tengas que decir: «Esto me lo sacudo. No beberé de su veneno».

«Oí que uno de mis competidores está hablando mal de mí», me dijo Rick. «No voy a aceptarlo. Voy a disparar fuego contra fuego. Va a saber quién soy».

«Bueno, puedes hacer eso», le dije. «Pero no es así como ganarás. En cambio, deja que Dios te reivindique. Si decides hacer lo correcto, Dios peleará tus batallas por ti. Jamás ganarás tratando de hundir a tus críticos, bajando a su nivel y atacándoles personalmente. Elévate por encima de eso».

Cuando alguien te critique o hable de ti cosas negativas, tu actitud debería ser: «Soy superior a eso. No voy a permitir que su piedra tapone mi manantial. No voy a dejar que su espíritu celoso envenene mi vida. Voy a vivir lleno de gozo».

Tal vez no hayas estado sacudiéndote las críticas y permitiste que los taponadores se aprovecharan de ti. Has estado pensando en sus críticas, preocupándote por lo que digan de ti, por las personas que te rechazaron. Te sientes seco porque has permitido que taponaran tu manantial. Es hora de quitar esas piedras y de limpiar tu manantial para que siga siempre fresco.

Una vez el apóstol Pablo naufragó cerca de una pequeña isla. Buscó leña para encender fuego y una serpiente lo mordió. La gente pensaba que moriría de inmediato. Eso es lo que uno siente cuando alguien nos critica, cuando alguien habla a nuestras espaldas tratando de que te veas mal. Sentimos el aguijón de sus palabras. Me encanta lo que hizo Pablo: «Se sacudió la serpiente». Es como si hubiera dicho: «No es gran cosa. No voy a permitir que me moleste. Puede ser venenosa, o fea, pero sé que Dios está al mando. Sé que Dios puede cuidarme bien».

Milagrosamente, la serpiente ni siquiera lastimó a Pablo. Aunque era peligrosa y venenosa, Pablo conocía el secreto: sencillamente se la sacudió de encima.

Muchas personas permiten que las opiniones o palabras negativas de los demás les arruinen la vida. Viven para agradar a otros y piensan sinceramente que pueden ser felices intentando mantener contentos a todos. No quieren que nadie diga nada negativo de ellos.

Es, simplemente, imposible. Tienes que aceptar el hecho de que no les gustarás a todos, que no todos van a aceptarte y que no podrás mantener contento a todo el mundo. Alguno encontrará algo mal en ti, no importa lo que hagas. Podrás estar junto a ellos mil veces pero te reprocharán esa única vez en que no acudiste. La vida es demasiado corta como para tratar de mantener contentas a personas como esas.

Es obvio que tenemos que ser amables y dar amor, pero no pases demasiado tiempo intentando agradar a alguien imposible de complacer. Hasta tanto no decidan cambiar por dentro no serán felices. Di: «No voy a entrar en su juego. No voy a tratar de complacerla porque sé que no importa qué haga, dentro de un mes estará criticándome otra vez». Sentirás gran libertad cuando aceptes el hecho de que no podrás gustarle a todo el mundo.

En Proverbios, la Biblia dice: «La lengua apacible es árbol de vida; mas la perversidad de ella es quebrantamiento de espíritu». Las palabras de alguien pueden quebrantar, desanimar tu espíritu, si lo permites. Se puede decir también que son parecidas al veneno y entre más pienses en lo que dijeron, tanto más veneno estarás ingiriendo.

Si alguien me cuenta algo malo de otra persona, algo que han dicho de mí o de mi familia, intento detenerlos lo más rápido que pueda. Digo: «En realidad no me interesa oírlo. No quiero dejar que ese veneno entre en mí». Descubrí que es mucho más fácil sacudirte el polvo sino conoces los detalles. Si alguien habla de ti, no vayas a preguntar a los demás: «¿Qué oíste de mí?»

Sacúdete el polvo. Recuerda que la mayoría de las veces ni siquiera se tratará de ti. Se trata del hecho de que quien critica no ha decidido cambiar su espíritu celoso y crítico.

No podemos vivir con una visión idealista de la vida, pensando: *Soy una persona buena. Soy amable y generoso. Nadie dirá nada malo de mí.*

Desafortunadamente, a veces cuanto más te esfuerces por agradar, más hablará la gente de ti. Lo bueno que hay en ti pareciera despertar lo malo que hay en ellos. Se sienten condenados por la pureza de tu corazón. Podrás ir a alimentar al pobre, cortar el césped del jardín de tu vecino o darle techo a alguien que necesita dónde dormir durante un tiempo. Haciendo todo eso, creerás que tus críticos estarán felices. Pero no, porque aquí viene su espíritu celoso: «Bueno, ¿pero quién se cree que es? ¿La Madre Teresa? ¿Por qué se levanta tan temprano para ir a trabajar? ¿Quiere ganarse al jefe? ¿Por qué es tan amable con todos, todo el tiempo? ¿Busca sacar provecho?»

Lo mejor que puedes hacer es ignorar a los taponadores. No van a esforzarse por trabajar más, así que tienen que satisfacer su necesidad de derribarte para acallar su conciencia. Cuando oigas esos comentarios negativos o falsas acusaciones, sólo recuerda: «No es gran cosa. Son los taponadores. Ya decidí que no permitiré que sus piedras taponen mi manantial. Voy a vivir en libertad».

Los comentarios de los taponadores no son más que distracciones que intentan que dejes de concentrarte en lo que debieras estar haciendo. No malgastes ni cinco segundos de tu energía emocional tratando de averiguar por qué alguien dijo algo, o qué es lo que quiso decir en realidad. Para cada día tienes una cantidad determinada de energía.

Así que sacúdete de inmediato esa distracción y usa tu fuerza de manera positiva. De otro modo, si te permites pensar continuamente en esa distracción, irás a trabajar sin poder dar lo mejor de ti. Llegarás a casa y tampoco podrás interactuar con tu familia porque estarás agotado emocionalmente. Te distrajiste y pusiste toda tu energía en algo que en realidad ni siquiera importa.

### Corre tu propia carrera

Tendrás que reconocer que no puedes impedir que la gente hable mal. Si intentas convertirte en «policía del chisme», esperando asegurarte de que nadie diga nada malo de ti, vivirás en una frustración permanente. No hagas eso. Debes aceptar el hecho de que habrá gente que diga cosas hirientes. Sin embargo, puedes hacer algo mejor. No tienes que beber de su veneno. Puedes elevarte por encima de ello, hacer lo bueno y disfrutar de la vida de todos modos.

---

**No pases todo tu tiempo tratando de ganarte a tus críticos.
Sólo corre tu propia carrera.**

---

No hace falta que me siente a pensar en toda la gente a la que no le caigo bien. Veo que cada día es un regalo de Dios y que mi tiempo es demasiado valioso como para desperdiciarlo tratando de contentar a todo el mundo. No. Acepté ya el hecho de que no a todos les caeré bien, y que no todos podrán entenderme. No tienes que andar explicándote, ni pasar el tiempo tratando de ganarles o convencer a tus críticos. Sólo corre tu propia carrera.

Comienzo cada mañana analizando mi corazón. Hago todo lo posible por hacer lo que creo que Dios quiere que haga. Al seguir las Escrituras y sentir en mi corazón que mi vida va por el rumbo correcto, sé que eso es lo que importa. No puedo darme el lujo de permitir que me distraigan las críticas y las voces negativas, ¡y tú tampoco puedes!

Hay gente que pasa más tiempo pensando en lo que otros dicen de ellos, que soñando o poniéndose metas para sus vidas. Pero tienes que entender que al hacer algo grande, sea como maestro, como empresario o como deportista, no todos te alentarán. No todos sentirán entusiasmo por tu sueño. De hecho, habrá quien se sienta mal y celoso por ello. Encontrarán fallas y te criticarán. Es crucial que aprendas a sacudirte toda crítica inmerecida. Porque apenas empieces a cambiar para conformar a todos, estarás dando un paso atrás. Claro, podrás decir: «Ya no iré temprano a trabajar porque todos empiezan a decir cosas de mí», o «No voy a comprar ese auto que quiero tanto porque sé que me van a juzgar y habrá quien me condene».

He descubierto que no importa lo que hagas o no, a alguien no le gustará. Así que no desperdicies tu tiempo preocupándote por eso. Haz lo que Dios puso en tu corazón y confía en que Él se ocupará de quienes te critican.

Una cosa en la que sé que soy bueno es en la concentración. No permito que me distraiga lo que otros digan. Sé que no todos podrán entenderme. También reconozco que no es tarea mía pasar todo mi tiempo tratando de convencerlos para que cambien de parecer. Mi llamado es plantar una semilla de esperanza en los corazones de la gente. No fui llamado a explicar cada minúscula faceta de las Escrituras, ni a exponer profundas doctrinas teológicas o disputas que no atañen a la vida de la gente real. Mi don es alentar, presentar desafíos e inspirar.

He oído decir: «Bueno, ese Joel Osteen, no es demasiado bueno en esto, o es demasiado...». Si cambiara ante cada crítica, ¡sería una puerta giratoria en lugar de un ser humano! Creo que una de las razones por las que Dios me promueve es que me mantengo fiel a lo que soy. Me niego a dejar que me convenzan de no hacer lo que sé en mi corazón que Dios quiere que haga.

Es posible que necesites librarte de ese deseo de contentar a todos. Deja de preocuparte porque alguien te critique de vez en cuando, y recuerda que si te critican cuando intentas marcar una diferencia positiva en el mundo, estás en buena compañía porque a Jesús lo criticaban continuamente por hacer el bien. Si hasta lo criticaron por sanar a un hombre el día sábado. Lo criticaron por cenar con un cobrador de impuestos. Sus críticos le llamaban amigo de los pecadores. Lo criticaron por ayudar a una mujer a quien estaban apunto de apedrear. Jesús no cambió en un fútil intento por encajar en el molde de cada persona. No intentó explicarse y hacer que todos lo entendieran. Se mantuvo siempre fiel, concentrado y cumpliendo su destino.

Esta verdad me ayudó a encontrar la libertad. Hubo un momento en mi vida en que sí quería gustarle a todo el mundo. Si oía un comentario negativo, pensaba: *Oh, no. He fracasado. ¿En qué me equivoqué? ¿Qué cosa tengo que cambiar?*

Pero un día vi que es imposible gustarle a todo el mundo y que si alguien decide malinterpretar mi mensaje o mis motivos, no hay nada que yo pueda hacer al respecto. Ahora, no permito que mis críticos me molesten o me roben el gozo. Sé que la mayoría de las veces ni siquiera se trata de mí. El éxito que Dios me ha dado despierta celos en ellos.

Si estás marcando una diferencia en tu familia, en la oficina, en tu lugar de trabajo, siempre encontrarás críticos. No permitas que te perturben. Sencillamente tendrás que reconocer que cuanto más alto llegues, más visible serás como objetivo, como blanco de críticas. ¡Y a muchos les gusta practicar tiro al blanco!

Al apóstol Pablo lo seguían las multitudes. Pero una y otra vez, hubo celosos que se molestaban y en varias ocasiones hasta lo echaron de alguna ciudad. ¿Qué hizo Pablo? ¿Se deprimió y dijo: «Dios, me esfuerzo todo lo que puedo pero nadie me entiende»? No. Se sacudió el polvo de los pies. En efecto, decía: «Ustedes se lo pierden, no yo. Porque voy a hacer grandes cosas para gloria de Dios. No voy a permitir que su rechazo y sus palabras negativas me impidan alcanzar mi destino». Su actitud era: «Tiren todas las piedras que quieran. Tengo una tapa que cubre mi manantial. No voy a permitir que ustedes envenenen mi vida». Y oí decir también: «Si te echan de la ciudad, ponte al frente de la fila y actúa como si estuvieras liderando el desfile». En otras palabras, sacúdete el polvo y sigue adelante.

Me encanta este versículo: «Ninguna arma forjada contra ti prosperará, y condenarás toda lengua que se levante contra ti en juicio».[44] Es posible que tengas que soportar que hablen en contra de ti, pero si logras mantenerte en el camino hacia arriba, esforzándote y dando lo mejor de ti, demostrarás que las críticas no tienen valor alguno. Además, Dios derramará sobre ti su favor, a pesar de quienes te critiquen.

Tienes que entender que tu destino no está ligado a lo que digan de ti. Hay gente de Houston que predijo que la Iglesia Lakewood jamás podría lograr reunirse en el estadio que se conoce como Compaq Center. Decían que no tendríamos la más mínima posibilidad. Y de hecho, en un almuerzo de negocios al que asistieron importantes líderes de la ciudad, un hombre les dijo a sus acompañantes: «Hará frío en el infierno antes de que la Iglesia Lakewood consiga el Compaq Center».

Cuando oí eso, lo sacudí. Sabía que nuestro destino no estaba ligado a una persona negativa. Sabía que ese comentario no causaría más que distracciones. También vi que no todos podrían entender nuestra decisión de mudarnos. Oí decir: «¿Por qué quieren mudarse? ¿Para qué una iglesia más grande? ¿Por qué dejan sus raíces?» Muchas veces sentí la tentación de dar explicaciones, esperando convencerlos de que la idea era buena. Pero sabía que no todos querrían entender. Y supongo que hoy hará frío en el infierno porque la Iglesia Lakewood ha estado adorando a Dios en ese lugar conocido antes como el Compaq Center desde julio de 2005.

Amigo, amiga, no son tus críticos quienes determinan tu destino. Dios tiene la última palabra. Deja de oír lo que te dicen los detractores y deja de vivir tratando de agradar a la gente. Sacúdete el polvo y sigue avanzando.

---

**No son tus críticos quienes determinan tu destino.**

---

Hay otra clave importante: no permitas que las críticas te cambien. Tenemos que mantenernos duros por fuera, pero tiernos por dentro. Muchas veces las críticas nos endurecen el corazón. Si no tenemos cuidado, cuando la gente nos critica es fácil permitir que su veneno penetre y nos haga cambiar. Debes mantener puro tu corazón y permanecer fiel a aquello que Dios quiere que seas.

A veces cuando la gente ve fallas o defectos en nuestra personalidad o aspecto, se burlarán. Si nos enteramos, tratamos de compensarlo y esto nos afecta en nuestra manera de conducirnos y hasta en nuestra personalidad. No podemos permitir que las palabras insensibles o los comentarios de burla nos quiten la autoestima.

Tenía un compañero de escuela que era popular, divertido y extrovertido. Sin embargo, su risa sonaba un tanto aguda. Un día, un par de amigos empezaron a burlarse, imitando su risa mientras iban por los pasillos de la escuela. No tenían mala intención. Sólo querían divertirse. Pero yo vi que mi amigo comenzaba a cambiar. Ya no se reía tanto. Se volvió callado y reservado. Antes, era sociable, el alma de la fiesta, pero poco a poco fue escondiendo su personalidad dentro de una cáscara. Eso lo convirtió en alguien menos seguro porque intentaba compensar lo que los demás veían como defecto. Eso sucede cuando no aprendemos a sacudirnos el polvo.

Es posible que tengas ciertos aspectos físicos sobresalientes, o características en tu personalidad, pero has de saber que Dios te hizo como eres a propósito. Si la gente se burla o trata de hacerte sentir incómodo, sacúdete el polvo. No permitas que sus comentarios o acciones se te peguen.

Por ejemplo, yo sonrío mucho. Todo el tiempo. No puedo evitarlo. Lo hago desde que soy bebé. Cuando tenía siete años tuve un accidente cuando me llevaban en auto y acabé con una gran herida en la cabeza. Vinieron unos amigos a verme a la sala de emergencias y pensaron que estaría llorando. Cuando entraron, me vieron acostado en la camilla. Luego dijeron: «Cuando entramos, tenías una sonrisa de oreja a oreja».

Es que Dios me hizo así. Hay gente que se burla porque sonrío tanto. Pensarían que prefieren un gesto adusto a una sonrisa. Y hasta he oído decir: «¿Por qué sonríe todo el tiempo?» Como si estuvieran pensando: «Algo no anda bien en este tipo».

Meses después de que mi padre partiera con el Señor, cuando comencé en el ministerio, alguien empezó a llamarme «El predicador sonriente». El sobrenombre quedó y poco después me entrevistó un conocido periodista que preguntó con cierto sarcasmo y casi desprecio: «¿Qué piensa de que le llamen "El predicador sonriente"?»

Mi respuesta le sorprendió: «Me gusta. Soy feliz. Creo que Dios quiere que seamos felices, así que para mí está bien». Quedó boquiabierto, como si no supiera qué pensar.

No quiero permitir que lo que otros digan o piensen que cambié la forma en que Dios me creó. También tú debieras sentir confianza con respecto a tu forma de ser.

El otro día vi una parodia que alguien hizo de mí. Era un clip televisivo donde cada vez que yo hablaba, mis dientes delanteros hacían «ping», y se me pintaba la nariz de color de rosa, como si fuera un comercial de dentífrico. Cuando vi esa parodia, reí, quizá más que los que estaban allí conmigo. Y pensé: *No me molesta para nada. Sonrío siempre. Si a alguien no le gusta, igual seguiré sonriendo*. ¿Quién sabe? ¡Quizá Crest o Colgate quieran auspiciar nuestro programa de televisión!

Debes poder reírte de ti mismo. No permitas que las críticas perturben tu vida. Sigue concentrándote en lo que Dios tiene reservado para ti.

# CAPÍTULO 19

# Mantente alegre

Una de las claves más importantes para una vida mejor es mantenerse alegre en lugar de vivir tratando de contentar a todo el mundo. Es fácil asumir un falso sentido de la responsabilidad, pensando que tenemos que agradar a todos, «arreglar» a tal o cual persona, rescatar a tal otra o resolver el problema de alguien más.

Por cierto, es noble y admirable querer ayudar a la mayor cantidad posible de personas y siempre es bueno acudir cuando otros están en necesidad. Pero muchas veces perdemos el equilibrio. Lo hacemos todo para los demás, pero no nos tomamos el tiempo de cuidar nuestra salud. Descubrí que cuando trato de ayudar a todos los que me rodean para mantenerlos contentos, soy yo el que termina sufriendo.

Dios no quiere que sacrifiques tu felicidad con tal de hacer feliz a otro. Esto puede lucir egoísta al principio, pero hay un equilibrio aquí. Tu primera prioridad es cuidarte, ocuparte de ti mismo. Para hacerlo, has de reconocer que habrá gente que nunca estará conforme, por mucho que hagas por ellos, por muy amable que seas, por mucho tiempo y energía que les dediques. Ellos se ocupan de lo suyo, o tienen cosas por dentro que necesitan resolver.

No asumas responsabilidad por las malas decisiones que toman otras personas porque, si lo haces, pronto esas personas te estarán controlando y manipulando.

Quizá estés tenso porque permites que alguien opaque tu felicidad, sea tu cónyuge, tu hijo, un amigo o un vecino. Eso no es bueno. Siempre estarán echándote encima sus problemas. Esperando que les soluciones todo y los mantengas contentos. Y tú te sientes frustrado porque pasas tanto tiempo y das tanto de tu energía ocupándote de sus cosas. Pareciera que cada vez que logras solucionarles algo, una semana más tarde vuelven con el mismo problema. Si sigues ayudándolos, no sólo terminarás lastimándote, sino que tampoco les haces ningún favor porque te has convertido en una muleta para ellos. Porque mientras sepan que pueden venir corriendo a ti, haciéndote sentir culpable y hablando contigo para resolverlo todo, entonces jamás enfrentarán los problemas reales. No cambiarán.

En verdad, hay gente que no quiere que la ayuden. No quieren cambiar, porque les gusta la atención que sus perpetuos dilemas les traen. A veces, lo mejor que puedes hacer por alguien así es *no* ayudarlos.

Piensa en un niño. Si cada vez que se encapricha corres y le das exactamente lo que quiere, seguirá con ese patrón de conducta. El niño sabe lo que tiene que hacer para salirse con la suya e intentará usar eso para controlarte. En cambio, si llora y grita y tú no cedes, si lo ignoras o lo reprendes por su conducta, pronto verá que los berrinches nada le consiguen.

El mismo principio vale para los adultos. Mientras permitas que alguien te presione para que hagas lo que él o ella quiere, así seguirá siendo la situación.

La vida es demasiado corta como para vivirla bajo el control o la manipulación de los que se niegan a tomar buenas decisiones. Por favor, entiende que no eres responsable de la felicidad de los demás. Eres responsable de tu propia felicidad. Si alguien te está controlando, no es culpa del otro sino tuya. Tienes que aprender a poner ciertos límites. Deja de permitirles que te llamen a toda hora del día o de la noche para echarte encima sus problemas. Deja de darles siempre por su lado, de ceder cada vez que se encaprichan. Ya no les prestes dinero si toman una mala decisión. Deja que asuman la responsabilidad de sus acciones.

No necesitas ser duro o indiferente pero, a veces, cuando somos demasiado generosos o buenos de corazón, permitimos que nos controlen. Tenemos que ver en algún punto que ya no estamos ayudando a esa persona. Y más ahora que nos lastima.

Mucha gente anda molesta, frustrada y con desánimo porque han cometido el error de asumir un falso sentido de la responsabilidad por alguien cercano a ellos que no está haciendo lo correcto. Cargan con un gran peso, intentando arreglar a esa persona o tratando de hacer feliz a alguien.

Puedes librarte de todo eso entregándolas a Dios. Deja de tratar de ser guardián del universo. Esa no es tu tarea. No puedes lograr que todo el mundo haga lo correcto. No puedes hacer que tus hijos sirvan a Dios. No puedes obligar a tu pariente a que tome buenas decisiones. Quítate la presión de encima y deja que Dios se ocupe.

«Joel, es que si no les presto dinero quizá pierdan la casa», oigo decir a alguien. «Si no lo llamo todas las mañanas se enoja conmigo», o «Si no cedo cuando se echa a llorar, quizá no me hable durante dos semanas».

*Puede* ser. Pero, ¿quieres vivir así los próximos veinte años? ¿O quieres ayudar a esa persona para que sea libre? Porque no les haces ningún favor dejando que te controlen. Es que en cierto sentido, hieres a esa persona porque permites siempre que tome la salida más fácil.

Sé que al principio te costará decirle que no a quien te controla y te perturba, pero si te mantienes firme y haces los cambios necesarios, a la larga, tanto tu vida como la de la otra persona mejorarán.

El matrimonio de Linda y Troy era un desastre. Linda provenía de un entorno familiar muy negativo donde había tenido que soportar carencias injustas mientras crecía. Desafortunadamente, trajo su negatividad e infelicidad a su matrimonio cuando se casó con Troy. Si no obtenía lo que quería, protestaba o hacía berrinches. A veces, le duraban dos o tres días. Siempre tenía alguna crisis que requería atención. Se sentía deprimida y parecía esforzarse porque todos también estuvieran mal.

Troy era un hombre bueno, un buen marido, hacía todo lo posible por mantener feliz a Linda. Siempre la animaba, intentaba arreglar sus problemas y le hacía saber que todo saldría bien. Durante tres años se ocupó de todas sus necesidades, básicamente renunciando a su propia felicidad en un inútil intento por hacer feliz a Linda. Un día se dio cuenta de que ella no cambiaría jamás. Se hartó. Vio que aunque tuviera buenas intenciones, ya no la estaba ayudando. La lastimaba y perjudicaba porque se había convertido en su muleta.

Se armó de valor, y le dijo: «Querida, te amo pero veo que no hay nada que yo pueda hacer para que seas feliz. He hecho todo lo posible. Así que sólo quiero decirte que ya no voy a intentarlo más».

Esa declaración sincera y directa de Troy dejó atónita a Linda y la obligó a mirarse por dentro, a ocuparse de sus verdaderos problemas. Más allá de eso, como Troy cumplió con lo avisado y ya no la malcriaba, Linda tuvo que asumir la responsabilidad de sus acciones. Esa llamada de despertador sucedió hace más de veinte años, hoy su matrimonio está más fuerte que nunca.

Si estás en una relación con alguien parecido a Linda, no permitas que esa persona te robe el gozo. No vivas infeliz porque alguien que tienes cerca lo es. Si insiste en tomar malas decisiones, si elige vivir en depresión, hundida, sé amable y cortés pero no te metas en el pozo junto con ella. Al mismo tiempo, con tono de voz controlado, dile: «Si no quieres ser feliz, está bien. Pero no impedirás que yo lo sea».

En realidad hay una línea muy fina aquí, pero no eres responsable de las acciones de tu cónyuge. Ni de la felicidad de tus hijos. Cada uno de nosotros es responsable de su propia felicidad.

Si estás del otro lado de la moneda y eres tú quien controla, perdóname por ser tan directo, pero es hora de que madures y te hagas responsable de tu propia vida. Deja de depender del otro. Deja de exigir que tu cónyuge te anime y alegre cada día, de esperar que se esfuerce por mantenerte contento. No es justo para la otra persona. Deja de manipularla cuando no cumple con tus deseos o cuando no hace lo que quieres. No. Asume la responsabilidad de aprender a ser feliz.

No digo que debamos ser egoístas o egocéntricos. Debemos ser dadivosos. Pero hay una diferencia muy grande entre ser generoso y permitir que te controlen y te hagan sentir culpable hasta tanto hagas lo que el otro quiere. Dios no te llamó a ser infeliz sólo para que otro sea feliz. Y repito: si estás permitiendo esto, la culpa no la tiene solamente la otra persona. Tú habrás asumido la falsa responsabilidad y, ahora, le permites que te controle.

---

**Dios no te llamó a ser infeliz sólo para que
mantengas contento a alguien más.**

---

Si estás en una relación en la que eres quien mayormente da y siempre tienes que animar o rescatar al otro, es señal clara de que algo no está bien. No hay equilibrio. Te has convertido en muleta y a menos que cambies ciertas cosas la relación seguirá mal. Tienes que trazar la línea. Puedes hacerlo con amor, pero ve y dile: «Te amo, pero no voy a permitir que sigas echándome encima tus problemas y haciendo de mi vida un desastre. No voy a permitir que sigas agotando mi tiempo y energía. Tienes que asumir la responsabilidad que te corresponde y aprender a ser feliz».

«Joel, si hago eso quizá hiera sus sentimientos», oigo que dices. «Se enojará».

Sí, quizá sea así. Pero eso queda entre Dios y la otra persona. Cuando estés delante de Dios, no te va a preguntar: «¿Hiciste felices a todos los que te rodeaban?» Te preguntará: «¿Cumpliste con el llamado que te di para tu vida?»

Ben tenía treinta y un años y todavía vivía con sus padres. Era holgazán e indisciplinado y no buscaba empleo. Le gustaba sentarse a mirar televisión. Irónicamente, no creía tener problemas. No veía nada malo en su estilo de vida. De hecho, en su opinión, la vida era grandiosa.

Los padres de Ben siempre lo atendían porque lo amaban y no querían ser duros con él. Cada cierto tiempo trataban de que saliera a buscar empleo, pero él ignoraba sus sugerencias y se negaba a tomar iniciativa alguna. ¿Para qué? No tenía motivaciones.

Esa situación continuó así durante años. Un día, los padres de Ben se sentían tan angustiados por la conducta de su hijo que fueron a pedir ayuda a un consejero profesional. Le explicaron al doctor la situación y le dijeron que su hijo era muy holgazán: «Y para colmo, doctor, nuestro hijo ni siquiera cree que ese es un problema», se lamentó uno de ellos.

El médico dejó atónitos a los padres con la respuesta: «Coincido con su hijo. Él no tiene problema. El problema lo tienen *ustedes* porque le han solucionado todo siempre». Y continuó: «Lo han guardado entre algodones, para que no sufriera, y lo ayudaron a evitar toda responsabilidad con su vida. Si quieren que mejore, tendrán que devolverle sus problemas».

Los padres no sabían qué decir, así que el médico siguió hablando: «Ya no le faciliten más las cosas. Dejen de solucionarle todo».

Es difícil de entender, pero no siempre es mejor rescatar a alguien para facilitarle la vida. No siempre es mejor resolver los problemas de los demás. A veces hay que decir: «Te amo, pero si vives en mi casa tendrás que levantarte y salir a buscar empleo. Tendrás que comenzar a asumir responsabilidades».

La Biblia dice: «El que no trabaja, que no coma». Tú podrás decir: «Si no consigues un empleo, ¡descubrirás lo que es un largo ayuno!»

Oí decir que hay dos cualidades importantes que necesitan nuestros hijos. Necesitan ser agradecidos y sentir avidez. Si no son agradecidos todo lo tomarán como dado. Esperarán que todo el mundo les dé lo que necesitan, servido en bandeja de plata.

También necesitan avidez: avidez por aprender, por servir, por lograr, por ser mejores de lo que son. A veces como padres queremos facilitarles las cosas a nuestros hijos. Victoria y yo tenemos una persona que nos ayuda en la casa y es fácil dejar que ella limpie los dormitorios de los chicos. Pero sé que no es lo mejor. Mientras escribo esto, mis hijos de doce y ocho años se levantan por la mañana, arreglan sus camas, buscan su ropa y se visten solos. Cuando bajan, tienen tareas. Claro que Victoria y yo podríamos hacerlo o pagarle a alguien para que lo haga, pero sé que si les facilitamos demasiado las cosas, formarán hábitos y maneras de pensar que no son lo mejor, y que nuestra excesiva generosidad en realidad les estaría perjudicando.

Los adultos también necesitamos ser agradecidos y ávidos. Yo tengo la tendencia de querer ayudar a todo el mundo. Quiero resolverles los problemas: «Deja que yo te lo haga». Pero tengo que darme cuenta de que esto no es siempre lo mejor. Hace años me crucé con un desamparado de más o menos mi edad. Me pidió dinero y cuando estaba por entregarle un billete de veinte dólares, sentí en mi corazón y mi mente que tenía que hacer otra cosa, así que en lugar de darle el dinero y seguir mi camino, conversé con él.

Mientras hablábamos, me contó su historia, de como había andado de ciudad en ciudad, con una vida dura. Intentaba conservar sus empleos, pero no resultaban las cosas.

Sentí compasión por el hombre y quise de veras ayudarlo, por lo que lo invité a la iglesia. Le dije: «Oye, soy pastor de una iglesia de esta ciudad. ¿Dónde estás los domingos por la mañana? Puedo enviar a alguien por ti para que te lleve a la iglesia».

«Oh, no. No puedo ir a la iglesia», dijo. «No tengo tiempo».

Pensé: *¿Hombre, qué estarás haciendo? No tienes que cortar el césped, ni nada parecido. ¡Ni siquiera tienes que limpiar tu casa!*

Cuanto más le hablaba, más veía que el hombre no quería ayuda. No quería cambiar. Prefería la salida fácil. Sólo quería mi dinero. Por favor, entiende que no digo que el hombre haya tenido una vida fácil, pero cuando alguien no quiere que lo ayuden, lo perjudicamos si le solucionamos sus problemas. Podría haberle dado dinero y seguir mi camino, pero no quería hacer nada que prolongara su miseria. Claro que tenemos que ayudar al que necesita, pero llega un punto en que si sigues ayudando a alguien que se niega a ayudarse a sí mismo, estás perjudicándolo más de lo que lo ayudas.

Muchas veces nos dejamos controlar por los demás, sin darnos cuenta. «Tengo que trabajar sesenta horas a la semana porque si no lo hago, mi jefe lo verá mal y no me invitará a las reuniones importantes. Me dejará afuera».

Reconoce lo que está pasando. Te estás dejando manipular y tienes que poner ciertos límites. Ve ante tu jefe y dile: «Esto es lo que puedo hacer. No puedo quedarme hasta tarde todas las noches. Tengo familia. Tengo otros compromisos. Cuando estoy aquí, le daré mi cien por ciento, pero cuando termine mi día de trabajo, me iré a casa».

Es posible que estés funcionando más a partir de la culpa que del deseo o el destino. Si trabajas hasta tarde todas las noches porque te sientes culpable de que otros tengan que hacerlo, o estás ayudando a alguien porque te sientes culpable, estás exagerando tus compromisos, te agotarás y harás todo eso sólo para no herir los sentimientos de otra persona. Todo eso tiene origen en un falso sentido de la responsabilidad, son nuestros intentos por mantener contentos a todos.

No sientas culpa porque no puedas satisfacer las exigencias arbitrarias de otras personas. Tienes que cambiar el modo en que respondes. Si cada vez que estás en desacuerdo con tu cónyuge tienes que soportar su indiferencia y sentirte infeliz durante cuatro horas, estás dejando que te manipule. La próxima vez que pase algo así, tienes que enfrentarlo. No respondas de la misma forma. «Bueno, si ella me ignora haré lo mismo. ¡Iré al juego de esta tarde!», o «Iré a jugar al golf», o «Iré de compras».

No. Si cambias tu respuesta y te niegas a ceder, a entrar en ese jueguito, estarás obligando al otro a cambiar también.

Digamos que alguien te invita a un evento, miras tu agenda y ves que estás demasiado ocupado, pero igual sientes la presión de tener que aceptar. Sabes que si rechazas la invitación, el otro se ofenderá. Hasta quizá ya no quiera dirigirte la palabra.

Tienes que reconocer lo que es un espíritu controlador, y tienes que poder decir: «Me encantaría ir, pero lo siento. No podré aceptar la invitación». Si no lo entienden, es problema de ellos.

Para reducir tu tensión, fíjate en las personas que más cuidado requieren en tu vida. Son personas a las que es casi imposible contentar. Tienes que llamarlas tantas veces por semana y responder a sus llamados para que no se molesten o sientan que las defraudas. ¡E intentarán hacer que te sientas culpable por ello!

Esas personas, de alto mantenimiento, casi siempre son controladoras. No les interesas tú, sino lo que puedas hacer por ellos. Les interesa lo que puedas hacer por mejorar sus vidas. Si caes en la trampa de intentar hacerlas felices, pronto quedarás exhausto, agotado y te sentirás frustrado.

Hace muchos años, traté de ayudar a un matrimonio. Eran gente buena y de veras me gustaban. De hecho, cuando se mudaron a otro estado les di un poco de dinero y traté de mantenerme en contacto con ellos. Si necesitaban algo, yo siempre estaba disponible. Pero parecía que nada alcanzaba. Nunca estaban felices.

Yo era generoso y amable, pero jamás vieron nada de eso. Siempre encontraban motivos para quejarse, para ver defectos, para hacerme sentir culpable por no haber hecho lo suficiente por ayudarlos.

Un día me di cuenta: Son gente de alto mantenimiento y no soy responsable de su felicidad. No puedo hacer que me quieran. Tengo que correr mi propia carrera y no permitir que me roben mi gozo.

Seguí siendo su amigo, pero tuve que dar un paso atrás y dejar que ellos se esforzaran por ser felices. ¡Y lo fueron! Es una forma muy liberadora de vivir.

Analiza cómo pasas tu tiempo y verifica cuáles son los motivos que tienes para hacer lo que haces. ¿La culpa? ¿El control que otro ejerce sobre ti? ¿La manipulación? Si es así, cambia lo que haya que cambiar. Si no tomas el mando de tu vida, alguien más lo hará y te llevará adonde no quieres ir. Tienes que tener la suficiente seguridad como para poder decir que no. Si rechazas una invitación de un amigo y este se molesta, entiende esto: no está respondiendo por amor o amistad. Está tratando de manipularte. Te usa para lo que quiere.

El verdadero amigo comprende. El verdadero amigo no se molesta si no puedes cumplir con sus peticiones.

En estos días recibo muchas invitaciones para hablar en diferentes lugares y siempre es un honor para mí que me inviten, pero con mis obligaciones con la Iglesia Lakewood, y mi familia, no puedo aceptar más invitaciones, ni siquiera de parte de mis amigos más cercanos o de personas que amo y respeto desde hace años. Al principio me costaba muchísimo decir que no porque no quería desilusionar a nadie. Pero aprendí que debo cuidarme. Es mi prioridad, y después viene mi familia.

La primera vez que dije que no, me sentía nervioso y me preguntaba qué pensaría la gente. *Pensarán que me creo demasiado, que pienso que soy demasiado importante,* supuse con angustia.

Sin embargo, la respuesta que recibía era: «Joel, no te preocupes. No hay problema. Cuando puedas venir, la invitación está siempre abierta». Eso es un verdadero amigo, alguien que no se interesa sólo por lo suyo. El verdadero amigo no tratará de presionarte y hacerte sentir culpable si no haces exactamente lo que él quiere.

Es liberador entender que uno no necesita mantener conformes y contentos a todos. Y lo más importante, estoy plenamente convencido de que si vives tratando de contentar a los demás, no podrás cumplir con el destino que Dios tiene para ti.

Cuando me fui de casa para asistir a la universidad, después del primer año ya sabía en mi interior que debía volver a Lakewood e iniciar un ministerio de televisión. Lo sentía con toda mi fuerza. Pero me preocupaba lo que pudieran pensar mis padres. Después de todo, mis hermanos y hermanas se habían graduado de la universidad. Mi hermano Paul había estudiado doce años o más para ser cirujano. Así que cuando dejé de estudiar para volver a casa, no sabía qué dirían.

Hablé con papá un día y vi que estaba receptivo a las posibilidades. Me dijo: «Joel, eso sería genial. Haz lo que te haga sentir bien». Papá sentía que estaba bien que dejara de estudiar para dedicarme a un ministerio televisivo en Lakewood, pero con mamá la cosa fue diferente. ¡Hubo que orar! No podía soportar la idea de que uno de sus hijos no se graduara de la universidad.

Fue duro para mí. Como dije, no me gusta defraudar a nadie, y en especial a mis padres. Pero por fin había decidido lo que quería hacer porque era algo que me hacía sentir bien. Tenía que seguir lo que me indicaba mi corazón. Claro que luego mi madre me entendió. Le dije hace poco: «Mamá, no terminé la universidad, ¡pero me va bastante bien!»

A veces uno no puede mantener contento a todo el mundo, y ni siquiera a nuestros seres más queridos. Claro que tenemos que honrar y respetar a nuestros padres y oír sus consejos. Pero al final de cuentas, tendrás que seguir lo que te indique tu corazón. Hay un versículo en las Escrituras que es bastante intrigante: «Me pusieron a guardar las viñas; y mi viña, que era mía, no guardé».[45] Salomón está diciendo: «Me ocupé muy bien de mantener felices a todos: a mis padres, a mi familia, a mis parientes y amigos. Pero al hacerlo, descuidé ocuparme de mí mismo».

Muchas veces vivimos para conformar y agradar a todos pero descuidamos agradarnos a nosotros mismos. Terminamos permitiendo que alguien más domine y controle nuestras vidas.

Si lo permites, habrá gente que absorberá todo tu tiempo y energía. Verás que tu vida alcanza un nuevo nivel si te atreves a confrontar a esas personas y cambias lo que haga falta.

No digo que será fácil. Si alguien te estuvo controlando durante mucho tiempo no le gustará que te plantes con firmeza. Siempre haz lo que debas hacer con amor, amabilidad y respeto, pero mantente firme y decide que vivirás en libertad.

Si eres, en cambio, quien controla a otro también necesitas cambiar. No tendrás bendición manipulando a los demás para que hagan lo que quieres. Deja de presionar a otros para que te complazcan. Decide hacer lo correcto, camina en el amor y verás que tus relaciones y tu vida mejoran.

Que este sea un punto de reflexión. Si has estado viviendo para agradar a todos o intentando resolverlo todo, líbrate de ese falso sentido de responsabilidad. Sí, ayuda a los demás. Sí, sé amable y compasivo, pero asegúrate de mantener tu propia felicidad. Después de Dios, tú eres tu primera prioridad.

Si quieres correr tu propia carrera y no permitir que te controlen y manipulen, descubrirás que tienes menos estrés y más tiempo y energía. Pero también creo que serás más feliz y más capaz de cumplir con el mejor plan de Dios para tu vida.

## SECCIÓN CUATRO: DESARROLLA MEJORES HÁBITOS

1. Analizaré mi rutina diaria e identificaré todo hábito que afecte mi vida de manera negativa. Decidiré hoy que comenzaré a romper al menos uno de esos hábitos negativos, reemplazándolo por un hábito positivo.

2. Estaré atento a las respuestas negativas condicionadas; voy a entrenar mi mente para ver lo bueno. Me voy a relajar y aprenderé a dejarme llevar por la corriente.

3. No permitiré que las críticas me distraigan. Sé que no todos podrán coincidir conmigo, o alentarme, pero seguiré enfocándome en lo que es mi llamado. Hoy buscaré nuevas formas de usar los dones, talentos y recursos que Dios me dio.

4. Reconozco que no soy responsable de mantener felices a quienes me rodean. Hoy tomaré conciencia de que soy responsable de mi propia felicidad. Seré amable con todos, pero me niego a permitir que me manipulen y controlen. No asumiré falsas responsabilidades por las acciones y actitudes de otras personas.

# ABRAZA EL LUGAR EN QUE TE ENCUENTRAS

CAPÍTULO 20

# Abraza el lugar donde te encuentras

¿Conoces a alguien que no sea feliz con la posición en que se encuentra en la vida? A alguna mujer frustrada porque no se casó aunque su reloj biológico hace sonar la alarma; a un hombre molesto porque no recibe el trato que espera en su carrera profesional. Siempre viven preocupados, tratando de razonar o de cambiar aquello que sólo Dios puede cambiar.

Creo que somos nosotros quienes creamos nuestra propia infelicidad y frustración al resistirnos continuamente y pelear contra las situaciones y circunstancias de nuestras vidas. No entendemos por qué no recibimos respuesta a las oraciones, por qué las cosas no cambian más rápido. ¿Por qué me pasa esto a mí? En consecuencia, vivimos inquietos, sintiéndonos incómodos por dentro.

Aprende a relajarte y a aceptar el lugar en el que estás. Lo admito, quizá no sea un punto genial en este preciso momento. Todos tenemos cosas que querríamos cambiar, cosas que querríamos que sucedieran más rápido. Pero si de veras creemos que Dios está al mando y dirige nuestros pasos, tenemos que creer que estamos exactamente donde debemos estar. No tenemos por qué luchar contra la vida resistiéndonos siempre a nuestras circunstancias.

Sí, debemos resistir al enemigo, a la enfermedad y a todo lo que nos robe el gozo. Pero eso no significa que tengamos que vivir peleando a cada momento. Hay gente que parece agotarse, constantemente orando, resistiéndose, reprendiendo. Ruegan: «Por favor, Dios, tienes que

251

cambiar esta situación. Tienes que cambiar a mi esposo. No me gusta mi empleo. Mi hijo no se porta bien».

No. Entrégale todo eso a Dios. Tu actitud tiene que ser: «Dios, confío en ti. Sé que estás al mando en mi vida. Quizá no pueda entender todo lo que sucede, pero creo que obras para mi bien. Ya no seguiré luchando y resistiéndome. Voy a relajarme y a disfrutar de la vida».

Amigo, amiga, si puedes orar así con sinceridad, te quitarás un enorme peso de encima.

La Biblia dice: «Estad quietos, y conoced que yo soy Dios».[46] Observa, que debes estar quieto. Tienes que estar en paz allí donde estés ahora mismo. Tal vez no todo sea perfecto. Tendrás áreas en las que debas mejorar. Pero mientras vivas con preocupación y estrés, mantienes atadas las manos de Dios Todopoderoso. Si puedes llegar a un lugar de paz, Dios peleará por ti tus batallas. Puede convertir tus situaciones negativas en positivas y usarlas para bien.

Las Escrituras dicen: «Pero los que hemos creído entramos en el reposo».[47] Entrar en el reposo de Dios significa que aunque tengas problemas, confías en que Él se ocupará de ellos. Significa que cuando tienes una situación que no entiendes, no tratas constantemente de analizarla y encontrar la solución. Significa que tienes un sueño en tu corazón pero no estás apurado, no te sientes frustrado porque todavía no se haya hecho realidad. Es decir que cuando tu reposo está verdaderamente en Dios, sabes que Dios te tiene en la palma de su mano. No importa dónde estés, aceptas ese lugar porque es donde Dios quiere que estés.

No digo que Dios quiera que te quedes ahí, pero si confías en Él de verdad, y si crees que Él está al mando, entonces dondequiera que estés, sea en circunstancias buenas o malas, allí es donde tienes que estar. Quizá haya sucedido algo injusto; tal vez alguien te haya tratado mal; o estés en aprietos financieros. Aun así, eso no te da derecho a vivir en frustración y enojo.

Tenemos que entender que Dios ha prometido que utilizará para bien todo lo que suceda en nuestras vidas. Utilizará esa dificultad para obrar en ti. Lo que hoy estás viviendo quizá no sea bueno, pero si mantienes la actitud correcta, Dios lo utilizará para tu bien.

Si puedes aprender a abrazar el lugar en donde estás, te librarás de una gran presión.

«Bueno», me dirás. «Joel, no entiendes mis circunstancias. Hago lo correcto, pero me pasa todo lo malo», o «Mi matrimonio está mal», o «La gente no me trata bien».

Por favor, no uses eso como excusa para vivir en un pozo de desazón y oscuridad. Piensa en José, el personaje del Antiguo Testamento. Pasó trece años en prisión, acusado de un crimen que no había cometido. Podría haber vivido en constante lucha contra eso. Podría haber pasado el tiempo tratando de entender por qué le habían sucedido esas cosas horrendas. Podría haberse vuelto negativo, amargado, enojado. Pero no lo hizo. Sencillamente abrazó el lugar donde estaba y sacó lo mejor de su mala situación. Su actitud fue: «Dios, aquí es donde me has puesto ahora. Quizá no me guste; no lo entiendo; no creo que sea justo, pero no voy a meditar en todo eso. Voy a seguir esforzándome porque sé que en última instancia utilizarás todo esto para beneficio mío».

Eso es exactamente lo que hizo Dios por él. Y lo mismo hará por ti si mantienes tu actitud enfocada en Él de manera positiva.

Tal vez te sientas frustrada porque todavía no te has casado. No serás feliz hasta encontrar a un compañero. Mejor relájate y disfruta del lugar donde Dios te tiene ahora. La frustración no hará que te cases antes, la preocupación continua por tu soltería de hecho podría retrasar tus posibilidades. Oras cada cinco minutos diciéndole a Dios qué hacer y cómo hacerlo. Ya elegiste a tu hombre ideal: cómo será, qué tipo de auto tendrá, cuál será su altura, cuánto dinero ganará. «Dios, tengo que casarme. No puedo pasar un mes más así».

Ya le expresaste a Dios tu deseo. ¿Por qué no te relajas y dices: «Dios, no mi voluntad, sino la tuya. Te entrego esto. Creo que sólo deseas lo mejor para mí?»

Está bien orar con sinceridad: «Dios, sabes que me gustaría que suceda esto hoy. Pero voy a confiar en ti y a creer que en el momento adecuado, traerás a la persona indicada a mi vida». Eso es confiar en Dios. Puedes dejar de tratar de solucionarlo todo por tu cuenta.

Uno de mis versículos favoritos es Romanos 8.28: «A los que aman a Dios, todas las cosas les ayudan a bien».[48] Si puedes mantener una actitud de fe, Dios hará que toda situación obre para tu bien.

«Joel, es que esta gente me trata mal. Es incómodo. No me gusta. Quiero salir de esta situación».

No podemos orar para que desaparezca toda incomodidad de nuestras vidas. Dios no va a quitar al instante todo lo que te resulte difícil porque utiliza esas cosas para refinarnos, para hacer una obra nueva en nosotros. En los momentos difíciles, Dios desarrolla nuestro carácter. La verdad es que cuando todo va bien, no nos acercamos demasiado a Él y cuando las cosas se tornan difíciles es cuando ejercitamos nuestros músculos espirituales, allí donde más nos aprieta.

Es claro que nadie disfruta de la incomodidad, pero lo que nos ayuda a seguir adelante aun en los momentos difíciles es recordar que Dios va a lograr algo bueno a través de esa incomodidad. Saldrás de esa situación más fuerte que antes y Dios te está preparando para algo más grande todavía.

Aun así, tienes que pasar por esta prueba. Si te arrastras, preocupándote y tratando de entenderlo todo, luchando contra lo que no te guste, lo único que lograrás es prolongar el proceso. Tienes que reconocer que estás donde estás por una razón. Sea por tus decisiones o porque el enemigo te ataque, Dios no permitirá que nada suceda en tu vida a menos que tenga un propósito para ello. Tal vez no te guste y te incomode, pero si mantienes la actitud correcta, al final saldrás más fuerte y mejor que antes.

Tienes que entender que tu fe no te liberará al instante de todo problema. No. Tu fe te ayudará a pasar por el problema. Algunas de las cosas por las que estás orando, pidiéndole a Dios que te las quite, justamente son las que te preparan para la promoción que tiene reservada para ti. Está usando lo que hoy vives para prepararte para lo bueno por venir. Si no resultan las cosas como tú quieres, esto no significa que Dios no te ame. Si tus oraciones no son respondidas como quieres o en el momento en que lo deseas, eso no significa que Dios esté enojado contigo o que esté intentando castigarte.

---

**La fe no siempre te liberará instantáneamente,
pero siempre te ayudará a salir adelante.**

---

Debes conseguir que tu visión sea más grande. Tal vez signifique que Dios tiene algo mejor reservado para ti; que te está protegiendo de un peligro futuro; que está obrando en ti para poder llevarte a un nuevo nivel. ¿Por qué no dejas ya de resistirte a todo lo que ocurre en tu vida? Deja de pelear contra todo lo que no salga como tú quieres.

«Pareciera que Dios nunca responde mis oraciones», dirá alguien. «Nunca hace lo que quiero».

Es posible que Dios *sí* esté respondiendo tus oraciones. Te está diciendo, sencillamente, que no. Tal vez esté diciendo que todavía no es momento o «No voy a quitar ese obstáculo hasta que cambies de actitud y dejes de quejarte por ello». Efectúa algunos ajustes sencillos y verás cómo las cosas comienzan a mejorar.

Agradezco a Dios porque no respondiera algunas de mis oraciones ya que a veces lo que yo pensaba que sería lo mejor para mí, no lo era. Sin embargo, si empujas y manipulas, intentando hacer que sucedan las cosas, Dios a veces permitirá que te salgas con la tuya y tendrás que aprender sus lecciones de la manera más dura.

He visto gente que se zambulló en una relación, en un negocio o en algo que por mucho que no pareciera bueno deseaban con gran intensidad. Dios es un caballero. Si insistes, dará un paso al costado y dejará que hagas las cosas a tu manera. Pero casi siempre que hacemos eso, nos encontramos con que no es lo mejor para nosotros.

Si las cosas no suceden todo lo rápido que quieres, o si no ves que las circunstancias cambian a tu favor, deja de aferrarte a la situación. Reposa y aprende a confiar en Dios. Has de saber que Dios está de tu lado. No está tratando de impedir tu progreso. Nadie como Dios Todopoderoso desea tanto que puedas cumplir con tu destino. Nadie tanto como Él puede desear que tus sueños se vuelvan realidad. Es que Él fue quien puso el sueño en tu corazón. Deja que te guíe y dirija tus pasos.

Creo que una de las mejores oraciones que podemos orar es: «Dios, no mi voluntad sino la tuya». Y esto es lo que oro cada día, de una forma u otra: «Dios, abre las puertas correctas y cierra las incorrectas». Si te mantienes receptivo a la guía de Dios y sigues a tu corazón, Dios te protegerá. En Proverbios se nos dice: «Fíate de Jehová de todo tu corazón, y no te apoyes en tu propia prudencia. Reconócelo en todos tus caminos, y Él enderezará tus veredas».[49] Otra versión dice: «Él coronará con éxito tus esfuerzos».

No hace mucho, algunos de los miembros de nuestro personal viajaban conmigo a otra ciudad a bordo de un avión pequeño. Había solamente un asiento a cada lado del pasillo. Después del despegue quise escribir unas notas en mi cuaderno. La bandeja de ese avión salía del costado de los asientos, justo debajo de la ventana. Había un cartelito que decía «Hale», pero por mucho que halé no logré desplegar la mesita. Mi amigo Johnny, sentado del otro lado, había podido desplegar la suya que se veía idéntica a la mía. Volví a intentarlo, tirando con más fuerza. Pensé: *¡Aunque sea lo último que haga, voy a desplegar esta mesa!*

Lo intenté una y otra vez, pero nada logré. En ese momento, Johnny se acercó y también intentó destrabar la mesa, sin lograrlo. Otro compañero nuestro nos ayudó, pero tampoco pudo. Por fin, me senté en otro lugar, del otro lado del pasillo. Entonces levanté la mirada y observé que justo sobre la ventana donde habíamos estado intentando desplegar la mesita, había un cartel con letras grandes que decía: «No hay mesa en este asiento. Sólo salida de emergencia».

Dije: «Gracias, Dios, por no dejar que me saliera con la mía. Gracias por no abrir esa puerta. Y gracias porque hubo gente que diseñó este avión sabiendo que vendrían pasajeros como yo. Porque pusieron una traba que sólo puede abrirse si uno usa las dos manos para abrir la puerta de emergencia». Si no hubiera sido así, ¡seguramente habría sido la última cosa que hiciera en mi vida!

Gracias a Dios porque sabe qué es lo mejor para nosotros. Porque es misericordioso y no siempre nos deja hacer lo que queremos.

He aprendido que cuando mis oraciones no reciben respuesta o cuando las cosas no suceden todo lo rápido que quisiera, significa o que Dios me protege de algún peligro o que no es el momento justo; o que Dios tiene algo mejor reservado para mí.

Mi primer año en la universidad, me presenté como candidato para un empleo en un estudio de televisión de la universidad. Era grande y quería trabajar allí. La producción de televisión me apasionaba. La primera semana, conocí al gerente de producción a cargo de los camarógrafos y de la contratación de los asistentes. En ese momento yo ya tenía varios años de experiencia.

El gerente se esforzó por ser amable conmigo. Dedicó un par de horas a mostrarme el lugar y me pareció que nos llevábamos bien. Sin embargo, cuando llegó el momento de irme, me dijo: «Joel, te llamaré esta semana para informarte sobre tu solicitud de empleo».

Pasó la semana y no me llamó. Lo mismo la semana siguiente. Y tres semanas más tarde, todavía no me había llamado. Por fin, lo llamé pero siempre estaba ocupado o fuera de la ciudad. Me extrañó mucho porque no creía haber tenido problemas para que me dieran el puesto, pero esa puerta parecía no querer abrirse. Y lo peor es que yo quería ese empleo con tantas ansias. Pude ver, sin embargo, que no sería para mí. Entonces lo acepté y abracé la idea: «No es gran cosa. Voy a dejarlo ir».

En retrospectiva, ahora veo que si hubiera tomado el puesto, es probable que no regresara a la Iglesia Lakewood, donde volví para iniciar un ministerio televisivo. Me conozco. Habría estado tan arrobado, entusiasmado y contento, que seguramente me habría quedado allí, en la estación de la universidad.

Dios sabe lo que es mejor para nosotros. Aunque ese empleo me gustaba tanto en aquel momento, no sabía hacia dónde me llevaría Dios. No sabía qué tenía reservado para mí. Si me hubiera quedado allí, me habría perdido lo que Dios quería que hiciera en Lakewood y probablemente tú no estarías leyendo este libro.

Muchas veces somos miopes, cortos de vista. Solamente podemos ver un poco más allá y aun así, a través de un cristal empañado. Pero Dios ve la imagen completa. Sabe cuándo algo resultará en un callejón sin salida. Sabe cuándo alguien va a ser una distracción que nos impedirá llegar a nuestro destino.

Con respecto a algunas de las cosas que hoy te causan frustración, piensa que dentro de diez años quizá mires atrás y agradezcas a Dios porque no respondió esa oración en la que pedías lo que tanto querías, porque no abrió esa puerta. Hoy es posible que no lo veas, pero de eso se trata la fe. ¿Por qué no confías en Dios? Cree que te tiene en la palma de su mano y reposa en el conocimiento de que cuando llegue el momento para que Dios abra una puerta, no hay hombre que pueda mantenerla cerrada. No hay obstáculo demasiado alto. Tus enemigos podrán ser poderosos, pero nuestro Dios es Todopoderoso. Cuando Dios dice que llegó el momento de tu ascenso, tu ascenso se producirá. Y la buena noticia es que no será ni un segundo más tarde de lo que deba ser. *De repente*, Dios puede transformar cualquier situación. *De repente*, Dios puede hacer que se abra una puerta. Lo único que hace falta es un toque del favor de Dios.

Nuestra actitud debiera ser: «No voy a vivir molesto y frustrado. Sé que todo estará bien. Sé que al final, todo será para mi bien».

Es posible que hoy pases por circunstancias adversas. Pero recuerda, Dios prometió que jamás te dará más de lo que puedas soportar.

«Joel, no entiendo por qué me pasó esto a mí. ¿Por qué no fueron respondidas mis oraciones? ¿Por qué enfermé? ¿Por qué no duró mi matrimonio?»

Hay cosas que nunca llegarás a entender de este lado del cielo. Si siempre intentas entenderlo todo, sólo sentirás frustración y confusión. Aprende a confiar en Dios, sabiendo que mientras des lo mejor de ti y mantengas tu corazón puro ante Dios, estás precisamente donde tienes que estar. No será fácil pero al final, Dios lo usará en beneficio tuyo.

Uno de los aspectos más importantes de la fe está en confiar en Dios aun cuando no entendamos. Un amigo mío contrajo cáncer. Lo llamé para darle ánimo y pensé que estaría deprimido. Me llevé una agradable sorpresa cuando dijo: «Joel, estoy en paz. No me gusta esto pero sé que Dios sigue estando en control, y creo en mi corazón que me ayudará a atravesar esto».

Aun en momentos de extrema dificultad, aunque desaparezca el suelo bajo tus pies, no tienes que angustiarte o molestarte. A veces pensamos que a cada minuto debiéramos estar orando, resistiendo, citando las Escrituras, y por cierto no tiene nada de malo eso. Pero reposar, permanecer en paz, mantener tu gozo y seguir sonriendo también forma parte de la buena pelea de la fe.

Si estás en un lugar difícil, anímate sabiendo que Dios sigue estando al mando de tu vida. Él hizo tu cuerpo. Él conoce tus circunstancias. No te quedes sentado, deprimido y desalentado. Tu actitud debe ser: «Dios, confío en ti. Sé que puedes hacer lo que los seres humanos no podemos, y entrego mi vida en tus manos». Esta actitud de fe agrada a Dios. La gente que tiene determinación y que dice: «Dios, voy a confiar en ti tanto si las cosas salen como quiero o como si no. Confiaré en ti en las malas y en las buenas».

---

**Dios, confiaré en ti tanto si las cosas salen como quiero o como si no.**

Recuerda a esos tres adolescentes hebreos del Antiguo Testamento que se negaron a inclinarse ante el ídolo de oro de Nabucodonosor. El rey se molestó tanto que ordenó que los echaran en un horno ardiente.

Los muchachos hebreos dijeron: «Rey, eso no nos preocupa. Sabemos que nuestro Dios nos liberará. *Pero aunque no lo hiciera*, no nos inclinaremos ante el ídolo». Observa que abrazaron el lugar en donde se encontraban, aunque era difícil, aunque no les gustaba.

Tú puedes hacer algo similar. Deja de vivir frustrado porque no ves la respuesta que esperas a tus oraciones. Deja de deprimirte porque no has llegado en tu carrera profesional todo lo lejos que querías o esperabas, o porque tienes problemas en tu matrimonio o en tus finanzas. Sigue adelante. Mantén tu gozo y entusiasmo. Quizá no estás exactamente donde esperabas estar, pero has de saber esto: Dios sigue al mando de tu vida. Y mientras sigas pasando las pruebas, no habrá fuerza de las tinieblas que pueda impedir que cumplas el destino que Dios tiene reservardo para ti.

Puedes quitarte ese peso de encima. No tienes que pelear y luchar todo el tiempo, intentando cambiar a todos y a todo. No. Abraza el lugar en donde estás y cree que Dios está al mando. Dios está obrando en ti. Está guiándote y dirigiéndote.

Si estás en medio de una tormenta o enfrentas graves dificultades, escucha las palabras que Dios habla a tu corazón: «Levántate por sobre todo eso. Deja de luchar. Ya no busques cambiar lo que sólo Yo puedo cambiar».

Cree que Dios tiene un gran plan para tu vida. Si aprendes a abrazar el lugar en donde estás, podrás elevarte más alto. Podrás vencer todo obstáculo ¡y podrás vivir esa vida de victoria que Dios tiene reservada para ti!

CAPÍTULO 21

# Mi alma está en paz

¿Has notado que en los momentos difíciles nos volvemos más fuertes? Es cuando nos erguimos. Es entonces cuando Dios desarrolla nuestro carácter y nos prepara para la promoción.

Tal vez no nos guste porque erguirse a veces es incómodo. Pero si mantenemos la actitud correcta, saldremos mejor que antes.

La clave para pasar la prueba está en mantener la paz, en permanecer en reposo. Cuando estás en paz, tienes poder. Cuando reposas, Dios puede pelear tus batallas por ti. Muchas personas se agotan, frustradas porque no tienen el empleo que quieren, molestas porque su hijo no hace lo que debe, preocupadas por un problema de salud. No. Entrégale todo eso a Dios y acepta pasar por los momentos difíciles con buena actitud.

En Colosenses, capítulo 3, Pablo oró porque el pueblo tuviera la fuerza para soportar lo que les tocara vivir. Piensa en eso. El gran apóstol Pablo no oró para que Dios quitara todas las dificultades. No oró porque los librara de inmediato. Oró para que tuvieran fuerzas para soportar y pasar por los momentos difíciles.

A veces oramos: «Dios, tienes que sacarme de esta situación hoy. Ya no la soporto. Si sigue durante una semana más, no sobreviviré». Sin embargo, es mejor orar: «Padre, por favor, dame fuerzas para pasar por esto con buena actitud. Ayúdame a mantener mi gozo. Ayúdame a mantener mi paz». Nuestras circunstancias no van a cambiar hasta tanto no cambiemos nosotros.

Dirás: «Es tan difícil. Tengo un grave problema de salud y tengo esta situación en el trabajo...»

No. Tienes el poder del Dios Altísimo de tu lado. Puedes soportar lo que sea. Eres más que vencedor. Eres victorioso, no víctima. Claro que a todos nos gustaría que Dios nos librara al instante, pero la mayoría de las veces no es así como Él obra. Decide entregarle la situación a Dios y luego deja de preocuparte por ello. No permitas que domine tus pensamientos y palabras. En vez de eso, acude a ese lugar de paz y reposo. Aunque la situación sea difícil y no te guste, estás creciendo.

Dios tiene un plan y un propósito para todo. Es posible que no podamos verlo ahora mismo, pero Dios nos prometió que no permitirá que nada entre en nuestras vidas a menos que Él pueda obrar para bien a través de ello. Esto debiera quitarnos toda presión. Esto significa que si no recibimos respuesta a la oración como queremos, entonces Dios debe tenernos reservado algo todavía mejor. Él sabe lo que más nos conviene, así que puedes creer que todo obrará para tu bien. No vivas perturbado cuando lleguen los momentos de presión.

Decide en tu mente y tu corazón: «No me deprimiré porque mi negocio no crece como esperaba», o «Me niego a perder el aliento sólo porque mi hijo no está haciendo las cosas bien. No. Voy a permanecer en paz, confiando en Dios y sabiendo que en el momento indicado, va a transformar la situación y la utilizará para mi bien». Esta es una manera increíblemente liberadora de vivir.

Tal vez sufras de problemas estomacales, dolores de cabeza, úlceras y todo tipo de dolencias. No puedes dormir bien por las noches porque tu mente recorre todo el tiempo las imágenes de ti luchando contra todo lo que no sale a tu manera. Es que estás queriendo cambiar lo que sólo Dios puede. Cuando Dios no actúa en una situación, es porque o no es momento, o porque está obrando en ti. Centra tu mente en el lugar de paz donde puedes decir con sinceridad: «Muy bien, Padre. No mi voluntad, sino la tuya».

Cuando entiendas este principio, tu vida será mucho más fácil. Ya no vivirás frustrado porque tus planes no resulten. No tendrás que sentir desilusión durante un mes porque no te ascendieron. No tendrás que molestarte porque alguien sea injusto contigo. Sabes que Dios está al mando y que te tiene exactamente donde te quiere tener. Mientras sigas confiando en Él, Dios peleará tus batallas por ti. Eso es lo que dice Éxodo en el capítulo 14: «Jehová peleará por vosotros, y vosotros estaréis tranquilos».

Piensa en esto: Dios quiere que estés tranquilo, quiere que tengas paz en tu corazón y tu mente. Mientras vivamos frustrados, enojados, agotados por nuestros esfuerzos, Dios dará un paso atrás y esperará. Para mostrarle que confías en Él debes permanecer en paz, sonriendo, con buena actitud día a día. Si eres congruente, si eres estable, si tus circunstancias no te turban, estás proclamando: «Creo que Dios está al mando, totalmente, en mi vida».

Solía jugar al básquetbol con mis amigos varias veces a la semana. Una noche, después del juego, como era bastante temprano, le pregunté a uno de los muchachos si quería ir a comer algo conmigo. Me dijo muy tranquilo: «No, Joel. Tengo que ir al hospital. Tengo mi sesión de quimioterapia».

«¡Estás bromeando!», dije. «¿Quimioterapia?»

«Es mi segunda batalla contra el cáncer, así que tengo sesiones de quimioterapia tres veces cada semana», me respondió.

No podía creerlo. Ni siquiera me había enterado de que estuviera enfermo. Siempre sonreía, siempre estaba de buen ánimo, con una actitud de fe. Parecía estar en la cima del mundo.

Otras personas en una situación similar viven arrastrándose, sumidos en la autocompasión, derrotados y culpando a Dios. Pero no él. Sabía que Dios seguía al mando de todo. Aun cuando no le gustaran sus circunstancias, aunque fuera incómodo, no permitía que eso lo deprimiera. Su actitud era: «No voy a sentarme a compadecerme de mí mismo. No voy a permitir que esta enfermedad gobierne mi vida. Voy a enfrentarla y a seguir adelante». Y precisamente eso fue lo que hizo. Hoy, después de varios años, está libre de cáncer. Dios lo ha sanado por completo. Lo vi hace poco y goza de excelente salud.

Tal vez estés peleando algunas batallas difíciles, pero la buena noticia es que Dios es mucho más grande que cualquier problema. Él puede abrir el camino aun cuando parezca que no lo hay. No dejes de vivir. No dejes que ese obstáculo sea el punto central de tu existencia. Sigue avanzando, confiando en Dios, sabiendo que si crees todas las cosas son posibles. Ahora todo puede verse oscuro, difícil, pero las Escrituras dicen: «Por la noche durará el llanto, y a la mañana vendrá la alegría».[50] No importa cómo se vea la situación en el plano natural porque nuestro Dios es un Dios *sobrenatural*. Cuando confías en Él, puedes reposar y estar tranquilo. No hace falta preocuparse ni sentir tensión. Sabes que todo estará bien. Sabes que Dios te tiene en la palma de su mano. Si permaneces en paz, Dios se asegurará de que cumplas cada uno de los días que designó para ti. La Biblia dice: «...y de la mano del Padre nadie las puede arrebatar (a mis ovejas)». Esto significa que no hay enfermedad demasiado grande, ni enemigo demasiado poderoso. Si Dios está contigo, ¿quién podrá en contra de ti? Aunque estés molesto o incómodo, recuérdate que saldrás de esa situación mejor de lo que estabas. Aun en el peor de los casos, si morimos, ¡iremos al cielo para estar con el Señor!

La fe de algunas personas está atada a sus circunstancias: si todo va bien, su fe es grande; si las cosas son adversas, su fe es menor. Pero no tienes por qué vivir así. Cuando sabes que Dios dirige tus pasos, puedes ser coherente. No importa qué cosas lleguen a tu vida, Dios las usará para tu bien.

En ocasiones Dios nos puede pedir que pasemos por algunas situaciones para ayudar a alguien más. Puede ponerte en un lugar incómodo para que puedas ser la respuesta a la oración de alguna persona.

«Joel, no soporto mi trabajo. Esta gente me afecta los nervios. Me irritan. No tengo por qué soportarlos».

¿Has pensado que Dios quizá te puso allí a propósito para poder obrar en ellos? Quizá Dios quiere que lleves palabras de esperanza a la vida de alguien, o tal vez cuenta contigo para que hagas brillar tu luz. Es posible que quiera que plantes una semilla de fe, para que Él pueda cambiar sus corazones.

Mary Anne soportó experiencias difíciles e injustas durante su infancia. No es de extrañar que su primer matrimonio no durara, por lo que se casó por segunda vez al poco tiempo y empezó a arruinarle la vida a este hombre también. No es que intentara herirlo, sino que sencillamente estaba tan herida que no podía confiar en nadie. Era una persona negativa y amargada.

Curtis, el marido de Mary Anne, pensó dejarla varias veces. Pero sabía en el fondo que debía permanecer junto a ella. Me dijo tiempo después: «Joel, fue lo más difícil que haya tenido que hacer. Me sentía mal. No me gustaba y no lo entendía». Sin embargo, Curtis se quedó con ella y estuvo dispuesto a pagar el precio de conseguirle ayuda. Hoy, Mary Anne está sana y plena, y su relación no podría ser mejor.

Mary Anne se dio cuenta del regalo que había recibido. Me dijo: «Joel, ¿qué pasaría si Curtis hubiera sido como mi primer esposo y se hubiera ido? ¿Y si no le hubiera importado lo suficiente como para quedarse conmigo? Hoy, yo estaría en un manicomio o en el cementerio».

Por mucho que quieras llegar a ser lo mejor de ti, es importante que entiendas que no todo lo que Dios hace tiene que ver contigo. A veces Dios te pide que sufras en beneficio de alguien más. En ocasiones Dios te lleva por experiencias que son desafíos, para que puedas ayudar a otros que están necesitados. Precisamente en ese momento tenemos que decir: «Dios, confío en ti. Creo que estás al mando. Aunque no entienda esto, ni necesariamente sea algo que elegí, voy a seguir adelante y con tu ayuda mantendré una buena actitud».

Es posible que no siempre sientas que quieres hacerlo, pero hazlo como sacrificio a Dios, por tu amor y confianza en Él. Dios recompensa esas actitudes. No abandones a ese esposo o esposa. No dejes a esos hijos. No renuncies a tus compañeros egoístas. Sigue amándolos, sigue orando por ellos, alentándolos. Dios lleva la cuenta. Cuando siembras semillas que ayudan a alguien más, Dios lo ve y te recompensará.

A veces nos consume demasiado eso que tanto queremos. He conocido personas que no lograrán ser felices hasta el día en que se casen. No serán felices hasta que su negocio despegue y crezca o hasta que salgan de determinada situación. No. Es imperativo que entreguemos esas situaciones a Dios y aprendamos a contentarnos con el lugar en donde estamos. Cuando ya no nos aferramos a nuestra propia voluntad, a nuestros propios caminos, Dios obra milagros.

Mi hermana Lisa y su esposo Kevin deseaban tener un bebé, pero por alguna razón Lisa no lograba concebir. Pasó por todo tipo de tratamientos de fertilidad y gastaron muchísimo dinero. Después de varios años, el médico dijo: «Lisa, lo siento. No podemos hacer nada más por ti. No podrás tener hijos».

Lisa estaba muy desalentada y desilusionada. Había pasado mucho tiempo, gastado mucho dinero, utilizado muchas energías, orando, creyendo, haciendo todo lo que podía. Casi la consumía el deseo de tener un bebé. Y ahora, estaba física y emocionalmente agotada. Un día se cansó de esforzarse y pelear. Dijo: «Dios, no voy a pedirte otra vez por un embarazo. Ya sabes lo que quiero. Sólo voy a entregarte esta situación». Más tarde dijo que a partir de ese día puso todo su empeño en no preocuparse. Ya no le rogaba a Dios por un bebé. Al contrario, cada vez que pensaba en ello agradecía a Dios por estar al control. En realidad, estaba diciendo: «Dios, no mi voluntad, sino la tuya».

Meses después, Lisa y Kevin recibieron una llamada de parte de unos amigos referente a la adopción de dos mellizas. Para resumir, terminaron haciendo exactamente eso. Hoy tienen tres hijos preciosos. Pero nada cambió hasta que Lisa dejó de aferrarse a ese deseo de tener un bebé que tanto la consumía.

A veces nos dejamos consumir tanto por nuestros sueños, por vencer un obstáculo, que es lo único en lo que pensamos, lo único de lo que hablamos, lo único por lo que oramos, y no seremos felices si no sucede exactamente como queremos que suceda. Eso lleva a la frustración y si no nos cuidamos, hasta al resentimiento quizá. Cuando adviertas que te sucede eso, debes regresar a ese lugar de reposo y paz donde puedas decir con sinceridad: «Dios, confío en ti. Creo que sabes lo que es mejor para mí. Y Dios, aunque esto no funcione como yo quiero, no me sentiré infeliz. No voy a permitir que arruine el resto de mi vida. Hoy decido contentarme en este lugar donde hoy me pusiste».

En la historia de la Iglesia hay un relato que es uno de mis favoritos, el de Horatio G. Spafford, un rico comerciante que vivió en el siglo diecinueve. La historia de Spafford, sin embargo, no es la de éxitos que podríamos oír en nuestros días. De hecho, se enfrentó a horribles tragedias en su vida. Su esposa y sus cuatro hijas iban en un barco que cruzaba el Océano Atlántico cuando la nave chocó con otra y junto con más de doscientas personas, las cuatro hijas de Spafford perdieron la vida. La esposa le envió un telegrama informándole la terrible noticia.

Horatio Spafford reservó un pasaje para cruzar el Océano Atlántico y así reunirse con su atribulada esposa. En un momento, el capitán le notificó que estaban pasando por el lugar del accidente, donde habían muerto las hijas de Spafford. Horatio Spafford miró con solemnidad las olas y esa noche escribió lo que se convertiría en uno de los himnos más bellos de la fe cristiana: «Cuando la paz como un río inunda mi alma, cuando la pena como el mar levanta sus olas, pase lo que pase, Tú me enseñaste a decir: Todo está bien. Mi alma está en paz».

No importa qué suceda, tenemos que ser capaces de decir: «Mi alma está en paz. La vida quizá me haya jugado malas pasadas, pero mi alma está en paz. Todos mis sueños no se han cumplido aún, pero está bien. No tengo apuro. Sé que se harán realidad cuando Dios lo disponga».

Mi plan no resultó. Sin embargo, mi alma está en paz. Recibí una mala noticia del médico, las cosas no se ven bien. Pero sé que Dios tiene otra noticia. Sé que Él puede hacer lo que los hombres no pueden. Y pase lo que pase conmigo, todo está bien. Mi alma está en paz. Esta es la actitud que necesitamos.

Tal vez necesites una nueva perspectiva. Quizá hayas estado demasiado concentrado en lo que no tienes, en lo que no puedes hacer, en lo que está mal en tu vida. Es posible que le hayas dicho a Dios cada cinco minutos qué hacer y cómo hacerlo, informándole que no serás feliz a menos que todo resulte exactamente como lo deseas.

Decide entregarle todo a Dios. El salmo 55.22 dice: «Echa sobre Jehová tu carga, y Él te sustentará; no dejará para siempre caído al justo». No importa cuán oscuro o triste esté todo hoy en tu vida, podrás echar el peso de esa carga en Dios. Si lo haces, te elevarás más alto y verás que sale el sol en tu vida.

Esto comienza cuando creemos que Dios está al control. En los capítulos que siguen miraremos más de cerca cómo opera esto en nuestras vidas, pero mientras tanto puedes decidir que confiarás en Él estés donde estés. Cuando lo hagas, la batalla ya no será tuya sino del Señor. Pídele a Dios que te dé fuerzas para soportar, confiado en la certeza de que Él cuidará de ti, aun en medio de las más terribles tormentas de la vida.

# CAPÍTULO 22

# Mantente en paz

¿Sabías que puedes tener paz aun en medio de las circunstancias más difíciles? Mucha gente intenta librarse de sus problemas con la esperanza de que serán felices y podrán empezar a disfrutar de la vida. Sin embargo, Dios quiere que aprendamos a tener paz en medio de las tormentas. Quiere que tengamos paz aun cuando las cosas no salgan como queremos, cuando tu jefe no te trate bien, cuando no te den el ascenso que querías, cuando tu hijo no haga lo que debiera. Si cometemos el error de basar nuestra paz en las circunstancias de la vida, jamás experimentaremos lo mejor de Dios porque siempre habrá algo que nos moleste. Nunca vas a poder librarte de las pequeñas molestias de la vida. Nunca llegarás a un punto donde no tengas desafíos u oportunidades para el desaliento. Tenemos que cambiar nuestra perspectiva de la vida.

El apóstol Pablo pasó por todo tipo de tribulaciones. La gente fue injusta con él, le acusaron falsamente, mintiendo. Pero él dijo: «A pesar de todo eso, somos más que vencedores». Esa es la actitud que necesitamos. No uses tu fe para tratar de librarte de tus problemas. Usa tu fe para permanecer en calma en medio de tus problemas.

Jesús dormía en una barca cuando se levantó una fuerte tormenta. El viento soplaba y sacudía la barca. Los discípulos estaban perturbados y sintieron miedo. Le dijeron: «Jesús, despierta. ¡Estamos a punto de perecer!»

Jesús se levantó y simplemente le habló a la tormenta. Dijo: «Paz, estate quieta». Al instante, el viento se calmó y el Mar de Galilea quedó tranquilo, con las aguas como un espejo. La razón por la que Jesús pudo traer paz a esa situación fue porque tenía paz dentro de sí. Estaba en la tormenta, pero no permitió que la tormenta entrara en Él.

---

**Puedes estar en la tormenta, pero no permitas que la tormenta entre en ti.**

---

La paz no es necesariamente ausencia de problemas. Ni es siempre una ausencia de enemigo. Puedes tener problemas y conflictos alrededor de ti, por fuera, pero una verdadera paz en tu interior.

Es posible que te preocupes o molestes por algún aspecto de la vida. Por tus finanzas o porque hay una situación injusta en tu trabajo y dejas que esa situación perturbe tu interior. Día tras día, esto te pesa y te quita el gozo, la energía y el entusiasmo. Es que permitiste que la tormenta entrara y debes hacer algunos cambios.

«Tan pronto pase esto, voy a volver a estar normal, como siempre», dirás.

No. Sabes que cuando pase este desafío habrá otra cosa que puede robarte la paz. Tienes que cambiar tu perspectiva y dejar de permitir que todo eso te perturbe. Haz lo opuesto, entrégale esa situación a Dios.

Debes entender que hasta tanto entres en ese lugar de paz, Dios no puede obrar de verdad en tu vida como quiere hacerlo porque Él obra donde hay actitud de fe y expectativa, y no de falta de fe, preocupación, desesperanza y desaliento. Todos los días, tendrás oportunidades de perder tu paz. Habrá quien sea rudo contigo al teléfono y querrás sencillamente saltarle encima y tomarlo del cuello. Pero tendrás que decirte: «No. Voy a permanecer en paz. No voy a permitir que esto me moleste».

Quizá tu jefe no te esté dando el crédito que mereces. No obtuviste el ascenso que esperabas. Di algo así como: «Está bien. Sé que Dios está al mando. Sé que Dios tiene algo mejor reservado para mí».

«Es que estoy molesta porque este hombre me dejó», dice Suzanne. «Estuvo mal. No fue justo. Quería llamarlo y decirle lo que pienso».

«No. Mantén tu paz», le dije. «Si permaneces en calma y en reposo, Dios traerá a alguien mejor a tu vida. Tomará lo que el enemigo quería usar para mal y lo transformará en algo bueno para ti. Pero tendrás que hacer tu parte y mantener tu paz. No vivas molesta, preocupada, frustrada».

A veces perdemos nuestra paz por cosas que no podemos cambiar. No puedes cambiar el tráfico de la mañana. Mucho mejor es permanecer en calma. No puedes hacer que tu cónyuge, tu jefe o tu vecino hagan lo correcto. Sólo Dios puede hacerlo. Así que más te valdrá disfrutar de la vida mientras Dios se ocupa de cambiar cosas en las vidas de quienes te rodean.

Una vez, Victoria, los niños y yo estábamos por salir de vacaciones a Branson, Missouri. Era la época de la Navidad y los aeropuertos estaban colmados de gente. Teníamos que cambiar de avión en Memphis, por lo que debíamos esperar un rato. Bajamos del avión y los chicos tenían hambre, así que nos detuvimos para que comieran y luego nos dirigimos a la puerta de embarque. Nos tomó lo que parecía una eternidad. Tuvimos que tomar el bus y correr el resto del camino. Cuando llegamos, el avión todavía estaba allí pero la puerta de acceso a la manga estaba cerrada. Le rogué a la mujer del mostrador que nos dejara subir al avión. Oré por el favor de Dios. Sonreí. Fui tan amable como me fue posible...

Nada de eso funcionó.

*No quiero esperar en este aeropuerto durante tres o cuatro horas, hasta el próximo vuelo*, pensé. Podía sentir cómo se elevaba mi nivel de estrés. Tenía que tomar una decisión de inmediato: ¿Me molestaría o mantendría mi paz? ¡Logré conservar casi la mitad de mi paz!

Cuando por fin llegamos a Branson, bajé del avión y se me acercó un matrimonio mayor. La señora me dijo: «No quiero molestarlo pero tengo que decirle que lo aprecio mucho. Lo escucho siempre. Y disfruto de cada momento». Y así siguió hablando, elogiándome. Me sentí mejor y el aguijón del vuelo que perdimos ya no me dolía tanto. Sin embargo noté que el marido me miraba como diciendo: «¿Quién será este tipo?», mientras su esposa seguía hablando. Cuando nos íbamos, la oí decir: «Ay, amor, ya sabes quién es. Es ese tipo que canta "Corazón partido"».

Y pensé: *¡Será uno de esos días!*

Tenemos que aprender a mantener la paz, aun cuando la gente no tenga idea de quiénes somos, aun cuando quedemos atorados en el tránsito o perdamos nuestro vuelo, o cuando nuestros planes no resulten como lo deseamos.

¿Cómo sabes que no es este el lugar donde Dios quiere que estés? ¿Cómo sabes si Dios no te está protegiendo de un accidente? Me encanta el pasaje de Proverbios que dice: «Si el Señor dirige nuestros pasos ¿por qué tratamos de entender todo lo que sucede en el camino?» Déjate llevar. Deja de preocuparte por cosas que no puedes cambiar. Entrega la situación, por completo, en manos de Dios sabiendo que Él controla tu vida.

Una de las mejores formas en que podemos mostrarle a Dios que confiamos en Él es, sencillamente, manteniendo la calma. Cuando llegas al punto más álgido de la tormenta, cuando la gente te trata de manera injusta, o cuando el médico te da una mala noticia, o cuando pierdes tu empleo, en el plano natural te sentirás desalentado, molesto. Sin embargo, llevas una sonrisa en el rostro, y sigues caminando erguido. Estás en paz. Estarás diciendo entonces: «Dios, confío en ti. Sé que eres más grande que esta enfermedad y que este conflicto en mi matrimonio. Sé que eres más grande que mis enemigos».

Conviértete en el tipo de persona que permanece en calma en medio de la tormenta. Cuando alguien te critique, recuérdale (y también a los demás si hace falta): «Está bien. Dios está al mando. Sé que Dios peleará mis batallas por mí».

«Bueno, ¿no vas a responder siquiera? ¿No vas a poner las cosas en su lugar?»

«No, sé que Dios me reivindica. Si me ofendieron, Él se ocupará».

Alguien te dirá: «Me enteré de que el médico te dio una mala noticia. Seguramente, estarás perturbado».

«No, no lo estoy», podrás decir. «Estoy en paz. Sé que mi vida está en la palma de la mano de Dios».

«Me enteré de que te enfrentas con enemigos poderosos», te advertirán.

«Sí, es cierto. Pero no me preocupa porque sé que Dios es más grande. Nadie puede contra mi Dios. Con los hombres, puede parecer imposible, pero con Dios todas las cosas son posibles».

Hace poco esperaba pacientemente en mi auto por un lugar para estacionar. Un hombre estaba a punto de salir y yo estaba allí, con las luces intermitentes encendidas. Había pasado bastante tiempo, así que era obvio que iba a ocupar el lugar apenas se desocupara. Pero cuando el conductor salió marcha atrás, bloqueó mi camino durante unos segundos y en ese lapso de tiempo, otro auto se puso delante y me ganó de mano quitándome el lugar. ¡No podía creerlo! No tenía dudas de que esa persona tenía que haberme visto esperando por el lugar. Tenía que tomar una decisión. ¿Iba a molestarme o iba a sembrar eso como semilla confiando en que Dios me ayudaría?

En el plano de lo natural, quería tocar la bocina y hacerle saber lo que pensaba. Se me cruzó una idea: *Bueno, ¡esperaré hasta que entre al lugar y luego le desinflaré un poco los neumáticos!*

Pero decidí: *No vale la pena perder mi paz por esto. Voy a bendecir a esa persona y seguiré con lo mío.* En ese momento susurré una breve oración por el conductor maleducado y luego seguí buscando un espacio donde dejar mi auto.

No permitas que nadie te robe tu paz. Debes entender que siempre habrá alguien que será capaz de ofenderte si lo permites. Y por lo general, no se irán por más que ores. Porque aunque se vayan, ¡es probable que Dios envíe a dos personas más en su lugar! Quizá haya alguien en la oficina que hace correr rumores sobre ti, que habla a tus espaldas o se comporta como si fueras tonto. Te crispan los nervios y si te condujeras por tus propios medios, querrías ir con ellos e iniciar una discusión. Pero si mantienes tu paz, si decides hacer lo correcto, si dejas pasar esas cosas, Dios peleará tus batallas.

A lo largo de la Biblia, quien confía sinceramente en Dios es comparado con un águila. Hay un pájaro que molesta al águila: el cuervo. Siempre que grazna le causa problemas al águila. La verdad es que todos tenemos cuervos en nuestras vidas. ¡Hasta puede que tengas una bandada y algunos pollos y pavos también!

Hay gente que sencillamente nos perturba y nos irritarán si se lo permitimos. Pero aprendamos la lección del águila. Cuando vuela, puede venir un cuervo por detrás y comenzar a molestar, chillando y revoloteando. Aunque el águila es mucho más grande, no puede maniobrar rápido. Así que para librarse de esa peste sencillamente despliega sus enormes alas, aprovecha una corriente cálida y se eleva más y más alto. Al fin llega donde ningún otro pájaro puede llegar. El cuervo ni siquiera podría respirar allá arriba. En raras ocasiones se han visto águilas que vuelan tan alto como a los siete mil metros de altura, casi donde vuelan los aviones.

De la misma manera, si quieres librarte de tu molestia, tendrás que volar más alto. No bajes a su posición. No discutas. No trates de devolver mal con mal. No seas indiferente. Sé más. Deja pasar sus faltas. Camina en amor y atrévete a bendecir, aun a tus enemigos. A la larga, el cuervo no puede competir con el águila.

Amigo, amiga, eres un águila. Fuiste creado o creada a imagen de Dios Todopoderoso. Aprende a elevarte por sobre tus circunstancias, por sobre las pequeñeces en la oficina. No permitas que la gente te absorba hacia su lugar de pleitos y división, ni que te molesten o perturben con chismes.

Siempre recuerda que los pavos, los pollos y los cuervos no pueden vivir a la altura para la que fuiste diseñado. Dios está al mando de tu vida, totalmente. Ha prometido que si mantienes la paz y el reposo, enmendará tus ofensas. Traerá justicia a tu vida. No tienes que preocuparte, ni dejarte controlar por tus circunstancias. Puedes hacer como el águila y volar mucho más alto.

No verás al águila picoteando el suelo junto con los pollos ya que vuela y vive alto, cerca de Dios.

Además, cuando llega la tormenta, el águila no la atraviesa. No, extiende las alas para atrapar más viento y se eleva por encima de las nubes. Sube hasta dejar atrás todo disturbio. El águila no se preocupa por la tormenta que ve delante. No se molesta. Porque sabe que tiene una salida.

Sin duda, probablemente podría luchar contra la tormenta, agotándose y hasta quizá, lastimándose, pero sería una lástima vivir así cuando Dios le ha dado la capacidad de elevarse por encima de los nubarrones.

Sin embargo, eso es lo que muchos hacemos. Dios nos ha dado su paz. Nos ha dicho que echemos sobre Él toda preocupación. Nos dijo que si permanecemos en reposo, peleará nuestras batallas por nosotros. Aun así, muchas veces nos permitimos la preocupación. Nos molestamos y dejamos que la gente nos robe nuestro gozo. Nos sentimos muy mal si las cosas no salen exactamente como esperábamos. Y quizá nos sentimos frustrados si nuestro jefe, esposo o esposa no hacen lo que queremos que hagan.

Puedes no ser capaz de cambiar ciertos aspectos de tu vida, pero lo que sí puedes hacer es elevarte por encima de ellos. Entrégale todas esas situaciones a Dios. Decide hoy mismo que no permitirás que todo eso te moleste ya.

Es interesante que el cuervo tenga que aletear con esfuerzo, sólo para poder volar. Tiene que esforzarse constantemente. El pollo apenas si puede elevarse y por mucho que bata las alas no llegará lejos. Pero el águila... sólo tiene que aprovechar las corrientes de aire que le sirvan para llegar más y más alto. No necesita ser como el cuervo, que se esfuerza todo el tiempo. Sólo extiende sus alas y reposa en lo que Dios le ha dado, dejándose llevar por el viento.

Si siempre vives en frustración, tratando de resolverlo todo en tu vida, tratando de enderezar a tal persona por lo que hace o dice, preocupándote por tu salud o tus finanzas, estás actuando como un cuervo. Te esfuerzas, aleteando todo el tiempo. Amigo, amiga, la vida no tiene por qué ser así. ¿Por qué no te relajas? Dios está al mando de tu vida. Él dijo que jamás te abandonará ni te dejará. Dijo que será el amigo que está más cerca que un hermano.

Podrás decir: «No veo cómo podría mejorar mi negocio». O «No veo cómo se resolvería este problema».

Las Escrituras dicen que aquello que vemos con los ojos es solamente temporal. Esto significa que está sujeto a cambios. Lo único que hace falta es un toque del favor divino, Dios puede transformar cualquier situación. De repente, Dios puede hacer prosperar tu negocio. Dios puede darte una idea o un cliente nuevo que haga que tu negocio despegue. Dios puede traer a tu vida a alguien que te ame de verdad. Puede hacer que estés en el lugar justo en el momento indicado. En cualquier situación, Dios puede transformar las cosas, en una fracción de segundo.

Toma hoy la decisión de que entrarás en el reposo de Dios. Ya no vivirás en preocupación. Ya no permitirás que nadie te robe tu gozo. No abandonarás los sueños que Dios ha puesto en tu corazón. Quizá necesites una nueva perspectiva, una mirada diferente. Es posible que hayas estado durante mucho tiempo en una situación difícil. No ves cómo podría mejorar. La tormenta azota y te desalientas. La vida parece oscura y te encuentras viviendo por debajo del nivel que Dios tiene para ti. Tienes que hacer como el águila y subir más y más alto, por encima de tus circunstancias.

A veces, cuando estoy en un avión antes de despegar y el cielo está gris, todo parece deprimente. Pero cuando el avión corre por la pista y despega, sube hasta las nubes. Luego las atraviesa y por encima del gris plomo está brillando el sol en medio de un cielo celeste. El aire está limpio como el cristal.

Ahora, hay algo que me intriga: el sol estuvo allí, brillando todo el tiempo. Lo único que me hacía falta era una perspectiva más alta para poder verlo. De manera similar, las nubes en tu vida son pasajeras. Ahora puede ser que todo se vea triste y oscuro, pero el sol está allí, brillando siempre. Una de las mejores cosas que puedes decirte ante la tentación del desaliento es: «Esto también pasará. No va a durar para siempre. Las nubes se despejarán un día y veré la bondad de Dios otra vez en mi vida».

Amigo, amiga, busca una perspectiva más alta. Dios está de tu lado. Nada es demasiado difícil para Él. Deja todo lo que te pesa para poder vivir libre de la preocupación, la frustración o el desaliento, sabiendo que Dios está al mando de todo. Cuando la vida se te haga difícil o las cosas no salgan como quieres, no seas como el cuervo o el pollo. Sé como el águila. El águila que Dios quiere que seas. Extiende tus alas y sube al nivel en donde Dios quiere que vivas. Fuiste creado para volar alto. Fuiste creado para mucho más.

# CAPÍTULO 23

# Recuerda lo bueno

El salmista dijo: «Prefiero recordar las hazañas del Señor, traer a la memoria sus milagros de antaño».[51] Observa que dice «prefiero recordar». Es decir que la bondad de Dios está constantemente en su mente. ¡Qué buena forma de vivir!

Muchas veces, sin embargo, recordamos aquello que debiéramos olvidar: nuestro desaliento, dolor, fracaso; olvidando lo que debiéramos recordar: nuestras victorias, éxitos, los buenos momentos.

En el Antiguo Testamento Dios mandó a su pueblo a celebrar determinadas festividades para que no olvidaran lo que había hecho por ellos, para que pasaran de generación a generación las inspiradoras historias. Varias veces al año, el pueblo judío dejaba de hacer lo que estuviera haciendo y todos celebraban el hecho de que Dios los sacó de la esclavitud, o que derrotó a tal o cual enemigo, o que los protegió de alguna calamidad. Esas celebraciones no eran opcionales. Eran obligatorias, y el pueblo debía asistir y recordar la bondad de Dios con ellos.

En otras partes de la Biblia, se registran los «monumentos recordatorios» que el pueblo de Dios erigía. Eran pilares que marcaban victorias específicas que Dios les había otorgado. Cada vez que ellos, o sus descendientes, pasaban por uno de esos pilares o monumentos, recordarían las grandes cosas que Dios había hecho.

Nosotros tenemos que hacer algo parecido. Tómate tiempo para recordar tus victorias y celebra lo que Dios haya hecho en tu vida. Levanta monumentos y pilares.

Es una de las mejores formas de alimentar tu fe y seguir con ánimo. Recuerda ese momento en que Dios abrió el camino cuando no veías por dónde pasar. Recuerda cuando sufrías mucha soledad y Dios te envió a alguien especial. Recuerda cómo Dios te sanó o sanó a alguien que conoces. Piensa en cómo te protegió de la tormenta, cómo te guió, cómo te bendijo. Si tomas conciencia de la bondad de Dios en tu corazón, no vas a pensar ya nunca más: *Bueno, ¿cómo saldré de este lío? Me pregunto si Dios se acordará de mí.*

No. Dirás en cambio: «Sé que Dios lo hizo por mí antes, ¡y volverá a hacerlo!»

Te hará bien repasar la bondad de Dios hacia ti con regularidad, pensando sencillamente en las grandes victorias de tu vida, en los éxitos inesperados, en los momentos en que supiste que Dios había intervenido en tus circunstancias. Recuerda el día en que nacieron tus hijos. Recuerda cuando Dios te dio ese empleo. Recuerda cuando Dios trajo a esa persona especial a tu vida. Recuerda cuando te enamoraste y te casaste. Agradece a Dios por tu cónyuge y tu familia. Recuerda lo que Dios ha hecho por ti.

Yo lo hago muy a menudo y a propósito. Pienso en el momento en que entré en una joyería en Houston, Texas, cuando era joven, un veinteañero. Iba pensando en lo mío, esperando comprar una batería para mi reloj y entonces entró la mujer más bella que jamás he visto. Apenas vi a Victoria, pensé: *¡Dios, acabas de responder a mis oraciones!*

Tuvimos un noviazgo durante un año y medio, y ella no me quitó las manos de encima, ¡así que nos casamos! Al menos, así lo recuerdo yo. Pero no doy por sentado el hecho de que conociera a Victoria y nos casáramos. No fue coincidencia, ni un evento afortunado. Dios dirigía mis pasos e hizo que yo estuviera en el lugar indicado en el momento justo. Cuando recuerdo eso, recuerdo que Dios siempre está al mando en mi vida. Eso me da confianza para saber que si dirigió mis pasos en esos momentos, también los dirigirá hoy.

Cuando aprendemos a recordar lo bueno que hizo Dios, podemos permanecer en una actitud de fe y gratitud. Es difícil quejarse cuando piensas constantemente en lo bueno que Dios ha sido contigo. Es difícil ser negativo y desviarse hacia la falta de fe cuando siempre hablas de las bendiciones y el favor divino en tu vida.

«Bueno, Joel, ojalá Dios hiciera algo así en la mía. Ojalá me mandara una esposa bella, o me diera a alguien bueno... Entonces yo también tendría algo grandioso que recordar».

Estás equivocándote. Dios ha hecho cosas buenas por cada uno de nosotros. Sólo hace falta que miremos atrás y recordemos de dónde venimos. Tal vez fueras negativo y estuvieras deprimido, derrotado, pero hoy te elevas más alto. Sabes que eres vencedor y no víctima. Quizá, en algún momento sufrieras a causa de alguna adicción o mal hábito. Pero Dios te libró de manera sobrenatural, y hoy vives sano y con plenitud. Agradece a Dios por lo que hizo por ti. Recuerda cómo te liberó. Recuerda de dónde vienes. Es una de las mejores formas de mantener el ánimo.

A veces damos por sentadas todas esas cosas. Hay gente que ni siquiera ve que Dios ha obrado en sus vidas.

Oí de un hombre que daba vueltas en un estacionamiento lleno de autos, tratando de encontrar un lugar. Se sentía tan frustrado que dijo: «Dios, si me das un lugar, iré a la iglesia todos los domingos».

Justo entonces salió un auto de la primera fila y el frustrado conductor ocupó su lugar. Miró y dijo: «No te preocupes, Dios. Acabo de encontrar un espacio».

Muchas veces olvidamos que Dios es el Dador de todo lo bueno. Dios es quien nos hizo tener «suerte»; es quien nos hizo estar en el lugar indicado en el momento justo. ¿Cuántas veces estuviste en la autopista, diciéndote: *¡Oh! Casi choco... Un segundo más y habría tenido un accidente?* Esa fue la mano de Dios que te protegió. Tienes que entender que no existe tal cosa como la coincidencia cuando tu vida está dirigida por Dios. Si te pasa algo bueno, sé sensible, reconoce la obra de Dios y aprende a recordarla a menudo.

Poco después de que Victoria y yo nos casáramos, yo iba por la autopista solo. Era un lunes por la tarde y había estado lloviendo fuerte durante veinte minutos. Iba por el segundo carril de la izquierda, cuando quise cambiar y patiné en un enorme charco. Mi auto se descontroló e iba directo hacia la barrera de cemento en medio de la autopista. Choqué contra el duro cemento, a unos 80 kmh. El impacto hizo que el auto rebotara de nuevo hacia el medio de la autopista, dando giros incontrolables.

No tuve tiempo de orar. No tuve tiempo de citar el salmo 91. No tuve tiempo de llamar a la línea directa de Dios. Sólo tuve tiempo de decir: «¡Jesús!» Mientras giraba por la autopista, vi de frente las luces de un enorme camión con su acoplado. Casi sentía que podría tocarlo con la mano. No puedo haber estado a más de uno o dos metros de distancia. Cerré los ojos esperando oír el ruido del metal en cualquier momento y pensé que allí terminaría mi vida.

Sin embargo, de alguna forma terminé en el zanjón del otro lado de la autopista. Había cruzado los seis carriles en medio del tráfico pesado de Houston, Texas, ¡sin que ningún otro vehículo chocara con el mío!

Después de verificar que seguía entero, salí de mi auto. Al hacerlo, vi que el camión, el que casi había chocado conmigo, se había detenido y retrocedía. Le tomó unos diez minutos llegar hasta donde yo estaba.

El conductor salió de su cabina y corrió hasta mi auto. Lo primero que me dijo fue: «Oye, chico, debes estar viviendo como se debe».

Me reí un poco y pregunté: «¿A qué te refieres?»

«No sé cómo pude esquivarte», dijo negando con la cabeza. «Estabas justo en mi camino e intenté esquivarte pero llevo mucha carga, así que no pude maniobrar bien. Sólo pude prepararme para lo que pensé sería una colisión terrible».

Con la mirada algo confundida, dijo: «Sé que sonará raro, pero en el último segundo, sentí un ventarrón que me empujó hacia el otro carril».

Yo pensé: *Podrás llamarlo ventarrón, pero yo sé que fue el ángel del Señor. Fue la mano de Dios que me protegió.*

Ese es otro monumento en mi vida, otro momento para recordar la bondad de Dios. Sé que si no fuera por su bondad, quizá no estaría aquí hoy. Podría haber muerto o quedado en silla de ruedas. Así que no doy por sentado lo que sucedió. Recuerdo las grandes cosas que Dios ha hecho en mi vida y le agradezco por ello.

Te aliento a llevar un diario, algo así como un cuaderno de notas. Cuando suceda algo en tu vida y sepas que es Dios quien está obrando, anótalo. Sabrás que Dios abrió una puerta: anótalo. Sabrás que Dios salvó tu vida o que te habló al corazón para que fueras en tal o cual dirección: anótalo. Estabas triste y deprimido, a punto de abandonarte, cuando Dios trajo a tu corazón un pasaje de las Escrituras que te levantó el espíritu: anótalo. Lleva un registro continuo de las cosas buenas que Dios hace en tu vida.

No hace falta que siempre sea algo grande. Quizá para los demás sea una pequeñez, algo insignificante. Pero para ti, es Dios quien guía tus pasos. Es posible que inesperadamente te encuentres con alguien, que te presente a otra persona y que eso te lleve a un nuevo cliente. Anótalo. Tal vez vayas por la autopista y veas un cartel que te da una idea que llevarás a la oficina, que a tu jefe le guste y que cause un ascenso en tu carrera. Reconoce que es Dios quien está obrando y anótalo.

Cada cierto tiempo, toma el cuaderno y lee todo lo bueno que Dios hizo en tu vida. ¡Terminarás más animado! Al recordar cómo Dios abrió tal puerta, cómo te protegió por allí, cómo te restauró por aquí, cómo te sanó en tal o cual momento, tu fe aumentará. En especial, durante los momentos difíciles cuando sientas la tentación de entregarte al desánimo, toma el cuaderno y léelo otra vez. Si lo haces, ya no pasarás el día desalentado ni frustrado porque sabrás que Dios está al control de tu vida y que te lleva en la palma de su mano y que cuidará de ti.

# CAPÍTULO 24

## *Dios está al mando*

Para poder llegar a ser lo mejor de ti es imprescindible que creas que Dios está al mando de tu vida. Mucha gente vive molesta y preocupada, intentando siempre entenderlo todo. ¿Cómo saldré de este problema? ¿Cómo logro que mi hijo cambie? ¿Cuándo me casaré? ¿Por qué no se concretan mis sueños?

No es así como Dios quiere que vivamos. Cuando verdaderamente confiemos en Él, y creamos que está al control, podremos descansar. Tendremos paz en el corazón y la mente. En nuestro interior, sabremos que todo estará bien.

Muchas veces perdemos la paz y nos preocupamos porque no vemos que suceda nada en las áreas por las que estamos orando y necesitamos ver la mano de Dios. Mes tras mes, todo sigue igual. Año tras año, nada cambia. Tenemos que entender, sin embargo, que Dios obra detrás de bastidores. Él ya tiene predeterminado un brillante futuro para ti. Si se corriera el telón y pudieras espiar ese plano invisible, verías que Dios está peleando tus batallas por ti. Verías a tu Padre celestial arreglándolo todo a tu favor. Verías cómo Dios se dispone a abrir una puerta, a presentarte una oportunidad. Estoy convencido de que si pudiéramos ver cómo Dios está organizando todo tras bastidores, no nos preocuparíamos. Ya nunca más viviríamos con estrés.

---

**Dios obra en nuestras vidas tras bastidores.**

La verdad es que todos tenemos dificultades. Todos tenemos cosas que pueden robarnos el gozo y la paz, pero tenemos que aprender a entregarle todas esas cosas a Dios, diciendo: «Padre, confío en ti. Creo que estás al control. Y aunque no vea nada tangible, creo que estás obrando en mi vida, que vas delante de mí, que enderezas mis caminos y haces que esté en el lugar indicado en el momento justo».

Tal vez estés intentando entenderlo todo o trates de resolver todos los problemas. Pero te sacarías un gran peso de encima y disfrutarías mucho más de la vida si aprendieras a renunciar al control y comenzaras a creer que Dios realmente dirige tus pasos.

La Biblia nos lo recuerda: «Según es en verdad, la palabra de Dios actúa en vosotros los creyentes». Observa que no dice que Dios trabaja durante un rato, luego se toma vacaciones de dos o tres años y retoma su obra más tarde. Dios obra constantemente en tu vida. Eso significa que aunque no puedas verlo, Dios está acomodando todo a tu favor. Está poniendo a la gente indicada en tu camino. Está viendo mucho más allá del presente hacia el futuro lejano y está arreglando todo perfectamente en orden, alineando las soluciones a problemas que todavía ni siquiera has tomado en cuenta. Tiene el cónyuge indicado para ti, y los cónyuges indicados para tus hijas, o las esposas indicadas para tus hijos. Tiene las mejores oportunidades, las mejores puertas para abrirlas delante de ti. Dios obra constantemente tras bastidores en nuestras vidas.

«Es que he estado orando por mi hija durante dos años pero todavía no veo que pase nada. He estado creyendo que mis finanzas mejorarán, pero sigo empeorando». O: «He estado orando para que llegue la persona indicada a mi vida y ya pasaron cuatro años».

No. No sabes lo que está haciendo Dios tras bastidores. No te desalientes sólo porque no veas que suceda nada. Eso no significa que Dios no haga nada. De hecho, muchas veces obra más cuando menos lo vemos.

Cuando estamos en una de esas temporadas secas en que no vemos que nada sucede, se trata de una prueba de fe, sencillamente. Tenemos que decidir seguir firmes y mostrarle a Dios que no nos vamos a ningún lado. Mucha gente se desalienta y se vuelve negativa: «Bueno, nunca me pasa nada bueno. No recuerdo que me haya sucedido algo bueno jamás»; «Sabía que nunca saldría de este lío».

No, tienes que dejar a un lado esas palabras. Si quieres pasar la prueba, sonríe y di: «Quizá no vea que nada suceda, pero sé que Dios está obrando en mi vida».

«Es probable que no vea mejoras en mi hijo, pero sólo es cuestión de tiempo. Yo y mi casa serviremos al Señor».

«Mis finanzas se ven igual, pero no me preocupo. Sé que he sido bendecido y nada podrá maldecirme. Sé que en el momento justo, cuando llegue la ocasión indicada, todo cambiará a mi favor».

Con este tipo de actitud llena de fe, veremos que Dios hace cosas grandiosas en nuestras vidas.

Muchas veces Dios está obrando y tal vez no lo reconozcamos. Tenemos que estar más conscientes de la bondad divina. Cuando las cosas salen bien, cuando la situación cambia a tu favor, cuando estás en el momento justo en el lugar indicado, reconoce que no se trata de meras coincidencias. Dios está dirigiendo tus pasos. Reconoce que Dios está obrando en tu vida. Si tomas conciencia de ello, te animarás y tu fe crecerá.

Todos podemos mirar atrás y ver momentos críticos que no pudieron ser más que obra de la mano de Dios. Es como si tuviéramos que conectar los puntos en un dibujo. Puedo ver que conocí a esta persona, que luego sucedió algo bueno y que por eso conseguí este empleo, donde conocí a mi esposa. Y si no hubiera estado exactamente en ese lugar, jamás habría conseguido el ascenso, etcétera.

No se trata de tener suerte. Se trata de la mano de Dios obrando a tu favor. Todo el tiempo Dios está obrando tras bastidores.

Recuerdo que cuando nos casamos, Victoria y yo encontramos una casa que nos gustaba mucho. Estaba un poco abandonada, pero el terreno era bueno, y sabíamos que era para nosotros. En el plano de lo natural no tenía mucho sentido porque vivíamos en una linda casa en la ciudad. Pero sabíamos que esto era lo que Dios quería para nosotros, así que dimos un paso de fe y compramos la casa abandonada. El día en que firmamos el contrato, nos paramos en el jardín del frente y un agente inmobiliario pasó y nos ofreció mucho más dinero del que habíamos pagado por la propiedad. Pensamos: «¿Qué es esto?»

No lo podíamos entender. Luego vimos que en ese barrio estaban cambiando el código edilicio. Años más tarde vendimos la propiedad por el doble de su precio original. Fue Dios que nos hizo estar en el lugar indicado en el momento justo.

Tienes que entender que el Creador del Universo está obrando en tu vida. Tal vez estés haciendo lo mismo día tras día, mes tras mes y año tras año, pero de repente te cruzas con alguien que te ofrece un nuevo empleo o se te ocurre una idea que te lleva a un nuevo nivel. Estás en el lugar indicado en el momento justo y conoces al hombre o la mujer de tus sueños. Dios puede haber estado obrando en ello durante diez años quizá, arreglándolo todo y, de repente, todo encaja. De repente, tu temporada buena ha comenzado.

Años antes habrías pensado: *No pasa nada en mi vida. Seguro que jamás saldré de este problema.* Sin embargo todo el tiempo Dios estaba obrando. Estaban sucediendo cosas tras bastidores.

Te pido que no caigas en la trampa de arrastrarte por la vida sin gozo, sin entusiasmo, pensando que nada bueno va a pasar. Sacúdete eso y empieza a creer que ahora mismo, no dentro de dos semanas sino ya, ahora mismo, Dios está obrando en tu vida. Ahora mismo Dios está arreglando las cosas a tu favor. En este preciso instante, Dios está peleando tus batallas, enderezando tus caminos torcidos. Quizá no lo veas hoy, pero la clave está aquí: cada día que vives con fe y esperanza es un día en que te acercas a ver lo que va a suceder. Si no pasa hoy, piensa: «No importa. Tal vez suceda mañana. Y si no, pasado mañana. Sea cuando sea que suceda o no, no me robará mi gozo. No viviré en frustración. Sé que Dios está al mando y que en el momento justo va a suceder. Mientras tanto, reposaré y disfrutaré de mi vida». Tienes que creer que Dios está al control. Cree que Dios está obrando tras los bastidores de tu vida.

La Biblia dice: «Según es en verdad, la palabra de Dios, la cual actúa en vosotros los creyentes».[52] Observa esto: Su poder sólo se activa cuando creemos. Dios puede obrar por ti toda tu vida y jamás obtendrás el beneficio de ello sólo porque no creíste. Claro que quizá obtengas algo bueno aquí o allá, pero cuando crees de veras, cuando te levantas cada día esperando lo bueno, verás más del favor de Dios. Verás lo que ha estado haciendo detrás los bastidores.

Y aunque tengamos problemas, aunque haya cosas que se nos opongan, tenemos que creer que Dios ya tiene la respuesta. Es decir, que el problema no es una sorpresa para Dios. Ese niño no andará bien. Esa dificultad financiera. La soledad. Nada de eso confunde a Dios porque Él ya tiene la respuesta. Ya sabe el final desde el principio. Conoce cada problema que vayamos a enfrentar en el futuro. Conoce cada dificultad por la que hayamos pasado. La buena noticia es que ya tiene la solución. Ya tiene la salida. Eso me dice que no tengo por qué vivir preocupado. No tenemos por qué vivir con estrés, si Dios está al mando de todo.

Cuando seamos tentados a caer en el pesimismo y la queja, tenemos que resistir. Nuestra actitud debiera ser: Sé que Dios está obrando en este problema. Sé que está cambiando las cosas. Que está poniendo en línea a la gente indicada, ablandando corazones, y creo que no sólo me sacará de este brete sino que además, saldré mejor de lo que estaba antes.

Cuando tenemos esa clase de actitud, ya no sentimos presión. Podemos relajarnos y disfrutar de la vida. Sabemos que Dios está al control. Sabemos que mientras creamos, Dios está todo el tiempo obrando a favor de nosotros.

Es alentador recordar el pasado y ver todo aquello que no pudo ser otra cosa que la mano de Dios. Conozco a una joven que conoció a su marido camino al trabajo. Se había pinchado uno de sus neumáticos justo en el momento de mayor tráfico y él se detuvo a ayudarla. Comenzaron a salir y hoy están felizmente casados.

Ahora, piensa en las posibilidades de que esas circunstancias se conjugaran. Tenía que ser la mano de Dios. Dios le decía a esa joven: «Ha llegado tu momento. Fuiste fiel. Has pasado la prueba. Ahora quiero mostrarte lo que estuve haciendo todos estos años». Tenía a ese joven, e hizo que se mudara desde otra ciudad. Le dio el empleo indicado y arregló los detalles de su vida para que pasara por la ruta justo en ese momento. Sólo Dios puede hacer algo así.

Quítate la presión de encima y comienza a creer que Dios está al mando de tu vida.

Cuando estábamos en medio de las negociaciones por el Centro Compaq, necesitábamos diez votos de los concejales de la ciudad. Habíamos estado trabajando durante dos años y ya habíamos pasado por votaciones similares. Cuando llegó el momento de la votación final, teníamos exactamente los diez votos, el mínimo que necesitábamos.

Pero desafortunadamente, unos días antes de la votación nos dijeron que uno de los concejales había cambiado de idea. Ni siquiera asistiría a la reunión, así que su voto no contaría. Y lo necesitábamos.

Estábamos muy desalentados. La situación no se veía nada promisoria y todas nuestras oraciones y esfuerzos habían sido en vano. Pero decidimos volver y reunirnos con otro concejal para ver si cambiaba de idea. Era un joven judío, un agradable caballero pero firmemente opuesto a que Lakewood comprara el Centro Compaq. Durante más de dos años se había negado a esa posibilidad. Igual, pensamos: *¿Qué mal puede haber en volver a pedirle que reconsidere?*

Y a último momento, este hombre cambió de idea. Fue su voto el que nos dio el número que necesitábamos para asegurar el Centro Compaq como nuestro nuevo lugar para la Iglesia Lakewood.

Más tarde hablé con él y le pregunté: «¿Qué fue lo que le hizo cambiar de parecer?»

Dijo: «Joel, me llamó una vieja amiga. Es una anciana, judía. No habíamos hablado en años y la respeto mucho. Me dijo sin ambages que tenía que votar a favor de tu iglesia». Y luego dijo: «Aunque miles de personas de tu iglesia me llamaron, alentándome para que votara a favor, y por muy persuasivo que fueras tú y también todo tu equipo, fue esa anciana la que me hizo cambiar de idea».

Ahora, piensa en esto: por lo que sé, no conozco a esa señora. No le pedí que llamara. Hasta el día de hoy no sé quién es. Lo único que sé es que mientras hacíamos todo lo que podíamos, Dios estaba obrando detrás de bastidores, como nunca podríamos haberlo hecho nosotros. Lo que no podíamos hacer por nuestros propios medios Dios hizo que lo hiciera otra persona.

Dios sabe quién puede influir en tu vida. Sabe quién puede hablar en tu favor. Aunque ni siquiera sepas quizá cómo o por qué sucedió. ¿Por qué fue buena contigo esa persona? ¿Por qué conseguiste aquello otro? Fue Dios que ordenaba tus pasos. Durante años, estuvo obrando detrás de bastidores pero a su tiempo, todas las fichas cayeron en su lugar.

No pases el día pensando: «Mi situación nunca cambiará. Jamás saldaré mis deudas. Voy a tener que vivir con esta enfermedad hasta que muera. No creo que llegue a casarme nunca».

No. Cuando haces esto, estás atando las manos de Dios Todopoderoso. Y cuando eres tentado a entregarte a pensamientos y actitudes negativas, cambia las cosas y di: «Sé que Dios está obrando en mi vida. Sé que mi momento está por llegar y que un día veré todo lo que Dios ha estado haciendo en mi favor, tras bastidores». Entonces, sal cada día esperando lo bueno, sabiendo que el Creador del Universo dirige tus pasos.

Hace un tiempo hablé con un caballero que había diseñado las rampas de entrada y salida desde la autopista para algunas partes del centro de Houston, cerca del Centro Compaq, hace más de treinta y cinco años. Me dijo que había diseñado las rampas para que la gente pudiera entrar y salir del estacionamiento sin problemas. Como reconocía que muchísima gente vendría al centro, había trabajado con las autoridades de la ciudad para que los semáforos estuvieran sincronizados, en beneficio de la gente que quisiera asistir a los eventos del Centro Compaq.

Pensé: *Esa es otra señal de la bondad de Dios. Hace más de treinta y cinco años, Dios estaba obrando ya, detrás de bastidores, inspirando a la gente para que fuera más fácil llegar a nuestra iglesia, donde podrían encontrar las personas esperanza y ayuda.*

Mientras hablaba con el ingeniero, reí y dije: «Le habría agradecido en ese momento, pero ¡a la sazón yo tenía sólo tres años de edad!»

Por cierto, con los años ese estadio se utilizó para juegos de básquetbol, conciertos y otros eventos. Pero creo que todo eso fue secundario. Creo que Dios ya lo había planificado todo para que la Iglesia Lakewood enviara esperanza al mundo desde ese domicilio.

De la misma manera, creo que Dios está obrando en tu vida tras los bastidores. Está haciendo cosas que te impulsarán hacia un nuevo nivel. Es posible que no veas su culminación hasta dentro de varios años, así que tienes que confiar en Él. Deja de preocuparte, no te permitas la frustración porque tu sueño no se concreta todo lo rápido que desearías. En el momento justo, el plan de Dios para tu vida se concretará.

## Busca la mano de Dios en la vida cotidiana

Confía en Dios hasta para las cosas más pequeñas de tu vida. Hace unos seis meses me enteré de algo bastante desalentador, que sería difícil de enfrentar, y no sabía cuál sería el resultado. Al principio sentí la tentación de preocuparme y tratar de resolverlo. En momentos de estrés como ese, si no tenemos cuidado, podemos permitir que nuestras mentes imaginen todo tipo de posibilidades horribles. Las voces negativas te dirán: «Vas a hundirte. No podrás pagar tus cuentas. Perderás tu casa».

Tal vez sientas un dolor y tu mente se agite: «¡Ay, no! Es grave. Mejor voy a ver al médico».

Cuando recibí la noticia desalentadora, estaba en la oficina, a punto de tomar el ascensor. En ese momento vi a una señora a la que conozco desde mi infancia. Siempre me ha querido y orado por mí. Pero a causa de nuestros horarios, no me había cruzado con ella quizá en cuatro o cinco años. Nos saludamos con un cálido abrazo y antes de que abriera la boca supe lo que iba a decir: «Joel, sigo orando por ti todos los días».

Pensé: *Esto no es coincidencia*. Es Dios que ordena mis pasos para que esté aquí justamente ahora, para que Él pueda alentarme. Es la forma en que Dios me dice: «Joel, todo está bajo control. Todo saldrá bien. Sólo conserva tu paz. Descansa».

Si prestamos atención, podremos detectar la actividad de Dios y sabremos que nos está hablando, nos está guiando, está dirigiendo nuestros pasos.

El ático de la casa donde vivían mis padres tenía ventanas grandes que daban al jardín. Los pájaros volaban de rama en rama, y había un pajarito que era el favorito de mi madre. Todos los días el cardenal se posaba en una de las ramas junto a la ventana. A mi madre le gustaba verlo. Llegó a esperar con ansias el momento de verlo cada mañana. Y puntual como siempre, el pajarito aparecía y allí se quedaba toda la tarde, en nuestro jardín. Esto sucedió durante unos cinco o seis meses, pero al fin el alegre pajarito dejó de venir. Traté de consolar a mi madre regalándole un hámster, pero ¡ella no quería eso!

Un año más tarde, mi padre partió con el Señor. Ahora, mamá estaba sola en la casa. Tenía que adaptarse y estoy seguro de que por momentos se habrá sentido tentada a entregarse a la desolación y la tristeza.

Un día, el cardenal volvió. Para algunos puede parecer coincidencia o una función de la naturaleza perfectamente explicable, pero para mi madre y mi familia era Dios que decía: «Sigo teniendo un plan. Sigo estando al control».

A lo largo de la vida, si somos sensibles y estamos atentos, veremos la mano de Dios aun en las cosas pequeñas. Es Dios que nos hace saber que está obrando detrás de bastidores.

Un amigo mío tiene lo que los médicos dicen que es cáncer terminal. No le dan ninguna esperanza. Pero el otro día su hijito de cuatro años entró en la habitación con su Biblia en la mano. La abrió y le dijo: «Papá, quiero que leas este versículo». El niño todavía no sabe leer, así que no sabía qué cosa estaba señalando, pero cuando su papá leyó, la Palabra fue directa a su corazón. Era Juan 11.4, el pasaje donde Jesús dijo: «Esta enfermedad no es para muerte, sino para la gloria de Dios, para que el Hijo de Dios sea glorificado por ella».

Mi amigo guardó esto en su corazón. Sentía que Dios le decía: «Sé por lo que estás pasando. He visto cada una de tus lágrimas. Quizá para ti no parezca posible pero recuerda que yo soy el Dios de lo imposible. Sigue creyendo. Sigue confiando. Sigo estando al mando».

Estas pequeñas señales nos permiten espiar por detrás del telón, son señales que Dios nos da para fortalecer nuestra fe. Son recordatorios de que Él está obrando tras los cortinajes. Tenemos la responsabilidad de ser sensibles a su guía, de estar atentos a ver cómo su mano se mueve en nuestras circunstancias día a día. Si estás sintonizado con Dios, pronto reconocerás que en la mayoría de los casos no se trata simplemente de que te cruces con alguien. No es que tengas suerte. No es que estés nada más en el momento indicado en el lugar justo. Es que Dios ha estado dirigiendo tus pasos.

El último fin de semana que la Iglesia Lakewood se reunió en nuestro edificio del noreste de Houston, fue una experiencia muy emotiva para mí. Había asistido a los servicios allí durante toda mi vida, junto a mi familia. Crecí allí. Aunque me entusiasmaba la mudanza al centro, en cierto modo me entristecía dejar ese lugar. Tenía tantos recuerdos de cosas maravillosas que pasaban por mi mente mientras conducía allí ese último sábado por la noche. Pensaba en todo lo que Dios había hecho, cuando levanté la mirada y vi un hermoso arco iris. Parecía que uno de sus extremos literalmente tocaba la iglesia del noreste en tanto el otro lado llegaba al centro de Houston luego de atravesar toda la ciudad. Era como si Dios estuviera poniendo Su sello de aprobación en la mudanza, diciendo: «Estoy complacido. Su trabajo aquí ha terminado. Es hora de un nuevo comienzo».

Dirás: «Bueno, Joel, vi el arco iris muchas veces y nunca significó nada para mí».

¡Es porque esta promesa es para los que creen! Tienes que creer que Dios está obrando en tu vida y luego estar atento para ver cómo su mano da forma a los sucesos. Tal vez un pasaje de las Escrituras se destaque un día mientras lees. Quizá sea un pajarito que aparezca en tu jardín o veas el arco iris en el cielo, y entonces sabrás que ha llegado la hora de un nuevo comienzo. Dios nos da esas oportunidades de ver para edificar nuestra fe, para hacernos saber que sigue estando al mando y que obra detrás de bastidores.

Aun en nuestros momentos de mayor oscuridad, Dios está obrando en nuestras vidas. Una pareja joven me platicaba de su hijita que ahora está en el cielo. A los tres años contrajo una enfermedad grave que la dejó confinada en la cama en tanto la muerte se acercaba día a día. Los padres estaban desesperados y sufrían mucho. Casi nunca se apartaban de su hijita en el hospital.

Cerca del final, la niñita entraba y salía del estado de coma. Los padres sabían que estaban a punto de perderla. Pero justo antes de morir, sonrió y su semblante se veía más en paz que nunca. Dijo: «Mira mamita, mira papito. Jesús dice que está bien que vaya ahora». Cerró los ojos y expiró.

Aun cuando no pensamos que podamos volver a sonreír, allí está Dios. Es el amigo que es más unido que un hermano. Tiene un nuevo comienzo para ti. La Biblia dice: «Por la noche durará el llanto, y a la mañana vendrá la alegría».[53]

Atrévete a confiar hoy en Dios. Atrévete a creer que aun en tu desaliento y dolor, Dios está contigo. Él dijo que jamás te dejará ni te abandonará.

No tienes por qué entenderlo ni resolverlo todo. No sabes lo que te depara el futuro. Pero en tanto sepas quién tiene tu futuro en sus manos, todo estará bien. Dios ha estado obrando detrás de bastidores en tu vida durante años.

No sé qué tiene reservado Dios para mi futuro, pero me entusiasma. Siento más energía al andar cuando pienso que el Dios que creó los cielos y la tierra, que puso a las estrellas en su órbita en el espacio, se interesa tanto por ti y por mí y nos ama tanto que constantemente obra para nuestro bien. Saber que Dios es más grande que cualquier cosa que tengas que enfrentar, y saber que ya está poniendo en su lugar las respuestas a problemas que ni siquiera imaginas, o que sucederán en diez o veinte años más, tiene que darte una increíble confianza para disfrutar de la vida en este momento.

Sean cuales sean tus circunstancias, buenas o malas, tienes que saber que Dios ya las conoce y que está obrando para arreglar en tu favor lo que haya en el futuro. Aprende a confiar en Él. Deja de preocuparte. Rechaza todo lo que te dé indicios de frustración o impaciencia. Recuerda que cuando crees estás activando su poder. Y recuerda que sólo porque no veas cómo sucede no significa que Dios no esté obrando. ¿Por qué no renuncias al control y dices: «Dios, voy a confiar en ti. Sé que tienes un gran plan para mi vida?»

Cuando lo hagas, sentirás que te quitas un enorme peso de encima, y no sólo disfrutarás más de la vida sino que verás más de las bendiciones y el favor de Dios. ¡Serás lo mejor de ti!

## SECCIÓN CINCO: ABRAZA EL LUGAR EN QUE TE ENCUENTRAS

1. Sé que Dios obra donde hay una actitud de fe y expectativa. Le entregaré mi situación a Dios. No me permitiré la frustración ni la preocupación como actitudes en mi vida. Voy a reconocer que Dios está obrando detrás de bastidores, aun cuando no pueda ver evidencia externa de los cambios positivos.

2. Estaré atento a los breves vistazos de la bondad de Dios en las cosas pequeñas de mi vida. Reconoceré sus bendiciones en la naturaleza y estaré más consciente de su obra en las áreas comunes de la vida: una palabra amable que me diga un desconocido, el arco iris en el cielo, un pajarito que se pose en mi ventana, una flor que alegre el campo.

3. Hoy declararé el favor de Dios en mi vida. Diré en voz alta cosas como:

   «Gracias, Padre, porque estás obrando en mi vida. Aunque no puedo verlo aún, sé que estás arreglándolo todo a mi favor».

   «Sé que el cielo se despejará y volveré a ver el favor divino en mi vida».

   «Estoy a la espera de un toque del favor de Dios que transforme mis circunstancias para mi provecho y para gloria y honra de Dios».

4. Reconozco que Dios me tiene aquí donde estoy por una razón. Está dirigiendo mis pasos. Estoy donde debo estar, y aunque no sea un buen lugar, Dios me da fuerzas para estar aquí y sé que me esperan días buenos. Dios me tiene en la palma de su mano y me protegerá y guiará hacia su mejor plan para mi vida. Hoy decido ser de influencia positiva para alguien por la forma en que sobrelleve mi situación.

# DESARROLLA TU VIDA INTERIOR

# CAPÍTULO 25

# Ve más alto

El plan de Dios para la vida de cada uno de nosotros es que de continuo nos elevemos más alto, a niveles nuevos. Pero la altura que alcancemos y lo mucho o poco que experimentemos de las bendiciones y el favor de Dios, estará directamente relacionado con lo mucho o poco que sigamos su guía.

A lo largo de la vida, Dios nos disciplinará y echará luz sobre las cosas que tenemos que mejorar. Frecuentemente nos habla por medio de nuestra conciencia o con una vocecita apacible y delicada. Él sabe qué cosas nos están deteniendo. Conoce nuestras debilidades, defectos y los secretos que mantenemos ocultos. Cuando hace que prestemos atención a estas cosas, si queremos éxito y bendiciones tenemos que estar dispuestos a enfrentar la verdad respecto a nosotros mismos y obedecer a la corrección que Dios manda.

Muchas personas no ven la importancia de ocuparse de tales temas. En consecuencia, quedan atascados en una rutina: la rutina en su matrimonio o en sus finanzas, o en su carrera profesional. Es que barren el polvo debajo de la alfombra, como si no importara, esperando que nadie lo note, y todo el tiempo son indiferentes a lo que les dice esa quieta voz.

A veces pensamos: *Es muy difícil obedecer a mi conciencia. Sé que tendría que perdonar a esa persona, pero me ofendió tanto,* o: *Sé que tendría que ocuparme de mi salud y hacer ejercicio, pero no tengo tiempo. Sé que tengo que dejar de trabajar tantas horas, pero necesito el dinero extra.*

Es importante entender que todo lo que Dios nos dice es para bien de nosotros. Dios jamás escatima o mezquina. Tampoco nos dificulta las cosas a propósito. Por el contrario, tu Padre celestial está esperando tu obediencia para poder derramar sobre ti más de su favor y bendiciones.

¿Hay cosas en tu vida que Dios te señala pero que has estado postergando? Quizá pienses que no tienes tiempo ahora, o ignoras su indicación o guía en cuanto a poner en orden tus cuentas, o en cuanto a no juzgar tanto a los demás, o en cuanto a alejar el conflicto de tu hogar o mantener la paz con tus compañeros de trabajo. Presta atención a lo que Dios te está diciendo.

Tal vez ha estado señalándote algo con respecto a tus amigos más cercanos, esa gente con la que pasas tanto tiempo. Es posible que tengas amigos que no sean buena influencia para ti, que te hunden pero buscas excusas: «No quiero herir sus sentimientos. Además, si dejo de verlos ya no tendré amigos».

La verdad es que si haces lo que sabes que está bien, Dios te dará amigos nuevos. Y no sólo eso sino que te dará amigos mejores, gente que te edificará y elevará en lugar de hundirte. Sí, quizá pases por una temporada de soledad mientras haces la transición, pero preferiría estar solo por un tiempo sabiendo que voy más alto y que podré cumplir mi destino antes que permitir que me contaminen y me impidan ser todo aquello para lo que Dios me creó.

Cada vez que obedeces, llega una bendición más. ¿Por qué? Porque estás sembrando una semilla que germinará y crecerá. No sucederá de la noche a la mañana, pero en algún punto del camino verás la bondad de Dios en tu vida en mayor medida.

---

**Cada vez que obedeces, llega una bendición más.**

---

Te pregunto lo siguiente: ¿Qué tan alto quieres llegar? ¿Quieres seguir creciendo? ¿Quieres ver más del favor y las bendiciones de Dios? Si es así, cuanto más alto llegamos, más disciplinados tenemos que ser. Más rápido tenemos que obedecer. Si nos juntamos con personas que transigen, que son infieles en sus matrimonios y que no tienen integridad, estamos buscando problemas.

«Pero Joel, son gente buena y su conducta no me afecta. No me daña en lo más mínimo».

Te equivocas. No sabes hasta qué punto te impide crecer la compañía de esas personas. No sabes qué quiere darte Dios, pero no podrá hacerlo y no lo hará hasta que no te alejes de estas influencias negativas.

Si haces lo que Dios manda, verás su favor de manera nueva y toda tu vida se elevará a un nuevo nivel, más alto.

Tienes que ver que cuanto más posterguemos ocuparnos de las áreas de nuestro carácter que necesitan revisión, tanto más difícil será hacerlo más adelante. Te iría mejor si aprendieras a obedecer cuando Dios te señala algo, lo antes posible. Cuando sientas esa inquietud interna, ese timbre de alarma que te dice: «Esto no está bien», haz lo que haga falta para apartarte de esa acción, comentario o actitud. Puede ser que Dios esté hablándote, intentando mantenerte en su mejor camino para tu vida.

Dios nos ha dado libre albedrío. No nos obligará a hacer lo correcto. No nos obligará a tomar las mejores decisiones. De cada uno de nosotros depende prestar atención a esa quieta voz interna. Al mismo tiempo, no tenemos que ocuparnos tanto de nosotros mismos como para que se nos pase lo que Dios está intentando decirnos. Aprende a actuar según su guía.

Las instrucciones de Dios por lo general afectan los aspectos más prácticos de nuestras vidas. Hace poco una joven me dijo que sentía de manera muy potente que tenía que ir a ver al médico para hacerse un examen general. Se veía muy saludable y era activa, tenía energía, hacía ejercicio con regularidad, pero este sentimiento que tenía no desaparecía: «Ve a ver al médico. Hazte un examen general». La vocecita le hablaba y durante semanas, la ignoró y lo postergó. «Estoy perfectamente bien. Ese mensaje no es para mí».

Pero no podía ignorarla ya más y finalmente decidió consultar a su médico. Durante la revisión de rutina, el doctor descubrió que tenía un quiste, que demostró ser maligno. Gracias a Dios pudo operarla y quitarlo por completo porque no se había extendido. La joven no necesitó tratamiento posterior. Pero después de la operación el médico le dijo: «Fue bueno que vinieras porque dentro de unos años esto podría haber sido un problema serio, incluso un peligro para tu vida».

La mujer estaba muy agradecida y luego me dijo: «Joel, sé que fue Dios. No habría ido a ver al médico si no hubiera sido por esa voz que Dios usó con tanta insistencia».

Tenemos que prestar atención a esa quieta voz. Dios sabe qué es lo mejor para nosotros.

Ha venido a verme gente con lágrimas en los ojos, diciendo: «Joel, sabía que debía haber mantenido lejos el conflicto en mi familia y que tenía que pasar más tiempo con ellos. También sabía que no tendría que haber sido tan duro para que la convivencia fuera más fácil».

¿No es asombroso que aunque sepamos qué tenemos que hacer, lo ignoremos? No permitas que esto te suceda. Sé obediente hoy, para no lamentarte en el futuro.

Victoria y yo nos casamos en 1987 y durante los primeros años, como toda pareja joven, fuimos aprendiendo cómo vivir siendo uno solo. Pero el problema era que ella no aprendía como yo deseaba. No teníamos problemas grandes, sólo pequeños inconvenientes. Yo discutía por cosas sin importancia, queriendo siempre las cosas a mi manera y no quería ceder en ningún punto. Jamás olvidaré lo que Dios me habló entonces, no en voz alta sino en mi corazón. Me dijo: «Joel, si no haces algunos cambios y haces lo que te corresponde para mantener la paz en la familia, no sólo vas a cambiar a la bella joven con quien te casaste, sino que tendrás grandes problemas en el futuro». Me bastó con esa advertencia. Gracias a Dios, tuve la inteligencia de hacer caso a eso y dejamos de discutir por pequeñeces, y nos dispusimos a adaptarnos y a ceder en el matrimonio. Hoy somos muy felices y nuestra relación es excelente.

Dios puede estar indicándote algo sobre tus palabras, sobre tu modo de decir las cosas con sarcasmo o tu manera crítica. Has formado un mal hábito y lo sabes bien por dentro. Estás destruyendo tu relación. Bueno, no seas testarudo. No esperes a que suene la sirena para hacer algo. Lo más usual es que Dios evitará darte con un palo en la cabeza: «Oye, estás estropeando tu matrimonio. Terminarás sufriendo y a solas».

Dios susurra en tu corazón, con una vocecita queda y suave. Tenemos que ser sensibles y prestar atención a su guía y luego hacer lo que Él nos indique para que la vida sea mejor.

Muchas veces buscamos excusas: «Bueno, sé que tendría que tratarlo mejor. Sé que a veces soy irrespetuosa, pero él no me respeta. Sé que tengo cosas malas, defectos. Nadie es perfecto. Pero ya sufrí bastante en la vida. No es justo».

Esas excusas hacen que quedes atascado, allí donde estás. La forma de ir más alto es mantenerte receptivo y cambiar aquello que Dios te señala. Puede ser algo tan sencillo como la forma en que le hablas a tu cónyuge, tu tono de voz, tu lenguaje corporal, tus expresiones. Si eres muy dura y directa puedes herir a alguien con tus palabras, en especial a alguien que te ama.

Por otra parte, si escuchas esa vocecita de convicción cuando te dice: «Eso no está bien. Puedes hacerlo mejor. Puedes ser más amable», si cambias un par de cosas, verás que tu relación pasa a un nivel nuevo.

Conozco gente muy celosa. Ven a alguien que ha sido bendecido y que prospera y en lugar de ponerse contentos por esa persona, buscan los defectos. Es interesante que este celoso podría muy bien tener el mismo éxito y prosperidad, pero no ha querido pagar el precio. No ha querido obedecer a su conciencia, disciplinarse ni hacer los sacrificios que hizo el otro para avanzar.

Cualquiera de nosotros puede llegar más alto. No hay límite para lo que Dios puede hacer en tu vida si aprendes a obedecer pronto y cambias aquello que Dios te señala por pequeño que sea.

Hace un tiempo estaba viendo a un ministro en televisión. Es un buen hombre y su ministerio es excelente, pero mientras miraba el programa, empecé a criticar la producción. Como sé de producción televisiva, pensé con toda naturalidad: *Pero ¿por qué ponen la cámara allí? Ese fondo no queda bien. No tendría que vestirse así. Y la luz no está bien tampoco.*

En minutos encontré una docena de cosas que yo habría hecho de manera distinta. En ese momento escuché la vocecita interior: «Joel, no critiques. Busca lo bueno. Mira lo que hacen bien. Mira a cuánta gente ayudan».

Sentí esa convicción, y con facilidad podría haberla ignorado. Nadie se habría enterado. Pero he aprendido a decir enseguida: «Padre, perdóname. Ayúdame a no criticar. Ayúdame a ser mejor. Ayúdame a ver siempre lo bueno».

Esa fue una oportunidad para subir más alto. Dios me mostró algo, aunque pequeño, que tenía potencial para impedirme llegar a lo mejor de mí. No soy perfecto, pero he aprendido a ocuparme de cosas como esa. He aprendido a mantenerme receptivo a buscar cómo mejorar. Sé que Dios siempre tiene más y más reservado para mí, así que no quiero transigir, ni vivir en la complacencia.

Puedes hacer muchas cosas y salirte con la tuya, claro. Puedes andar en malas compañías y aun así ir al cielo. Puedes tratar a la gente sin respeto o ser deshonesto en tus negocios y vivir en relativo confort. Pero yo estoy hablando aquí de subir más alto. Estoy hablando de llegar a ser lo mejor que puedas ser.

Por ejemplo, quizá Dios te esté indicando algo con respecto a tus finanzas. Quizá estés gastando demasiado, más de lo que tienes.

Muchas veces compramos algo y luego nos sentimos mal. Una casa, un auto o una lancha que no podemos pagar y que en realidad no nos hacía falta. Sonaba la alarma hasta en el momento en que firmábamos los papeles, pero la ignoramos y ahora estamos en problemas.

Es mucho mejor obedecer todo el tiempo y entonces no tendrás que lidiar con problemas de este tipo. Este es uno de los principios más importantes que puedas aprender. Sigue la paz, escucha a tu conciencia, cambia aquello que Dios te señala. No lo postergues. Cuanto más lo postergues, más difícil te resultará.

Mucha gente se pregunta por qué no son felices, por qué no reciben bendición o aumentan su influencia, por qué no duermen bien por las noches. Muchas veces es porque su conciencia no está en paz. No podemos sepultar cosas en la mente subconsciente y esperar llegar más alto y disfrutar de lo mejor que Dios tiene para nosotros.

Cuando el rey David cometió adulterio con Betsabé, intentó encubrir lo que había hecho. Empeoró las cosas enviando al marido de Betsabé al frente en la batalla y luego ordenando a su general que retrocediera, lo cual dio como resultado una muerte segura. Durante un año entero David fingió que todo estaba bien y siguió con su vida y sus asuntos.

Sin duda, pensó: *Si no me ocupo de eso, si lo ignoro, no me molestará ni me afectará.*

Pero fue el peor año de su vida. Se sentía muy mal. Las Escrituras dicen que también estaba débil físicamente, enfermo y con todo tipo de problemas. Eso es lo que pasa cuando nos negamos a cambiar situaciones que sabemos que hay que cambiar. Nos apartamos de la protección y el favor de Dios. Vivimos con la conciencia culpable y no nos sentimos bien con nosotros mismos, así que nos desquitamos con alguien más. Muchas veces, como David, estamos débiles, derrotados y vivimos en la mediocridad. Es porque el veneno sigue dentro.

Amigo, amiga, no hay por qué vivir así. Nuestro Dios es un Dios de perdón y misericordia. Cuando cometas un error, no tienes que ocultarlo. Cuando hagas algo malo, no te alejes de Dios. Al contrario, corre hacia Él.

Después de vivir un año de esa manera, David finalmente admitió su pecado y sus errores cuando un profeta lo confrontó con lo que había hecho. David dijo: «Dios, perdóname. Te pido perdón. Crea en mí un corazón limpio y restáurame el gozo de mi salvación».

Cuando David hizo esto con sinceridad, Dios le restauró su confianza. Así recuperó su gozo, su paz y su victoria y aunque pecó pudo luego lograr cosas grandiosas.

Ahora, piensa en esto: David podría haberse quedado en eso, en la derrota y la mediocridad durante el resto de sus días sólo por negarse a cambiar u ocuparse de algo que debía hacer. Pero decidió cambiar y Dios lo ayudó a hacerlo.

¿Hay cosas en tu vida que estás negándote a cambiar? Cuando pides perdón, Dios puede restaurarte. Entonces, Él vuelve a ponerte en tu mejor camino y te da un nuevo comienzo.

Recuerda que Dios se ocupa de cada uno de nosotros de manera individual. Todos estamos en niveles diferentes, así que no tenemos que compararnos con otras personas. Muchas veces cuando nos comparamos, buscamos excusas para lo que hacemos. Por ejemplo, quizá todos tus amigos vayan a ver una película pero leíste la crítica y no te sientes cómodo al respecto. Sabes que no es lo mejor que Dios tiene reservado para ti. Tu alarma suena y tu conciencia te advierte: «Eres mejor que eso. No ensucies tu mente a propósito».

Allí tienes una oportunidad para subir más alto. Claro que podrías tratar de acallar tu conciencia diciendo: «Ay, no me hará nada. Soy fuerte y además todos mis amigos aman a Dios. Van a la iglesia. Son gente buena. Y van a ver la película».

No. Quizá tus amigos estén en una etapa diferente de su vida espiritual. O quizá ignoren la voz de Dios que les habla y podrían tener mucha más bendición si dejaran de ceder y vivir a ese nivel tan bajo. Tienes que hacer lo que tu corazón te indica. Quizá te cueste un par de amistades o signifique que pases a solas un par de noches, o que no puedas jugar en ese equipo que sale de parranda después de cada juego, aun así vale la pena.

Pero recuerda que todo lo que Dios te pida que hagas será para beneficio tuyo. Es para que pueda derramar más de su favor en tu vida.

Además, cada vez que Dios nos pide algo también nos da la gracia para hacerlo. Si Dios te pide que perdones a alguien, tal vez pienses que no podrías, pero si das ese paso de fe la gracia de Dios estará allí para ayudarte. Claro que no obtendrás la gracia si no das primero el paso. Tienes que moverte primero. Dios verá ese paso de fe y te dará fuerza sobrenatural para ayudarte a vencer todo obstáculo que se interponga en tu camino de la obediencia.

Amigo, amiga, Dios tiene cosas grandiosas reservadas para ti. No te enredes en una rutina mediocre, conformándote con los malos hábitos o malas actitudes. Presta atención a esa vocecita queda y callada en tu interior. Ocúpate de aquello que Dios te está señalando y hazlo pronto. Recuerda que lo mucho o poco que puedas elevarte en la vida, estará directamente relacionado con lo mucho o poco que obedezcas.

La Biblia dice: «A todo aquel a quien se haya dado mucho, mucho se le demandará».[54] Dios te está preparando para cosas más grandes. Te llevará más lejos de lo que hayas creído posible, así que no te sorprendas cuando te pida que tengas una opinión mejor de ti mismo y actúes en consecuencia.

CAPÍTULO 26

# Escucha la voz de tu conciencia

A menudo se dice que la conciencia es la brújula del alma. Es que funciona como un monitor interno, casi igual que una alarma. Cuando estás a punto de hacer algo que no será de beneficio o que te meterá en problemas, tu conciencia hace que sientas incomodidad. No ignores sus advertencias. Es ella la que te ayuda a saber lo que está bien y lo que está mal. Tu propia conciencia es uno de los mejores amigos que puedas tener.

Podríamos evitarnos muchos problemas si la mantuviéramos en estado de sensibilidad; una conciencia más tierna. Muchas veces oigo decir: «Sé que no tendría que hacer tal cosa, pero...» o «Sé que está mal que lo diga, pero...», «Sé que no debiera comprarlo, pero...» Es que saben lo que deben hacer. La alarma suena y se los indica. Pueden sentir la desaprobación, pero deciden desobedecer a su propia conciencia. Algún día mirarán atrás y reconocerán cómo Dios intentó advertirles una y otra vez.

No cometas el error de amordazar a tu conciencia. Respétala. Así como respetas a tu jefe o a alguien que tiene autoridad sobre ti, aprende a tratar a tu conciencia de la misma manera. Dios la utilizará para guiarte y mantenerte alejado de los problemas. Tal vez converses con tu esposa y de repente surja un tema sobre el que no están de acuerdo. Te sientes ofendido y quieres discutir, defendiendo tu argumento, pero entonces suena la alarma interior. Algo dentro de ti te dice: «Déjalo pasar. Ya no hables más. Muérdete la lengua. Apártate. Mantén la paz».

Esa es tu conciencia que intenta mantenerte alejado de los problemas. Dios está tratando de advertirte. Muchas veces ignoramos a nuestra conciencia y elegimos seguir por nuestra cuenta. Terminamos con una gran discusión, muy enojados, y el resto del día queda arruinado. Podríamos haberlo evitado de haber prestado atención a lo que nos decía nuestra conciencia.

Amigo, amiga, aprende a ser sensible. Detente cuando la conciencia te lo indique. No quieras tener siempre la última palabra. Presta atención a lo que sientes y no amordaces a tu conciencia.

Una vez mi padre conducía por la calle y se dirigía a la autopista. Estaba apurado porque llegaría tarde a una reunión. Excedió el límite de velocidad y llegó a una gran curva. Justo entonces, sonó su alarma interior. Algo le dijo: «Será mejor que aminores la marcha. Hay un policía a la vuelta de la esquina».

Mi padre luego contó que sintió esa advertencia de manera muy obvia. El aviso fue muy fuerte, pero como estaba tan apurado, hizo caso omiso y siguió. Claro que allí, a la vuelta de la esquina, estaba el policía con su pistola de radar. Le indicó que se detuviera, se acercó al auto y mi padre le sonrió. Le dijo: «Oficial, jamás podrá creerlo, pero Dios me dijo que usted estaría aquí».

El policía lo miró como si se tratara de un extraterrestre. Tomó la licencia de mi padre y volvió a su auto patrulla. Volvió minutos después, negando con la cabeza y le dijo: «Escuche, predicador. Voy a dejarlo ir, pero la próxima vez que Dios le hable, más le valdrá prestar atención».

No amordaces a tu conciencia. Si algo dentro de ti te hace sentir incómodo, detente y presta atención a lo que Dios intenta decirte. Tal vez sea en medio de una conversación cuando suena la alarma interior y sabes que tienes que cerrar la boca o alejarte. No ignores la advertencia de tu conciencia. Es posible que estés a punto de comprar algo, comer algo o de ejecutar un plan que no es nada noble… y entonces suena la sirena interna. Si aprendes a ser sensible y a escuchar a tu conciencia, Dios te mantendrá alejado de los problemas. Te ayudará a tomar buenas decisiones. Él puede protegerte del peligro.

Hace poco, me encontré con Peter, un joven que tiempo atrás trabajó como contratista para nosotros. Cuando lo vi casi no lo reconocí. Parecía haber tenido un accidente. Tenía moretones en la cara y ambos ojos negros e hinchados. En el brazo tenía un corte con suturas. Pregunté: «Peter, ¿qué fue lo que te pasó? ¿Chocaste o algo así?»

Me respondió: «No, Joel. Hace un par de noches me asaltaron cuando iba en el auto».

«¿Cómo fue?», le pregunté.

«Iba a casa después del trabajo y me detuve en el semáforo. Vinieron unos tipos y me sacaron del auto a tirones. Como no llevaba billetera me pegaron y me dejaron allí», me dijo

«¡Qué cosa tan horrible, Peter!»

Entonces me dijo: «Sí, Joel. Pero lo más extraño es que mientras iba a casa algo me dijo que no pasara por allí. Lo oí con claridad aquí dentro, una vocecita que me decía que tomara otro camino. Era tan fuerte que hasta lo pensé durante unos segundos, pero después pensé que siempre paso por ahí y que el camino es más rápido. ¿Por qué iba a tomar otro?»

Este joven no era una persona religiosa, pero me dijo: «Sé que era Dios tratando de advertirme. Sé que Dios intentaba protegerme».

Hizo una pausa, me miró y luego dijo: «Joel, si tan solo hubiera hecho caso podría haberme ahorrado todo este dolor».

Antes de meterte en problemas o de que tomes una mala decisión, Dios siempre te dará una advertencia. Sonará tu alarma interior. Es probable que no se trate de algo tan dramático como lo fue en el caso de Peter, pero si prestas atención y eres sensible Dios podrá guiarte y ayudarte a evitar problemas innecesarios.

Casi siempre, bien dentro de nosotros sabemos qué deberíamos hacer. Pero muchas veces elegimos hacer otra cosa. Debes entender que cada vez que haces caso omiso de lo que te indica tu conciencia, la vez siguiente esa voz te hablará en tono más callado. Desafortunadamente, podrás llegar al punto en que hayas apagado la voz de tu conciencia y ya no hable más.

Por ejemplo, digamos que vas a decirle algo muy feo a alguien y que de repente sientes la advertencia interior. Percibes una incomodidad, como si algo te dijera que mejor sería morderte la lengua. Sin embargo, si ignoras esa advertencia y decides amordazar tu conciencia te sentirás culpable. Si no das un paso atrás y te disculpas, la próxima vez que estés en una situación parecida la alarma no sonará tan fuerte. La voz será más queda. Podrás llegar al punto en que apagues tanto la voz de tu conciencia que ya no la podrás escuchar. Por eso, todos los días tenemos que orar: «Dios, ayúdame a escuchar la voz de mi conciencia. Ayúdame a ser sensible a tu voz».

Hace poco conocí a un hombre cuya familia vive en otro país. Él ha estado en los Estados Unidos durante años ya, trabajando con su compañía. Me dijo que se había involucrado en una relación amorosa con otra mujer. La relación ya lleva un par de años pero el hombre se siente culpable. Me dijo: «Joel, me siento terriblemente mal. Sé que esta relación está mal. Quiero cambiar, pero parece que no puedo hacerlo».

Yo le comenté: «Estás en una situación interesante. Eres la excepción a la regla porque la mayoría de la gente amordaza a su conciencia y ya ni siquiera les importa. No sienten nada. No les preocupa».

«¿De veras? ¿Y qué crees que deba hacer?», preguntó.

«Ante todo, da gracias a Dios porque todavía tienes una conciencia y agradece que todavía la escuchas».

Luego le presenté el desafío de cambiar lo que fuera necesario, antes de que esa molestia o preocupación desapareciera del todo.

La insensibilidad a la voz de Dios tiene que preocuparnos, en especial si hemos estado haciendo algo malo a sabiendas durante tanto tiempo que ya no nos molesta o ni siquiera lo vemos como algo malo. Es que nos adormecimos en esa área y por eso debemos orar cada día: «Dios, ayúdame a permanecer sensible a tu voz. No permitas que me endurezca, me enfríe o me duerma en ninguna de las áreas de mi vida; ni en mi actitud ni en la forma en que trato a los demás; ni en lo que hago o digo. Dios, ayúdame a escuchar la voz de mi conciencia».

Amigo, amiga, Dios recompensa la obediencia. Entra en el mejor camino: el que Dios tiene para ti. No amordaces tu conciencia. Si te sinceras contigo mismo y tienes deseos de cambiar, Dios te ayudará a lograrlo. Es mejor pasar por un poco de dolor durante el cambio que pasar veinte o treinta años atascado en la mediocridad.

He descubierto que cuanto más obedientes somos, tanto más fácil nos resulta obedecer. Porque la obediencia engendra obediencia. Desafortunadamente, lo mismo vale para la desobediencia, que engendra más desobediencia. En consecuencia, puedes aumentar o disminuir la sensibilidad de tu conciencia. Cada vez que obedeces, haces más tierna a tu conciencia. Si obedeces, dejas entrar un poco más de luz. Tu corazón se hace más blando gradualmente, y lograrás responder con mayor rapidez. Puedes llegar al punto en que serás tan sensible que cuando apenas sientas algo de molestia, enseguida te dispondrás a cambiar. En realidad, así es como Dios quiere que seamos. Cuando oímos esa voz queda y suave, apenas sentimos ese sutil codazo de advertencia, actuamos en consecuencia sin dilación.

Tienes que entender que cuando vives en obediencia las bendiciones de Dios caerán sobre ti y te llenarán por demás. Cuando obedeces no puedes escapar de todo lo bueno que Dios tiene para ti.

Dios no espera que cambies de la noche a la mañana. No va a sentir que le decepcionas, ni a tacharte de su lista si no cambias en una semana. No. Lo único que te pide es que sigas adelante, progresando. No quiere que el año que viene sigas en este mismo lugar. Te guiará con su manera tan especial y, si eres sensible y te esfuerzas por mantener libre tu conciencia, agradarás a Dios y Él derramará más de sus bendiciones sobre tu vida.

Dios viene a nuestro encuentro, a nuestro nivel. Yo no tengo que seguirte el paso, ni tú a mí. Sólo tengo que ser fiel a mi corazón. Sé en qué áreas Dios me llama la atención con mayor frecuencia y me esfuerzo por no contrariar a mi conciencia. Te desafío a que hagas lo mismo.

Un joven compañero mío en la universidad tenía el hábito de ser frío y distante con los demás. Hasta era maleducado en ocasiones. Un día estábamos con un grupo de muchachos de la universidad en un restaurante y el camarero cometió un error con su pedido. Mi amigo se quejó, muy enojado, y le dijo muchas cosas horribles, haciéndole pasar vergüenza delante de todos.

Cuando volvimos al dormitorio en la universidad, mi amigo llamó a mi puerta y me preguntó si le prestaba el auto. «Claro que sí. Pero, ¿dónde vas a estas horas de la noche?»

«Joel, me siento tan mal», dijo. «Traté muy mal a ese camarero y no puedo dormir. Tengo que volver al restaurante para disculparme con él».

A lo largo de ese año, aquel joven fue cambiando. De ser frío, maleducado y duro, pasó a ser una de las personas más amables y consideradas que conozco. Dios te ayudará a cambiar si sólo trabajas junto con Él.

No somos perfectos. Nadie lo es. Todos cometemos errores, pero podemos aprender a obedecer a nuestras conciencias, si logramos ponernos a la altura de decir: «Lo siento. Te traté mal. Lo haré mejor la próxima vez».

Si eres sensible y mantienes limpia tu conciencia no hay límite para lo que Dios puede hacer en tu vida. Por el contrario, cuando tienes la conciencia culpable no te sientes bien contigo mismo. No eres feliz. No puedes orar con denuedo y te sientes condenado. No esperas nada bueno y por lo general, tampoco lo recibes.

En ese momento, lo mejor que puedes hacer es volver atrás y corregir las cosas. Así como ese joven, trágate tu orgullo y disponte a obedecer. Discúlpate ante quienes hayas ofendido. No vivas con una conciencia llena de culpas.

Quizá tengas que decir: «Dios, lo siento. Por favor, perdóname por ser tan crítico con esa persona». Si haces eso, tu conciencia comenzará a relajarse; ya no siente ese peso que la oprime. Ya puedes dormir bien. Y no sólo eso, sino que la próxima vez Dios te ayudará a comportarte mejor.

Hace años después de uno de los servicios en la iglesia, mi padre vino al área de producción de televisión. Yo estaba con cuatro o cinco de los miembros del personal y cuando entró estábamos riendo, divertidos. Había pasado algo gracioso y por algún motivo papá pensó que nos estábamos burlando de alguien de la iglesia. Pero no era así.

Ahora, quiero decirte que mi padre era por lo general una persona muy amable y compasiva, pero parece que ese incidente lo hizo enojar. Empezó a amonestarnos, a decirnos que no teníamos que burlarnos de nadie y todo lo demás. Le dije: «Papá, no tiene nada que ver con burlas. Nos reíamos de otra cosa».

No aceptó mi explicación. Se fue y, claro está, los muchachos y yo nos sentimos muy mal por ese malentendido. Cuando llegué a casa esa noche, horas después, mi padre entró en mi habitación y me dijo: «Joel, hoy estallé. Sé que me equivoqué. Te pido que me perdones. Discúlpame, por favor».

Antes de llegar a casa, mi padre había llamado esa noche a cada uno de los muchachos para disculparse con ellos también. Ya era casi la medianoche, pero él no se fue a la cama porque ese peso le oprimía el corazón.

¡Qué impresión dejó en mí ese incidente! ¡Y también en los demás! Mi padre era el jefe, pero no era tan orgulloso como para admitir que se había equivocado y necesitaba que lo perdonaran. Verás, mi padre escuchaba la voz de su conciencia. No me extraña que Dios lo bendijera tanto. No me extraña que Dios lo usara de manera tan grandiosa.

Si aprendemos a mantener un corazón puro y sensible, a obedecer enseguida, a perdonar pronto y a pedir perdón, a cambiar nuestras actitudes de inmediato, estaremos agradando a Dios.

Vive tu vida con una conciencia limpia. Entra en el mejor plan que Dios tiene para ti. Las Escrituras dicen en Mateo 6.22 que los ojos son las lámparas de nuestros cuerpos. Tu «ojo espiritual» es tu conciencia. Jesús dice también que si los ojos están limpios, todo el cuerpo está lleno de luz. Es decir que si tu conciencia está limpia, la vida es buena. Serás feliz. Tendrás una visión positiva y disfrutarás de las bendiciones de Dios.

---

**Si tu conciencia está limpia, la vida es buena.**

---

El siguiente versículo, en cambio, describe a muchas personas de nuestros días. En la versión amplificada en inglés, dice: «Si nuestra conciencia está llena de oscuridad, entonces cuán densa será esa oscuridad».[55] Muchas personas viven hoy con un peso que pende sobre sus vidas. Tienen un sentimiento que las acosa, algo que las molesta siempre. No son felices. El problema es que no tienen la conciencia limpia. Han ignorado sus advertencias durante demasiado tiempo. Se han vuelto duras y frías en determinadas áreas.

Esa insensibilidad no cambiará hasta tanto modifiques lo que tengas que cambiar. Si hay cosas que haces, que sabes que no tienes que hacer, entonces cambia; o si hay cosas que sabes que *tendrías* que hacer y no estás haciendo, entonces cambia. Como dije, tal vez no sea algo grande. Es posible que no estés viviendo en sórdido pecado, pero quizá Dios está advirtiéndote en cuanto a tener una mejor actitud, en cuanto a pasar más tiempo con tus hijos, o con respecto a la comida que comes y que no es sana. No importa qué sea, decide que prestarás más atención a tu conciencia y obedecerás con mayor presteza. Entonces ese peso se levantará de encima de ti. Me gusta lo que dijo el apóstol Pablo en Hechos 23: «Con toda buena conciencia he vivido delante de Dios hasta el día de hoy».

Ese también debiera ser nuestro objetivo. Cuando nuestra conciencia está en paz, la condena huye. Cuando nuestra conciencia está limpia, podemos ser felices. Otros podrán juzgarnos y condenarnos, pero esas cosas negativas directamente rebotarán sin afectarnos.

Algunas personas me dicen: «Joel, ¿por qué no haces más de tal cosa o de tal otra?»

Sé que no soy perfecto, pero también sé lo siguiente: vivo con la conciencia limpia ante Dios. Sé que me esfuerzo y hago todo lo que puedo por agradarle. Por eso puedo dormir tranquilo por las noches. Por eso reposo en paz. Por eso sonrío. Amigo, amiga, estate alerta a la voz de tu conciencia y descubrirás que la vida es cada vez mejor.

# CAPÍTULO 27

# Trata con los problemas de raíz

Me contaron la historia de un hombre que tenía varios caballos. Un día, uno de ellos pateó una cerca, de manera que se lastimó la pata. El hombre llevó el caballo al establo, le limpió la herida y le vendó la pata. Días después notó que el caballo seguía sufriendo a causa de la herida. Llamó a un veterinario para que revisara al animal. El veterinario le recetó unos antibióticos.

Casi de inmediato el caballo respondió bien a la medicación y parecía mejorar. Pero al cabo de uno o dos meses, el propietario vio que la herida no había sanado y que hasta se veía peor que antes. El veterinario volvió a indicar antibióticos.

Por segunda vez el animal respondió bien durante algunas semanas y luego el proceso se repitió. La herida no sanaba. Finalmente, el hombre cargó el caballo en su camioneta y lo llevó al consultorio del veterinario. Sabía que había que descubrir por qué la herida no sanaba. El veterinario anestesió al caballo y comenzó a revisar la pata lastimada con un bisturí. Al llegar más profundo, encontró que había una gran astilla de madera que se había incrustado bajo la piel en el momento de la patada a la cerca. El veterinario vio entonces que cada vez que el caballo terminaba con el tratamiento de antibióticos, la infección causada por el objeto extraño volvía a avanzar. Estaban tratando los síntomas y no la raíz que le causaba el dolor al animal.

A veces hacemos algo similar: Solucionamos lo que hay en la superficie. «Voy a mejorar mi conducta. Voy a dar vuelta a la página. Voy a tratar de ser más amable, más cariñoso, más generoso. No voy a gastar tanto dinero ni a usar las tarjetas de crédito que me causan deudas. Ya no voy a manipular a la gente. No me enojaré tanto ni me molestaré todo el tiempo».

Es bueno que tratemos de mejorar, pero muchas veces no tratamos con la raíz del problema. Y no importa lo mucho que queramos cambiar, esa causa seguirá allí y nos impedirá ser libres.

Casi siempre es más fácil presentar excusas cuando nos comportamos mal, echar la culpa a otros o tratar de justificar nuestras acciones, actitudes o palabras. Pero si queremos experimentar lo mejor que Dios tiene para nosotros, tendremos que aprender a asumir la responsabilidad de nuestros pensamientos, palabras, actitudes y acciones.

Hay muchas personas que nunca se miran por dentro, que nunca se sinceran consigo mismos. No llegan a la raíz del problema y solamente se ocupan del fruto, de lo superficial. Pueden ser negativos y entonces sus relaciones no prosperan; o tendrán baja autoestima, problemas económicos o alguna otra dificultad crónica. Tratan de mejorar su conducta y eso es admirable, pero muchas veces sus esfuerzos sólo dan resultados temporarios porque se niegan a tratar con la raíz que causa el mal. En consecuencia, siguen produciendo mal fruto.

La Biblia enseña que no debemos permitir que la raíz de la amargura prospere y contamine nuestras vidas por completo. Es como cuando quitamos las malezas en el jardín. Si arrancas la maleza cortándole las hojas, en realidad no llegaste a la raíz, y días después al ver el jardín verás que volvió a brotar.

Para lograr cambios perdurables y positivos tienes que ir más profundo, y no ver sólo lo que haces, sino preguntarte: «¿Cuál es la raíz de este problema?», «¿Por qué actúo así?», «¿Por qué me descontrolo en esta área?», «¿Por qué estoy siempre a la defensiva?», «¿Por qué siento que todo el tiempo tengo que probarme delante de todos?»

Sólo cuando llegues a la raíz y te ocupes de la causa del problema podrás esperar cambios realmente positivos.

Tenemos que examinar con cuidado las áreas en las que tenemos dificultades continuas. ¿Tiene de veras la culpa el otro? ¿Son nuestras circunstancias, el entorno, nuestra crianza? ¿O puede ser que tengamos algo enterrado tan profundo que nos «infecta»?

Esto es de especial importancia en las relaciones. Mucha gente tiene una raíz de rechazo porque ha pasado por cosas duras en el pasado. Alguien los lastimó y en lugar de dejarlo pasar, se aferran a ello. Esa amargura envenena todas las áreas de sus vidas.

Conozco personas que tienen una raíz de inseguridad que les hace estar siempre a la defensiva. Siempre tratan de probarles a los demás lo que son. Mientras sigan con esa mala raíz, seguirán produciendo el fruto equivocado.

Muchas veces parecemos no poder llevarnos bien con alguien en particular y estamos seguros de que la culpa la tiene el otro. Estamos seguros de que es él, o ella, o nuestro jefe, o nuestros compañeros. Pero espera… ¿Podrías ser tú el problema? ¿Puede ser que tengas dentro una raíz de orgullo que te impide perdonar o que te ciega a la opinión ajena? Podemos tratar de corregir todo eso en la superficie, pero será igual a lo que hacía el hombre que vendaba la pata del caballo. El problema volverá una y otra vez, hasta que nos ocupemos de la raíz, de la verdadera causa.

Shawna y Andy siempre tenían problemas en su matrimonio, en especial en cuanto a la comunicación. Cuando conversaban, si Andy no estaba de acuerdo con Shawna ella se ponía a la defensiva. Se molestaba, se indignaba y terminaban discutiendo acaloradamente. «¿Por qué no me permites tener mi propia opinión?», decía Andy. «¿Por qué te molestas tanto si no coincido contigo? ¿No sabes que si en un matrimonio los dos coinciden en todo, uno de ellos es innecesario?»

Shawna no tenía una buena respuesta, pero obstinadamente se oponía a las opiniones de Andy si él no estaba de acuerdo con ella. Así vivieron durante varios años y la tensión creada por esa situación rasgaba la trama del matrimonio.

Un día Shawna decidió sincerarse consigo misma. Se examinó por dentro, en lo profundo, y al hacerlo vio que la causa por la que siempre se ponía a la defensiva era su intensa inseguridad. Había pasado por cosas muy duras y dolorosas durante su vida. Una relación anterior la había dejado sufriendo por la gran dosis de rechazo recibida y ahora, cada vez que Andy no estaba de acuerdo con ella, Shawna se sentía rechazada. En lugar de concordar en que podría haber desacuerdo,

Shawna se lo tomaba como algo personal. Trataba de controlar y manipular a Andy para evitar que esa tensión surgiera en su relación.

Shawna vio que el problema real no era que no supieran comunicarse sino que ella se sentía insegura. No sucedió de la noche a la mañana, pero a medida que Shawna enfrentó sus sentimientos y le pidió a Dios su ayuda, poco a poco las cosas empezaron a cambiar. Gradualmente la relación de Andy y Shawna mejoró. La clave era que ella se estaba ocupando de la raíz. Al hacerlo, el fruto comenzó a ser mejor.

Tenemos que entender que la mayoría de nuestros problemas tienen raíces más profundas. Quizá nos asombre cuántas cosas nos afectan de manera negativa e intentamos resolver el problema ocupándonos solo del fruto, de las cosas superficiales, y lo hacemos durante años como si estuviéramos en la noria, pasando por lo mismo una y otra vez.

Los hijos de Israel hacían algo parecido. Vagaron por el desierto de camino entre Egipto y la tierra prometida durante cuarenta años, en un viaje que debiera haber durado sólo once días. La raíz de su problema era que habían adoptado una mentalidad de víctimas. Sí, es verdad que habían sufrido mucho por los malos tratos durante la última parte de su estadía en Egipto, que habían sido esclavos y pasado por experiencias dolorosas e injustas. Ese dolor interno los siguió, aun cuando Dios los librara milagrosamente de la esclavitud. Ya en el desierto, culpaban a Moisés por la falta de agua y alimento. Culpaban a su pasado, se quejaban de la comida y tenían miedo de sus enemigos. Jamás se les ocurrió pensar en que ellos mismos formaban parte del problema. A causa de su poca fe seguían dando vueltas alrededor de la misma montaña, año tras año, sin progresar en ningún momento.

Es posible que también tú te hayas enredado en el mismo lugar en tu vida durante demasiado tiempo. Tal vez sea en un matrimonio agrio o en una profesión que es un callejón sin salida. O quizá estés sumido en un pantano de deudas o de actitudes negativas, sin saber llevarte bien con nadie, siempre a la defensiva, siempre con actitud crítica.

Es hora de levantarte y avanzar. Nuestra oración debe ser: «Dios, por favor, muéstrame cómo soy de veras. No quiero estar en este mismo lugar el año que viene, así que si hay cosas que impiden mi progreso, te pido que me las muestres. Ayúdame, Padre, a cambiar. Ayúdame a llegar a la raíz de mis problemas».

Dios llama a las puertas de las nuevas habitaciones en nuestros corazones. Quizá sean habitaciones donde nunca le permitimos entrar. La única forma en que puede entrar es por invitación nuestra. El picaporte está del lado de adentro. He descubierto que puedo permitir que Dios entre en ciertas habitaciones de mi corazón, manteniéndolo fuera de otras. Algunas de esas habitaciones son dolorosas o causan vergüenza porque ocultan dolores y heridas del pasado. Allí es donde ocultamos nuestros defectos y debilidades. En lugar de tratar con el problema y limpiar los rincones de esas habitaciones, las mantenemos cerradas con llave. Presentamos excusas para nuestra conducta o culpamos a otros; y a veces hasta culpamos a Dios.

«Es que soy así, nada más», dirá alguno.

Dios sigue llamando a la puerta. Si queremos llegar a la causa, tenemos que mirar hacia adentro. Tenemos que permitir que Dios derrame su luz, la luz de su Palabra, dentro de cada una de las habitaciones de nuestros corazones. Cuando sintamos algo y sepamos que está mal, en lugar de ocultarlo y esconderlo en una de esas habitaciones, lo mejor que podemos hacer es sincerarnos y preguntar: «Dios, ¿por qué siento esto?», «¿Por qué no puedo llevarme bien con mi cónyuge?», «¿Por qué trato de manipular a los demás?», «¿Por qué quiero que todo se haga a mi modo?», «¿Por qué me enojo con tanta facilidad?» Si te sinceras y te dispones a enfrentar la verdad en lugar de esconderte detrás de las excusas, Dios te mostrará las respuestas a esas preguntas. Cuando comiences a actuar según esta verdad, podrás elevarte más alto.

Si eres impaciente, sincérate y di: «Dios, muéstrame por qué soy tan impaciente. Y luego, por favor, ayúdame a cambiar».

Si sientes resentimiento hacia alguien o sueles criticarle todo y encontrarle fallas, lo primero que tienes que hacer es orar: «Por favor, Dios, muéstrame por qué no me gusta esta persona. ¿Qué es lo que está mal en mi interior? Dios, ¿siento celos de su posición, de su dinero, de su talento? Dios, por favor muéstrame la verdad con respecto a mí. No quiero seguir dando vueltas alrededor de la misma montaña otro año más. Quiero llegar más alto. Quiero entrar en mi tierra prometida».

Asegúrate de no estar llevando exceso de equipaje. Si tienes áreas en tu vida que te causan constantes dificultades y no pareces poder librarte de ellas, tienes que pedirle a Dios que te muestre dónde está el impedimento. Pídele que te muestre las raíces de amargura de las que tienes que librarte. Si Dios derrama su luz sobre algo, entonces tendrás que ser valiente y ocuparte de ello.

*Sí puedes* ser más feliz, sí puedes tener mejores relaciones, sí puedes librarte de lo que te impide avanzar. Pero tienes que hacer tu parte: sincérate y enfrenta la verdad con respecto a ti mismo. No hagas como los hijos de Israel en los años que siguieron al Éxodo, pensando que tu falta de progreso es culpa de otros.

Sé que puede ser doloroso extirpar esas raíces. Lo fácil es concentrarse en lo superficial, mantener el *status quo*. Lo fácil es evitar el cambio. Porque hay dolor asociado al hecho de elevarse. Es incómodo sincerarse y ocuparse de veras de esos asuntos. Puede ser incómodo tener que perdonar una ofensa cuando la culpa es de otro. Es duro admitir a veces: «Me estoy aferrando a la amargura o estoy a la defensiva por mi inseguridad», o «No me llevo bien con los demás porque arrastro un pesado bagaje del pasado». Además, no te sorprendas si al quitar las primeras capas de la superficie y sincerarte en serio sientes cierta presión. Por favor, comprende que esa sensación desagradable es sólo temporal. Es el dolor que provoca el crecimiento. Una vez que pases ese punto, seguirás elevándote hacia un nuevo nivel de victoria. El dolor del cambio es mucho menor que el de permanecer en la mediocridad.

Tal vez estés como el auto atascado en el barro, con las ruedas que giran en falso, girando en círculos año tras año sin ser feliz de verdad. Necesitas sincerarte y decir: «Dios, muéstrame qué es. ¿Estoy dependiendo de otros para poder ser feliz? ¿Tengo expectativas que no son realistas? ¿Sólo podré ser feliz si me caso? ¿Permito que mis circunstancias me hundan? Dios, muéstrame la verdad con respecto a mí mismo».

Estaba hablando con un hombre hace poco que me dijo que cada vez que se tomaba tiempo para disfrutar de la vida se sentía culpable. Se sentía condenado, como si estuviera haciendo algo malo. Con los años, se había vuelto demasiado absorto en su trabajo. Era adicto al trabajo y no se tomaba tiempo para sí, para su familia. Irónicamente, tanta dedicación al trabajo provenía también de una sensación de culpa. Su vida carecía de equilibrio. Así vivió durante varios años. Pero un día decidió sincerarse y permitir que Dios entrara en esa habitación de su corazón. Dijo: «Dios, ¿por qué me siento así? ¿Por qué me siento culpable, cuando lo único que quiero es salir y divertirme y disfrutar el tiempo que comparto con mi familia?»

Empezó a darse cuenta de que cuando era pequeño, su padre había sido demasiado estricto. Venía de un trasfondo militar y no permitía diversión en la casa. Todo era serio. No había conocido lo que era una infancia normal. Le habían enseñado a trabajar, a ser serio, y a no dedicar casi nada de tiempo al juego. Ahora, ya adulto, vio que se había vuelto igual a su padre. Esos pensamientos, esas actitudes, esos hábitos eran lo que había aprendido desde pequeño. No es que estuvieran bien, sino que era lo único que conocía. Cuando reconoció dónde estaba la raíz del problema, pudo romper con ese peso y realmente comenzó a disfrutar de su vida.

Quizá provengas de una situación de abusos. Tal vez alguien te lastimó mucho o quienes te criaron no eran amables, o alguien con quien tenías una relación abusó de ti o se aprovechó de ti. Tomaron malas decisiones y ahora te enfrentas con las consecuencias de todo eso. Por favor, no permitas que eso se convierta en excusa. Puedes ir más alto; puedes establecer un nuevo parámetro.

Entiende que si quieres llegar a la raíz del problema, no puedes quedarte allí sin hacer nada, pasivamente. Tienes que llegar al punto en que digas: «Estoy ya harto de estar harto. He sido como soy desde hace demasiado tiempo y ya no daré más vueltas. Voy a llegar a la raíz y comenzaré a tomar mejores decisiones para mí y para mi familia».

Una de las primeras cosas que tenemos que hacer es dejar de presentar excusas. Tenemos que dejar de culpar al pasado. Sí, sé que tal vez hayas pasado por muchas cosas feas. Y tal vez allí está la razón por la que tienes dificultades, hábitos malos, malas relaciones. Tal vez sufras de baja autoestima. Podrá ser esa la razón, pero no la uses como excusa para seguir siendo como eres. Asume la responsabilidad. A muchas personas les han pasado cosas injustas y luego viven toda la vida permitiendo que eso envenene sus vidas. Están enojadas. Tienen una astilla clavada en la carne y les cuesta convivir con los demás. «Bueno, Joel. Si te hubiera pasado lo mismo que a mí también actuarías como yo».

Te equivocas. Esa puede ser la razón por la que actúes así, pero gracias a Dios no tienes por qué seguir en lo mismo. Puedes ir más alto. Pero para eso, hay que asumir la responsabilidad. Tienes que disponerte a enfrentar la verdad y decir: «Esto no está bien. Me niego a vivir molesto y enojado. Ya no quiero dificultar la convivencia con los demás. Dios, te pido que me ayudes a cambiar». Si tienes esta actitud, Dios siempre te ayudará.

Una vez se me acercó una señora cuando estábamos en la sala de la iglesia. Me dijo: «Joel, quisiera que orases por mí. Voy a casarme por quinta vez». Entonces, con tono de piedad me dijo: «Quisiera que acuerdes conmigo en oración que este será por fin el marido que me trate bien».

Yo quería preguntarle: «¿Ha pensado alguna vez en el común denominador de todos esos matrimonios? ¡Es usted! Algo no anda bien por dentro».

Después de orar le pregunté: «¿Hay alguien en su familia que tenga este mismo tipo de dificultades?»

«Oh, sí», me dijo. «Mi madre se casó cuatro veces y está a punto de divorciarse de nuevo».

Y pensé: *Al enemigo le encanta que perpetuemos esos ciclos tan negativos tanto que los pasemos de generación a generación. Si no asumimos la responsabilidad y hacemos algo al respecto, se seguirá repitiendo en nuestros hijos, nietos y bisnietos, y ellos tendrán que lidiar con lo mismo.*

Si tengo malos hábitos, si tengo inseguridades, si tengo un patrón de pensamiento equivocado, quiero ser sincero y receptivo para enfrentarlo. No quiero poner excusas, ni culpar a mi pasado, a mis padres, a mis circunstancias ni a mi cónyuge. No puedo cambiar ninguna de esas cosas, pero sí puedo cambiar yo.

«Es que si conocieras a mi familia, verías que es tan disfuncional. Tenemos tantos malos hábitos. Somos un desastre».

No digas eso. Con todo respeto, casi todas las familias tienen algo que es disfuncional. No lo uses como excusa. Todos tenemos cosas que resolver y solucionar.

Hay quien dirá: «Estoy deprimido porque mis padres siempre fueron depresivos», o «Tengo mal carácter como mi padre», «Vivo preocupada porque mi madre vivía preocupada».

Basta ya. Puedes cambiar. Eres hijo o hija de Dios y tienes el poder más grande del universo dentro de ti. Puedes romper con cualquier adicción, vencer cualquier obstáculo o fortaleza. Puedes derrotar a todo lo que te quiera mantener en atadura. Las Escrituras dicen: «Porque mayor es el que está en vosotros, que el que está en el mundo».[56] Esto significa que no hay obstáculo en este planeta que no puedas vencer. Puedes cumplir con el destino que Dios tiene para ti. Puedes concretar tus sueños. Puede ser que tu historia sea negativa pero, por favor, entiende que no tienes por qué vivir un futuro negativo por eso. Lo que importa no es de dónde vienes, sino adónde vas.

Una de las formas principales en que podemos honrar a Dios es asumiendo la responsabilidad por nuestras acciones, no culpando a nuestro pasado ni a nuestras circunstancias. Tenemos que llegar a la raíz, así que no vayas por la vida tratando de quitar el mal fruto aquí y allá. Asume la responsabilidad. Levántate y haz algo al respecto. Puedes experimentar las cosas buenas de Dios. Sé que si enfrentas la verdad con respecto a ti mismo y llegas a la raíz de tus problemas y cambias como Dios te pide que lo hagas, puedo asegurarte que tu vida interior mejorará, que tendrás mejores relaciones, que serás más feliz y tu vida será más plena.

## SECCIÓN SEIS: DESARROLLA TU VIDA INTERIOR

1. Hoy tomaré conciencia de los temas que Dios me trae a la mente y obedeceré rápido para cambiar lo que haga falta y subir más alto.

2. Prestaré más atención a mi conciencia escuchando la voz interior. Me voy a esforzar por mantenerme alerta a lo que dice mi conciencia, respondiendo con prontitud a su guía y sus advertencias.

3. Me niego a excusar mi conducta. Me analizaré y enfrentaré los temas de raíz y no solamente el fruto. Iré a lo más profundo de los síntomas superficiales y llegaré a la fuente de mis problemas. Decido vencer toda experiencia injusta buscando el bien que Dios hace surgir a partir de todo eso.

# MANTÉN TU PASIÓN
# POR LA VIDA

# CAPÍTULO 28

# Haz planes para bendecir

Si quieres llegar a ser lo mejor de ti, es importante que acompañes tu fe con acciones correctas. No basta con creer, por muy importante que sea la fe. Tenemos que ir más allá y comenzar a esperar. Mientras esperamos las cosas buenas de Dios tenemos que hacer planes. Tenemos que hablar de lo que oramos como si fuera a suceder. Debemos atrevernos a dar un paso en la fe y a actuar como si lo que pedimos ya fuera a suceder.

Cuando una pareja espera un bebé hacen todo tipo de preparativos. ¿Por qué? Porque el niño o niña viene en camino. De hecho, en las primeras etapas del embarazo ni siquiera han visto al bebé, ni lo han tocado. Sin embargo, tienen fe en lo que el médico les dice y empiezan a preparar todo.

Dios ha puesto sueños en los corazones de cada uno de nosotros. Todos tenemos cosas por las que sentimos esperanza, quizá para vencer una enfermedad, para saldar las deudas o para concretar un sueño. La clave, sin embargo, está aquí: tenemos que ir más allá de la fe. La verdadera fe actúa. Si estás enfermo, tienes que empezar a hacer planes para mejorar y recuperarte. Si tienes dificultades económicas, haz planes para prosperar. Si tu matrimonio se tambalea, haz planes para ver restaurada esa relación. Pon tu fe en la primera línea.

Muchas veces decimos que creemos en Dios para que suceda algo bueno pero con nuestras acciones hacemos todo lo contrario. Es importante saber que tu fe obrará en una u otra dirección, positiva o negativa. Conozco personas que planean engriparse. En la tienda, los oigo prediciendo el futuro: «Bueno, es la temporada de la gripe. Mejor compro medicinas por si acaso. Después de todo, el año pasado fue malo. Tuve suerte al no haberme enfermado, pero quizá este año sí enferme». Hablan como si fuera seguro que enfermarán de gripe. Y van todavía más allá, actuando según su fe negativa al comprar la medicina. No es de extrañar que semanas más tarde tengan gripe. Su fe funcionó, aunque de manera negativa. Esperaban la gripe, se prepararon y enfermaron. Recuerda que tu fe funcionará en una u otra dirección.

Por favor, no me malinterpretes. Es prudente ser precavido. Todos tenemos medicinas en casa. Pero no creo que debamos correr a la farmacia cada vez que un comercial en la televisión nos anuncie que ha llegado la temporada de la gripe.

Es gracioso pero a veces ponemos más fe en esos comerciales que en lo que dice Dios. Me gusta mucho lo que dicen los Salmos: «Caerán a tu lado mil, y diez mil a tu diestra; mas a ti no llegará».[57] Quizá todos tus compañeros de trabajo enfermen de gripe, y también todos en la escuela, pero creo que Dios ha puesto alrededor de mí un cerco de protección y permaneceré en la fe y no haré planes para contraer esa enfermedad.

Si escuchamos las noticias durante un rato y observamos lo que dicen todos los estudios, casi todos nos convencen de tener enfermedades cardíacas, colesterol elevado, diabetes y todo tipo de dolencias. «Bueno, ya sabes lo que dicen: una de cada cuatro personas tiene cáncer», me señaló un amigo pesimista hace unos días.

Es posible que así sea pero creamos que somos de los tres que no enferman, en lugar de ese uno que sí tiene cáncer. Es igual de fácil creer en lo positivo que en lo negativo. Comienza a hacer planes para una vida larga y saludable. Cuando te enfermes, porque todos enfermamos de tanto en tanto, no abandones y empieces a hacer planes para vivir enfermo para siempre. He oído decir a algunos: «Estoy aprendiendo a vivir con mi artritis. Estoy aprendiendo a vivir con mi alta presión arterial».

No te equivoques. No es *tu* artritis ni *tu* presión elevada. Deja de apropiarte de la enfermedad y empieza a hacer planes para tu recuperación. Nuestra actitud tiene que ser: esta enfermedad no vino para quedarse; vino para pasar. Di cosas como: «Sé que con larga vida Dios me satisfacerá. Lo declaro por fe. Estoy recuperándome día a día».

No dejes de soñar. Mantén la visión delante de tus ojos. Un amigo mío sufrió un accidente en el que sus dos piernas quedaron casi destrozadas. El médico le dijo que tendría suerte si llegaba a caminar de nuevo, pero también le advirtió que no podría volver a hacer deportes ni correr siquiera. Mi amigo se sintió muy desalentado. Pero después de sus tres meses en el hospital, lo primero que hizo al salir fue inscribirse en un club. Dio un paso de fe. El hecho es que no pudo ni siquiera ir al club durante más de un año porque estaba demasiado débil. Pero decidió que no iba a quedarse de brazos cruzados, sentado en una silla de ruedas. Estaba haciendo planes para volver a caminar. Han pasado cinco años ya y hoy ese hombre puede correr más rápido que yo. No fue una estadística más. ¿Qué pasó? Hizo planes para elevarse por encima de sus lesiones. Muy bien podría haber permitido que las palabras negativas del médico penetraran en su corazón y lo convencieran de que tenía que abandonar su sueño y conformarse con la mediocridad. Sin embargo, le creyó a Dios y empezó a hacer planes para estar sano.

Tal vez te hayan pasado cosas negativas o alguien haya dicho algo negativo de ti, no permitas que eso eche raíz. Sigue creyendo en lo bueno. Recuerda que la fe siempre se ejerce en el presente. Levántate por la mañana y di: «Padre, gracias porque ahora mismo estás obrando en mi vida. Gracias porque en este momento estoy sanando. Ahora mismo las cosas están cambiando en mi favor».

Sigue en el ahora. La fe siempre se ejerce en tiempo presente.

## Evita hacer planes para la derrota

Con frecuencia nos preparamos para las cosas equivocadas. Un hombre me dijo que cuando su padre envejeció quedó casi ciego. Llegó al punto de que ya no podía leer. Era una dolencia común en la gente mayor de su familia, por lo cual, este hombre ya estaba haciendo planes para cuando le tocara a él. Me dijo: «Joel, me gusta mucho leer, así que empecé a comprar libros en CD ahora porque así podré escucharlos en caso de que también mi vista se vea afectada con la edad».

No. Eso es planear para lo malo. Es poner tu fe en lo negativo, permitiéndolo, y hasta dándole permiso para que suceda. Le dije: «Tienes que seguir comprando los libros comunes que lees siempre. Cuando envejezcas, no empieces a comprar los que tienen la letra grande sólo porque lo hagan tus amigos o porque te resulte más fácil. No, si no lo necesitas no tomes la salida más fácil. Y aunque lo necesites, postérgalo hasta que ya no puedas leer la letra pequeña. No cedas ni un centímetro de terreno».

Victoria siempre ha tenido buena vista, veinte-veinte. Pero en estos últimos años ha descubierto que le cuesta un poco leer de cerca. Traté de llevarla a ver al oftalmólogo pero ella se niega. No soporta siquiera pensar en la idea de que su vista ya no será excelente.

Por fin logré convencerla. Fue a ver al oftalmólogo, que le dijo que su vista estaba bien. Necesitaba anteojos, de los de graduación más baja, esos que puedes comprar sin prescripción en la tienda. Aun así, me costó muchísimo lograr que usara siquiera esos lentes. Me gusta el hecho de que no va a darse por vencida y aceptarlo. Lo enfrenta. Lo ha postergado, una y otra vez. Vamos a un restaurante ¡y tiene que poner el menú a un metro de distancia para poder leerlo! Es como decía mi padre: «Dios, ¡tendrás que sanarme los ojos o darme brazos más largos!»

Victoria se niega a quedarse de brazos cruzados y decir: «Bueno, supongo que estoy un poquito más vieja» o: «Supongo que mi vista va cuesta abajo». No, se niega a hacer planes para la derrota. Leí un estudio hace poco que contenía un cuadro grande que mostraba las partes del cuerpo que a determinada edad comienzan a verse afectadas. Según esa investigación, cuando llegamos a los treinta años nuestra audición empieza a verse afectada año tras año. Perdemos determinada cantidad de masa muscular cada año. Las células cerebrales disminuyen en determinado porcentaje año tras año. Si empiezas a creer en todos esos informes y a actuar en consecuencia, ¡no te extrañes cuando tu cuerpo ya no funcione como antes! El otro día una señora me dijo: «Joel, acabo de cumplir los sesenta y no oigo tan bien como antes. Sabía que llegaría este momento. Todos me habían dicho que empezaría a quedarme sorda».

Le contesté: «Estás poniéndote de acuerdo con las voces equivocadas. Deja de poner tu fe en donde no debes y comienza a ponerte de acuerdo con lo que Dios dice de ti». En Deuteronomio 34, versículo 7, dice que cuando Moisés tenía ciento veinte años su vista no se había visto afectada y seguía siendo tan fuerte como siempre. Eso significa que podía ver bien, podía oír bien, que era fuerte y sano. No sé tú, pero yo voy a creer en vivir como Moisés. En lugar de escuchar todos esos informes negativos, déjame darte uno diferente. Un estudio basado en la Palabra de Dios dice, en efecto: «A los sesenta se supone que oigas bien. A los setenta se supone que tu mente esté tan sagaz como a los veinticinco. A los ochenta se supone que estés lleno de gozo, lleno de vida, lleno de energía». ¿Por qué no empiezas a hacer planes para vivir una vida larga, sana y plena?

A comienzos de los años 90 estábamos remodelando el antiguo santuario de la Iglesia Lakewood, en especial el área de la plataforma. En ese momento mi padre tenía más de setenta años. Uno de los arquitectos con quien estábamos trabajando me dijo: «Joel, como tu padre está ya mayor, ¿no crees que debiéramos poner una rampa para silla de ruedas a un costado de la plataforma, por si acaso llegara a quedar en silla de ruedas?» El arquitecto era un hombre muy amable y con buenas intenciones. Pero yo pensé: *No conoces a mi padre. Si te oyera decir eso, te sacaría por los pelos de este condado.* Porque mi padre jamás planeó estar en silla de ruedas.

No hagas planes para envejecer y quedar torcido, sin capacidad para hacer nada. Mantén tu fe y habla palabras de fe sobre ti mismo. Habla de la larga vida que Dios te está dando y luego ponlo en acción.

Conozco a un hombre de más de noventa años que todavía vive solo en su casa. Su dormitorio está en el segundo piso, así que varias veces al día sube y baja las escaleras. Sus hijos y nietos han tratado de convencerlo de mudar su dormitorio a una de las habitaciones vacías de la planta baja, pero él se niega y está decidido. Me dijo: «Joel, sé que si cedo, jamás podré volver a subir esas escaleras».

Es muy probable que tenga razón. Seguramente, tenemos que usar nuestro sentido común y ser realistas. Lo que digo, sin embargo, es que no hagas planes para la derrota. Todos a tu alrededor quizá estén envejeciendo y debilitándose, quejándose porque tal o cual parte de su cuerpo dejó de funcionar o enfermó. Pero tú puedes ser la excepción. Cree que gozarás de una vida larga y con salud.

Mi padre quería predicar mientras viviera. No quería retirarse. Solía decirme: «Joel, nunca tendré un ataque cerebral». Lo decía por fe porque durante toda su vida había tenido alta presión arterial. Decía: «Nunca quedaré discapacitado. Jamás llegaré al punto de no poder predicar».

Y fiel a su fe, mi padre predicó hasta once días antes de partir para irse con el Señor. Dios le concedió los deseos de su corazón porque había sido valiente como para depositar allí su fe. Creía que sería productivo hasta el día de su muerte y así fue.

Es fácil pensar: «Bien, la ley de la entropía está funcionando: todo va hacia la desintegración. Por supuesto, entonces, mi cuerpo se va debilitando. Es parte de la vida, de envejecer. Esto empieza a no funcionar, luego aquello otro. No ves, no oyes, te vuelves débil».

No. No caigas en esa trampa, en especial en la de que te vuelves débil. ¡Ya hay demasiada gente débil en este mundo! Planifica vivir con salud, estar lleno de gozo, ser productivo hasta el día en que Dios te llame para ir a casa.

En el Antiguo Testamento, cuando Caleb tenía ochenta años dijo: «Dios, dame otra montaña». Lo que estaba diciendo era: «Dame algo más que hacer. Dame otra misión». Observa que estaba planeando vivir de manera victoriosa. Podría haber dicho: «Dios, sólo deja que me retire. Me duele la espalda, ya casi no veo y mi seguro médico no cubrirá esa última prescripción. Estoy tan mal».

Caleb no hizo eso. Se mantuvo fuerte, lleno de energía y dispuesto para el siguiente desafío, aun a los ochenta años. Nunca serás demasiado viejo como para hacer algo grande para Dios. Puedes estar seguro de que no importa cuál sea tu edad, Dios tiene planes importantes para ti. No estás ocupando espacio nada más, esperando a que llegue el momento de ir al cielo. Recupera tu gozo y entusiasmo. No te marchites como un damasco. En vez de eso, haz planes para vivir cada día con gozo, vibrante, sano y productivo.

Una pareja mayor vino a una de las conferencias de liderazgo de Lakewood y durante la sesión de preguntas y respuestas se pusieron de pie y el hombre dijo: «Joel, no estamos realmente seguros de lo que tendríamos que estar haciendo a nuestra edad».

Dijo que tenían más de noventa años. El hombre estaba bien vestido, elegante, con la piel lozana y los ojos brillantes y llenos de vida. Su esposa era un modelo de belleza y gracia. Eran una pareja que causaba una impresión positiva.

Les dije: «Seguro hay una cosa que tienen que hacer: salgan para que la gente los vea. Sean un ejemplo. Su gozo, salud, paz y victoria les servirán de inspiración a otras personas. Tienen que dejar que la generación más joven —en este caso la gente de menos de ochenta años— los vea para entender cómo se puede llegar a edad tan avanzada y ser aún sano, teniendo gozo y paz».

¡Esa pareja mayor me inspiró! Le digo a Victoria cada semana que sigo creyendo que tendremos aún cuarenta años más de ministerio fuerte y productivo. Cuarenta años para compartir con otros la Palabra de Dios, animando a la gente, edificando el reino. No treinta años y luego los últimos diez con dolor de espalda, funcionando a media máquina, sin gozo ni paz. No. Yo estoy creyendo que a los ochenta años seguiré tan vibrante como hoy. Seguiré con cabello, contando chistes y haciéndole bromas a mi hermano Paul. Hago planes para vivir una vida larga, sana, próspera, llena de gozo y abundante. ¿Por qué no haces lo mismo?

Conozco una señora que cuando tenía setenta años pasó por un exhaustivo examen médico. Después de que los médicos recopilaran toda la información, le dieron un promedio de expectativa de vida. Según sus hallazgos, su salud, su genética y su historia familiar calcularon que probablemente viviera hasta los setenta y cinco años.

Los médicos podrían haberle dicho que moriría al día siguiente, digamos, por la reacción de esta mujer. Se deprimió tanto que no quiso salir más de su casa. Perdió su gozo y su paz. Básicamente, renunció a la vida. Así siguió durante un tiempo hasta que su familia la trajo para hablar conmigo. Le dije: «No hagas planes para lo peor. No permitas que lo negativo eche raíces. Dios puede hacer lo que la inteligencia humana y la ciencia no pueden. A veces encuentro que esos expertos, aunque sean gente buena, se equivocan». Hablamos un rato más e intenté animarla. Por la expresión de su rostro pude ver que iba llenándose de fe. Hoy la mujer tiene ochenta y un años y está llena de salud, vibrante como siempre.

Hace poco la vi y me dijo: «Joel, ya voy ganando por seis años».

Reí y contesté: «Sí, y cuando llegues a los noventa haremos una gran fiesta aquí». Y eso haremos.

Aunque es importante que no permitas que los pensamientos y declaraciones negativos se arraiguen, también lo es que establezcas metas altas para tu vida. Mi padre siempre creyó que viviría y predicaría hasta tener más de noventa años. No llegó, pero solía decir: «Prefiero apuntar y errar el tiro que disparar bajo y acertar». Mantén tus metas bien altas.

Yo jugaba al básquetbol con un señor que tenía más de setenta años. Estaba en forma y podía correr por la cancha con los muchachos de veinte. Un día me dijo: «Joel, es gracioso que cuando tenía cuarenta años mi médico me dijo que las rodillas no soportarían este ritmo de deporte, pero seguí jugando igual. A los cincuenta me dijo que empezaría a tener dolores de espalda si seguía corriendo y saltando tanto, pero seguí. A los sesenta me dijo que no podría seguir con este ritmo de ejercicio físico, pero no le hice caso y todavía puedo correr con los jóvenes. A los setenta por fin el médico me dijo que siguiera jugando todo lo que quisiera».

Rió y le pregunté: «¿Y hasta cuándo piensas seguir jugando?»

Con una sonrisa respondió: «Hasta que me haga viejo».

Me gusta eso. La vejez es un estado mental. Tu cuerpo podrá envejecer, pero si te mantienes joven en espíritu, tu cuerpo envejecerá bien. Este hombre tenía el corazón de un muchacho de veinticinco. Siempre estaba feliz, agradecido y de buen humor. Podías ver que no planeaba envejecer ni debilitarse. Planeaba vivir su vida con gozo, lleno de energía y con buena salud.

Es posible que haya en tu familia un historial de enfermedades graves. Tienes que plantarte con firmeza contra esas enfermedades y creer en Dios para tener una salud fuerte. Podrías ser la excepción. Puedes ser quien establezca un nuevo parámetro para tu familia. Aquí está lo que debes hacer: tienes que pensar distinto, tener una estrategia distinta y actuar de manera distinta. No puedes prepararte para la derrota y esperar la victoria. Mantén tu fe en marcha, a favor en lugar de en contra.

La abuela Osteen, la madre de mi padre, era una mujer vivaz. Era muy pequeña y medía algo así como un metro y medio nada más, pero su fe era muy grande. Una vez, ya mayor, fue a ver al médico, que le dijo: «Lo siento señora Osteen, pero está en la etapa inicial del mal de Parkinson».

Bueno, la abuela Osteen no sabía lo que era eso pero lo que sí sabía era que no tendría nada que ver con ello. Se puso muy seria y dijo: «Oiga, doctor. Eso no lo tendré. Me niego a tenerlo porque ya estoy demasiado vieja como para eso».

Volvió a su casa y jamás tuvo mal de Parkinson. Siguió haciendo lo que había hecho siempre: planeando una vida larga y sana. No permitió que las palabras negativas echaran raíz.

Sé que no podemos echar fuera lo malo sólo con desearlo y que hasta a veces ni con la oración podremos hacer que desaparezca. Pero sí podemos decidir qué planes haremos. Podemos planear la vejez, la enfermedad o una vida larga, sana, bendita y próspera.

¿Qué planes tienes hoy? ¿De enfermedad o de salud divina? ¿De sobrevivir apenas o de recibir bendición? ¿De quedarte donde estás o de ir más alto y concretar tus sueños? Planeamos las cosas según como actuemos o dejemos de actuar.

En la Biblia hay una historia interesante. Es sobre una viuda cuyo esposo murió sin dejarle nada de dinero. Los acreedores vinieron para llevarse a sus dos hijos como forma de pago. Lo único que tenía la mujer como objeto de valor era una pequeña vasija de aceite. Eliseo, el profeta, llegó a su casa y le dijo que hiciera algo inusual: «Ve a ver a todos tus vecinos y recoge todas las vasijas vacías que puedas conseguir, todas las que puedas usar para guardar aceite». Le dijo específicamente: «No traigas sólo unas pocas. Trae todas las que consigas».

Sin duda, en lo natural habrá parecido que la mujer perdía su tiempo. Pero Eliseo sabía que tendría que ayudarla a dirigir su fe en la dirección correcta. Ya había pasado demasiado tiempo preparándose para la derrota y ahora él trataba de que se preparase para la victoria. La mujer consiguió todo tipo de recipientes vacíos, los llevó a casa y Eliseo le dijo que vertiera el aceite que tenía en una de esas vasijas. Al principio parecía que sólo trasvasaría el aceite de un contenedor a otro.

Sin embargo, la Biblia nos cuenta que el aceite no se terminaba nunca. Seguía llenando contenedores, uno tras otro. Dios había multiplicado el aceite de manera sobrenatural y la mujer llenó todos los envases que había conseguido. Si hubiera tenido una docena más, también los habría llenado. Amigo, amiga, nosotros somos los que limitamos a Dios. Sus recursos son ilimitados. Si crees en Dios ciegamente, no importa cuáles sean tus circunstancias, Él proveerá, ¡aunque haga falta un milagro!

Te presento un desafío: Sueña en grande para tu vida. Prepárate y haz provisión para la abundancia.

«Quisiera terminar de pagar mi hipoteca», oigo que dices. «Querría no tener más deudas. Pero no veo cómo podría lograrlo. Ya llegué al tope en mi carrera. Me gustaría enviar a mis hijos a la universidad, pero es demasiado cara».

¿Estás preparándote para todo eso? ¿Has abierto una cuenta de ahorros? ¿Tienes envases?

«Joel, sería tonto tener una cuenta y no el dinero para depositarlo en ella».

La mujer de la época de Eliseo hizo exactamente eso. Dio un paso en la fe. No basta con creer. Tienes que acompañar tu fe con la acción. Haz lo que puedas. ¿Estás dando lo mejor de ti en tu trabajo, llegando temprano, esforzándote más de lo que te piden, haciendo más de lo que esperan? ¿Te vistes para el éxito? Quizá tengas solamente un traje. Bueno, límpialo, plánchalo y vístete como si fueras el dueño de la empresa. ¿Tus palabras son palabras de éxito?

«Es que todos reciben ascensos, menos yo. En la empresa hablan de los futuros despidos y la semana pasada se rompió mi máquina de lavar la ropa. Si no es una cosa es otra».

Deja de hablar así porque sólo te estás preparando para tu propia derrota. Cambia tu actitud y tus palabras. Comienza a decir: «Este será un día de bendición. Este es un buen mes. Este es el mejor año de mi vida. Sé que hay grandes cosas reservadas para mí. La bondad y la misericordia me siguen. El favor de Dios me rodea y me envuelve. Espero abundancia, promoción, más y más». Y no te detengas allí. Comienza a hacer planes para prosperar. Prepárate para el éxito y no para el fracaso.

Cuando mi padre partió con el Señor en 1999 y tomé el lugar de pastor en la iglesia, una de las primeras cosas que hice fue cancelar nuestro tiempo de televisión semanal. Pensé: *Nunca prediqué antes y claro que no podré predicar por televisión.* De modo que llamé a nuestro representante en el canal nacional que emitía nuestro programa. Era un buen amigo. Le dije lo que había pasado y que íbamos a tener que cancelar las emisiones. ¿Qué estaba haciendo yo? Estaba haciendo planes para la derrota. Planes para lo poco, lo menos. No me creía capaz de predicar ni podía imaginar que alguien quisiera oírme, así que actué según mi fe. Pero claro, estaba extendiendo mi fe en la dirección equivocada.

Cuando llegué a casa esa noche le conté a Victoria lo que acababa de hacer. Ella me dijo: «Joel, tienes que recuperar la emisión. Hay gente en todo el país que está esperando ver qué sucederá con Lakewood».

Cuando oí eso, algo dentro de mí resonó y supe que ella tenía razón. De inmediato nos ocupamos de recuperar el tiempo de la emisión y hoy el programa se ve en todo el mundo. Muchas veces limitamos a Dios con nuestras acciones. Si no hubiera dado un paso de fe en la dirección correcta, no sé si estaríamos hoy en televisión. No podemos prepararnos para la derrota y esperar la victoria.

Quizá, como yo, te estés preparando para el fracaso, para la mera supervivencia, para enfermarte. Comienza a prepararte para lo bueno: para el éxito, la abundancia. Prepárate para la victoria. Prepárate para una larga vida, para la buena salud. Haz que tu fe vaya en la dirección correcta. Empieza a hacer planes para vivir una vida bendecida, próspera, sana, llena de gozo, abundante y larga. Si lo haces, Dios hará mucho más de lo que pudieras pedir o pensar siquiera. ¡Derramará sus bendiciones y su favor y llegarás a ser lo mejor de ti!

# CAPÍTULO 29

# Sigue cantando tu canción

Uno de los secretos para llegar a ser lo mejor de ti es seguir cantando la canción que Dios puso en tu corazón, ¡aunque no puedas cantar como un tenor! Quiero explicártelo. Mucha gente anda desalentada, pesimista, permitiendo que sus problemas y circunstancias les hundan. Viven perturbadas, arrastrándose cada día, de la mañana a la noche, sin sentir entusiasmo ni pasión por la vida. Hay quien me dice: «Joel, tengo demasiados problemas como para poder disfrutar de la vida» o «La razón por la que estoy desanimada y no soy feliz es porque hay tantas cosas que me vienen en contra, todo el tiempo».

La verdad es que Dios ha puesto un manantial de gozo dentro de cada uno de nosotros. Nuestras circunstancias podrían ser negativas y quizá haya mucho que no salga como lo deseamos, pero si podemos aprender a recurrir a este manantial, podemos ser felices. Podemos vivir con entusiasmo a pesar de lo desfavorable en nuestras vidas.

Una de las claves está en Efesios 5.18: «Sed llenos del Espíritu». Observa que no te llenas del Espíritu una sola vez y luego vives feliz para siempre. Las Escrituras nos mandan llenarnos del Espíritu, lo cual significa que lo hacemos una y otra vez. ¿Cómo lo hacemos?

El siguiente versículo nos lo dice: «Hablando entre vosotros con salmos, con himnos y cánticos espirituales, cantando y alabando al Señor en vuestros corazones». Entonces, la forma de mantener tu vida llena de gozo, la forma de vencer las presiones de la vida es manteniendo un canto de alabanza en tu corazón. A lo largo del día debiéramos cantar, si no en voz alta al menos en tu interior, permitiendo que un canto de alabanza dance en nuestras mentes. Quizá no cantes en voz audible, sino que sencillamente expresas gratitud con tu actitud, pensando en la bondad de Dios. Hasta puedes susurrar entre dientes la melodía. Es tan sencillo como silbar mientras trabajas. Pero a lo largo del día, cantas en tu corazón, diciéndote: «Señor, gracias por este día. Gracias porque estoy vivo y tengo salud».

Al hacer esto estás llenándote por dentro y Dios está renovando tus fuerzas; vuelve a llenarte de gozo y de paz. Las mismas cosas que tantas veces se agotan a causa del estrés, el desaliento y los rigores cotidianos son las que Dios quiere refrescar y renovar en tu vida. Cuando entonas continuamente ese canto de alabanza, puedes volver a llenarte mucho más rápido de lo que te vacía la vida con el estrés, las tensiones y las frustraciones. Así es como permanecemos llenos del Espíritu.

«Bueno, yo voy a la iglesia el domingo», me dijo Mike. «Leo mi Biblia antes de ir a trabajar, ¿no basta con eso?»

No. Este es un proceso continuo. Para estar llenos del Espíritu implica que tenemos que formar el hábito de volver a llenarnos a lo largo del día y en especial en los días más difíciles.

Piensa en tu infancia, cuando alguien te daba un globo lleno de gas helio para tu cumpleaños. Durante unos días, el globo seguía en lo alto, brillante y bello. Sostenido por el hilo y bailando con la brisa. Si soltábamos el hilo, el globo se iba, alto, más alto. Pero si lo conservábamos, a los pocos días comenzaba a encogerse cada vez más, más débil. Cada día el globo bajaba un poco más hasta que por fin quedaba desinflado en el suelo. Sin vida ni atractivo, y por supuesto, habiendo perdido el potencial de poder ir más alto.

Irónicamente, lo único que tenemos que hacer es volver a inflar esos globos, dándoles un nuevo comienzo al llenarlos con gas helio otra vez. Si hiciéramos eso, los globos durarían meses, dando alegría y diversión a todas aquellas personas que los miraran.

El mismo principio aplica a nuestras vidas. A lo largo del día, no importa cuán llenos estemos al comenzar, vamos perdiendo fuerzas, como si hubiera una fuga causada por la presión o el estrés. La vida es así. Quedas atascado en el tráfico y allí pierdes un poquito de helio. Descubres que no conseguiste ese contrato que esperabas, y pierdes un poco más de helio de tu globo. Llegas a casa al final del día y descubres que tu hijo no se siente bien y tendrás que ocuparte de eso. El perro rompió la bolsa de basura; tienes que limpiar el desorden y tu globo va perdiendo la forma. La única manera de permanecer lleno, manteniendo tu gozo y tu paz, es con un canto de alabanza en tu corazón.

Ahora, no digo que tengas que andar por allí cantando solo, como un loco. Sugiero que en tus pensamientos expreses continuamente una actitud de agradecimiento por lo bajo, a lo largo del día, le agradeces a Dios por todo lo que ha hecho por ti y tu familia. Cuando trabajas en la casa, en lugar de quejarte, silbas una tonadita. Mientras lavas los platos puedes oír música de alabanza y cantas por lo bajo.

¿Qué está sucediendo? Estás cantando en tu corazón y cuando lo haces, te llenas otra vez con el amor, el gozo y la paz de Dios.

Mi padre siempre cantaba, oraba o silbaba. Todo el tiempo. A veces silbaba sin cesar y ponía nerviosa a mi madre, que le decía: «John, ¿podrías dejar de silbar? ¿Podemos tener un poco de paz y tranquilidad aquí?»

Y él decía: «Oh, Dodie. Es que estoy feliz, nada más. Estoy alabando a Dios».

Mamá decía: «John, estás silbando la melodía del Show de Andy Griffith. No estás alabando a Dios».

Pero a papá no le importaba qué melodía fuera. Le importaba su actitud. Estaba lleno de gozo y silbaba. En su mente decía: «Dios, soy feliz. Dios, te amo. Agradezco la vida». Es que siempre tenía en el corazón un canto de alabanza.

Cuando estés lavando los platos, podrás apoyarte en la mesada y quejarte: «Nadie me aprecia. Lo único que hago es trabajar»; o puedes decidir tararear una canción de alabanza y agradecimiento. De ti depende.

«Bueno, no tengo talento para la música. Canto bastante mal».

Yo tampoco tengo ese talento. Pero no se trata de la música sino de la actitud; agradecemos con el pensamiento. Nos entusiasma el futuro y esperamos cosas buenas de Dios así que permitimos que nuestra mente siempre esté repitiendo por lo bajo una canción. Todos podemos hacer eso. Si así lo decides, también puedes cantar bajo la ducha o mientras conduces tu auto hacia el trabajo. Cuando haces eso, estás haciendo una melodía en tu corazón.

Hace poco desperté en medio de la noche y me oí cantando una canción que cantaba cuando era pequeño. Las palabras eran de la Biblia: «Tú, oh Señor, eres mi escudo. La gloria y corona de mi cabeza». La canción se repetía, una y otra vez. La alabanza fluía y Dios me estaba llenando de nuevo.

Cuando conduces tu auto y vas de camino al trabajo, escucha un disco de alabanza. Aprovecha ese tiempo. En casa, escucha música que te edifique. Presta atención a lo que entra en ti. Presta atención a lo que eliges para alimentarte.

Hace un tiempo, iba conduciendo mientras buscaba una estación de radio. Encontré una donde pasaban música vieja, de mi época. Lo primero que oí fue: «No sirves para nada. No sirves. Amor, no sirves para nada».

Y pensé: ¡No me sirve escuchar eso! Ya tengo bastante con las cosas de todos los días como para agregar esa basura también.

¡No quiero perder más gas helio del que suelo perder a lo largo del día! Si escuchas música con letra tan negativa, no te sorprendas cuando sientas que quedaste desinflado.

Sin embargo, eso es lo que hace mucha gente. No llevan una canción en el corazón. Piensan siempre en lo negativo, en quienes les ofendieron, en lo mucho que tienen que trabajar, en lo injusta que es la vida. Y luego se preguntan por qué no tienen energía, por qué no disfrutan de sus hijos, por qué les pesa ir a trabajar. Es porque han perdido su canción. No están llenándose de nuevo para reponer lo que pierden a lo largo del día. Tenemos que mantenernos activos, a la ofensiva, proponiéndonos alimentarnos con lo positivo, no con lo negativo.

Es interesante ver cómo los niños pequeños, aun los bebés, responden a la buena música. Aplauden, bailan y se menean. La música les da energía. Es interesante que no haya que enseñarles a hacerlo. No hay que decirles: «Prepárate para bailar porque vamos a escuchar música».

No. Lo hacen naturalmente porque Dios ha puesto una canción en sus corazoncitos. También en los nuestros Dios ha puesto ritmo. Muchas veces permitimos que las presiones de la vida nos abrumen. Cuando éramos niños teníamos esa canción y éramos felices, despreocupados, con entusiasmo por la vida, pero con el tiempo formamos nuevos hábitos: nos amargamos, nos arrastramos a lo largo del día sin entusiasmo alguno. Tenemos que redescubrir la fe de la infancia y cuando lo hagamos también encontraremos la canción que llevamos dentro.

Un día nuestra hija Alexandra, que tenía siete años entonces, entró en nuestra habitación muy temprano por la mañana, lista para ir a la escuela. Feliz y entusiasta, sonrió y dijo: «Papá, adivina... canté ya dos canciones y también di dos vueltas de carnero».

La miré y le dije: «Amorcito, me encanta tu entusiasmo. No importa qué suceda, sigue siempre cantando y dando vueltas de carnero».

Victoria y yo no le habíamos pedido que cantara. Alexandra canta sin que nadie se lo pida. La oigo durante todo el día. Es porque Dios ha puesto una canción en su corazón. Comienza tu día con una melodía para Dios en tu corazón, con una canción de alabanza. Es lo que yo hago, ¡y sueno muy bien mientras me ducho! ¡No sé qué pasa cuando salgo del baño, pero mientras estoy allí, canto perfecto! Me gusta cantar alabanzas al empezar el día. Y aunque no quieras cantar en voz alta, al menos canta por lo bajo, hacia adentro. ¡Es posible que también te den ganas de dar vueltas de carnero!

Recupera tu canción. Si hace falta cambiar un par de hábitos y dejar de meditar en lo negativo, ¡entonces haz eso! Las cosas en tu vida pueden no ser perfectas, pero podrían ser mucho peores. Deja de pensar en lo que está mal y comienza a agradecer lo que está bien. A lo largo del día agradécele a Dios su bondad; medita sobre sus promesas. Si recuperas tu canción, no sólo disfrutarás más de la vida sino que además verás cómo las cosas cambian en tu favor.

Eso es lo que aprendió a hacer mi abuela. Mis hermanos y yo solíamos ir a su casa muy seguido cuando éramos pequeños. Cada vez que la veíamos, la abuela estaba cantando bajito. No la oías si no estaba bien cerca, pero mientras planchaba se veía en paz, sonriendo y canturreando por lo bajo. Siempre lo hacía, aunque lavara los platos o cocinara, o viajara con mi abuelo. Siempre tenía una melodía en el corazón. No recuerdo una sola vez en que haya visto a mi abuela molesta, frustrada, perturbada o preocupada. Era una de las personas más llenas de paz, más llenas de gozo que haya conocido. Hasta cuando las cosas no salían bien, su actitud era: «No voy a preocuparme por eso. Sé que todo estará bien».

Una vez mis abuelos vinieron a casa para el Día de Acción de Gracias. Y mi abuela se había olvidado de traer el pavo, el plato principal. Sin embargo, eso no le arruinó el día; el mío sí. Pero mi abuela permaneció en paz. Rió y dijo: «¿Puedes creerlo?»

Nada le quitaba su canción. No me extraña entonces que haya vivido tanto y con tanta salud. Siempre tenía en el corazón una melodía para Dios.

## Comienza en tu corazón

Me pregunto cuánto más disfrutaríamos de la vida, tú y yo, si nos pareciéramos un poco más a mi abuela. ¿En qué cambiaría tu actitud y la mía si no nos tomáramos las cosas tan en serio? ¿Si nos negáramos a permitir que todo inconveniente nos deprimiera por dos semanas? ¡Qué diferente y mejor sería la vida si pudiéramos sencillamente tener siempre en el corazón una melodía de alabanza!

Es posible que hayas notado que ya no sonríes tanto. Que ya no te ríes como antes. Has permitido que las cargas de la vida te abrumen. Quizá te conformas con sobrevivir, sin disfrutar de veras. No tienes ya el fuego, el entusiasmo de antes.

Todo esto puede cambiar, pero hace falta que tomes una decisión. Tienes que formar nuevos hábitos. Ante todo, el hábito de sonreír, a propósito. «Es que no tengo ganas de sonreír. Tengo muchos problemas, me pasan tantas cosas feas», me dirás.

No. A veces tendrás que sonreír por fe nada más. Si sonríes por fe, el gozo vendrá solo. La sonrisa envía a tu cuerpo un mensaje de que todo estará bien. Al sonreír liberas sustancias químicas en tu organismo que te hacen sentir mejor. Además, cuando sonríes tendrás más del favor de Dios. Eso te ayudará en tu profesión, en tus relaciones. Hay estudios que demuestran que las personas que sonríen y son amables, las personas con actitud agradable, tienen más éxito que las que son solemnes y serias, poco agradables con los demás.

Leí que una corporación pensaba contratar a quinientos nuevos empleados. Entrevistaron a cinco mil personas, descalificando automáticamente a quien no hubiera sonreído al menos cuatro veces durante la entrevista.

---

**Adopta el hábito de sonreír a propósito.**

---

Alguien dijo que una sonrisa vale un millón de dólares. Si no la usas, te perjudicas a ti mismo. «Joel, no creo que importe si sonrío o no».

A Dios le importa. En las Escrituras, nos lo dice cincuenta y tres veces. Cuando sonríes no sólo te haces un bien a ti mismo sino que das buen testimonio a los demás. Los demás querrán esa felicidad que tú tienes. Hablar de tu fe es bueno, pero mucho mejor es vivirla. Uno de los mejores testimonios que podemos dar es ser felices, sonreír, ser amables y agradables con todos.

Hay gente que siempre parece que hubieran perdido al último amigo. Aun cuando van a la iglesia, pareciera que ¡asisten al funeral de Dios!

Si alguien les pregunta: «¿Cómo te va?», dicen: «Ah, bueno, estoy sobreviviendo hasta que vuelva Jesús», con cara almidonada.

¡No! No se supone que sobrevivamos, arrastrándonos por la vida. Recupera tu canción. Deja de permitir que las cargas de la vida te abrumen y te hundan.

Claro, podrás pensar: *Me pasan muchas cosas malas. Tengo problemas.* Bueno, en verdad, a todos nos pasan cosas, todos tenemos problemas, todos tenemos cargas que llevar. No permitas que tus problemas y circunstancias te roben el gozo.

No permitas que nadie te robe lo mejor de Dios. Mucha gente vive sumida en la oscuridad porque hay alguien negativo en sus vidas. Alguien que no vive bien. Quizá en el trabajo estén rodeados de gente quejosa. Quizá vives con alguien que vive desanimado y se sume en la autocompasión, no entres en el pozo oscuro con esa persona. Mantén tu canción.

Hace años cruzaba un campo donde había malezas altas, secas. Dondequiera que mirara veía malezas marchitas. Pero cuando llegué a un punto del sendero, vi una linda flor, colorida y radiante. Había florecido justo en medio de las malezas resecas. De inmediato pensé: *Así tenemos que ser.* Sí, es posible que tengamos problemas, que nos rodee lo negativo, la gente negativa que siempre se queja. Pero no tenemos por qué bajar a su nivel. Florece, allí donde te encuentres. Quizá estés casada con un viejo cardo marchito, pero tú puedes seguir floreciendo. Quizá trabajes en medio de la maleza, con gente que se queja, chismosa, que critica o insulta al jefe, a la compañía y a sus colegas.

Quizá no podrás cambiarlos, pero puedes florecer en medio de la maleza. Sonríe y vive con una actitud de agradecimiento. No permitas que nadie te hunda. Con tu ejemplo, levántalos. Haz que quieran lo mismo que tienes tú.

Declara hoy mismo: «No permitiré que otro problema, otra circunstancia u otra persona me impidan alabar a Dios. Voy a bendecir al Señor en todo momento. Voy a recuperar mi canción».

Reconozco que nuestros problemas son reales y que a veces la vida es muy difícil. Pero después de pasar por un problema, de solucionar ese lío, siempre habrá otro más. Tendrás que ocuparte de otro problema, nuevo. Y si esperas que desaparezcan todos tus problemas antes de decidir ir en busca de tu canción para recuperarla, te perderás el gozo de la vida.

El apóstol Pablo pasó por todo tipo de dificultades y obstáculos, pero dijo: «En todas estas cosas somos más que vencedores». Observa que no dijo: «Cuando terminen estas dificultades podré ser feliz». No, dijo: «En medio de esta adversidad, disfrutaré de mi vida de todas maneras».

Número uno: forja el hábito de sonreír a propósito. Número dos: revisa tu postura. Asegúrate de andar erguido, con los hombros rectos, con la cabeza bien alta. Eres hijo o hija del Dios Altísimo. No tienes por qué andar con los hombros caídos, sintiéndote feo, débil, inferior y poco atractivo.

La Biblia dice: «Somos embajadores en nombre de Cristo».[58] Eso significa que representas a Dios Todopoderoso. Represéntalo bien. Aun la gente buena y cristiana a veces cae en el mal hábito de andar con la cabeza inclinada y los hombros caídos. Cuando haces esto, subconscientemente comunicas una imagen de falta de confianza, de falta de autoestima. Tienes que enderezar los hombros, levantar la cabeza y comunicar fuerza, determinación y confianza. En el subconsciente estarás diciendo:

«Estoy orgulloso de ser lo que soy. Sé que estoy hecho a imagen de Dios Todopoderoso. Sé que soy la niña de los ojos de Dios».

Transmitimos mucho sin decir ni una palabra. Cuando empecé en el ministerio y realmente quería destacar algo, casi siempre me inclinaba hacia adelante, como estirando el cuello. Quería demostrar énfasis. Sin embargo, un amigo mío que sabe de comunicación me sugirió: «Joel, estás haciendo lo contrario. Cuando estiras el cuello y te inclinas, es señal de debilidad. Comunicarías con más eficiencia si echaras los hombros hacia atrás y levantaras la cabeza. Es una postura de fuerza y confianza y la gente recibirá mejor tu mensaje».

Nuestro lenguaje corporal transmite continuamente, así que asegúrate de que tu cuerpo esté diciendo lo que quieres que diga. Tu rostro, tu sonrisa, tu postura y tu modo de conducirte pueden marcar toda la diferencia para que llegues a ser lo mejor de ti.

Cuando era muchacho observé esta cualidad en un señor mayor, amigo de la familia. Parecía un estadista: su postura era perfecta y se vestía siempre de manera impecable. Siempre se mostraba amable, compasivo, considerado. Ahora tiene más de ochenta años y sigue siendo igual. Cuando lo veo pienso en un príncipe o un rey. Parece de la realeza. Así debiéramos ser todos. No con arrogancia. No digo que seas altivo u orgulloso. Digo que vivamos con calma y discreta confianza. Sabemos que representamos a Dios Todopoderoso. Aprendamos a caminar con la frente en alto.

Claro que tu personalidad también tendrá su parte en esto. Hay gente que por naturaleza se ve más confiada en sí misma. Hay gente que por naturaleza sonríe más. Yo creo que sonrío hasta cuando duermo. Quizá seas todo lo contrario. Pero no lo uses como excusa para andar amargado por la vida o ser poco amigable. Yo también he tenido que cambiar varias cosas. Aunque sonrío por naturaleza, también soy tímido y reservado. Tuve que aprender a ser más confiado en mí mismo, a hablar en voz alta y clara.

Es posible que tengas confianza en ti mismo pero que seas demasiado serio; que no sonrías lo suficiente. Puedes acostumbrarte a sonreír más. La mejor sonrisa, claro está, nace en tu corazón. De hecho las Escrituras implican que nuestro gozo puede desbordar. Esto significa que tenemos que tener tanto gozo que cuando estemos con alguien se lo contagiemos. Cuando lo dejemos, la otra persona debe sentirse más contenta, más animada, más inspirada y mejor que antes de estar contigo.

Obsérvate cuando estás con los demás, ¿tomas sin dar nada? ¿Esperas que te animen? Tendría que ser al revés. Tienes que empezar a cantar en tu corazón. Quizá el médico te dio una mala noticia que te desinfló y te dejó sin energías. Allí es donde tienes que tomar una decisión y decir con firmeza: «Dios, sé que estás al mando. Seguiré sonriendo y te alabaré de todos modos».

La Biblia nos dice que ofrezcamos a Dios sacrificio de alabanza,[59] pero eso no significa que siempre será fácil hacerlo. Sin embargo, nuestra actitud debe ser: «Dios, sé que cuando mantengo mi canción y permanezco con gratitud, no solo activo tu poder sino que me llenas una vez más. Me llenas hasta desbordar. Así que a pesar de mis circunstancias decido seguir alabándote siempre».

Amigo, amiga, puedes elegir qué tipo de canción tendrás dentro. No seas holgazán con tus pensamientos: háblate con palabras de los salmos y de los himnos. Háblate a lo largo del día. Quizá te hayas estado hablando con palabras incorrectas. Tienes que empezar a declarar: «Este será un buen día. Gracias, Señor, por tu fuerza. Gracias, Señor, por mi salud».

Recupera tu canción. Di cosas como: «Padre, gracias por este día. Gracias porque estoy vivo». Cada vez que hagas esto Dios volverá a llenarte con su gozo, su paz, su fuerza, su victoria y su favor. Y cuando estés lleno del amor y el poder de Dios, como producto natural empezarás a buscar las cosas buenas de Dios en tu vida. Veremos esto en mayor detalle en el capítulo que sigue.

# CAPÍTULO 30

# De creer a esperar

Espero que a esta altura estés preparándote ya para las cosas buenas que Dios tiene reservadas para ti. Dios ha puesto sueños y deseos en el corazón de cada uno de nosotros. Todos tenemos promesas en las que estamos confiando, cosas que creemos que sucederán. Pero casi siempre hay que esperar un tiempo. Quizá estés esperando que mejore una relación, esperando casarte, esperando un ascenso o vencer a la enfermedad.

Se nos pasa gran parte de la vida esperando. Hay una forma correcta de esperar y otra incorrecta. Muchas veces cuando las cosas no suceden cuando las deseamos, nos deprimimos y desalentamos. Aunque tengamos la promesa en el corazón, claudicamos y nos conformamos con el *status quo*. Creo que es porque no esperamos como debemos.

La Biblia dice: «Tened paciencia».[60] Observa que no dice «ten paciencia *si*», como si hubiera condiciones. El pasaje luego dice: «Mirad cómo el labrador espera el precioso fruto de la tierra, aguardando con paciencia». Esa es la clave: tenemos que esperar con paciencia. No se supone que nos sentemos a pensar: *Jamás cambiará mi situación. Oré y creí pero no veo cómo saldré de este embrollo.*

No. Esperar con paciencia significa esperar con esperanza, siendo positivos. Es levantarse por las mañanas esperando lo bueno. Tendremos problemas, pero sabiendo que este podría ser el día en que Dios dé vuelta a la situación. El día en que llegará la solución que necesito.

Esperar no tiene que ser algo pasivo. Esperar como debemos significa estar atentos. Hablar como si lo que creemos ya está a punto de suceder. Actuar como si ya fuera a suceder. Preparándonos.

Si esperas a alguien para la cena, no esperas a que llame a la puerta para preparar la comida. Lo más probable es que empieces desde temprano. Te aseguras de que la casa esté limpia. Vas a hacer las compras el día anterior y hasta quizá compres flores para la mesa y pases por la panadería a comprar tu postre favorito —bajo en calorías, por supuesto. Te preparas de antemano. ¿Por qué? Porque esperas a alguien.

Tenemos que actuar de manera similar, con la misma actitud, cuando esperamos que se cumplan las promesas de Dios en nuestras vidas. No basta con orar nada más. Tenemos que actuar junto con la oración. La Biblia dice: «La fe, si no tiene obras, es muerta en sí misma».[61] Es decir que podemos creer en algo, decirlo, pero si no actuamos según nuestra fe, de nada servirá.

Hablé con Scott, un joven que sueña con ir a la universidad. Pero nadie en su familia estudió más allá de la escuela secundaria. De inmediato empezó a enumerar todos sus obstáculos: «Joel, no sé si podré pagarlo. No sé si sacaré buenas notas. No sé si me aceptarán. No sé qué pensará mi familia».

Estaba convenciéndose de que su sueño no se concretaría.

Lo interrumpí y le dije: «Scott, ¿por qué no das un paso de fe? Actúa según lo que oras y al menos llena la solicitud. Ve a la universidad. Habla con los consejeros. Prepárate para concretar tu éxito. Si haces lo que puedes, Dios hará lo que no puedas hacer».

Muchas veces creemos en algo, pero con nuestras acciones demostramos lo contrario: nos preparamos para la derrota. Quizá vengas de una larga línea de divorcios en tu familia. En lugar de tener miedo al matrimonio o de temer al divorcio, tienes que planificar qué harás en tu primer aniversario de bodas, en el quinto y en el aniversario de las bodas de plata. Habla palabras de vitalidad y de vida sobre tu matrimonio. No digas: «No sé si este matrimonio sobrevivirá a las tensiones». Ni digas: «Si lo logramos, iremos en un crucero el año que viene». Líbrate de los «si», y empieza a decir: «*Cuando* sea nuestro aniversario».

Bromeo diciéndole a Victoria que ya tengo planificado nuestro aniversario de bodas de oro. Según lo veo, después de estar conmigo durante todos esos años, ¡voy a llevar a esa chica a tomar un helado a Dairy Queen!

Hablando en serio, tienes que ser positivo, lleno de esperanza, preparándote para el éxito. Tenemos que entender la diferencia entre creer y esperar con esperanza. Puedes creer en tener un niño sin siquiera estar encinta. Pero cuando pasas de creer a esperar, estás en marcha. Cuando esperas un hijo, amoblarás el cuarto del bebé. Comprarás ropa para el niño que todavía no llegó. Llamarás a tus amigos y parientes para decirles: «¡Mamá! ¡Papá! El niño viene en camino». Aun en la primera etapa del embarazo, comienzas a hacer todo tipo de preparativos. Esto afecta tu actitud, tu dieta, lo que bebes, cómo hablas y cómo piensas.

Es interesante que durante unos meses podrás decir: «Me veo igual. No me siento diferente».

No importa lo que veas o sientas. El médico te ha informado que viene un bebé, y eso es todo lo que hace falta para que te prepares.

---

**Hay una diferencia entre creer y esperar.**

---

Tendrás que hacer algo parecido cuando Dios ponga un sueño en tu corazón. Quizá una de sus promesas cobre vida en tu corazón y tu mente, por primera vez, y te atrevas a creer que tu familia puede ser restaurada. Que puedes volver a estar sano. Que puedes concretar tus sueños. Lo primero que tienes que hacer es permitir que la semilla germine y eche raíz. Pero no te detengas allí; pasa de creer a esperar.

«Lo hago, pero no veo que suceda nada», me dirás. «Mi situación económica no mejora y no veo que se abra ninguna puerta. Mi salud empeora en lugar de mejorar».

No es así. La Biblia enseña: «... porque por fe andamos, no por vista».[62] Si puedes ver todo lo que sucede, no te hace falta la fe. Pero cuando no tienes de dónde asirte en lo natural y empiezas a actuar como si la Palabra de Dios ya se cumpliera, siendo positivo y con esperanza, entonces pones acción detrás de tu fe y eso llama la atención de Dios. Eso es lo que hace que Él obre de manera sobrenatural en tu vida. ¿Qué pasó? Pasaste de creer a esperar.

Es lo que hizo el liderazgo de la Iglesia Lakewood cuando estábamos negociando para mudar nuestra congregación al Centro Compaq, antiguo hogar de los Houston Rockets de la NBA. Anuncié a la congregación que recolectaríamos fondos para remodelar ese centro antes de saber con seguridad si podríamos mudarnos allí. Después de ganar la votación del consejo municipal, una empresa presentó una demanda con el fin de impedir que nos mudáramos. Nuestros abogados nos dijeron que no había garantías de ganar el caso y que aunque ganáramos, el archivo podría permanecer en el tribunal durante mucho tiempo, hasta diez años, a causa de futuras apelaciones.

Desde el punto de vista lógico y de negocios, tendría yo que haber esperado a ver cómo resultaba todo. Pero por dentro sabía que Dios quería que avanzáramos. Así que pasé de creer a esperar y empezamos a prepararnos. Como la joven pareja que prepara el cuarto del bebé, empezamos a diseñar planos, a realizar estudios, a poner la visión en ese lugar.

No fue fácil ni cómodo. Muchas veces despertaba a mitad de la noche, sudando frío. Las voces negativas me acosaban y decían: «Joel, ¿qué harás si no consigues el edificio? ¡Te verás como un tonto! Ya animaste a la gente para que donara dinero para la causa. Vas a tener que devolverles el dinero». Y así seguía su discurso negativo.

Yo decía: «Dios, sé que estás al mando y no voy a dejarme convencer por lo que no veo. Sé que eres más grande que nuestros obstáculos. Dios, creo que en el momento indicado, cambiarás las cosas a nuestro favor».

Y un año y medio más tarde, eso fue justamente lo que sucedió.

¿Cómo espera el agricultor? Con esperanza. ¿Cómo cuida a su semilla? Regándola, arrancando las malezas, manteniendo blando el suelo.

¿Cómo regamos nuestras semillas? Permaneciendo llenos de alabanza. Levantándonos cada mañana y agradeciendo a Dios porque la respuesta viene en camino. Cuando los pensamientos negativos amenacen, diciéndote que nunca sucederá, que nunca vas a mejorar, que nunca saldarás tus deudas, arranca las malezas y di: «Dios, sé que eres fiel. Mi confianza está en ti. Sé que tienes grandes cosas reservadas para mi vida». Proteges tu semilla con una actitud de espera agradecida.

¿Estás creyendo? ¿O estás esperando con esperanza agradecida?

«Bueno, Joel, me gustaría saldar mis deudas», dirás. O «Me gustaría tener una linda casa algún día. Pero no gano lo suficiente y el costo de vida es muy alto. No sé cómo podría suceder».

Ese tipo de pensamientos te mantendrá allí donde estás ahora. Decide esperar con esperanza, con expectativa. Declara: «Dios, sé que puedes hacer lo que los hombres no pueden. Eres mi proveedor. Mi empleo no es la fuente, ni tampoco mi economía. Mi recurso eres tú».

Logra que tu visión sea más grande. Líbrate de esa mentalidad limitada y empieza a hacer los preparativos para las bendiciones de Dios, aunque sea en la cosa más pequeña.

Hace años fui al apartamento de Peter y Becky, unos amigos. Era un lugar pequeño y aunque estaban contentos y felices sabían que Dios había puesto cosas más grandes en sus corazones. Como acto de fe, cuando adquirieron los muebles de la sala, los compraron mucho más grandes de lo que pudiera caber en la habitación. Los sillones estaban amontonados, con mesitas a cada lado. Apenas había espacio para pasar. Claro que no dije nada, pero me pareció raro. Minutos más tarde, Becky me dijo: «Joel, tendrás que disculparnos. Es que estos muebles son para nuestra casa *nueva*».

No sabía que fueran a mudarse, así que dije: «Ah, ya veo. ¿Cuándo se mudan?»

Rieron y Peter respondió: «Aún no lo sabemos. Sólo sabemos que no viviremos siempre aquí. Esto es sólo temporáneo».

Estaban diciendo: «Este no es nuestro destino. No vamos a sentarnos de brazos cruzados y aceptar esto. Dios ha puesto cosas más grandes en nuestros corazones y estamos preparándonos para ir más alto».

Siguieron viviendo allí durante varios años y cada tanto, cuando los veía les preguntaba: «¿Se mudaron ya?»

«Todavía no».

«¿Cuándo se mudarán?»

Su respuesta siempre era la misma: «¡Pronto!» Jamás les oí decir palabras de desaliento. Jamás los vi derrotados, abatidos. Seguían siempre con expectativa y esperanza.

Un día a Becky le dieron un ascenso en su empleo, con un considerable aumento de salario. De repente, todo comenzó a cambiar.

¿Puedes adivinar dónde están ahora los muebles grandes?

No adivinaste. No están en su casa nueva. Les dieron esos muebles a otra joven pareja que cree que pronto estarán en la casa de sus sueños. Becky y Peter compraron muebles nuevos para su casa nueva.

Cuando actúas según tu fe, captas la atención de Dios. ¿Por qué no das un paso de fe, plantas una semilla y haces algo que te indique e indique a los demás que estás haciendo planes para tener éxito?

Es posible que estés enfrentando una enfermedad o que te dieran una mala noticia con respecto a tu salud. Bueno, no empieces a planificar tu funeral. No te quedes allí, deprimido y pensando en toda la otra gente que podría haber muerto de esa enfermedad. Empieza con los preparativos para tu recuperación.

Cuando mi padre se preparaba para su operación de corazón, la situación era grave. Los médicos no nos daban garantías de que las cosas salieran bien.

En lugar de sentarse a llorar en derrota, mi padre hizo que le lleváramos sus zapatillas de tenis y su ropa de gimnasia al hospital, y las puso junto a su cama. Los hechos decían que no iba a poder correr a corto plazo. Pero cada día, mientras se recuperaba, miraba sus zapatillas. En su mente estaba diciendo: *Pronto, estaré corriendo de nuevo. Un día estaré sano otra vez. Fuerte.* Estaba regando su semilla, viviendo con esperanza y expectativa, y eso le daba fuerzas para seguir adelante.

La Biblia dice: «Los que esperan a Jehová tendrán nuevas fuerzas».[63] La versión amplificada explica lo que significa «esperar a Jehová». Dice: «Los que esperan, que buscan y tienen esperanza en Él».[64] ¿Qué podría suceder si viviéramos con expectativa y esperanza, y nos preparáramos para la bondad de Dios?

Las Escrituras dicen luego: «Levantarán alas como las águilas; correrán, y no se cansarán; caminarán, y no se fatigarán». Es decir que no permanecerás allí abajo y vencerás las dificultades de la vida.

Si te levantas por la mañana esperando que Dios dé vuelta a tus problemas para bien, si puedes mantenerte con esperanza y positivo, entonces Dios promete que te dará una fuerza sobrenatural que hará que te eleves como las águilas.

## Pon algo de acción tras tus oraciones

Recuerda, sin embargo, que necesitas poner acción tras tus oraciones. Es posible que ya estés orando y creyendo, y eso es bueno. Sin embargo, no te quedes allí. Sigue acercándote a Dios; ve más allá, no sólo creyendo que Dios puede hacer algo en tu vida sino esperando que hará cosas grandiosas en ti, por ti y a través de ti.

Conozco a un ministro que soñaba ir por el mundo compartiendo la Palabra de Dios. Pero en ese momento no había una sola puerta abierta, ni una sola invitación.

En lugar de desalentarse y pensar: *Creo que me equivoqué. Creo que esto no es para mí*, dio un paso de fe. Fue y compró unas maletas nuevas. Casi nunca salía de su ciudad y había cosas mejores en las que podría haber gastado su dinero. Pero dentro de su corazón sabía que un día Dios abriría puertas de oportunidad para él. Mantuvo su fe fresca y fuerte.

Unos seis meses más tarde recibió la primera invitación para hablar fuera de su iglesia. Estaba tan entusiasmado que le mostró la tarjeta de invitación a mi padre. Hoy ese hombre viaja por todo el mundo. Lo invitan a más lugares de los que puede ir, así que ya no puede aceptar todas las invitaciones. Pasó de creer a esperar y de esperar a recibir. Pero verás, puso acción detrás de la fe. No podemos permanecer pasivos y recibir lo mejor que Dios tiene para nosotros. Cuando esperamos con esperanza, vamos tras las oportunidades, buscándolas. Hacemos todo lo posible para que nuestros sueños se hagan realidad.

Cuando mi hermana Tamara tenía unos siete años, decidió que quería unos conejos. Vivíamos en el campo y ya teníamos un par de perros y algunas gallinas, pero Tamara también quería conejitos. Así que le dijo a papá: «¿Me comprarías unos conejitos, por favor?»

Papá era generoso y bueno con sus hijos, pero ya tenía bastantes problemas con las gallinas que se escapaban del corral y pasaban a las casas de los vecinos.

Le dijo: «Tamara, te amo, pero no voy a comprar conejitos». Bueno, bien podría haber estado hablando con un árbol porque Tamara no prestó atención y siguió actuando como si fuera a recibir los conejos.

Esto me recordaba el momento en que Jesús iba caminando hacia la casa de una niña enferma y en el camino se detuvo porque la gente interrumpía su avance con pedidos diversos. Finalmente, vino alguien y les dijo a los discípulos: «Díganle a Jesús que no se moleste en venir. Es demasiado tarde. La niña murió».

La Biblia dice: «Pero Jesús, luego que oyó lo que se decía, dijo: No temas, cree solamente».[65] Aquí tenemos un principio: a veces, para permanecer en la fe tenemos que ignorar lo negativo que se nos diga. A veces la gente tratará de convencerte de que tu sueño es imposible. A veces la ciencia médica te dirá que ya no hay nada que hacer. Y en ocasiones nuestros propios pensamientos pueden tratar de convencernos de una cantidad de razones por las que nuestro sueño, nuestra meta o pedido en oración no podrán concretarse.

Jesús oyó la mala noticia pero decidió ignorarla. Decidió no permitir que influyera en Él. Eso hizo Tamara. Cada dos o tres días volvía a preguntarle a papá: «Papito, ¿pensaste en esos conejitos? Me encantaría tener uno».

«Tamara, no hace falta que lo piense», decía mi padre. «No vamos a tener conejos».

A los pocos días Tamara volvía a decir: «Papito, todavía quiero un conejo».

Eso siguió durante dos o tres meses. Tamara estaba decidida a que iba a tener esos conejos.

Llegó un punto en que supe que estaba agotando a mi padre porque éste le dijo: «Tamara, por mucho que quisiera conseguirte un conejo, no tengo idea de dónde ir a buscarlo».

«¡Yo sí sé!», dijo Tamara. «Sé dónde tienen. Ya vi dónde están».

Papá dijo: «Muéstrame». Subieron al auto y anduvieron unos quince minutos por la ruta. A unos doscientos metros del camino principal, bien adentro en el bosque, había un lugar con un cartel escrito a mano: «Se venden conejos».

Tamara había estado buscando la oportunidad. Cuando tienes un sueño en tu corazón, ves las cosas que los demás no ven. Mi familia y yo habíamos pasado por ese camino cientos de veces pero nadie había reparado en el cartel. Mi padre entonces dijo: «Tamara, me encantaría darte los conejitos pero no tenemos dónde ponerlos».

Ella dijo: «Yo sí tengo. Ya le pedí a Paul que me hiciera una jaula».

No hace falta que diga que Tamara tuvo sus conejos.

Muchas veces estamos esperando que Dios haga algo: «Dios, tráemelo en bandeja de plata».

Sin embargo, tenemos que prepararnos y hacer lo que nos toca. Estudia, siembra semillas y luego espera con esperanza.

«¿Y qué hago si no sucede?», preguntarás.

¿Y qué si lo haces y *sí* sucede? Aunque no sea exactamente como lo esperabas, será un avance para ti vivir lleno de esperanza, siendo positivo.

Mucha gente espera que su situación cambie y mientras esperan se amargan: «Nunca me pasa nada bueno», «¿Cuándo voy a casarme? ¿Cuándo saldré de este problema?»

No hagas eso. Entrégale la situación a Dios.

En el Antiguo Testamento David dijo: «Mis días están en tus manos, Dios». Estaba diciendo: «Dios, no sé cuándo sucederá, pero sé que sabes qué es mejor para mí, así que esperaré lo bueno. Aunque no suceda hoy, no voy a irme a dormir con desánimo. Seguiré confiando que estoy un día más cerca de que sí suceda».

Empieza a prepararte para vivir una vida de bendición. Mantén tu visión delante de ti y no creas en las mentiras del «nunca»: nunca sanaré, nunca concretaré mi sueño.

Nó, sacúdete eso y sé positivo, esperando con esperanza y expectativa.

---

**No creas las mentiras del «nunca».**

---

Me dirás: «Hice tal cosa y tal otra. Oré, creí y esperé, pero mi esposo murió. No lo entiendo».

No. Dios sigue teniendo un gran plan para tu vida. No puedes permitir que un obstáculo y ni siquiera una serie de obstáculos te impidan seguir adelante, creyendo en lo mejor que Dios tiene reservado para ti.

John y Karen no veían a su hijo hacía un tiempo. Habían sucedido cosas que causaron un distanciamiento en la familia. El joven no quería hablar con sus padres, ni visitarlos. No quería nada con ellos. Eso siguió así durante meses hasta que pareció que ya nunca volverían a estar juntos, reconciliados.

John y Karen se negaron a renunciar. Dieron un paso de fe y le compraron una Biblia a su hijo. Hasta hicieron grabar su nombre en la cubierta. El joven jamás había querido saber nada de Dios, así que todo parecía indicar que habían malgastado su dinero. Sin embargo, pusieron la Biblia en la mesa de la sala y cada vez que pasaban por allí agradecían a Dios que un día el muchacho volvería a casa; que volvería al camino recto.

Pasaron los años y sonó el teléfono un día. Era su hijo: «Mamá, papá», dijo. «Quiero volver a casa». De manera sobrenatural Dios restauró esa relación y hoy veo al joven en la iglesia todo el tiempo y lleva una Biblia, que no es cualquier Biblia. Abraza la Biblia que tiene grabado su nombre en la cubierta, la misma que estuviera durante tantos años sobre la mesa de la sala.

John y Karen esperaron con esperanza. Se prepararon para cuando su hijo volviera y hoy toda la familia cosecha los beneficios.

Stacey estaba harta de su exceso de peso. Había probado todas las dietas posibles pero nada parecía funcionar. Por fin se cansó y decidió resignarse a ser gorda, aun cuando sabía que eso no era lo que Dios tenía reservado para ella.

En cualquier área de la vida es fácil conformarse con la mediocridad. Un día, Stacey se hartó. Decidió poner acción detrás de sus oraciones. Fue al centro de compras y allí compró ropa dos tallas más pequeña de las que usaba. No podría usarla, lo sabía.

¿Qué estaba haciendo? Se estaba preparando para perder peso. Pasó de creer a esperar con esperanza. Me dijo luego que puso esa ropa justo al lado del espejo para verla todos los días. La inspiraba. Cada vez que la veía, decía: «Padre, gracias porque perderé este peso. Gracias porque mis glándulas y cada célula de mi cuerpo funcionan normalmente. Gracias porque tengo disciplina y dominio propio».

Cuando volví a verla, llevaba puesta su ropa nueva. Me dijo: «Joel, no sólo bajé quince kilos sino que además me siento mucho mejor que antes».

Dios recompensa a quien hace esto, a la gente que mantiene su visión. Decídete y mantén tu determinación. Tamara jamás habría conseguido esos conejos si no hubiera tenido ya la jaula preparada. La Iglesia Lakewood jamás habría podido tener el nuevo edificio si no hubiéramos seguido adelante a pesar de los obstáculos.

Extiende tu fe. Pon acción detrás de lo que crees que Dios hará por ti. Quizá hayas renunciado ya a lo que Dios puso en tu corazón y crees que tu vida nunca va a mejorar.

Sí puede mejorar, pero tienes que volver a encender ese fuego.

«Es que ya pasó mucho tiempo, Joel...»

La Biblia dice: «Aunque la visión tardara, espéralo». Observa que no podemos esperar pasivamente. Tenemos que esperar con ansias, con expectativa. ¿Qué pasará cuando lo hagas? El pasaje de las Escrituras dice luego: «aunque tardare, espéralo, porque sin duda vendrá, no tardará». Eso significa que cuando permanecemos en fe, positivos, expectantes y con esperanza, entonces ninguna fuerza de las tinieblas podrán impedir que Dios haga que esas promesas se cumplan.

Recordarás a Gavin McLeod, un actor que se hizo muy popular por interpretar al capitán de *El crucero del amor* hace años ya. Él y su esposa Patti llevaban casados siete años. Tuvieron dificultades y Gavin se fue.

Más adelante contó que se había dedicado demasiado al trabajo y que no había tomado buenas decisiones. Él y Patti se divorciaron, ella quedó devastada. Nunca había querido separarse.

Así que en lugar de renunciar y aceptar el divorcio, empezó a agradecer a Dios todos los días porque Gavin volvería a casa y porque su relación sería restaurada. Y hasta fue más lejos y puso acción detrás de su fe.

Contó luego que todas las noches durante la cena, en lugar de un solo plato, ponía dos. Estaba preparándose para cuando Gavin volviera.

Pasaron tres años y un día Patti oyó que llamaban a la puerta. Cuando la abrió, allí estaba Gavin. Le sonrió y dijo: «Pasa. Tu cena se enfría». Volvieron a casarse poco después.

¿De qué manera estás esperando las cosas buenas de Dios? Aprende a esperar con expectativa. Levántate cada mañana y riega tus semillas agradeciendo a Dios que la respuesta esté en camino. Luego ve más allá y comienza a prepararte para los sueños que Dios ha puesto en tu corazón. Habla como si fuera a suceder. Actúa como si ya estuviera por suceder. Sigue siempre con la actitud correcta. Si pasas de creer a esperar con esperanza, Dios promete que en su momento te otorgará los deseos de tu corazón.

# CAPÍTULO 31

# *Mantén viva tu pasión por la vida*

Si quieres llegar a ser lo mejor de ti, es imprescindible que aprecies las cosas buenas que Dios ha hecho por ti. Mucha gente ha perdido su pasión por la vida. Han perdido el entusiasmo. En algún momento estaban emocionados con sus sueños. Se levantaban cada día con propósito y con pasión. Pero ahora, a causa del tiempo que pasó, a causa del desánimo y las presiones de la vida, ya no sienten el mismo entusiasmo. Han perdido el fuego.

En algún punto quizá estuvieras animado por la persona con quien te casaste. Estabas enamorada y apasionada, pero ahora la relación se enfrió, se agrió. Estás sólo cumpliendo con la rutina de la vida, levantándote, yendo a trabajar, volviendo a casa. Sin embargo, Dios no quiere que vivamos así. Tenemos que levantarnos cada día con entusiasmo, emocionados ante un nuevo día. Agradeciendo que estamos vivos y que hay oportunidades que nos esperan, por las personas que hay en nuestras vidas.

Si entendemos que la mayor parte de la vida sí tiene que ver con la rutina, todo podría estancarse si lo permitimos. Puedes tener el trabajo más emocionante y aburrirte al hacerlo. Puedes estar casada con un hombre cariñoso y bueno, pero si no alimentas esa relación y pones algo en ella, con el tiempo se estancará también. Tenemos que esforzarnos para que todo siga fresco, porque eso no sucede automáticamente.

Tenemos que azuzarnos cada día. El apóstol Pablo le dijo a Timoteo: «Aviva tu llama». Le estaba diciendo: «Timoteo, no dejes que se apague tu fuego. Mantén tu entusiasmo por la vida, por tus sueños».

Quizá en este momento te cueste sentir ánimo por tu vida, pero no dejes que muera tu esperanza. Posiblemente tu fuego apenas sobreviva como una pequeña chispa. Estás a punto de renunciar a tus sueños, o quizá en aquella relación ya no sientes entusiasmo. Sin embargo, la buena noticia es que el fuego todavía está allí y si sólo avivas la llama podrá volver a encenderse la pasión. Eso significa que en lugar de arrastrarte, encontrando razones para ser infeliz, tendrás que cambiar tu enfoque. Deja de ver todo lo que está mal en tu vida y empieza a agradecer lo que está bien. Tu actitud debe ser: «No voy a vivir deprimida, derrotada. Mis sueños quizá no se hayan concretado todavía y puede ser que haya obstáculos en mi camino, pero sé que Dios está al control. Sé que tiene reservadas grandes cosas para mí, así que todos los días voy a despertar sintiendo entusiasmo por mi vida».

---

**Deja de ver todo lo que está mal en tu vida y
empieza a agradecer lo que está bien.**

---

Tal vez no todo sea perfecto en tu vida, pero si no aprendes a ser feliz con lo que tienes jamás llegarás a tener más. Tal vez no tengas el empleo perfecto, pero puedes agradecer a Dios que tienes trabajo. Hay gente que querría tener lo que tú tienes. Aviva tu llama y ve a trabajar con nuevo entusiasmo. No te arrastres, con cara larga, desperdiciando la mitad del día jugando en Internet. Dale a tu empleador tu mejor esfuerzo. Trabaja con todo tu corazón, dando lo mejor de ti. Mantén tu pasión. Quizá todos los demás aminoren la marcha y tengan una actitud amarga. Pero tú no eres todos los demás; eres hijo o hija de Dios Altísimo. No seas parte del problema, sino parte de la solución.

El entusiasmo es contagioso. Si entras en tu lugar de trabajo con una sonrisa, lleno de vida, de gozo, de victoria, pronto contagiarás a los demás. Y el lugar llegará a un nuevo nivel gracias a ti.

La Biblia dice: «En lo que requiere diligencia, no [seáis] perezosos».[66] ¿Te levantas cada mañana sintiendo pasión por tus sueños? ¿Estás agradecido por el hogar dónde vives?

«Ay, vivo en un apartamento pequeño», me dirás. «No me gusta. Quiero una casa más grande».

No digas eso. Tienes que aprender a vivir feliz allí donde estés. Es importante saber que deshonramos a Dios cuando nos quejamos y pensamos siempre en todo lo malo que hay en nuestras vidas. Es posible que no estés en la casa de tus sueños, pero al menos agradece a Dios que tienes techo; no vives en la calle, expuesto al frío y la lluvia.

«Mi esposo y yo no tenemos nada en común. No nos llevamos bien ya».

Bueno, tal vez no sea el esposo perfecto, pero puedes agradecer a Dios que al menos tienes a quien amar. ¿Sabes cuánta gente vive en soledad? Lo creas o no, a alguna otra mujer le encantaría tener a tu marido. Agradece a Dios por ese hombre. Si eres hombre, agradece a Dios por tu esposa.

---

**Cada día es un regalo de Dios.**

---

Necesitamos reconocer que cada día es un regalo de Dios. ¡Qué trágico es vivir siquiera un día con mentalidad de derrota, sumidos en lo negativo!

Ciertamente tendremos obstáculos y desafíos por vencer, pero nuestra actitud tiene que ser: «Gracias Dios porque estoy vivo. Vivo en un lindo país, tengo familia y oportunidades. Así que voy a aprovechar este día al máximo y lo disfrutaré».

«Joel, lo haría pero acabo de enterarme de que la semana que viene trabajo más horas. Tengo que salir de viaje por negocios. Tengo que cuidar a esos chicos todo el día».

Te equivocas. No *tienes* que hacer nada; tienes la oportunidad de hacerlo. Dios es quien te da aliento. No podrías trabajar hasta tarde la semana entrante si Dios no te hubiera abierto la puerta de la oportunidad. Tienes que cambiar tu perspectiva. No hagas las cosas por obligación, porque tengas que hacerlas. Hazlo todo con actitud de gratitud. Es decir: «No tengo que ir a trabajar hoy; voy porque tengo la oportunidad de trabajar», «No es que tengo que cuidar a esos niños. Lo hago porque son una bendición». «No tengo que dar; tengo la oportunidad de dar».

La Biblia dice: «Si quisiereis y oyereis, comeréis el bien de la tierra».[67] Es bueno ser obediente; es mejor que no serlo. Pero si realmente quieres lo mejor que Dios tiene reservado para ti, tendrás que ser más que obediente. Tendrás que estar dispuesto y querer hacerlo. Tienes que hacerlo con la actitud correcta.

Por ejemplo, es bueno dar porque haya que hacerlo, pero es mejor dar porque uno quiere. Es bueno ir a trabajar para que te paguen, pero es mejor ir a trabajar porque eres una bendición para alguien. Es bueno seguir casado porque es lo correcto. La gente podría mirarte mal si no lo hicieras. Pero mejor es seguir casado y tratar bien a tu cónyuge, con respeto y honor y ayudándose mutuamente a llegar más alto. Eso es obedecer y estar dispuesto. Cuando haces lo correcto por el motivo correcto, no hay límite para lo que Dios hará en tu vida. Es importante que vayamos más allá de la mera obediencia. Es fácil obedecer. Cualquiera puede hacerlo. Pero para llegar a ser lo mejor de ti, da un paso más allá y decide que te dispondrás a hacer lo correcto con buena actitud.

---

**Cuando haces lo correcto por el motivo correcto,
no hay límite para lo que Dios hará en tu vida.**

---

Roger se sentía desanimado y desalentado, así que fue a ver a su pastor para pedirle consejo:

«Nada está bien en mi vida. No tengo motivos para sentir entusiasmo», le dijo.

El pastor pensó durante un momento y luego dijo: «Está bien. Vamos a hacer un simple ejercicio».

Tomó un lápiz y trazó una línea, dividiendo la página en dos.

«A la izquierda anotaremos la lista de todo lo bueno, de todo lo que va bien. Y de este otro lado vamos a anotar todos tus problemas y todo lo que te molesta», dijo el pastor.

Escéptico, Roger rió y dijo: «Bueno, pero no habrá nada que anotar del lado de las cosas buenas».

«Bueno, vamos a empezar», respondió el pastor.

Roger bajó la mirada.

El ministro dijo: «Lamento que tu esposa haya fallecido».

En eso Roger levantó la cabeza enseguida: «¿Qué dice? Si mi esposa está viva y muy sana».

«Ah, ¿de veras?», dijo el pastor.

Entonces, del lado de lo positivo escribió: «Tiene esposa, viva y muy sana».

Luego dijo: «Lamento que tu casa se haya quemado».

Roger preguntó alarmado: «¿Qué? Mi casa no se quemó. Tengo una casa muy linda».

«Oh, ya veo Tiene una linda casa», dijo el pastor y lo anotó del lado derecho.

Luego dijo: «Lástima que te despidieran».

«¿Dónde quiere llegar con todas estas tonterías? Tengo un empleo muy bueno», dijo Roger sin poder creerlo.

«Oh, ya veo. Tiene un muy buen empleo», dijo el pastor arqueando las cejas.

Roger entendió y entonces propuso: «Déme esa lista».

El pastor le entregó el lápiz a Roger, que procedió a enumerar docenas de cosas buenas que había en su vida. Cuando acabó, dejó la oficina del ministro con una actitud diferente. Sus circunstancias no habían cambiado, pero su perspectiva era totalmente distinta ahora.

Es fácil concentrarnos en lo que está mal y dar por sentado lo que está bien. Pero si te enfocas en lo bueno, estarás alimentando tu entusiasmo y tu pasión. Si te resulta difícil mantener el entusiasmo y la pasión por tu vida, tendrás que hacer una lista de todas las cosas que puedes agradecer. Escribe todo aquello con lo que Dios te bendijo. Si estás sano, anótalo: «¡Estoy sano!» Si puedes ver, anota: «Puedo ver». Si eres atractivo (como yo), escribe: «Soy atractivo». Si tienes trabajo, escribe: «Tengo trabajo. Tengo familia. Tengo amigos buenos. Tengo hijos grandiosos». Anótalo todo y luego, todas las mañanas antes de salir hacia el trabajo, lee la lista dos o tres veces. Es importante que mantengas tu mente en la dirección correcta porque la vida irá tras lo que te digan tus pensamientos.

Al iniciar cada día, establece su tono. Si puedes salir con actitud agradecida y mentalidad positiva, no sólo te sentirás mejor sino que también atraerás las cosas buenas de Dios. Atraemos aquello en lo que pensamos continuamente. Si te levantas pensando: *Mi vida es un desastre. No me pasa nada bueno. Sé que mi matrimonio no durará*, atraerás la derrota, el fracaso y la mediocridad. Pero si aprendes a cambiar todo eso, y sales con actitud agradecida pensando en cuántas bendiciones tienes y lo bueno que Dios ha sido contigo, estarás atrayendo hacia ti la bondad de Dios.

---

**Atraemos aquello en lo que pensamos continuamente.**

---

A veces, estamos en la cama y pensamos: *No quiero ir a trabajar hoy. Tengo tantos problemas. Estoy harta de limpiar esta casa.*

Desafortunadamente, acabas de abrir camino a un mal día. Te preparaste para la derrota.

Cuando lleguen esos pensamientos negativos y desalentadores, tienes que cambiarlos. Toma tu lista y léela de nuevo. Recuérdate: «Estoy vivo. Estoy sano. Tengo un buen matrimonio. Tengo hijos hermosos. Tengo tantas cosas buenas». Pon la lista sobre el espejo del baño, sobre tu escritorio o en algún lugar donde puedas verla durante el día. Léela cada cierto tiempo mientras haces tus tareas normales y te ayudará a mantener el entusiasmo por tu vida.

Otra clave para avivar tu pasión es mantener frescas tus metas, siempre frente a ti. Hay personas que perdieron su pasión por la vida sencillamente porque no iban detrás de ninguna cosa. Es importante saber que Dios nos creó para ir siempre tras algo, tras lo que está más allá de donde nos encontramos ahora. Si vives con baja motivación, sin sueños y sin metas realistas, estás destinado al estancamiento. Por otro lado, si sigues persiguiendo una nueva meta, seguirás entusiasmado por tu vida. Tu meta no necesita ser grandiosa ni ambiciosa. Puede ser terminar la escuela, ser mejor madre o padre, aumentar tus ingresos. Pero siempre tienes que mantener alguna meta delante de ti. Siempre creciendo, nunca permitiéndote ser complaciente. Cuando consigas una meta, de inmediato establece otra. Sigue avanzando, buscando nuevos desafíos.

Si no estás sano, sueña con estarlo. Si tienes deudas, sueña: «Voy a librarme de mis deudas y a ser una bendición para otros también». Luego, levántate cada día sabiendo que estás más cerca de tu objetivo.

«Joel, ya estoy jubilado. Ya estoy descansando de todo eso», me dirás.

No. Aunque te hayas jubilado de tu empleo, jamás te jubilarás de la vida de servicio que Dios tiene para ti. No es sano vivir sin metas diarias.

Hace años mi padre y yo conocimos a Jacques Cousteau, el famoso buzo explorador. Papá y yo volábamos a la selva del Amazonas y el señor Cousteau iba en el mismo avión, así que conversamos. Ya tenía más de ochenta años, pero mantenía una increíble pasión por la vida. Nos contó de un nuevo proyecto en el que estaba trabajando y nos explicó los detalles con mucho entusiasmo. Cuando nos separamos, nos dijo que su plan abarcaba diez años de trabajo y que esperaba completarlo. Pensé: *La mayoría de la gente de su edad no piensa mucho más allá de una semana, un mes quizá. Pero Jacques Cousteau está pensando de aquí a diez años.* No es extraño que fuera un hombre tan vibrante.

Si tu meta hoy es criar a tus hijos, hazlo con pasión, con entusiasmo. Quizá sueñes con abrir un negocio o con una casa, o con iniciar un ministerio. Mantén tu meta delante de ti y sigue avanzando hacia ella.

Las Escrituras en Proverbios nos dicen: «Sin visión el pueblo perece». Mi padre tenía un globo terráqueo en su lugar de trabajo, junto a la silla en casa cuando estudiaba o sobre el escritorio en la oficina. La pasión de él era compartir el amor de Dios con el mundo entero y ese globo terráqueo le recordaba dónde estaba su pasión. Aun ya mayor, cuando necesitaba diálisis, nos pidió que viéramos si podía hacerse su diálisis en la India. Aunque nunca pudo volver a la India después de empezar con el tratamiento de diálisis, eso no le impidió soñar. De hecho, era una de las cosas que lo ayudaban a levantarse con entusiasmo cada día, a pesar de su adversidad.

Quizá tengas obstáculos o desafíos en tu camino también. Está bien, pero no pierdas de vista tus sueños. Dios sigue teniendo una tarea importante para ti. Pero si cometes el error de meditar en las cosas equivocadas, pronto estarás planificando tu propio funeral. Por malas que se vean las circunstancias, mantén vivos tus sueños. Podrás ser madre con hijos pequeños y estar muy enferma quizá. Mantén frente a ti una fotografía de tus hijos. Levántate cada día y di: «Estaré aquí y criaré a mis hijos. Voy a vivir. No voy a morir».

Tal vez tengas dificultades económicas, pero sueñas con tener tu propia casa. Mantén vivo tu sueño. Pon una fotografía de la casa que te gustaría tener en algún lugar donde la veas siempre. Necesitas esforzarte, trabajar, ahorrar y tomar buenas decisiones financieras y te sorprenderá cómo puedes concretar tu sueño.

## Recuerda el milagro

A veces perdemos nuestro entusiasmo porque permitimos que los milagros se conviertan en algo común para nosotros. Nos acostumbramos y se vuelven rutinarios. Por ejemplo, quizá alguna vez sintieras emoción por tu trabajo. Orabas, creías y sabes que Dios te abrió esa puerta. De manera sobrenatural Dios te dio ese empleo, esa posición, y sentías impaciencia por empezar tu tarea cada mañana. Dabas el cien por ciento. Pero ahora que ya pasaron unos años, la novedad ya no está; se ha vuelto una rutina y ya no lo disfrutas tanto. Como resultado sientes desaliento. ¿Sabes qué pasó? Permitiste que tu milagro se volviera algo común. Tienes que volver atrás y recordar cómo fue que Dios te trajo hasta aquí. Necesitas avivar tu llama.

No digo que no quieras avanzar, pero muchas veces damos por sentadas las cosas que todavía debieran despertar en nosotros entusiasmo y ansias.

Un amigo mío se quejaba de su trabajo todo el tiempo. Me decía que la empresa no lo trataba bien, que no le pagaban lo suficiente, que no soportaba a su jefe. Era una seguidilla de quejas su discurso de todos los días. Sin embargo, en cierto momento la compañía anunció que habría una reestructuración y que despedirían a la mitad de los empleados. Mi amigo sospechaba que estaría entre los despedidos y entonces, fue asombroso cómo cambió todo. ¡El trabajo le gustaba! A último momento su compañía decidió no despedirlo, ¡y parecía que hubiera ganado la lotería por su entusiasmo y alegría! Es interesante cómo pueden cambiar las cosas nuestra perspectiva. Si supieras que no siempre tendrás tu trabajo, quizá sintieras entusiasmo por lo que haces.

Quizá sentirías más entusiasmo por tu matrimonio si pensaras en la posibilidad de perder a tu cónyuge. Recordarás que en el pasado no podías quitarle los ojos de encima y que ahora, con los años, permitiste que la relación se estancara, separándolos. No se disfrutan mutuamente como solían hacerlo, como debieran hacerlo. Ya no hay tiempo para abrazos, besos y elogios. Estás demasiado ocupado para conversar por las noches porque podrías perderte tu programa de televisión favorito.

No hagas eso. No des por sentado a tu cónyuge. Haz lo que haga falta para que vuelvas a sentir esa chispa, para encender de nuevo el fuego de esa relación que los unió en el principio. Refresca tu matrimonio. Salgan de la rutina y hagan algo diferente.

Yo soy una persona de hábitos y necesito obligarme a salir de la rutina. Por ejemplo, Victoria y yo tenemos los viernes por las noches una cita habitual. Casi siempre salimos a comer, conversamos y nos gusta estar juntos. Pero también hemos buscado actividades más osadas para nuestras noches de citas. Hace poco fuimos a dar unas vueltas en karting. Otra noche salimos a pasear en bicicleta por el parque.

Necesitas creatividad, pero con un poquito de esfuerzo puedes hacer algo por darle nueva frescura a tu relación. No pierdas el entusiasmo por tu cónyuge. No permitas que ese milagro, esa relación con la persona que Dios trajo a tu vida, se vuelva algo común al punto que lo des por sentado.

Quizá en algún momento estuvieras emocionado por esa casa que Dios te dio. Oraste, creíste y sabes que Dios te abrió esa puerta. Pero ahora piensas: *Tengo que limpiar este lugar, las alcantarillas se tupen, mi lavadora de platos se rompió y los impuestos son altísimos.*

Estás enfocando tu mirada en las cosas equivocadas. Dios te bendijo con esa casa y sin duda en algún momento fue un sueño que se hizo realidad. No permitas que se convierta en rutina, en algo que ni siquiera tomas en cuenta.

Jamás debiéramos perder el asombro ante lo que hizo Dios. Cada vez que paso con mi auto por la Iglesia Lakewood me asombro. Decidí que dentro de veinte años seguiré asombrándome. Cada vez que estaciono mi auto allí digo: «Dios, has hecho más de lo que jamás hubiéramos podido pedirte o siquiera imaginar».

En Apocalipsis, Dios les dijo a algunos: «No estoy complacido con ustedes porque han dejado su primer amor». Es decir, ya no sentían emoción por lo que Dios había hecho por ellos, y muchas veces nosotros hacemos lo mismo. Permitimos que algo que en un momento fue grandioso se convierta en rutina y ya no lo apreciamos como debiéramos.

Un periodista le preguntó a un famoso cirujano cardiovascular cómo lograba mantener el entusiasmo. El hombre había desarrollado un procedimiento que había practicado más de mil veces ya. Para ese momento la operación era algo de rutina.

El periodista le preguntó: «¿Se cansa de hacer esta operación?»

«No», respondió el cirujano, «porque cada vez que opero a alguien lo hago como si fuera la primera».

Estaba diciendo: «No doy por sentado lo que Dios me ha permitido hacer. No quiero que se vuelva tan común como para ya no despertar entusiasmo en mí».

Quizá Dios haya hecho cosas grandiosas en tu vida. Te ha llevado más lejos de lo que podrías soñar. Ha traído a gente grandiosa a tu vida y te abrió puertas de gran oportunidad. No te acostumbres tanto a estas cosas como para ya no sentir entusiasmo. Decide seguir apasionado, viviendo cada día con entusiasmo.

A veces oigo que algunos se quejan de sus hijos: «Bueno, podría sentir mayor entusiasmo si no tuviera que estar aquí cuidando de mis hijos todo el día».

Se equivocan. Nuestros hijos son un milagro y si queremos evidencia de ello sólo tenemos que mirar atrás, al día en que nacieron. Sin duda corrieron lágrimas por tus mejillas y sentiste un gozo enorme. Sabías que tu hijo, cada uno de tus hijos, era un regalo de Dios. No permitas que esa sensación de asombro desaparezca con el tiempo.

Hace poco estaba muy apurado por salir de casa e intentaba que todos estuvieran listos a tiempo. Alguien nos había regalado una etiquetadora, un aparato que imprime etiquetas. A nuestros hijos les encanta jugar con ese artefacto. Jonathan lo estaba usando.

«Jonathan, ya guarda eso. Tenemos que salir».

«Papá, sólo dame unos segundos más. Quiero terminar esto», me respondió.

«No, Jonathan. Guárdalo. Tenemos que salir ahora mismo», dije yo.

El chico se demoraba y yo me estaba poniendo nervioso. Por fin terminó y me dio la etiqueta. Decía «El mejor papá del mundo».

Y pensé: *Bueno, ¡quizá pudiéramos demorarnos unos minutos e imprimir algunas etiquetas más!*

A veces estamos tan apurados que perdemos de vista los milagros. Tómate tiempo para estar con tus hijos. Míralos a los ojos todos los días y diles cuánto los amas y lo orgulloso que te hacen sentir. Piensa en el gozo y la plenitud que te dan. Esa razón debiera bastar para hacer que despiertes con entusiasmo todos los días. Y cuando estés cansada de ordenar y limpiar lo que ensucian o desordenan y sientas la tentación de tener una mala actitud, aprende a darle vuelta a la situación. Di: «Padre, gracias por mis hijos. Gracias por cada uno de estos regalos que me diste».

Los milagros nos rodean. La gente en tu vida, las puertas que Dios te abrió, las cosas que han ido sucediendo, nada de esto es por accidente. Fue el favor de Dios lo que hizo que estuvieras en el lugar indicado en el momento indicado. Conociste a alguien y te enamoraste; o solicitaste un préstamo para esa casa y sabes que no te lo habrían concedido de no mediar la bondad de Dios; o tal vez, inesperadamente, recibiste un aumento de salario, un ascenso… nada de eso es coincidencia. Dios iba guiando tus pasos, así que no des nada de eso por sentado.

## Nos rodean los milagros.

¿En qué enfocas hoy tu mirada? ¿Estás tratando de llegar a ser lo mejor de ti? ¿Hay paz en tu hogar, en tu mente, en tu corazón? ¿Estás feliz, reposando, disfrutando de la vida? Tenemos que darnos cuenta de que este día es único e irreemplazable. Tenemos que aprovecharlo al máximo, vivirlo como si fuera el último.

Conocí a un matrimonio mayor que era un gran ejemplo porque siempre sonreían y alentaban a los demás. Todo el mundo los amaba y, en especial, los más jóvenes. Después de décadas de matrimonio, seguían tratándose con respeto y honor.

A los ochenta y cinco años la señora partió con el Señor. En su funeral su esposo, también octogenario, contó algo interesante. Dijo: «Hace unos quince años tuve un ataque al corazón. En el hospital mi esposa me dijo: "Amor, esto nos muestra lo frágil que es la vida. Podrías haber muerto. Desde ahora, cada noche antes de dormirnos quiero que nos besemos siete veces sólo para demostrarnos cuánto nos amamos y como señal de que no nos tomamos como si tal cosa". Y entonces, durante estos últimos quince o veinte años, jamás nos dormimos sin antes besarnos siete veces».

¿No es grandioso eso? La mujer vivía cada día como si fuera el último. Partió para estar con el Señor el día martes, pero el lunes por la noche había besado a su esposo siete veces y esa noche le había dicho cuánto lo amaba. Al acabarse su vida, no tenía nada que lamentar porque había hecho de cada día uno especial. Ese último día de su vida lo vivió amando, en paz, disfrutando de cada momento. Así quiero vivir yo también.

Amigo, amiga, este día es un regalo. Así que, aprovéchalo. Sacúdete todo lo que siquiera tenga indicios de autocompasión y desánimo y encuentra un motivo para agradecer.

Llegar a ser lo mejor de ti depende de cómo elijas ver la vida. Oí la historia de dos hombres que estaban internados en la misma habitación de hospital. Cada día el que estaba más cerca de la ventana le contaba al otro lo que podía ver, describiéndolo todo en detalle para que su compañero pudiera disfrutar de la vista aunque estuviera en la cama, lejos de la ventana.

«Hoy veo un hermoso amanecer», le decía. «Hay niños jugando. Los árboles están en flor», y así cada día. El paciente esperaba escuchar el informe de su compañero acerca de lo que pasaba afuera del hospital a diario. Era el momento culminante de cada día.

Una vez, el que estaba cerca de la ventana se mostró muy emocionado: «Oh, ¡quisiera que pudieses ver eso! Hay un desfile, con una banda y con niños y adultos que celebran algo. Todos se divierten mucho».

Unas semanas después, el que estaba cerca de la ventana murió. Su amigo le pidió a la enfermera que le dieran la cama junto a la ventana para poder ver todas esas grandes cosas que sucedían afuera.

«Claro que sí», dijo la enfermera y enseguida ella y un ayudante mudaron al paciente para que estuviera junto a la ventana. Sin embargo, al mirar hacia afuera lo único que vio el enfermo fue una pared de ladrillos. A unos cinco metros de la ventana, se levantaban los muros de otro pabellón del hospital. El paciente llamó a la enfermera y dijo: «Oiga, un momento. ¿Qué es lo que pasa? Mi amigo, que murió, me describió bellísimas cosas durante varias semanas y ahora lo único que veo es una pared».

La enfermera le respondió con una sonrisa: «Señor, ¿nunca se dio cuenta de que su compañero era ciego? Es que había decidido ver lo bello de la vida desde el interior».

No importa qué vueltas dé la vida, siempre podrás encontrar lo bueno si lo buscas. Si tenemos la actitud correcta, podremos ver que el sol brilla aunque esté nublado el día. Podemos permanecer llenos de gozo y mejorando aun cuando las cosas no salgan a nuestro modo.

Oro porque Dios nos dé un espíritu de gratitud, porque siempre fijemos la mirada en lo bueno y jamás demos por sentado lo que la vida nos da. Si confiamos en Dios cada día y vivimos según su plan, podremos ser más felices, más sanos, elevándonos por encima de todo más allá de lo que imaginamos posible.

Decide vivir cada día con entusiasmo. Levántate por las mañanas pensando en todo aquello por lo que sientes agradecimiento. Si te hace falta, puedes anotarlo en una lista y mantenerla cerca para poder ir tras los sueños que Dios te da.

La Biblia nos dice: «Poned la mira en las cosas de arriba, no en las de la tierra».[68] Creo que las cosas de arriba son las cosas positivas, así que lo primero que has de hacer cada mañana es poner la mira en la dirección correcta. En el éxito y la victoria. En que disfrutarás del día. Luego, ¡elévate y déjate llevar por las corrientes de aire que Dios envía!

Recuerda que tienes dentro las semillas de grandeza, que Dios no te creó para el estancamiento. Sal de la complacencia y sigue creciendo, buscando ir más alto. Tus mejores días están por venir.

No has visto, ni oído o imaginado las grandes cosas que Dios tiene reservadas para ti. Mientras vas extendiéndote hacia el siguiente nivel, mejorando tu vida y buscando tu máximo potencial, no sólo darás a luz nuevos sueños sino que llegarás a ser lo mejor de *ti*. ¡Mucho mejor de lo que soñaste posible!

## SECCIÓN SIETE: MANTÉN TU PASIÓN POR LA VIDA

1. Hoy buscaré formas tangibles en las que pueda mantener mi pasión por la vida. Me formaré el hábito de sonreír a propósito. Seguiré cantando en mi corazón un canto de gozo a pesar de las circunstancias. Tendré una actitud de agradecimiento y reconoceré que este día es un regalo.

2. Ejerceré mi fe en una dirección positiva, preparándome para el éxito y esperando lo mejor de Dios para mi vida. Esta semana le diré a alguien cercano que planeo vivir una vida larga, saludable y próspera. Actuaré para llenar mi vida con actividades saludables, eliminando toda acción, actitud y estilo de vida contrarios a la salud.

3. Decido pasar de la fe a la esperanza y la expectativa. Hoy buscaré algo que esté más allá de este lugar en que estoy. Activamente iré en busca de nuevos objetivos, manteniéndolos delante de mí y esperando alcanzarlos.

4. Estaré continuamente consciente de que para llegar a ser lo mejor de mí tendré que elegir cómo veo la vida. Buscaré todo el tiempo formas de mejorar mi vida. Decido ser amable con los demás y buscaré relaciones más vibrantes con quienes tengo cerca, buscando activamente una relación más profunda con Dios.

5. Decido vivir este día con pasión como reflejo positivo de Dios en nuestro mundo. Pondré acción tras mi fe y dejaré un legado perdurable para mi familia y el mundo.

# ¡ERES IMPORTANTE PARA NOSOTROS!

Creo que en cada persona hay un vacío, un hueco que sólo se puede llenar con una relación con Dios. No hablo de encontrar la religión, o de asistir a una iglesia en particular. Hablo de tener una relación con tu Padre celestial a través de su Hijo, Jesucristo. Creo que conocer a Jesús es la fuente de la verdadera paz y plenitud en la vida.

Te aliento a orar: «Jesús, creo que moriste por mí y resucitaste de entre los muertos, y ahora quiero vivir para ti. Me aparto de mis pecados y pongo en ti mi confianza. Te reconozco como mi Salvador y Señor y te pido que guíes mi vida a partir de ahora».

Con esa sencilla oración puedes empezar de nuevo y establecer una relación cercana con Dios. Lee la Biblia todos los días, habla con Dios a través de la oración y asiste a una buena iglesia basada en la Biblia donde puedas encontrar amigos que te edifiquen. Mantén a Dios como primera prioridad en tu vida y sigue sus principios. ¡Él te llevará a lugares que no has imaginado jamás!

Para más información sobre cómo fortalecer tu vida espiritual te animamos a que nos contactes. Victoria y yo te amamos y estaremos orando por ti. ¡Nos encantará oír de ti!

Para contactarnos, escribe a:

Joel and Victoria Osteen
P.O. Box 4600
Houston, TX 77210-4600

O visítanos en línea, en www.joelosteen.com.

# NOTAS

1   Ver Romanos 11.29.
2   Salmo 30.5.
3   Ver Isaías 28.16 y Romanos 10.11 (NVI).
4   Salmo 139.16.
5   Ver Apocalipsis 12.11.
6   Ver 2 Corintios 5.17.
7   Génesis 2.7.
8   Gálatas 3.29.
9   Ver Isaías 61.7.
10  Gálatas 3.13.
11  Juan 8.36.
12  Proverbios 26.2.
13  Santiago 5.16.
14  Ver Efesios 6.12.
15  1 Crónicas 4.40.
16  Romanos 7.19.
17  Efesios 6.14.
18  Filipenses 1.6.
19  Hebreos 4.16.
20  Lucas 15.20.
21  Mateo 22.39.
22  Hebreos 12.1–2.
23  Mateo 3.17.
24  Ver Efesios 1.4–14.
25  Santiago 3.10.
26  Ver Romanos 4.17.
27  Ver Jeremías 1.4–9.
28  Filemón 1.6.
29  1 Corintios 13.4.
30  1 Corintios 13.5.
31  Ver Romanos 12.16.
32  Ver Santiago 4.17.
33  Ver Proverbios 31.28.
34  Ver Hebreos 3.13 (NVI).
35  Gálatas 6.10.

36  Ver Lucas 7.43–45.
37  Ver Mateo 25.40.
38  Ver 2 Timoteo 3.1–5.
39  Ver 1 Corintios 10.13.
40  Filipenses 4.8.
41  Ver Mateo 26.41.
42  1 Tesalonicenses 5.16.
43  Mateo 10.14.
44  Isaías 54.17.
45  Cantar de cantares 1.6.
46  Salmo 46.10.
47  Hebreos 4.3.
48  Romanos 8.28.
49  Proverbios 3.5–6.
50  Salmo 30.5.
51  Salmo 77.11 (NVI).
52  1 Tesalonicenses 2.13.
53  Salmo 30.5.
54  Lucas 12.48.
55  El autor utiliza el texto de la versión amplificada (en inglés).
56  1 Juan 4.4.
57  Salmo 91.7.
58  Ver 2 Corintios 5.20.
59  Ver Hebreos 13.15.
60  Ver Santiago 5.7.
61  Ver Santiago 2.17.
62  2 Corintios 5.7.
63  Isaías 40.31.
64  Tomado del texto original en inglés de la versión amplificada.
65  Marcos 5.36.
66  Romanos 12.11.
67  Isaías 1.19.
68  Colosenses 3.2.

# ACERCA DEL AUTOR

Joel Osteen es el pastor de una nueva generación. Llamado por muchos: "La voz de la esperanza de Estados Unidos", Joel ha sido reconocido como una de "Las 10 personas más fascinantes" por Barbara Walters.

Joel Osteen alcanza un público inmenso en Estados Unidos y en todo el mundo. Decenas de millones de personas en más de cien países son inspiradas por medio de sus programas de televisión semanales, sus éxitos de librería según el *New York Times*, sus giras internacionales para hablar en público que normalmente terminan con las localidades agotadas, y sus mejores diez podcasts semanales.

Joel y su esposa, Victoria, son los pastores de la iglesia más grande de Estados Unidos —Lakewood Church en Houston, Texas.